ENERGIA E MEIO AMBIENTE

ALEXANDRE OHEB SION
Coordenador

ENERGIA E MEIO AMBIENTE

Del Rey editora

Belo Horizonte
2020

Impresso no Brasil | *Printed in Brazil*

EDITORA DEL REY LTDA.
www.livrariadelrey.com.br

Editor: Arnaldo Oliveira

Editor Adjunto: Ricardo A. Malheiros Fiuza (*in memoriam*)

Coordenação Editorial: Letícia Neves

Diagramação: Know-how Editorial

Editora:
Rua dos Goitacazes, 71 – Lojas 20 a 24
Centro – Belo Horizonte – MG
CEP 30190-050

Comercial:
Tel.: (31) 3284-3284 / 3293-8233
vendas@editoradelrey.com.br

Editorial:
editora@editoradelrey.com.br

S618e Sion, Alexandre Oheb (coord.).
Energia e Meio Ambiente / Coordenador: Alexandre Oheb Sion; Prefácio de Marília Carvalho de Melo.- 1. ed. - Belo Horizonte, MG : Editora Del Rey, 2020.
374 p.; 15,5x22,5 cm.

Inclui bibliografia.
ISBN 978-65-5791-039-9

1. Direito Ambiental. 2. Desenvolvimento Sustentável. 3. Energia Elétrica. 4. Licenciamento Ambiental. I. Título. II. Assunto. III. Sion, Alexandre Oheb.

CDD 341.347 CDU 349.6

ÍNDICE PARA CATÁLOGO SISTEMÁTICO
1. Direito Ambiental.
2. Direito Ambiental / Meio Ambiente.

Ficha catalográfica elaborada pelo bibliotecário Pedro Anizio Gomes CRB-8 8846

PREFÁCIO

A relação entre energia e meio ambiente é função do perfil da matriz energética estabelecida. O Brasil, em um padrão distinto da matriz mundial, tem em torno de 45% da energia de fontes renováveis. A mesma matriz energética determina a participação do setor na emissão de gases de efeito estufa, que no Brasil representa 37%. Observa-se ainda no país um crescimento significativo da fonte solar, eólica e bagaço de cana, o que representa uma diversificação energética em bases sustentáveis.

Não resta dúvida, na perspectiva econômica, que a energia é fator chave para o desenvolvimento do país. Projeções globais apontam por um crescimento da demanda por energia de 60% até 2030.

É nessa perspectiva, que uma visão de futuro do setor energético que diversifique e amplie fontes renováveis e que ao mesmo tempo represente um baixo potencial de emissão de gases de efeito estufa deve ser estabelecida. Por outro lado, os órgãos ambientais precisam se preparar para dar resposta condizente com o desenvolvimento sustentável, em processos de licenciamento e autorizações céleres, baseadas na essencial qualidade técnica e aplicação de tecnologia condizente nos controles ambientais, que ao fim representa qualidade ambiental, desenvolvimento econômico, qualidade de vida e desenvolvimento social.

A presente obra, Energia e Meio Ambiente, se propõe a estabelecer um importante registo e reflexão dos diversos temas atinentes à relação meio ambiente e energia, que vai desde a concepção da matriz energética e sua relação com o avanço tecnológico, o processo de licenciamento ambiental e suas condicionantes, até a relação de empreendimentos hidrelétricos e o impacto ambiental.

Portanto, esta obra representa uma importante reflexão para o Brasil do futuro, pois fato central é que energia e sustentabilidade são requisitos essenciais para um desenvolvimento progressivo e sustentável a longo prazo.

Marília Carvalho de Melo

Doutora em Recursos Hídricos

Secretária de Estado de Meio Ambiente e Desenvolvimento Sustentável no Governo do Estado de Minas Gerais

Professora e coordenadora do Mestrado Sustentabilidade em Recursos Hídricos da Universidade do Vale do Rio Verde.

APRESENTAÇÃO – ABDEM

A Associação Brasileira de Direito de Energia e Meio Ambiente (ABDEM) é uma entidade sem fins lucrativos, instituída em 2018, que congrega membros de diversas áreas correlatas ao meio ambiente e energia, englobando advogados, engenheiros, geógrafos, dentre outros profissionais com atuação especializada em meio ambiente. O objetivo da ABDEM é reunir esses profissionais de formação multidisciplinar ligados às áreas do direito de energia e do direito ambiental, para aprofundar e promover o estudo de matérias relacionadas a estas áreas do direito, em bases jurídico-regulatórias, nacional e internacionalmente, como forma de garantir o intercâmbio de ideias, o auxílio mútuo, a harmonização de condutas e a concentração de esforços para oferecimento de cursos, seminários, palestras, publicações, entre outras atividades.

Os pilares e pontos norteadores da atuação da ABDEM são:

- **Disseminação do Conhecimento**: consistente na ministração de cursos, realização de eventos, workshops, campanhas, congressos, seminários e conferências na área do direito da energia e do meio ambiente.
- **Responsabilidade Social**: consistente na participação de Audiências e Consultas Públicas, bem como de Grupos de Trabalho, cujos temas centrais tenham relevância para a Associação, para os respectivos associados e para a sociedade.
- **Cooperação Internacional**: consistente na promoção e realização de formação interdisciplinar de lideranças do setor energético com especial interesse na segurança energética e na sustentabilidade ambiental.

A ABDEM tem como presidente o advogado e professor, Alexandre Sion. Sob sua gestão, a ABDEM vem se consolidando e fortalecendo como instituição de excelência, contando com eventos de altíssimo nível e publicações de obras jurídicas que revelam o alto gabarito do corpo interdisciplinar de membros da ABDEM, gerando frutos para as comunidades acadêmica e profissional.

É sob essa perspectiva de excelência que lançamos mais uma obra para tratar de temas tão caros à sociedade e ao desenvolvimento nacional. O livro Energia e Meio Ambiente reflete a competência de um corpo de associados de alta envergadura e o compromisso da ABDEM com a difusão de conhecimento de qualidade para a população. Esperamos que o livro Energia e Meio Ambiente seja fonte de estudos para todos que buscam conhecer os tratamentos jurídico-ambientais do setor energético.

Canais de comunicação:

Site: https://www.abdem.org/

Instagram: https://www.instagram.com/abdem.oficial/

Linkedin: Linkedin.com/company/abdemenergiaemeioambiente

APRESENTAÇÃO

Desde os primórdios da humanidade é possível vislumbrar uma relação de dependência existente entre o ser humano e a natureza, na medida em que dela se extraíam os bens necessários à sobrevivência e perpetuação da espécie na Terra. Ao longo dos séculos, a relação de dependência se manteve, mas com um crescimento inversamente proporcional entre a exploração dos recursos naturais – antes utilizados para as necessidades básicas com lastro de exploração econômica ainda latente – e a proteção ambiental.

A partir da segunda metade do século XX, a proteção ambiental entrou para a ordem do dia. O ponto central para o despertar da proteção ambiental surgiu a partir de uma constatação de que o meio ambiente, já muito explorado, era essencial para o desenvolvimento econômico e social, devendo existir uma harmonização constante entre o crescimento da economia e a proteção dos recursos naturais. Emergia uma necessidade premente de utilização dos recursos naturais de forma racional e consciente.

É nesse contexto que as discussões sobre as matrizes energéticas ganham especial destaque, demandando disposições normativas que visam cada vez mais equalizar o desenvolvimento econômico com a proteção dos recursos que nos são caros. Não por menos, a forma como as nações encaram a exploração e a preservação dos seus recursos energéticos revela seus padrões de desenvolvimento socioeconômicos, gerando reflexos, por óbvio, no dia a dia da sociedade.

As sociedades enfrentam uma dicotomia ancilar entre a escassez e a finitude dos recursos naturais energéticos e as ilimitadas necessidades e desejos humanos. Por certo, o emprego do Direito na regulamentação do setor energético brasileiro, acompanhado de mudanças constantes, a fim de adaptá-lo à dinamicidade do setor e das demandas socioeconômicas, é condição *sine qua non* para a busca incessante de equilíbrio.

Ao mesmo tempo, não se pode olvidar que as formas de enfrentamento dos desafios que se impõem para equalização dos interesses econômicos, sociais e ambientais não se apresentam *prêt à porter*. Noutros termos, não se encontram fórmulas prontas e acabadas capazes de guiar uma sociedade ao pleno desenvolvimento sustentável. É preciso, pois, descobrir *in práxis* formas de harmonizar os interesses, empregando as novas tecnologias que surgem para o enfrentamento dos desafios que se apresentam.

Diante da incontornável atuação do Direito para os desafios enfrentados pelo setor energético, sua discussão nos meios jurídico e acadêmico é medida que se impõe, pelo que o debate aqui pretendido torna-se oportuno e pertinente.

Acreditamos, assim, que essa obra coletiva, que contemplou temas atuais atinentes à Energia e Meio Ambiente, composta por um corpo de associados da ABDEM – Associação Brasileira de Direito de Energia e Meio Ambiente com experiência profissional e acadêmica abrangente, é medida essencial para o avanço das discussões jurídicas que envolvem o tema e essa atividade econômica tão importante para o país.

Por isso, agradecemos carinhosamente à Dra. Marília Carvalho de Melo, Secretária de Estado de Meio Ambiente e Desenvolvimento Sustentável no Governo do Estado de Minas Gerais, pelo gentil prefácio, e aos autores que aceitaram o nosso desafio de debater temas tão atuais e relevantes, ora retratados nesta obra publicada pela editora Del Rey.

Os trabalhos versam, com primazia e interdisciplinaridade, sobre diversos assuntos relevantes e de destaque no cenário nacional, os quais englobam as mudanças legislativas propostas pelo Projeto de Lei Geral do Licenciamento Ambiental com análise do Futuro do Licenciamento Ambiental para Empreendimentos de Energia, o Papel e os Limites das Condicionantes Ambientais nos Empreendimentos de Energia Elétrica, os Desafios Regulatórios e Tecnológicos para uma Matriz Energética Ecoeficiente nos Portos Brasileiros, o Conflito (Aparentemente) Insuperável entre a Conservação do Meio Ambiente e os Grandes Empreendimentos do Setor Elétrico, a Utilização de Resíduos no Setor de Energia: Repercussões Sociais, Econômicas e Ambientais, as Fontes de Energia Renováveis na Geração

Distribuída – Abordagem Distinta no ICMS em Minas Gerais, o Breve Panorama do Licenciamento e dos Desafios Socioambientais de Parques Eólicos Terrestres no Brasil e a Energia Acessível e Limpa: Estudo de Caso do Estado do Piauí.

Abordam, ainda, os Leilões de Energia Elétrica e a Importância do Licenciamento Ambiental, o Planejamento do Setor Elétrico Brasileiro sob a Égide do Plano Decenal de Expansão de Energia (PDE 2029), os Desafios Fundiários à Implantação de Linhas de Transmissão de Energia Elétrica no Brasil, os Impactos da Geração Distribuída sobre as Distribuidoras de Energia Elétrica, as Deliberações da AGENERSA e Lições para os Outros Estados no Contexto da Abertura do Mercado de Gás Natural, as Considerações sobre os Impactos e as Medidas de Enfrentamento da Pandemia do Novo Coronavírus (Covid-19) no Âmbito dos Contratos de Comercialização de Energia Elétrica, a Construção Normativa do Direito Ambiental Internacional e Nacional no que se refere à Energia Renovável, a Área de Preservação Permanente em Reservatórios Artificiais Destinados à Geração de Energia Elétrica, os Desafios da Abertura do Mercado Livre de Energia Elétrica sob o Aspecto Regulatório, as Reflexões sobre o Equilíbrio dos Contratos de Concessão no Setor Elétrico diante da Pandemia do Covid-19 e a Energia Térmica dos Oceanos como Fator do Desenvolvimento Sustentável.

Acreditamos que o empenho acadêmico empregado pelos autores a respeito de temas áridos e densos, associado à linguagem clara e precisa, faça da presente obra coletiva uma ferramenta de consulta para aqueles que atuam no setor e para os interessados em conhecer os desafios e os tratamentos jurídico-ambientais do setor energético.

Assim, o livro Energia e Meio Ambiente objetiva ser uma referência para o estudo do Direito Ambiental aplicado ao Setor Elétrico e do Direito de Energia no Brasil e contribuir para o avanço e para a disseminação da temática no país.

Alexandre Oheb Sion
Presidente da ABDEM
Coordenador

AUTORES

Alexandre Jabra

Mestre em direito e política ambiental pela Stanford Law School, Estados Unidos, mestre em direito administrativo pela Pontifícia Universidade Católica de São Paulo (PUC/SP) e Pós-graduado em direito público pela Escola Superior do Ministério Público do Estado de São Paulo (2015). Advogado sênior da área de meio ambiente e mudança climáticas.

Alexandre Oheb Sion

Presidente da ABDEM – Associação Brasileira de Direito de Energia e Meio Ambiente. 20 anos de experiência atendendo empresas de Capital Intensivo e de Infraestrutura. Pós-doutorando em Direito pela Universidade de Salamanca na Espanha (certificado pendente da defesa do doutorado). Doutorando em Direito pela Universidade Autónoma de Lisboa, Portugal (créditos concluídos em 2017). Mestre em Direito Internacional Comercial (LLM) pela Universidade da Califórnia, Estados Unidos (2009-2011). Especialista em Direito Constitucional (2005-2006). Pós-graduado em Direito Civil e Processual Civil pela FGV (2005-2006). Advogado com formação em Direito (1996-2000) e Administração de Empresas (1992-1995). Foi advogado interno (2001 a 2011) da Vale, MMX e Anglo American, tendo ocupado nestas duas últimas empresas funções executivas na área jurídica. Nos últimos anos foi o Head do jurídico regulatório Brasil do grupo Anglo American. É Cofundador e foi o primeiro Vice-Presidente da UBAA – União Brasileira da Advocacia Ambiental. Membro Consultor da Comissão Especial de Direito de Infraestrutura da OAB Nacional. Foi Consultor da Comissão Nacional de Direito Ambiental da OAB – Conselho Federal. Presidente da Comissão de Direito de Infraestrutura da OAB/MG desde 2013. Membro da Comissão de Direito Ambiental do IAB - Instituto dos Advogados Brasileiros. Membro do Conselho Diretor do ICLEI – Governos Locais para a Sustentabilidade. Foi Membro da Comissão Permanente de Meio Ambiente e da Comissão de Infraestrutura, Logística e Desenvolvimento Sustentável da OAB/SP. É ou foi Membro das Comissões de Direito de Energia, Direito Ambiental, Direito Minerário, Direito da Construção, Advocacia Corporativa e Arbitragem e Conciliação da OAB/MG e da Comissão de Anticorrupção e Compliance da OAB/RJ. Foi Membro da Comissão de Empresários para o Meio Ambiente da FIEMG. Membro do Comitê Nacional de Infraestrutura e Construção da CAMARB – Câmara de Mediação e Arbitragem Empresarial. Árbitro da CBMAE e da CAMES. Professor da PUC/MG e professor convidado da UFG – Universidade Federal de Goiás, PUC/RS, ESA/RJ, EDB/SP, UNISANTA – Universidade Santa Cecília, Escola da Magistratura do Maranhão – ESMAM e Escola Judicial do Amapá – EJAP, entre outras. Palestrante atuante na Europa e diversas capitais brasileiras, autor e coautor de inúmeros livros e quase uma centena de artigos jurídicos. Advogado inscrito em SP, RJ e MG.

Alexandre Rocco

Engenheiro Eletricista, Diretor Executivo do INESC P&D Brasil. Doutor em Engenharia Elétrica pela Escola Politécnica da USP, Mestre em Engenharia Elétrica pela UNICAMP. Professor Coordenador do Curso de Engenharia Elétrica da Universidade Santa Cecília. (UNISANTA). Membro do NEPOMT (Núcleo de Estudos Portuários Marítimos e Territoriais) – UNISANTA/CNPQ coordenado pelo Prof. Msc. Adilson Luiz Gonçalves.

André Marchesin

Advogado especialista em Direito Ambiental (PUC-SP), Direito Ambiental e Conformidade Ambiental com Requisitos Técnicos e Legais (CETESB), e em Direito Processual Civil (PUC-SP). Membro da União Brasileira de Advocacia Ambiental – UBAA e da Comissão de Meio Ambiente da OAB/SP.

Camila Simões Cassiano Julien

Graduada pela Pontifícia Universidade Católica de São Paulo (PUC/SP). Advogada da área de meio ambiente, sustentabilidade e mudança climáticas e membro do Comitê B-Green, iniciativa voluntária que busca o desenvolvimento de estratégias sustentáveis dentro do escritório e o apoio a projetos de preservação ambiental.

Christiane Dias Pereira

Engenheira Civil e Advogada, MBA em Gestão Empresarial e Direito Ambiental, doutoranda em Tecnologias Ambientais pela Universidade Técnica de Braunschweig. Atuação especializada há 22 anos em projetos nacionais e internacionais para valorização de resíduos sólidos urbanos, em especial reciclagem de materiais e recuperação energética, com atividades desenvolvidas tanto com o setor público quanto privado. Desenvolveu minuta que balizou a Resolução do Conama n. 481 de 2017 (compostagem), também coordenou e elaborou o caderno temático de recuperação energética, bem como, revisou o Caderno Temático de Valorização de Resíduos Orgânicos e de Clima, documentos estes que fazem parte do anexo do Plano Nacional de Saneamento Básico – PLANSAB 2019. Ministra aula na PUC-Rio no módulo Tecnologias Ambientais do curso de mestrado de engenharia urbana e compõe o rol de professores do curso de mestrado Gestão Integrada de Resíduos Sólidos da USP, Escola Politécnica. Coordena a componente acadêmica do projeto binacional Brasil-Alemanha www.protegeer.gov.br – cooperação para proteção do clima na gestão de resíduos sólidos urbanos.

Clarice Horst Dutra Coutinho

Advogada. Pós-graduada em Direito Empresarial pela Faculdade Milton Campos/MG (2014). MBA em Gestão do Setor Elétrico pela Fundação Getúlio Vargas – FGV (2018). Graduada em Direito pela Newton Paiva (2013). Membro da Comissão de Direito de Energia da OAB/MG.

Cristiane Jaccoud

Advogada e Engenheira Florestal. Pós-doutora em Ciências Ambientais (UFF). Doutora em Planejamento Ambiental (COPPE/PPE/UFRJ). Mestre em Direito Ambiental (UNISANTOS). Especialista em Direito Ambiental (PUC-Rio). Coordenadora de Direito Ambiental na ESA-OAB/RJ. Sub-Coordenadora de Direito Ambiental na EMERJ. Professora de Direito Ambiental nos cursos de Pós-Graduação da EMERJ/TJRJ, ESAJ/TJRJ, ESAP/PGE-RJ, PUC-RS e IBMEC. Membro do Fórum Permanente de Direito Ambiental da Escola da Magistratura do Estado do Rio de Janeiro (EMERJ/TJRJ). Membro Fundadora e atual Diretora de Relações Institucionais da União Brasileira da Advocacia Ambiental (UBAA). Membro da Associação dos Professores de Direito Ambiental do Brasil (APRODAB). Presidente do Comitê de Licenciamento de Fontes Alternativas da Associação Brasileira do Direito da Energia e do Meio Ambiente (ABDEM). Organizadora das obras "Comentários à Legislação Ambiental do Estado do Rio de Janeiro (2ª ed. Lumen Juris, 2019), "Legislação Ambiental do Estado do Rio de Janeiro: sistematizada por assunto" (2a Ed. CJ Consultoria Ambiental, 2020). Coorganizadora e coautora da obra "Súmulas do STJ em Matéria Ambiental Comentadas" (Ed. Thoth, 2019). Autora de diversos artigos sobre direito ambiental publicados como capítulos de livros e periódicos nacionais e internacionais indexados

Débora Gomes Galvão

Advogada, Professora e Doutoranda em Direito Ambiental Internacional pela Universidade Católica de Santos (UNISANTOS). Bolsista Capes Prosuc (2018). Mestre em Ciência Política pela Universidade Federal do Piauí (UFPI). Especialista em Direito Administrativo (2016). Atuou como Assessora Jurídica na Secretaria de Estado do Planejamento do Piauí, coordenando os processos e compondo as comissões de licitação para aquisições do Estado e do Banco Mundial (2018). Tem experiência na área de Direito e de Ciência Política. Atualmente, desenvolve pesquisa em Direito Administrativo e Direito Ambiental Internacional, principalmente nos temas: Governança Global, Desenvolvimento Sustentável, Agenda 2030, Paradiplomacia Ambiental e Implementação dos Objetivos de Desenvolvimento Sustentável. Research in United Nations Volunteers, developing Analysis of Gender Equality and Sustainable Environmental Development in Latin America and the Caribbean. Pesquisadora voluntária junto à ONU Meio Ambiente com ênfase em empoderamento feminino. Brazilian Civil Society Delegate at High-Level Political Forum on Sustainable Development 2019, ECOSOC, NY.

Elisângela Medeiros de Almeida

Graduada em Ciências Biológicas, com Doutorado em Ecologia. Superintendente de Meio Ambiente, atuando no Comitê Executivo de Governança, Riscos, Integridade e Controles Internos da empresa e no Comitê de Tecnologia da ABDEM.

Felipe Laurêncio de Freitas Alves

Graduando do Curso de Direito da Universidade Federal do Maranhão (UFMA) e membro do Grupo de Pesquisa e Extensão em Ciências Criminais (NUPECC/UFMA) e do Grupo de Estudos em Direitos Humanos (EDH/UNDB). E-mail: felipelaurencio@hotmail.com.

Glauce Maria Lieggio Botelho

Graduada em Engenharia Florestal e Direito, com Especialização em Gestão Ambiental. Superintendente Adjunta de Meio Ambiente. Membro da Comissão de Meio Ambiente da OAB-RJ desde 2019.

Gustavo Mascarenhas Guedes

Advogado formado pela PUC-RIO, com Pós-graduação Executiva em Meio Ambiente pela COPPE/UFRJ e Pós-graduação em Direito Empresarial pela PUC-RIO, é atual Gerente Jurídico da Área de Novos Negócios com Treinamento Executivo no INSPER (Gestão de Departamento Jurídico). Experiente em Relações Institucionais, atua diretamente na relação com todos os Agentes envolvidos em Projetos de Implantação de Linhas de Transmissão e Geração (Prefeituras, IBAMA e órgãos intervenientes, MPs, AGUs, MMA, MME, ANEEL, ONS), na negociação direta para o desimpedimento de faixa de áreas com Declaração de Utilidade Pública, na negociação direta em áreas de comunidades tradicionais (Índios e Quilombolas). Atuação direta na implantação do Empreendimento Xingu Rio Transmissora de Energia, desde as primeiras negociações para fechamento dos EPCs. Fluente em inglês, com experiências no exterior. Espanhol Intermediário. Francês Básico.

Gustavo Santiago Pires

Advogado na Área de Energia. Pós-graduado em Processo Civil, MBA em Gestão do Setor Elétrico pela Fundação Getúlio Vargas – FGV. Membro Fundador, Secretário-Geral e Presidente do Comitê de Geração Distribuída da Associação Brasileira de Direito da Energia e do Meio Ambiente – ABDEM. Membro das Comissões de Direito da Energia e Infraestrutura da OAB/MG. Membro da Câmara da Indústria da FIEMG. Autor de diversos artigos jurídicos.

Henrique Silva Reis

Henrique Reis é advogado. Atua há 10 anos em questões regulatórias e comerciais de natureza estratégica de agentes, Associações e investidores do setor de energia elétrica, sendo 7 anos em Brasília junto ao escritório especializado em regulação do setor elétrico. É graduado em Direito pela Universidade Federal de Viçosa – UFV (2008), com LLM em Direito Empresarial pela Fundação Getúlio Vargas – FGV (2012) e atualmente está cursando Global MBA Finance (MBA em Finanças) pelo Instituto Brasileiro de Mercado de Capitais – IBMEC.

Iúlian Miranda

Mestre em Dir. Administrativo pela UFMG, professor da PUC-Minas, advogado sênior.

Júlia Gontijo Avelar

Economista (UFMG) e advogada sênior.

Laís Locatelli

Advogada. Pós-doutora e Doutora em Direitos Humanos, USAL/Espanha. Pós-doutora em Direitos Sociais, USAL/Espanha. Professora do Programa de Pós-doutorado Políticas Públicas e Segurança da Universidade Portucalense, UPT/Portugal e do Programa de Pós-doutorado Derechos Sociales, USAL/ Espanha. Mestre em Ciências Jurídico-Políticas, UAL/Portugal.

Luciana Gil

Graduada pela Universidade Presbiteriana Mackenzie. Especialista em Direito Ambiental pela Pontifícia Universidade Católica de São Paulo (PUC/SP). Colaboradora da Comissão de Meio Ambiente da OAB/RJ e Membro da Diretoria da União Brasileira de Advocacia Ambiental (UBAA). Membro do Comitê de Licenciamento de Fontes Alternativas da Associação Brasileira do Direito da Energia e do Meio Ambiente (ABDEM). Coautora das obras "Súmulas Ambientais do STJ Comentadas" (2019), "Prática do Direito Ambiental na Defesa dos Interesses de Empresas Privadas" (2019) "Direito Ambiental e os 30 Anos da Constituição de 1988" (2018), "Aspectos Jurídicos dos contratos de seguro ano II e III: "(Im)Previsibilidade do Risco Ambiental" (Dez/2013) e "O pool de cosseguro no âmbito dos riscos ambientais: advertências e vantagens" (Abril/2015) "Getting the Deal Through: Environment in 22 jurisdictions worldwide" (2013). Autora de diversos artigos publicados na imprensa brasileira. [luciana.gil@bicharalaw.com.br]

Lucyléa Gonçalves França

Doutora em Direito pela Universidade de Salamanca (Espanha), Mestre em Direito pela Universidade Federal de Pernambuco (Brasil). Professora do curso de Direito da Universidade Federal do Maranhão (Brasil). [ucyfranca03@hotmail.com].

Marcelo Kokke

Procurador Federal na Advocacia Geral da União – AGU. Pós-doutorado em Direito Público Ambiental pela Universidad Santiago de Compostela na Espanha. Doutor e Mestre em Direito Constitucional pela PUC-Rio. Professor de Pós-graduação da PUC-MG. Professor Colaborador da Escola da Advocacia Geral da União.

Marcelo Tanos Naves

Advogado, com especialização em Direito Regulatório e em Direito de Energia pelo Centro de Direito Internacional – CEDIN e pelo Instituto de Altos Estudos em Direito – IAED. Pós-graduado em Direito Tributário pelo Centro de Estudos na Área Jurídica Federal – CEAJUF. Membro fundador da Associação Brasileira de Direito de Energia e do Meio Ambiente – ABDEM. Membro da Comissão de Direito de Energia da OAB/MG. Atuou como advogado na Gerência de Direito Regulatório, Tributário e Comercial da Companhia Energética de Minas Gerais – CEMIG no período de 2008 a 2015.

Marcos Edmar Ramos Alvares da Silva

Doutorando em Direito Internacional pela Pontifícia Universidade Católica de Minas Gerais – PUC/MG (Aluno bolsista CAPES). Mestre em Direito Ambiental e Desenvolvimento Sustentável pela Escola Superior Dom Helder Câmara – ESDHC (2016). Pós-graduando em Direito Civil pela Universidade Estácio de Sá. Pós-graduado em Direito Público pela Faculdade de Direito do Vale do Rio Doce – FADIVALE (2007), graduado em Direito (2004) pela mesma instituição. Pesquisador do Grupo de Pesquisa em Direito Internacional dos Recursos Naturais – DIRNAT da Escola Superior Dom Helder Câmara – ESDHC. Membro associado fundador do Instituto Brasileiro de Direito do Mar – IBDMAR. Advogado.

Marcos Vinicius Rodrigues

Advogado e Analista de Sistemas. Mestre em Direito Ambiental e Desenvolvimento Sustentável na Escola Superior Dom Helder Câmara. Pós-graduado em Direito Empresarial pela IBS/FGV (2017). Pós-graduado em Direito Processual Civil pela Universidade Anhanguera-Uniderp (2013). Membro fundador da Associação Brasileira de Direito da Energia e do Meio Ambiente – ABDEM. Membro da Comissão Direito da Energia OAB/MG (2018). Membro do Grupo de Pesquisa Responsabilidade Civil por Danos ao Meio Ambiente no Brasil e no Direito Comparado. Autor de vários artigos na área de Direito da Energia, Direito Ambiental, Tecnologia e autor do livro "A Geração de Energia e os Novos Paradigmas para a Utilização de Energia Elétrica no Brasil" publicado pela Editora Lumen Juris (2019).

Maria Cristina Gontijo Peres Valdez Silva

Advogada. Auditora Ambiental de Portos. Mestre em Direito Ambiental pela Universidade Católica de Santos (Patrocinada pela CAPES/CNPQ). Professora da Universidade Santa Cecília (UNISANTA) e do CENEP – Centro de Excelência Portuária de Santos. Membro do NEPOMT (Núcleo de Estudos Portuários Marítimos e Territoriais) – UNISANTA/CNPQ coordenado pelo Prof. Msc. Adilson Luiz Gonçalves e do Grupo de Pesquisa Direitos Humanos e Desenvolvimento Sustentável coordenado pelo Prof. Dr. Marcelo Lamy. Presidente do Comitê de Meio Ambiente Marítimo e Portuário da ABDEM.

Marlus Oliveira

Advogado (PUC-Rio), Mestre em Engenharia Urbana em Ambiental (PUC-Rio e TUBS) e Doutorando em Geociências (UFF-Rio). Atualmente desenvolve pesquisa na Alemanha, com financiamento do Programa German Chancellor Fellowship da Fundação Alexander von Humboldt. Possui atuação como advogado no setor privado e público, com foco nas áreas de Direito Ambiental e Administrativo. Professor convidado da Universidade Veiga de Almeida e Universidade do Ambiente (INEA). Membro do Conselho Editorial da Revista Técnica do Instituto Estadual do Ambiente do Rio de Janeiro, da União Brasileira da Advocacia Ambiental (UBAA), da Comissão Julgadora do Prêmio de Meio Ambiente do INEA e da Associação Brasileira de Direito da Energia e do Meio Ambiente (ABDEM).

Rubens Sérgio S. Vaz Júnior

Advogado especialista em Direito Ambiental Corporativo. Mestre em Planejamento Ambiental pela Universidade Católica de Salvador. Especialista em Processo Civil pela Universidade do Salvador. Especialista em Direito Público do Estado realizado em parceria entre o Instituto de Educação Superior – UNYAHNA de Salvador – IESUS e o Centro de Estudos Jurídicos de Salvador, CEJUS. Atualmente é professor titular do Centro Universitário Jorge Amado na graduação de Direito. Professor da Escola de Magistratura do Estado da Bahia – EMAB. Professor de Direito Ambiental do Centro de Estudos José Aras. Professor de Direito Ambiental do Brasil Jurídico; Professor de Direito Ambiental do Complexo de Ensino Renato Saraiva – CERS. Autor do livro: Responsabilidade Civil pela não inclusão de critérios ambientais nas licitações públicas; Participação nas obras coletâneas: MultiDireitos volumes 1, 2, 3, 4, 5; Diálogos Jurídicos II, III e IV; Constituídos: Compartilhando direitos aos 30 anos a Carta Cidadã. Organizador e autor da obra Direito Ambiental: velhos problemas, novos desafios.

Sophia Alvarez Amaral Melo Bueno

Sou mestra em Direito Ambiental e Sustentabilidade pela Universidade Católica de Santos (bolsa CAPES), Extensão em Direito Penal pela faculdade de Damásio de Jesus, Graduada em Direito pela Universidade de Ribeirão Preto. Participei de diversas palestras e eventos na área de Direito e em perspectivas correlatas. Apresentei trabalho em Evento Científico na área do Direito. Tenho experiência na área de Direito. Atuo como advogada e consultora jurídica, integrei Grupo de Pesquisas intitulado "Direito Ambiental das Cidades", especificamente na linha de pesquisa "Direito e Política da Sustentabilidade Ambiental e Social" – Coordenado pelos professores Dr. José Marques Carriço e Dr. Edson Ricardo Saleme. CV: http://lattes.cnpq.br/7041494341394298.

Thais dos Santos Monteiro

Graduada pela Universidade Federal Fluminense (UFF). MBA em Gestão Ambiental e Sustentabilidade pela Fundação Getúlio Vargas (FGV-RJ). Membro da União Brasileira de Advocacia Ambiental (UBAA). Coautora das obras "Desafios do licenciamento ambiental para energias renováveis no Brasil" (abril de 2019), "Compensação financeira ambiental" (março de 2018) e "Novas concessões ainda esbarram em entraves do licenciamento ambiental" (outubro de 2015). [thais.monteiro@bicharalaw.com.br].

Victor José Ferreira Gomes

Advogado e economista com 12 anos de experiência em questões regulatórias e comerciais do setor de energia elétrica. Experiência em empresas de geração de energia elétrica e gás natural, escritórios de advocacia especializados e grupo de estudos do setor elétrico. Conhecimento profundo de mercados de energia, economia da energia, regulação do setor elétrico e desenvolvimento de projetos de geração. Autor de artigos e capítulos de livro em temas relacionados ao setor de energia. Concluindo MSc na University of Dundee.

Werner Grau

Advogado. Doutor em Direito Tributário Ambiental (USP) e Mestre em Direito Ambiental Internacional (USP).

SUMÁRIO

O FUTURO DO LICENCIAMENTO AMBIENTAL PARA EMPREENDIMENTOS DE ENERGIA:

UMA ANÁLISE SISTÊMICA DO PROJETO DE LEI N. 3729/2004

Alexandre Salomão Jabra[1]

Camila Simões Cassiano Julien[2]

SUMÁRIO

Palavras-Chave: Licenciamento Ambiental – Projeto de Lei n. 3729/2004 – Licenças Ambientais

---

1 Mestre em direito e política ambiental pela Stanford Law School, Estados Unidos, mestre em direito administrativo pela Pontifícia Universidade Católica de São Paulo (PUC/SP) e Pós-graduado em direito público pela Escola Superior do Ministério Público do Estado de São Paulo. Advogado sênior da área de meio ambiente, sustentabilidade e mudança climáticas.

2 Graduada pela Pontifícia Universidade Católica de São Paulo (PUC/SP). Advogada da área de meio ambiente, sustentabilidade e mudança climáticas e membro de seu Comitê B-Green, iniciativa voluntária que busca o desenvolvimento de estratégias sustentáveis dentro do escritório e o apoio a projetos de preservação ambiental.

I INTRODUÇÃO

O presente artigo visa a analisar os principais aspectos previstos no Projeto de Lei n. 3.729/2004 que trata da nova Lei Geral do Licenciamento Ambiental e tramita na Câmara dos Deputados em regime de urgência. Até o final da edição do presente livro, a 4ª versão do Projeto de Lei, de relatoria do Deputado João Roma, aguardava análise pela Comissão de Finanças e Tributação e pela Comissão de Constituição e Justiça e de Cidadania.

Como o Projeto de Lei está tramitando há dezesseis anos na Câmara dos Deputados, seu escopo e sua redação já foram alterados por diversas vezes e, atualmente, estão a ele apensados outros vinte e três Projetos de Lei[3] também referentes ao licenciamento ambiental.

Conforme previsto na Política Nacional do Meio Ambiente ("PNMA") (Lei Federal n. 6.938/81), "a construção, instalação, ampliação e funcionamento de empreendimentos e/ou atividades no território brasileiro que utilizem recursos naturais e sejam efetivamente ou potencialmente poluidores, ou que, sob qualquer forma, possam causar degradação ambiental, dependem de prévio licenciamento ambiental" (artigo 10)[4].

Assim, o licenciamento ambiental e os estudos utilizados para embasá-los são os principais instrumentos de controle ambiental que garantem que os empreendimentos e/ou as atividades potencialmente poluidoras sejam construídos, instalados e operados com

---

3 PL 3957/2004 (1), PL 3829/2015; PL 5435/2005 (1), PL 5918/2013; PL 5576/2005 (1), PL 2941/2011; PL 1147/2007; PL 2029/2007 (1), PL 5246/2019; PL 1700/2011; PL 358/2011; PL 5716/2013 (1), PL 4093/2019; PL 6908/2013 (2), PL 5818/2016 (1), PL 10238/2018; PL 8062/2014 (1), PL 1546/2015; PL 4429/2016 (1), PL 7143/2017; PL 6877/2017; PL 6411/2016; PL 9177/2017.

4 Política Nacional do Meio Ambiente – "Art. 10. A construção, instalação, ampliação e funcionamento de estabelecimentos e atividades utilizadores de recursos ambientais, efetiva ou potencialmente poluidores ou capazes, sob qualquer forma, de causar degradação ambiental dependerão de prévio licenciamento ambiental.

as cautelas necessárias, e até mesmo que tenham a sua operação limitada pelas autoridades ambientais em prol da proteção ao meio ambiente e ao interesse coletivo, se assim comprovar-se necessário[5].

Atualmente, o licenciamento ambiental é regulamentado por diversos atos normativos infralegais – especialmente as Resoluções CONAMA n. 01/08, 01/16 e 237/97. Tais normas fundamentam-se em dispositivo da PNMA que determina ser competência do Instituto Nacional do Meio Ambiente ("IBAMA") "estabelecer, mediante proposta do Ibama, normas e critérios para o licenciamento de atividades efetiva ou potencialmente poluidoras, a ser concedido pelos Estados e supervisionado pelo Ibama" (artigo 8º, inciso I).[6]

A PNMA, no entanto, foi editada antes da Constituição Federal de 1988 ("CF/88"), de modo que os poderes atribuídos ao Conselho Nacional do Meio Ambiente ("CONAMA") naquela oportunidade não estão em consonância com o texto constitucional atualmente vigente[7], o qual determina que as obrigações legais só poderão ser criadas pelo Poder Legislativo a partir de lei[8]. Adicionalmente, a Lei Complementar n. 140/11 editada para regulamentar a competência dos entes federativos quanto ao licenciamento ambiental[9] não foi apta a suprir todas as lacunas que permeiam o tema e ainda gera insegurança jurídica para os empreendedores.

É evidente a falta de uma lei geral e atual regulamentando a matéria que se articula devidamente com a Lei Complementar n. 140/11. Por esse motivo, entende-se que existe uma falha no sistema de licenciamento ambiental atual em razão da ausência de

---

5 MILARÉ, Édis. Direito do Ambiente. 10. ed. São Paulo: Revista dos Tribunais, 2015, pp. 789-790.

6 Artigo 8º, inciso I, da Política Nacional do Meio Ambiente" (BRASIL, 1981).

7 LEMOS, André Fagundes. A (in)competência do CONAMA para edição de normas sobre licenciamento ambiental: análise de sua juridicidade. Revista Brasileira de Políticas Públicas, Brasília, v. 3, n. 2, dez. 2013. p. 124.

8 Artigo 5º, inciso II, da Constituição Federal de 1988.

9 FARIAS, Talden. Licenciamento Ambiental: Aspectos Teóricos e Práticos. 7. ed. Belo Horizonte: Fórum, 2019, p. 121.

regulamentação emanada pelo Poder Legislativo, o que pode acarretar no subjetivismo dos entes federativos e na flexibilização das regras do licenciamento ambiental para atrair investimentos. A criação de uma lei *strictu sensu* que regulamente tal procedimento visa a garantir a observância ao princípio da legalidade e dar maior segurança jurídica a todos os envolvidos no licenciamento ambiental.

Destaca-se que o licenciamento ambiental brasileiro é trifásico[10], com procedimentos relativamente distintos em cada órgão licenciador e com a intervenção de outros órgãos e instituições no processo – como por exemplo o Instituto Chico Mendes de Conservação da Biodiversidade ("ICMBio"), Instituto do Patrimônio Histórico e Artístico Nacional ("IPHAN"), Fundação Nacional do Índio ("FUNAI"), órgãos estaduais do meio ambiente, Municípios (no que tange às questões urbanísticas) e órgãos de controle (como por exemplo o Ministério Público). Isso torna o licenciamento ambiental no Brasil demasiadamente lento, longo, burocrático e custoso, o que acaba por prejudicar tanto o desenvolvimento de atividades econômicas como a própria proteção ao meio ambiente.

Como se não bastasse, as condicionantes impostas nas licenças ambientais acabam sendo a parte mais relevante de todo o processo e muitas vezes as autoridades ambientais acabam desvirtuando o seu poder de polícia para exigir condicionantes sem qualquer previsão em lei ou que visam a implementar políticas públicas que não guardam relação com a mitigação do impacto ambiental causado. Nas palavras de Rafael Daudt D'Oliveira:

> [...] o licenciamento ambiental no Brasil se desviou de seus objetivos de controle concreto da poluição das atividades para tornar-se um verdadeiro check-list de políticas públicas em que, não raras vezes, aproveita-se o momento de desespero do empreendedor para agilizar o licenciamento de sua atividade para exigir-lhe obrigações sem

10 Via de regra, o licenciamento ambiental compreende a emissão de três licenças ambientais consecutivas, a Licença Prévia, a Licença de Instalação e a Licença de Operação.

> fundamento na legislação e que não guardam relação de causa e efeito com os impactos sociais e ambientais adversos por causa causados.[11]

A simplificação e a uniformização do processo de licenciamento visam a aumentar a celeridade dos procedimentos de licenciamento ambiental, o abandono das burocracias e formalidades desnecessárias. A ideia é que essa simplificação e uniformização contribua para desafogar a máquina pública, permitindo à Administração Pública concentrar seus esforços, de forma proporcional, nos procedimentos de licenciamento mais complexos e que resultem em maiores prejuízos ao meio ambiente, requerendo um maior controle ambiental pelas autoridades competentes.

Foi justamente esse cenário que ensejou a propositura do Projeto de Lei n. 3.729/04. Sua ideia central é reduzir a burocracia relativa ao licenciamento ambiental e tentar padronizar, a nível federal e por meio de lei, o regramento que trata da matéria, evitando-se a insegurança jurídica aos administrados constatada atualmente.

Tanto é assim que o atual substitutivo do referido Projeto de Lei traz expressamente, logo em seu artigo 1º, que o licenciamento ambiental deve prezar pela celeridade e a economia processual, a prevenção do dano ambiental, o desenvolvimento sustentável, a participação pública, a transparência, a preponderância do interesse público, e a pela análise integrada dos impactos ambientais.

A seguir, serão analisados os principais aspectos do Projeto de Lei n. 3.729/2004 e as alterações por ele propostas, bem como o seu impacto para o setor de energia.

2 LICENÇAS AMBIENTAIS

Via de regra, o procedimento de licenciamento ambiental atualmente é trifásico, de modo que dele resulta a emissão de três licenças ambientais, consecutivas: Licença Prévia ("LP"), Licença

11 D'OLIVEIRA, Rafael Lima Daudt. **A simplificação no direito administrativo e ambiental**. Rio de Janeiro: Lumen Juris, 2019.

de Instalação ("LI") e Licença de Operação ("LO"). A LP aprova o planejamento, a localização e a concepção do empreendimento e/ou da atividade potencialmente poluidora, tendo em vista a viabilidade ambiental e urbanística do projeto apresentado. A LI, por sua vez, autoriza a instalação e o início das obras referentes ao empreendimento e/ou à atividade, de acordo as especificações constantes nos planos e projetos apresentados. E, por fim, a LO autoriza o início das atividades e o funcionamento do empreendimento.[12]

Uma das novidades trazidas pelo Projeto de Lei é a criação de mais três licenças ambientais: a Licença Ambiental por Adesão e Compromisso ("LAC"), a Licença de Operação Única ("LAU") e a Licença de Operação Corretiva ("LOC").

A LAC autorizaria a instalação e a operação de atividade ou empreendimento que não seja potencialmente causador de significativa degradação do meio ambiente mediante declaração de adesão e compromisso do empreendedor aos critérios, requisitos e condicionantes ambientais estabelecidos pela autoridade licenciadora, desde que sejam previamente conhecidos os impactos ambientais da atividade ou empreendimento, as características ambientais da área de implantação e as condições de sua instalação e operação. Trata-se de medida de agilização e aproveitamento de informações já conhecidas pelas autoridades ambientais com base no histórico da área e impactos já mapeados anteriormente, geralmente em locais próximos ou empreendimentos semelhantes.

Já a LAU, por sua vez, em uma única etapa, busca autorizar a viabilidade, a instalação e a operação de atividade ou empreendimento. Em outras palavras, tal licença seria uma unificação das LP, LI LO. Ela também aprovaria as ações de controle e monitoramento ambiental e estabeleceria condicionantes ambientais para a sua instalação e operação e, eventualmente, para a sua desativação, em uma única etapa. Trata-se de modernização apta a reduzir a burocracia e tempo atualmente considerado para o licenciamento ambiental trifásico, o qual é mais moroso.

[12] Artigo 8º, da Resolução CONAMA n. 237/97.

Por fim, a LOC funcionaria como um ato administrativo regularizador da atividade ou empreendimento que opera sem a licença ambiental, mediante a fixação de condicionantes e outras medidas que viabilizem sua continuidade e conformidade com as normas ambientais. Alguns Estados e Municípios já trabalham com a ideia de LOC, o qual é muito proveitoso para permitir o diálogo com a Administração Público visando a sanar possíveis irregularidades.

Visando a celeridade do processo de licenciamento ambiental e reconhecendo a relevância socioeconômica dos empreendimentos referentes ao setor de energia, o Projeto de Lei possibilita que as linhas de transmissão e de distribuição, de cabos de fibra ótica, subestações e outras infraestruturas associadas, minerodutos, gasodutos e oleodutos iniciem suas operações antes mesmo da emissão de LO, por meio de condicionantes na LI autorizando o seu funcionamento. Dessa forma, não será mais necessário solicitar a emissão da LO e aguardar a sua emissão para iniciar as operações.

Ressalta-se, ainda que, contrariando o objetivo deste Projeto de Lei em promover a uniformização, desburocratização e a celeridade do processo de licenciamento ambiental, o artigo 5º, § 2º do substitutivo atualmente vigente determina que, "tendo em vista a natureza, as características e as peculiaridades da atividade ou empreendimento, podem ser definidas licenças específicas por ato dos entes federativos competentes". Se o Projeto de Lei for aprovado com este dispositivo em sua versão final, será possível que os órgãos licenciadores criem novas licenças ambientais de acordo com seus próprios entendimentos, o que certamente causará insegurança aos empreendedores e ainda mais morosidade aos processos de licenciamento ambiental, caso a regra não seja utilizada com razoabilidade.

3 PROCEDIMENTOS DE LICENCIAMENTO AMBIENTAL

O Projeto de Lei, ao prever novas licenças, também previu novos processos de licenciamento ambiental (procedimento bifásico e procedimento ambiental corretivo), além do já existente procedimento trifásico. Os novos procedimentos vão em consonância com a ideia de desburocratizar, acelerar e simplificar o processo de licenciamento ambiental, especialmente nos casos de menor complexidade dos empreendimentos e/ou atividades e que possuam condições para tanto.

Nesse sentido, também, há previsão no atual substitutivo de que poderá ser admitido um único processo de licenciamento ambiental para atividades ou empreendimentos de pequeno porte e similares, desde que definida a responsabilidade legal pelo conjunto de atividades ou empreendimentos. A unificação e simplificação em casos de baixo impacto ambiental é uma tendência que vem sendo discutida há um tempo pela doutrina como forma de agilizar o licenciamento ambiental.

Conforme veremos a seguir, os diferentes procedimentos propostos pelo Projeto de Lei têm a sua aplicabilidade de acordo com a localização do empreendimento e seu potencial poluidor, conforme estabelecido pelos entes federativos.

3.1 Procedimento Trifásico

O procedimento trifásico de licenciamento ambiental, o qual já é aplicado no Brasil, envolve a emissão sequencial da LP, LI e LO. Se o empreendimento for considerado potencialmente causador de significativa poluição ou degradação do meio ambiente, será exigido o Estudo de Impacto Ambiental ("EIA") na fase da LP. O referido estudo é atualmente regulamentado pela Resolução CONAMA n. 01/86, a qual deverá ser revista para fins de compatibilização com o Projeto de Lei.

3.2 Procedimento Bifásico

O procedimento bifásico se refere à aglutinação de duas licenças em uma, e seria aplicável aos casos que as características da atividade permitam isso, conforme determinado pela autoridade licenciadora na emissão do Termo de Referência ("TR"). Trata-se de medida de agilização e redução de burocracia e custos.

3.3 Licenciamento em Fase Única

O procedimento em fase única, conforme o próprio nome, avaliaria em uma única etapa a viabilidade ambiental do empreendimento, autorizando sua instalação e operação mediante a emissão da LAU.

3.4 Licenciamento por Adesão e Compromisso

O licenciamento ambiental por adesão e compromisso poderia ocorrer se atendidas, cumulativamente, as seguintes condições: (i) atividade ou empreendimento que não seja potencialmente causador de significativa degradação ambiental e (ii) sejam previamente conhecidas as características da região de implantação, as condições de instalação e operação da atividade ou empreendimento, seus impactos ambientais e as medidas de controle ambiental necessárias.

De acordo com o Projeto de Lei, os empreendimentos passíveis de licenciamento por este procedimento serão definidos em ato específico do ente federativo competente e a autoridade ambiental licenciadora estabelecerá previamente condicionantes ambientais por meio da LAC que devem ser cumpridas pelo empreendedor. Por se tratar de procedimento por adesão, a fiscalização ocorrerá por meio de vistorias por amostragens, com periodicidade anual, para aferir a regularidade dos empreendimentos e/ou das atividades.

Por mais que esta inovação tenha sido uma das mais criticadas até o momento, alegando-se que ela acarretaria na redução à proteção ao meio ambiente e na "facilitação" da obtenção da licença ambiental, não se pode negar que é a espécie de licenciamento ambiental que mais traduz o objetivo do Projeto de Lei aqui analisado, qual seja, a celeridade do licenciamento ambiental e a sua desburocratização.

Notem, ainda, que a LAC somente será aplicável para situações já conhecidas e regulamentadas pelo órgão licenciador, o que agilizará o processo de licenciamento ambiental sem que seja abrandada a proteção ao meio ambiente, beneficiando tanto a Administração Pública como o setor privado.

3.5 Licenciamento Ambiental Corretivo

O LOC deverá ser aplicado quando da regularização de empreendimentos que iniciaram a sua operação sem as devidas licenças ambientais. Esse licenciamento estará sujeito a um termo de compromisso a ser firmado entre a autoridade licenciadora e o empreendedor, o qual estabelecerá critérios, procedimentos e as responsabilidades para promover o LOC.

Ressalte-se que, conforme disposto no atual substitutivo do Projeto de Lei, às atividades e empreendimentos descritos no artigo 3º, inciso VIII da Lei Federal n. 12.651/2012 (Código Florestal Brasileiro) - incluindo serviços de energia elétrica - não será aplicado o procedimento acima, no entanto serão definidos ritos de regularização em regulamento específico a ser editado futuramente. Dessa forma, a princípio, o LOC não será aplicado aos empreendimentos de energia. Destaca-se a importância de monitorar o Projeto de Lei para checar se essa restrição será mantida quando da apreciação final no Poder Legislativo.

4 PRAZOS, RENOVAÇÃO DAS LICENÇAS AMBIENTAIS E DESPESAS

Atualmente, a Resolução CONAMA n. 237/97 prevê os seguintes prazos de validade para as licenças ambientais: (i) máximo 5 (cinco) anos, para a LP; (ii) máximo de 6 (seis) anos, para a LI; e (iii) mínimo de 4 (quatro) anos e máximo de 10 (dez) anos, para LO.

O Projeto de Lei busca alterar os prazos de validade para (i) no mínimo de 3 (três) anos e no máximo de 6 (seis) anos para a LP, LI e Licença Prévia aglutinada à Licença de Instalação (LP/LI); e (ii) mínimo 5 (cinco) anos para LO, LAU, LOC e LI aglutinada à LO (LI/LO). Apesar de muitas discussões no âmbito do referido Projeto de Lei, não há a previsão de emissão de licenças com validade por período indeterminado, o que mitigaria o controle ambiental das autoridades a longo prazo.

No que tange à renovação das licenças ambientais, esta continuaria devendo ser requerida em até 120 (cento e vinte) dias antes da expiração de seu prazo de validade, ficando este automaticamente prorrogado até a manifestação definitiva da autoridade licenciadora.

Será possível, ainda, prorrogar o prazo da licença ambiental por uma única vez de forma automática, mediante o simples preenchimento de formulário *online* e de uma declaração do empreendedor atestando a ausência de alteração nas características e no porte da atividade ou empreendimento, na legislação ambiental aplicável ao caso, e no cumprimento das condicionantes ambientais. Trata-se de modernização do procedimento assegurando maiores garantias aos empreendedores.

Tal previsão, se mantida quando da aprovação do Projeto de Lei, será certamente um facilitador para muitos empreendedores. Atualmente, os pedidos de renovação das licenças ambientais são analisados minuciosamente pelos órgãos ambientais, e instruídos com documentos técnicos e evidências de cumprimento das condicionantes ambientais. A possibilidade de se ter uma renovação automática, em casos em que não houve alteração nos riscos/impactos ambientais e em que as condicionantes estão sendo cumpridas auxiliaria tanto o empreendedor como o próprio órgão licenciador, que poderá focar em casos em que de fato há maior riscos e impactos ao meio ambiente.

No que se refere ao prazo de validade da licença ambiental renovada automaticamente, o substitutivo atualmente em vigor traz uma contradição, a qual deverá ser acompanhada para evitar insegurança jurídica quando da edição da versão final. No artigo 7º, § 4º, é mencionado que a renovação automática se dará "por igual período". Já no § 5º, há a menção de que a prorrogação será "limitada a 50% (cinquenta por cento) do prazo original".

Outro aspecto em que tal projeto busca inovar é na fixação de prazos máximos de análise para a emissão da licença pela autoridade licenciadora, contados a partir da entrega dos estudos e das informações e/ou documentos requeridos. No atual substitutivo, constam os seguintes prazos: (i) 8 (oito) meses para a LP, quando o estudo ambiental exigido for o EIA, (ii) 4 (quatro) meses para a LP, para os casos dos demais estudos, (iii) 3 (três) meses para a LI, LO, LOC e LAU e (iv) 4 (quatro) meses para as licenças do rito bifásico em que não seja exigido EIA.

Importante destacar que tais prazos poderão ser eventualmente alterados mediante requerimento formal do empreendedor e posterior concordância da autoridade licenciadora. Além disso, o decurso de tais prazos sem a emissão da licença instauraria a competência supletiva do licenciamento, o que não implica em qualquer emissão tácita da licença ambiental ou autorização da prática de ato que dela dependa.

O Projeto de Lei ainda estabelece que a exigência complementar de documentos e informações pela autoridade licenciadora para a emissão da licença poderá ocorrer uma única vez (com exceção da ocorrência de fato novo), de modo que o empreendedor teria o prazo de 4 (quatro) meses para atendê-la contados do recebimento da respectiva notificação, sob pena de arquivamento do processo, salvo se for apresentada justificativa pelo empreendedor. Essa medida visa a garantir um diálogo maior com a autoridade e, ao mesmo tempo, evitar muitos pedidos complementares de documentos em prol da agilização.

Nesse mesmo sentido, é previsto o arquivamento do processo de licenciamento ambiental que ficar sem movimentação durante 2 (dois) anos sem justificativa formal, mediante notificação ao empreendedor.

Tais dispositivos que preveem prazos administrativos e possíveis consequências para o seu descumprimento estão em consonância com a ideia de aumentar a celeridade do processo de licenciamento ambiental. Eles visam a acabar com a demora injustificada da análise dos documentos e com a exigência desarrazoada de documentos por parte do órgão licenciador, além de provocar uma organização interna nos órgãos ambientais para que os prazos sejam cumpridos e que sejam coletadas de forma efetiva todas as informações necessárias para o licenciamento ambiental.

Por fim, no que se refere às despesas envolvidas no processo de licenciamento ambiental, o Projeto de Lei determina que os valores alusivos às cobranças do poder público relativos ao licenciamento ambiental devem guardar relação de proporcionalidade com o custo e a complexidade dos serviços prestados e estar estritamente relacionados ao objeto da licença ambiental. O Projeto de Lei ainda traz, em seu artigo 48, a definição dos custos atribuídos ao empreendedor, quais sejam: a elaboração de estudos ambientais; a realização de audiência pública ou reuniões no bojo do licenciamento ambiental; a implantação, operação, monitoramento e eventual readequação das condicionantes ambientais; a publicação dos pedidos de emissão e renovação de licença ambiental; às taxas e preços estabelecidos pela legislação aplicável; e às cobranças previstas na PNMA.

5 CONDICIONANTES AMBIENTAIS

As licenças ambientais, conforme mencionado anteriormente, trazem condicionantes que devem ser atendidas e observadas pelo empreendedor nas diversas etapas do empreendimento e das atividades, visando ao controle dos riscos/impactos ambientais e a proteção ao meio ambiente. Atualmente, as condicionantes são consideradas os pontos centrais das licenças ambientais.

É justamente na definição de condicionantes que, em várias situações, se observa exigências sem previsão legal e desarrazoadas quando comparadas com o potencial poluidor do empreendimento, as quais acabam por onerar o empreendedor e pouco contribuir para a proteção ambiental. Além disso, não são raras as vezes em que são observadas condicionantes abusivas, de caráter social, buscando suprir a ausência de políticas públicas e extrapolando as obrigações que caberiam ao empreendedor.

O Projeto de Lei traz disposições claras e expressas sobre as condicionantes, visando que a sua imposição siga uma lógica legal, sem abusos, e que não seja decorrente de uma análise subjetiva da autoridade ambiental, sob pena de desvio de finalidade.

Em primeiro lugar, é estabelecida uma lista de prioridades que deve ser observada no momento da fixação das condicionantes ambientais: (i) evitar impactos ambientais negativos; (ii) minimizar os impactos ambientais negativos; e (iii) compensar os impactos ambientais negativos, diante da impossibilidade de atendimento dos itens "i" e "ii" supramencionados. Dessa forma, o pagamento de indenização pelo impacto causado pelo empreendimento ou atividade potencialmente poluidor somente poderá ser exigida diante da impossibilidade de adoção de outras medidas impeditivas ou mitigadoras de tais impactos ambientais.

O Projeto de Lei ainda menciona expressamente que "as condicionantes estabelecidas no licenciamento ambiental não podem obrigar o empreendedor a manter ou operar serviços de responsabilidade do Poder Público" (artigo 13, § 4º), em consonância com a Declaração de Direitos de Liberdade Econômica (Lei Federal n. 13.874/19).

Além disso, em termos de garantias aos Administrados, o Projeto de Lei determina que as condicionantes devem possuir fundamentação técnica, considerando os aspectos do meio físico, biótico e socioeconômico, de modo que sua revisão poderá ser solicitada pelo empreendedor no prazo de 30 (trinta) dias.

Por fim, outra novidade trazida pelo atual Projeto de Lei que vai de encontro com a ideia de um licenciamento ambiental mais unificado e célere é a possibilidade da execução integrada de condicionantes ambientais por empreendimentos e/ou atividades com áreas de influência total ou parcialmente sobrepostas, por meio de acordo de cooperação técnica.

6 ESTUDOS AMBIENTAIS

No que tange aos estudos ambientais, o Projeto de Lei determina que as autoridades ambientais terão o prazo de 30 (trinta) dias, após o requerimento do empreendedor, para disponibilizar o Termo de Referência ("TR"), documento que indicará o escopo dos estudos ambientais a serem apresentados no âmbito do licenciamento ambiental do empreendimento ou da atividade.

O atual substitutivo do Projeto de Lei também define quais estudos deverão ser apresentados para viabilizar cada uma das espécies de licenças ambientais, conforme detalhado a seguir:

> i. Licença Prévia: estudo de impacto ambiental ("EIA") ou demais estudos ambientais, conforme estabelecido no Termo de Referência.
> ii. Licença de Instalação: projeto básico ambiental ("PBA") – estudo que contém o detalhamento de programas, projetos e ações de mitigação, controle, monitoramento e compensação aos impactos ambientais negativos –, acompanhado dos elementos de projeto de engenharia e relatório de cumprimento das condicionantes ambientais;

iii. Licença de Operação: relatório de cumprimento das condicionantes ambientais;
iv. Licença Ambiental Única: relatório de controle ambiental ("RCA") - estudo contendo dados e informações da atividade/empreendimento e o local em que se insere, identificação dos impactos ambientais e proposição de medidas mitigadoras, de controle e de monitoramento ambiental -, e plano de controle ambiental ("PCA") - estudo apresentado nos casos não sujeitos à elaboração de EIA-RIMA, que contém o detalhamento dos programas, projetos e ações de mitigação, controle, monitoramento e compensação para os impactos ambientais negativos;
v. Licença Ambiental por Adesão e Compromisso: relatório de caracterização do empreendimento ("RCE") - estudo que contém a caracterização e informações técnicas sobre a instalação e a operação da atividade ou empreendimento; e
vi. Licença Ambiental Corretiva: Relatório de Controle Ambiental ("RCA") e plano de controle ambiental ("PCA").

Cabe aqui ressaltar que, no que se refere ao conteúdo mínimo do EIA e do Relatório de Impacto ao Meio Ambiente ("RIMA"), o atual substitutivo manteve praticamente as mesmas disposições atualmente vigentes previstas na Resolução CONAMA n. 01/86, a qual poderá vir a ser revista após a votação do Projeto de Lei.

O Projeto de Lei trouxe, entretanto, duas novidades sobre os estudos ambientais. A primeira delas reside na possibilidade de se realizar um estudo ambiental conjunto para os empreendimentos ou atividades localizados na mesma área, o que vai de encontro com a desburocratização do licenciamento ambiental buscado pelo referido Projeto de Lei.

A outra novidade, também em prol da eficiência e desburocratização, trata da possibilidade de, independentemente da titularidade de atividade ou empreendimento sujeito ao licenciamento ambiental, se aproveitar o diagnóstico constante em estudo ambiental anterior no caso de implantação de empreendimento em área de estudo de outro projeto já licenciado. Neste caso, o Termo de Referência deverá indicar o aproveitamento ou não dos estudos já realizados anteriormente na área de influência da atividade ou empreendimento, bem como eventuais complementações necessárias.

Não se pode negar que tais novidades, se implementadas, representarão uma economia financeira para os empreendedores, que poderão se aproveitar de documentos já elaborados e analisados pelas autoridades ambientais, ou então ratear os custos da elaboração dos referidos estudos com outros interessados. Adicionalmente, tais possibilidades evitam que a Administração Pública reanalise por diversas vezes o mesmo diagnóstico ambiental, otimizando o trabalho dos administradores e resultando em maior celeridade e eficiência.

7 PARTICIPAÇÃO PÚBLICA E ENVOLVIMENTO DAS AUTORIDADES

O Projeto de Lei ainda traz disposições no que tange à garantia de participação pública e o envolvimento das autoridades.

No que tange à participação pública, o Projeto de Lei determina que esta ocorrerá por meio das modalidades de consulta pública, tomada de subsídios técnicos, reunião participativa ou audiência pública.

No caso de empreendimentos sujeitos a EIA, deverá ser realizada, no mínimo, uma audiência pública presencial antes da emissão da LP. Caso ocorra mais de uma audiência pública, tal decisão deverá ser motivada pela autoridade licenciadora

A consulta pública, por sua vez, poderá ocorrer em qualquer modalidade de licenciamento ambiental, e deve colher subsídios para analisar a eficácia, eficiência e efetividade das condicionantes ambientais, bem como instruir e analisar outros aspectos do licenciamento ambiental. Ela não suspenderá os prazos do licenciamento ambiental e deve durar no mínimo 15 (quinze) dias e no máximo 60 (sessenta) dias.

Já no que tange a participação de outros órgãos e entidades no licenciamento ambiental esta ocorrerá quando:

i. na área diretamente afetada ("ADA")[13] ou na área de influência direta ("AID")[14] existir terra indígena com portaria de declaração de limites publicada, ou área que tenha sido objeto de portaria de interdição em razão da localização de índios isolados;
ii. na ADA ou AID existir terra quilombola titulada;
iii. na ADA ou na AID existir intervenção em bens culturais protegidos pela Lei n. 3.924/61[15] ou legislação correlata, bens tombados nos termos do Decreto-Lei n. 25/37[16] ou legislação correlata, bens registrados nos termos do Decreto n. 3.551/00[17] ou legislação correlata, ou bens valorados nos termos da Lei n. 11.483/07[18] ou legislação correlata; e
iv. quando a ADA ou a AID se sobrepuser a Unidade de Conservação do Grupo de Proteção Integral prevista na Lei n. 9.985/00[19];

Importante destacar que a manifestação das autoridades, de acordo com o Projeto de Lei, não vincula a decisão final da autoridade licenciadora quanto à emissão da licença ambiental e suas

13 "Área diretamente afetada (ADA): área de intervenção direta da atividade ou empreendimento, necessária para a sua construção, instalação, ampliação, operação e, quando couber, ampliação e desativação" (Artigo 3º, inciso I, do atual substitutivo do Projeto de Lei n. 3.729/2004).

14 "Área de influência direta: área que sofre os impactos ambientais diretos, ou seja, de primeira ordem, da construção, instalação, ampliação, operação ou, quando couber, ampliação ou desativação, de atividade ou empreendimento, conforme delimitação apontada no estudo ambiental" (Artigo 3º, inciso III, do atual substitutivo do Projeto de Lei n. 3.729/2004).

15 Dispõe sobre os monumentos arqueológicos e pré-históricos.

16 Organiza a proteção do patrimônio histórico e artístico nacional.

17 Institui o Registro de Bens Culturais de Natureza Imaterial que constituem patrimônio cultural brasileiro e cria o Programa Nacional do Patrimônio Imaterial, dentre outras providências.

18 Dispõe sobre a revitalização do setor ferroviário, dentre outras providências.

19 Institui o Sistema Nacional de Unidades de Conservação da Natureza (SNUC), estabelecendo critérios e normas para a criação, implantação e gestão das unidades de conservação.

condicionantes, exceto no caso em que a ADA do empreendimento se sobrepuser à Unidade de Conservação de Proteção Integral.

Tal dispositivo tem sido amplamente discutido e criticado, por permitir que o órgão licenciador decida de forma contrária à manifestação de outros órgãos e entidades. Entretanto, não se pode esquecer que a competência para emitir ou não a licença ambiental é do órgão licenciador, de modo que seria desarrazoado que uma instituição pudesse obstar sua emissão sem que lhe fosse legalmente outorgada competência para tanto. Assim, prevalece que a autoridade ambiental licenciadora mantém o seu poder decisório, de forma que as manifestações das outras autoridades seriam indicativas/opinativas e não vinculantes.

A redação do atual substitutivo permite que tais autoridades se manifestem, no prazo de trinta dias (nos casos de licenciamento sem ambiental EIA) ou noventa dias (nos casos de licenciamento com EIA), e exponham seus entendimentos e as justificativas técnicas para as condicionantes propostas (se for o caso), o que deverá ser considerado pelo órgão licenciador na análise do licenciamento ambiental.

8 AVALIAÇÃO AMBIENTAL ESTRATÉGICA (AAE) E O ZONEAMENTO ECOLÓGICO ECONÔMICO (ZEE)

O referido Projeto de Lei também traz um capítulo específico sobre a Avaliação Ambiental Estratégica ("AAE") e o Zoneamento Ecológico Econômico ("ZEE").

O objetivo principal da AAE é identificar as consequências, conflitos e oportunidades de propostas de políticas, planos e programas governamentais, considerando os aspectos ambientais, e assegurar a interação entre políticas setoriais, territoriais e de sustentabilidade ambiental no processo de tomada de decisão. Ela teria cunho facultativo, de modo que sua inexistência não poderia criar um obstáculo ao licenciamento ambiental, e seria realizada pelos órgãos responsáveis pela formulação e planejamento de políticas, planos e programas governamentais.

A realização da AAE, entretanto, não eximiria a submissão de atividades e empreendimentos que integram esses planos e programas governamentais ao licenciamento ambiental, mas também não poderia ser considerada um requisito para tal licenciamento.

Já com relação ao ZEE, o projeto de lei determina expressamente que as informações e diretrizes do ZEE ou outro instrumento de ordenamento territorial, quando houver, devem ser considerados como orientação e motivação para o enquadramento do grau de impacto ambiental da atividade ou empreendimento, para a formulação do TR e estudos ambientais, e para a definição de condicionantes ambientais.

A nosso ver, tanto a AAE quanto a ZEE representam medidas de otimização, sob um enfoque mais amplo, visando a aproveitar elementos importantes para a análise e a concepção do licenciamento ambiental, o que exigirá um maior esforço e atividade do Poder Público, mas que resultaria na integração maior dos elementos de zoneamento, sustentabilidade, políticas públicas, impactos causados, medidas de mitigação e estudos ambientais necessários.

9 CONCLUSÃO

O presente artigo buscou analisar os principais aspectos previstos no Projeto de Lei n. 3.729/2004 que trata da nova Lei Geral do Licenciamento Ambiental. Após dezesseis anos de tramitação no Poder Legislativo, nota-se que o atual momento é propício para que seja finalmente apreciado e votado, o que irá facilitar o licenciamento de empreendimentos de energia.

Pretende-se, com o Projeto de Lei, desburocratizar o licenciamento ambiental com base na celeridade, tecnologia, eficiência, simplificação, consensualidade, redução de custos e implementação de mecanismos de controle mais adequados para os empreendimentos e atividades potencialmente poluidores. O ideal é que as atividades que exijam maior controle ambiental sejam o foco de preocupação das autoridades ambientais para fins de licenciamento ambiental, e não aquelas de baixo impacto ou que não tiveram alterações em suas condições de operação.

Além disso, nota-se que o Projeto de Lei visa a proteger o empreendedor, garantindo condicionantes legais e razoáveis, redução das licenças necessárias, prazos conhecidos de análise e renovação das licenças ambientais, manifestação adequada de outras autoridades e da população, além de impedir que os processos tramitem indefinidamente, por meio de diversas solicitações de documentos e exigências adicionais. Quanto aos estudos ambientais, nota-se um espírito de maior coerência com os estudos necessários, os quais poderão levar em consideração aspectos e impactos já conhecidos da área e da atividade pretendida, além de elementos envolvendo o zoneamento, empreendimentos vizinhos, políticas públicas eventualmente necessárias.

Quanto ao aspecto legislativo em si, o Projeto de Lei busca sanar uma lacuna existente no ordenamento jurídico brasileiro, tendo em vista que o regramento atual se encontra baseado em Resoluções do CONAMA que, de certa forma, estão defasadas e não se compatibilizam adequadamente com a Lei Complementar n. 140/2011, a PNMA e a própria CF/88.

Assim, espera-se que o Projeto de Lei contribua para o aprimoramento adequado do instituto do licenciamento ambiental no Brasil facilitando a vida dos empreendedores, sem que a proteção ao meio ambiente seja mitigada e, garantindo, assim, o cumprimento com o princípio do desenvolvimento sustentável.

REFERÊNCIAS

CAMILO, Amanda dos Santos Sousa; DE ARAÚJO, Gabriel Pires; LOPES, Anderson Soares; ALMEIDA, Paulo Santos. Licenciamento Ambiental Brasileiro: uma análise comparativa do Projeto de Lei 3.729/2004 com os objetivos do desenvolvimento sustentável. *In*: **Anais do X Congresso Brasileiro de Gestão Ambiental**, São Bernardo do Campo, 26-29 nov. 2018. Disponível em: http://www.ibeas.org.br/congresso/Trabalhos2018/V-006.pdf. Acesso em: 12 jun. 2020.

D'OLIVEIRA, Rafael Lima Daudt. **A simplificação no direito administrativo e ambiental**. Rio de Janeiro: Lumen Juris, 2019.

FARIAS, Talden. **Licenciamento Ambiental:** Aspectos Teóricos e Práticos. 7. ed. Belo Horizonte: Fórum, 2019.

HOFMANN, Rose Mirian. **Gargalos do licenciamento ambiental federal no Brasil**. Brasília: Câmara dos Deputados, Consultoria Legislativa, 2015. Disponível em: https://www2.camara.leg.br/atividade-legislativa/estudos-e-notas-tecnicas/publicacoes-da-consultoria-legislativa/areas-da-conle/tema14/2015_1868_licenciamentoambiental_rose-hofmann. Acesso em: 14 jun. 2020.

LEMOS, André Fagundes. A (in)competência do CONAMA para edição de normas sobre licenciamento ambiental: análise de sua juridicidade. **Revista Brasileira de Políticas Públicas**, Brasília, v. 3, n. 2, dez. 2013.

MENESES, Katharina De Lourdes Costa. **A necessidade de reformulação do licenciamento ambiental:** análise das regras atuais e do substitutivo ao projeto de Lei 3729/04. 92f. 2016. Monografia (Graduação em Direito) – Universidade de Brasília, Brasília, 2016. Disponível em: https://bdm.unb.br/bitstream/10483/14735/1/2016_KatharinadeLourdesCostaMeneses_tcc.pdf. Acesso em: 11 jun. 2020.

MILARÉ, Édis. **Direito do Ambiente**. 10. ed. São Paulo: Revista dos Tribunais, 2015.

NERI, Carina Souza. **Projeto de Lei n. 3.729/2004:** uma nova proposta para o licenciamento ambiental no brasil. 32f. 2016. Artigo (Pós-graduação em Direito Empresarial) – Insper Instituto de Ensino e Pesquisa, São Paulo, 2016. Disponível em: http://dspace.insper.edu.br/xmlui/handle/11224/2391. Acesso em: 13 jun. 2020.

OS LIMITES DAS CONDICIONANTES AMBIENTAIS NOS EMPREENDIMENTOS DE ENERGIA ELÉTRICA

Alexandre Sion[1]

André Marchesin[2]

SUMÁRIO:

---

1 Presidente da ABDEM - Associação Brasileira de Direito de Energia e Meio Ambiente. 20 anos de experiência atendendo empresas de Capital Intensivo e de Infraestrutura. Pós-doutorando em Direito pela Universidade de Salamanca na Espanha (certificado pendente da defesa do doutorado). Doutorando em Direito pela Universidade Autónoma de Lisboa, Portugal (créditos concluídos em 2017). Mestre em Direito Internacional Comercial (L.LM) pela Universidade da Califórnia, Estados Unidos (2009-2011). Especialista em Direito Constitucional (2005-2006). Pós-graduado em Direito Civil e Processual Civil pela FGV (2005-2006). Advogado com formação em Direito (1996-2000) e Administração de Empresas (1992-1995). Foi advogado interno (2001 a 2011) da Vale, MMX e Anglo American, tendo ocupado nestas duas últimas empresas funções executivas na área jurídica. Nos últimos anos foi o Head do jurídico regulatório Brasil do grupo Anglo American. É Cofundador e foi o primeiro Vice-Presidente da UBAA - União Brasileira da Advocacia Ambiental. Membro Consultor da Comissão Especial de Direito de Infraestrutura da OAB Nacional Foi Consultor

1 INTRODUÇÃO

O setor energético é essencial para o desenvolvimento social e econômico das sociedades, revelando-se como elemento basilar das cadeias produtivas industriais e comerciais no mundo inteiro.

No que diz respeito à matriz elétrica brasileira[3], quando analisadas as fontes disponíveis apenas para a geração de energia elétrica, as usinas hidrelétricas representam cerca de 65,2% da produção no país. Isso ocorre em razão das abundantes fontes hídricas disponíveis. As usinas hidrelétricas são preponderantes no cenário elétrico brasileiro e fundamentais para o desenvolvimento das atividades econômicas. A geração termoelétrica (gás natural, biomassa, carvão

da Comissão Nacional de Direito Ambiental da OAB – Conselho Federal. Presidente da Comissão de Direito de Infraestrutura da OAB/MG desde 2013. Membro da Comissão de Direito Ambiental do IAB - Instituto dos Advogados Brasileiros Membro do Conselho Diretor do ICLEI – Governos Locais para a Sustentabilidade. Foi Membro da Comissão Permanente de Meio Ambiente e da Comissão de Infraestrutura, Logística e Desenvolvimento Sustentável da OAB/SP. É ou foi Membro das Comissões de Direito de Energia, Direito Ambiental, Direito Minerário, Direito da Construção, Advocacia Corporativa e Arbitragem e Conciliação da OAB/MG e da Comissão de Anticorrupção e *Compliance* da OAB/RJ. Foi Membro da Comissão de Empresários para o Meio Ambiente da FIEMG. Membro do Comitê Nacional de Infraestrutura e Construção da CAMARB – Câmara de Mediação e Arbitragem Empresarial. Árbitro da CBMAE e da CAMES. Professor da PUC/MG e professor convidado da UFG – Universidade Federal de Goiás, PUC/RS, ESA/RJ, EDB/SP, UNISANTA – Universidade Santa Cecília, Escola da Magistratura do Maranhão – ESMAM e Escola Judicial do Amapá – EJAP, entre outras. Palestrante atuante na Europa e diversas capitais brasileiras, autor e coautor de inúmeros livros e quase uma centena de artigos jurídicos. Advogado inscrito em SP, RJ e MG

2 Advogado. Especialista em Direito Ambiental e Direito Processual Civil (PUC-SP), e Conformidade Ambiental com Requisitos Técnicos e Legais (CETESB).

3 O Balanço Energético Nacional (bem) de 2019 indica que 45,3% da matriz energética do país baseia-se na biomassa de cana (17,4%), hidráulica (12,6%), lenha e carvão vegetal (8,4%) e lixívia e outras fontes renováveis (6,9%), ao passo que as fontes não renováveis somam 54,7% e são representadas pelo petróleo e derivados (34,4%), gás natural (12,5%), carvão mineral (5,8%), urânio (1,4%) e outras não renováveis (0,6%) (BRASIL, 2019, p. 19).

e nuclear), por sua vez, desempenha um papel importante no cenário elétrico brasileiro à medida que representa 27.9% da matriz.

Não por acaso, as grandes controvérsias ambientais do setor de energia dizem respeito aos processos de licenciamento dos grandes empreendimentos hidrelétricos e termoelétricos.

Com efeito, há, no Brasil, uma percepção muitas vezes negativa em relação aos processos de licenciamento ambiental, especialmente em razão da subjetividade que permeia a etapa de análise de impactos e dos conflitos políticos e ideológicos envolvendo os órgãos do setor ambiental e *stakeholders*[4], que implicam, muitas vezes, exigências desassociadas dos impactos identificados nos estudos técnicos pertinentes.

Diante deste cenário, faremos uma breve avaliação dos objetivos do licenciamento ambiental, destacando os limites a serem observados pela Administração Pública Ambiental para imposição de exigências e obrigações no âmbito do licenciamento ambiental de projetos do setor de energia elétrica.

2 OS OBJETIVOS DO LICENCIAMENTO AMBIENTAL

O compromisso do Poder Público em prol do atendimento ao interesse geral da sociedade constitui mandamento constitucional, uma vez que incumbe ao Poder Público e à coletividade o dever de preservar e defender o meio ambiente ecologicamente equilibrado para as presentes e futuras gerações (artigo 225 da Constituição da República Federativa do Brasil de 1988 – "CRFB/1988"). Logo, as atividades administrativas devem ser desenvolvidas pelo Estado em benefício da coletividade[5].

No mesmo sentido, a Política Nacional do Meio Ambiente ("PNMA") (Lei Federal n. 6.938/1981), em seu artigo 2º, I,

---

4 FARIA, Ivan Dutra. **Ambiente e Energia:** crença e ciência no licenciamento ambiental. Parte III: sobre alguns dos problemas que dificultam o licenciamento ambiental no Brasil. Núcleo de Estudos e Pesquisa do Senado. 2011.

5 CARVALHO FILHO, José dos Santos. **Manual de direito administrativo**. 25. ed. São Paulo: Atlas, 2012. p. 32.

preconizou, ainda, "a ação governamental na manutenção do equilíbrio ecológico, considerando o meio ambiente como um patrimônio público a ser necessariamente assegurado e protegido, tendo em vista o uso coletivo"[6].

Para a defesa do direito ao meio ambiente ecologicamente equilibrado, a PNMA enumera diversos instrumentos e mecanismos de controle prévios, concomitantes e sucessivos[7] objetivando a preservação, melhoria e recuperação da qualidade ambiental, e sua compatibilização com o desenvolvimento econômico-social, tais como o zoneamento ambiental, a avaliação de impactos ambientais e o licenciamento ambiental.

O licenciamento ambiental[8] é instrumento da PNMA (artigo 9º, IV)[9] que objetiva o desenvolvimento sustentável, na medida em que visa ao convívio equilibrado entre a ação econômica do ser humano e o meio ambiente onde se insere[10].

O licenciamento ambiental, que continua sendo o mais importante instrumento da PNMA, é mecanismo preventivo que tem por objetivo compatibilizar o desenvolvimento econômico e a livre

---

6 BRASIL. Lei n. 6.938, de 31 de agosto de 1981. Dispõe sobre a Política Nacional do Meio Ambiente, seus fins e mecanismos de formulação e aplicação, e dá outras providências. **Diário Oficial da União**, Brasília, 02 set. 1981.

7 MILARÉ, Édis. **Direito do ambiente**. 9. ed. São Paulo: Editora Revista dos Tribunais, 2014. p. 788.

8 Édis Milaré lembra que o licenciamento ambiental pode ser enxergado como uma sucessão itinerária e encadeada de atos administrativos que tendem, todos, a um resultado final e conclusivo, consistente na emissão de uma licença ou autorização ambiental, destinado a licenciar atividades ou empreendimentos utilizadores de recursos ambientais, efetiva ou potencialmente poluidores ou capazes, sob qualquer forma, de causar degradação ambiental. (MILARÉ, Édis. **Direito do ambiente**. 9. ed. São Paulo: Revista dos Tribunais, 2014. p. 790).

9 A PNMA estabeleceu a competência dos órgãos ambientais para promover "o licenciamento e a revisão de atividades efetiva ou potencialmente poluidoras", conforme previsto no seu artigo 9º, IV.

10 Brasil. Tribunas de Contas da União. **Cartilha de licenciamento ambiental**. 2. ed. Brasília: TCU, 4ª Secretaria de Controle Externo, 2007. p. 3

iniciativa com o meio ambiente, dentro de sua capacidade de regeneração e permanência. Evidencia-se, portanto, a relevância do licenciamento ambiental de atividades efetiva ou potencialmente poluidoras como mecanismo de controle[11], porque dá concretude à obrigação do Estado de proteger o meio ambiente, conforme estabelecido no *caput* do artigo 225 da CRFB/1988.

O licenciamento ambiental é importante instrumento de concretização e operacionalização do princípio da prevenção pois, como defende Talden Farias, objetiva "assegurar a qualidade de vida da população por meio de um controle prévio e de um continuado acompanhamento das atividades humanas capazes de gerar impactos sobre o meio ambiente"[12].

O artigo 10 da PNMA prevê a exigência prévia do licenciamento ambiental, o qual destina-se à "construção, instalação, ampliação e funcionamento de estabelecimentos e atividades utilizadoras de recursos ambientais, efetiva ou potencialmente poluidores ou capazes, sob qualquer forma, de causar degradação ambiental".

Quando exigível, nos termos do artigo 10 da PNMA e artigo 2º da Lei Complementar n. 140/2011, o licenciamento ambiental será conduzido por órgão ambiental na forma da repartição de competências administrativas definida pela Lei Complementar n. 140/2011 (artigos 7º a 10) e artigo 23 da CRFB/1988.

O licenciamento ambiental objetivará, em essência, conciliar a preservação ambiental e o desenvolvimento econômico.

Nesse contexto, a Administração Pública Ambiental estabelecerá, por ato administrativo (licença ou autorização ambiental), os requisitos para o cumprimento de obrigações ambientais específicas (condicionantes de controle ambiental e/ou compensatórias).

---

11 RIOS, Aurélio Virgílio Veiga Rios. ARAÚJO, Ubiracy. Política Nacional do Meio Ambiente. *In:* RIOS, Aurélio Virgílio Veiga (org). **O Direito e o desenvolvimento sustentável:** curso de direito ambiental. São Paulo: Petrópolis; Brasília: IEB – Instituto Internacional de Educação do Brasil, 2005. p. 158.

12 FARIAS, Talden. **Licenciamento ambiental**. 6. ed. Belo Horizonte: Fórum, 2017. p. 8.

As obrigações relacionadas ao empreendimento/atividade licenciada devem ter por fundamento imediato, direto e proporcional os estudos produzidos no âmbito do processo de licenciamento ambiental ou obrigações derivadas da legislação ambiental, as quais podem se fundamentar no só fato de a atividade ser efetiva ou potencialmente causadora de significativa degradação ambiental – como é o caso, por exemplo, da compensação ambiental[13] prevista no artigo 36 da Lei Federal n. 9.985/2000[14].

No Brasil, o Estudo de Impacto Ambiental ("EIA") e seu respectivo Relatório de Impacto Ambiental ("RIMA"), por força do disposto no artigo 225, § 1°, IV da CRFB/88[15] e Resolução CONAMA n. 01/1986, são os documentos técnicos multidisciplinares destinados a permitir uma ampla e completa avaliação dos impactos ambientais de empreendimentos causadores, ainda que potencialmente, de impactos ambientais significativos. A depender da tipologia, características e localidade do empreendimento, outros procedimentos de avaliação de impactos ambientais serão aplicados em detrimento do EIA/RIMA, como é o caso, por exemplo, do Relatório Ambiental Simplificado ("RAS")[16] e do Relatório de Controle Ambiental ("RCA")[17].

---

13 A compensação ambiental consiste em obrigação de pagar até 0,5% do valor do empreendimento a título de compensação. A esse respeito, o Supremo Tribunal Federal (ADI n. 3.378-6-DF ajuizada pela Confederação Nacional da Indústria) determinou que a compensação ambiental não pode ser arbitrada pelo órgão ambiental sem a utilização de contornos claros e, dando uma leitura conforme a Constituição, definiu um teto percentual incidente sobre os custos totais de implantação do empreendimento.

14 BRASIL. Lei n. 9.985, de 18 de julho de 2000. Dispõe sobre o Sistema Nacional de Unidades de Conservação da Natureza e dá outras providências. **Diário Oficial da União**, Brasília, 19 jul. 2000.

15 O artigo 225, § 1°, IV da CRFB/88 prevê que, para assegurar a efetividade do direito ao meio ambiente ecologicamente equilibrado, incumbe ao Poder Público exigir, na forma da lei, para instalação de obra ou atividade potencialmente causadora de significativa degradação do meio ambiente, estudo prévio de impacto ambiental, a que se dará publicidade.

16 O Relatório Ambiental Simplificado ("RAS") pode ser exigido no licenciamento ambiental de empreendimentos de impacto ambiental de pequeno porte,

De toda forma, é com base nos estudos técnicos de avaliação de impacto ambiental indicado caso a caso pela legislação ou pelo órgão ambiental competente que é orientada tecnicamente a condução do licenciamento ambiental do empreendimento, inclusive para que sejam fixadas as condicionantes ambientais aplicáveis. Neste contexto, a função do estudo ambiental é justamente qualificar o fato e apontar quais medidas são necessárias para evitar ou mitigar os impactos adversos[18] associados ao empreendimento.

É por isso, conforme bem salienta Paulo Affonso Leme Machado e Antônio Herman de Vasconcellos Benjamin, que o propósito dos estudos ambientais não é influenciar as decisões administrativas em favor do meio ambiente e em detrimento das vantagens econômicas e sociais do projeto[19], mas sim conferir ao Poder Público uma base informacional séria, que possibilite pesar os interesses em jogo da forma mais esclarecida possível, limitando a discricionariedade administrativa[20] no estabelecimento de exigências e medidas.

Especialmente no caso dos grandes empreendimentos do setor de energia o licenciamento ambiental é geralmente técnica e

---

por exemplo, e normalmente apresenta a caracterização do empreendimento, o diagnóstico ambiental da região onde este se localizará, os impactos ambientais e respectivas medidas de controle, de mitigação e de compensação É a definição do artigo 4º, II, da Resolução CONAMA n. 412/2009.

17 O Relatório de Controle Ambiental ("RCA") é solicitado para empreendimentos ou atividades que não gerem impactos ambientais significativos, sendo seu conteúdo estabelecido caso a caso. Este estudo apresenta a localização frente ao plano diretor municipal, a caracterização da região de instalação do empreendimento, alvarás e documentos similares, além do plano de controle ambiental, contendo fontes de poluição ou degradação e suas medidas de controle. É o que depreende-se, por exemplo, do Anexo IV da Portaria n. 421/2011 do Ministério do Meio Ambiente.

18 FARIAS, Talden. **Condicionantes para concessão do licenciamento ambiental**. Consultor Jurídico. 28 set. 2019.

19 MACHADO, Paulo Affonso Leme. **Direito ambiental brasileiro**. 20. ed. São Paulo: Malheiros, 2012. p. 269.

20 BENJAMIN, Antonio Herman de Vasconcellos e. **Os princípios de estudo de impacto ambiental como limites da discricionariedade administrativa**. BDJur, Brasília, DF.

juridicamente complexo e acaba por envolver diversos *stakeholders* e avaliações multidisciplinares sobre diversos aspectos ambientais, econômicos e sociais.

E, neste contexto, é conhecido o aumento de abordagens ideológicas e políticas, com elevado grau de subjetividade e distantes dos estudos técnicos pertinentes. As abordagens científicas gradativamente têm sido deixadas em segundo plano. E, por consequência, como observa Paulo de Bessa Antunes, "muitas vezes, as condicionantes não guardam uma relação específica com o impacto ambiental causado pela atividade, empreendimento ou projeto"[21].

3 OS LIMITES AO ÓRGÃO LICENCIADOR EM RELAÇÃO ÀS CONDICIONANTES AMBIENTAIS

As condicionantes ambientais são cláusulas de ato administrativo[22] que consistem em direcionamentos, condições, restrições ou medidas de controle estabelecidos pelo órgão ambiental competente[23] no conteúdo da licença ambiental e que operam sobre o

---

21 ANTUNES, Paulo de Bessa. **Direito ambiental**. 21. ed. São Paulo: Atlas, 2020. E-book.

22 O conceito de ato administrativo, embora não previsto na legislação brasileira, é amplamente abordado na doutrina, apresentando diferentes definições. Para Celso Antônio Bandeira de Mello trata-se de "declaração do Estado, ou de quem lhe faça as vezes, no exercício de prerrogativas públicas, manifestada mediante providências jurídicas complementares da lei a título de lhe dar cumprimento, e sujeitas a controle de legitimidade por órgãos jurisdicionais" (BANDEIRA DE MELLO, Celso Antônio. **Curso de direito administrativo**. 26. ed. São Paulo: Malheiros, 2009. p. 16). Alexandre Mazza: "toda manifestação expedida no exercício da função administrativa, com caráter infralegal, consistente na emissão de comandos complementares à lei, com a finalidade de produzir efeitos jurídicos" (MAZZA, Alexandre. **Manual de direito administrativo**. 5. ed. São Paulo: Saraiva, 2015. p. 243).

23 PRACUCHO, Davi Marcucci. **Licenciamento ambiental no direito brasileiro:** aspectos legais e doutrinários e ordem constitucional. Rio de Janeiro: Lumen Juris, 2018. p. 112.

empreendimento ou atividade licenciada, objetivando mitigar ou compensar proporcionalmente seus impactos ao meio ambiente, considerando os meios físico, biótico e socioeconômico.

As condicionantes são cláusulas da licença ambiental que devem ser interpretadas à luz da dinamicidade do processo de licenciamento ambiental[24], a teor do conceito previsto no artigo 1º, II, da Resolução CONAMA n. 237/1997:

> Art. 1. Para efeito desta Resolução são adotadas as seguintes definições:
> [...]
> II – Licença Ambiental: ato administrativo pelo qual o órgão ambiental competente, estabelece as condições, restrições e medidas de controle ambiental que deverão ser obedecidas pelo empreendedor, pessoa física ou jurídica, para localizar, instalar, ampliar e operar empreendimentos ou atividades utilizadoras dos recursos ambientais consideradas efetiva potencialmente poluidoras ou aquelas que, sob qualquer forma, possam causar degradação ambiental[25].

Por terem finalidades relacionadas aos impactos adversos do projeto licenciado, as condicionantes ambientais devem ser minimamente acompanhadas de justificativa técnica motivada, devendo ter relação direta, clara e imediata com as adversidades (nexo de causalidade) apuradas nos estudos técnicos pertinentes[26]. O dever de

---

24 BIM, Eduardo Fortunato. A dinamicidade do cumprimento das condicionantes no licenciamento ambiental. **Consultor Jurídico**, São Paulo, 18 dez. 2015. Opinião.

25 BRASIL. Resolução n. 237, de 19 de dezembro de 1997. Dispõe sobre o licenciamento ambiental no Brasil. **Diário Oficial da União**, Brasília, 19 dez. 1997.

26 A Portaria Interministerial n. 60/2015 dos Ministérios do Meio Ambiente, da Justiça, da Cultura e da Saúde, que disciplina a atuação dos órgãos e entidades da administração pública federal em processos de licenciamento ambiental de competência do IBAMA, prevê, no artigo 7º, § 12 que "as condicionantes e medidas indicadas na manifestação dos órgãos e entidades **deverão guardar relação direta com os impactos identificados nos estudos apresentados pelo empreendedor**, decorrentes da implantação da

motivação[27] no estabelecimento de exigências e medidas permite ao Poder Público, segundo explica Bruno Aurélio[28], o esclarecimento do 'porquê' dos atos administrativos e razão pelas quais poderão ser judicialmente sindicáveis em face das decisões arbitrárias. Somente quando há uma adequada motivação do ato administrativo poderá o empreendedor e a coletividade questionar minuciosamente as razões e/ou o conteúdo das condicionantes ambientais.

Assim, quando sustentadas em premissas técnicas, as condicionantes proporcionam uma adequada proteção ao meio ambiente durante a instalação, operação, desativação e desmobilização do projeto licenciado.

---

atividade ou empreendimento, e **deverão ser acompanhadas de justificativa técnica**". E no artigo 16 é estabelecido que "As solicitações ou exigências indicadas nas manifestações dos órgãos e entidades envolvidos, nos estudos, planos, programas e condicionantes, **deverão guardar relação direta com os impactos identificados nos estudos desenvolvidos** para o licenciamento da atividade ou do empreendimento, **devendo ser acompanhadas de justificativa técnica**." (sem destaque no original).

27 O artigo 50 da Lei de Processo Administrativo Federal (Lei n. 9.784/1999) dispõe: Os atos administrativos deverão ser motivados, com indicação dos fatos e dos fundamentos jurídicos, quando:

I – neguem, limitem ou afetem direitos ou interesses; II – imponham ou agravem deveres, encargos ou sanções; III – decidam processos administrativos de concurso ou seleção pública; IV – dispensem ou declarem a inexigibilidade de processo licitatório; V – decidam recursos administrativos; VI – decorram de reexame de ofício; VII – deixem de aplicar jurisprudência firmada sobre a questão ou discrepem de pareceres, laudos, propostas e relatórios oficiais; VIII – importem anulação, revogação, suspensão ou convalidação de ato administrativo. § 1º A motivação deve ser explícita, clara e congruente, podendo consistir em declaração de concordância com fundamentos de anteriores pareceres, informações, decisões ou propostas, que, neste caso, serão parte integrante do ato. (BRASIL. Lei n. 9.784, de 29 de janeiro de 1999. Regula o processo administrativo no âmbito da Administração Pública Federal. **Diário Oficial da União**, Brasília, 1 fev. 1999).

28 AURÉLIO, Bruno. **Atos administrativos ampliativos de direitos:** revogação e invalidação. São Paulo: Malheiros, 2011. p. 72.

E, para tanto, as condicionantes ambientais devem guardar pertinência com os impactos ambientais associados ao empreendimento ou atividade, jamais podendo haver excessos ou desvios de finalidade no exercício da função administrativa, a teor do artigo 37, *caput*, da CRFB/1988, que determina que "a administração pública [...] obedecerá aos princípios de legalidade, impessoalidade, moralidade, publicidade e eficiência [...]"[29]. Do contrário, as condicionantes estabelecidas na licença ambiental serão ilegais e abusivas, cristalizando patente desvio de poder[30], impondo-se a nulidade do ato administrativo, já que compromete diretamente seu conteúdo[31].

A razão de ser e a base normativa das condicionantes ambientais é sempre sua relação clara e direta com algum impacto adverso associado ao empreendimento. As obrigações fixadas pela Administração Pública Ambiental devem guardar relação com a finalidade, tipologia, localidade e as características do empreendimento ou atividade, não podendo o órgão ambiental estabelecer cláusula na licença ambiental com o mero objetivo de atender a fins políticos ou para suprir as deficiências estatais[32][33].

Nesse contexto, não raras vezes, os empreendimentos do setor de energia elétrica acabam sendo obrigados a realizar obras e assumir obrigações que extrapolam seu dever de mitigar e compensar os impactos causados pela atividade. Tratam-se, muitas vezes, de obras e obrigações que são de responsabilidade do Poder Público e que

29 BRASIL. [Constituição (1988)]. Constituição da República Federativa do Brasil de 1988. **Diário Oficial da União**, Brasília, 05 out. 1988.

30 BIM, Eduardo Fortunato. **Licenciamento ambiental**. Rio de Janeiro: Lumen Juris, 2015. p. 228/229.

31 FRANÇA, Vladimir da Rocha. **Estrutura e motivação do ato administrativo**. São Paulo: Malheiros, 2007. p. 173

32 MIRANDA, Svetlana Maria de. As condicionantes ambientais e a importância da sua gestão tempestividade e adequada pelos empreendimentos. **Migalhas**, Brasília, 6 ago. 2018. Opinião.

33 PRACUCHO, Davi Marcucci. **Licenciamento ambiental no direito brasileiro:** aspectos legais e doutrinários e ordem constitucional. Rio de Janeiro: Lumen Juris, 2018. p. 116.

servem para atender a demandas prévias à implantação do empreendimento energético, como redes de saneamento básico, esgoto e aterros sanitários.

Apenas no caso do licenciamento ambiental da UHE Belo Monte, uma das maiores hidrelétricas do mundo, foram estabelecidas 40 condicionantes para a concessão da licença de instalação[34], contemplando ações que, em tese[35] seriam de responsabilidade do Poder Público, tal como implantação de aterro sanitário e remediação de lixão, por exemplo. Apenas com a expedição da licença de operação[36] da usina hidrelétrica estabeleceu-se diretrizes para a operacionalização, pela Municipalidade de Altamira, das estruturas de saneamento básico construídas, as quais deveriam ter sido instaladas pelo Poder Público em razão de políticas, planos e programas governamentais, salvo hipótese de delegação dos serviços públicos.

Já no contexto da construção de novas hidrelétricas e a (re)potencialização de usinas hidrelétricas na Amazônia a partir da metade da década de 1990 envolvendo as UHEs de Coaracy Nunes, Ferreira Gomes e Cachoeira Caldeirão - usinas hidrelétricas instaladas no rio Araguari, no Estado do Amapá – citam-se as exigências do órgão ambiental licenciador objetivando a melhoria na infraestrutura de saúde dos Municípios na área de influência dos projetos e o monitoramento e controle de malária na região[37].

---

[34] Vide condicionante 2.10 da Licença de Instalação n. 795/2011, expedida pelo IBAMA em 1 jun. 2011. Disponível em: <https://s3-sa-east-1.amazonaws.com/tcm-assets/norteenergia-pt-br/Licen%C3%A7a%20de%20Instala%C3%A7%C3%A3o%20795-2011%20UHE%20BeloMonte.pdf>

[35] A esse respeito entendemos que, em regra, tais obrigações não deveriam ser suportadas pelo empreendedor, mas não se trata de crítica específica ao caso.

[36] *Vide* condicionante 2.13 da Licença de Operação n. 1317/2015, expedida pelo IBAMA em 24 nov. 2015. Disponível em: https://s3-sa-east-1.amazonaws.com/tcm-assets/norteenergia-pt-br/Licen%C3%A7a%20de%20Opera%C3%A7%C3%A3o%201317-2015%20UHE%20Belo%20Monte.pdf.

[37] MORENO, Eduardo Starmandinoli. OLIVEIRA, Joana Cabral. SHIMABUKURO, Paloma Helena Fernandes. CARVALHO, Luciana. **Licenciamento ambiental de grandes empreendimentos:** quais os limites para avaliação

Como exemplo desassociado dos impactos identificados nos estudos técnicos produzidos no âmbito do licenciamento ambiental, Rafael Véras de Freitas[38] cita exigência hipotética de que o empreendedor, para obter licenciamento de uma usina hidrelétrica, seja obrigado a construir edificação para a instalação da sede do órgão ambiental. Nesse caso cuidar-se-ia de uma medida compensatória abusiva, pois ao mesmo tempo, é incompatível com o impacto adverso provocado pelo projeto licenciado, desproporcional e que pode servir a atos de coação do Poder Público.

Esses são exemplos típicos de exigências descoladas dos estudos técnicos e impactos adversos relacionados ao empreendimento, já que se utilizam do empreendedor para a realização de ações que compensem impactos que existem ou existiriam independentemente do projeto licenciado.

A insegurança jurídica no estabelecimento de condicionantes ambientais, especialmente no licenciamento de grandes projetos de energia elétrica, é resultante da combinação de diversos aspectos, dentre eles a utilização de avaliações subjetivas, de informações não-validadas e de argumentação desprovida de caráter técnico ou científico. Essa situação, muito embora também ocorra na etapa de avaliação de impactos, é observada principalmente durante as audiências públicas, as quais normalmente não atingem seus objetivos, já que acabam sendo eventos radicalizados pelo embate de grupos de pressão e polarização ideológica de interesses[39]. E, apesar disso, reinvindicações trazidas durante as audiências públicas acabam sendo incorporadas aos processos de licenciamento e exigidas dos empreendedores.

---

de impactos diretos e indiretos em saúde? Estudo de caso na Terra Indígena Wajãpi, Amapá. 2018.

38 FREITAS, Rafael Véras. **Proporcionalidade das medidas compensatórias e mitigatórias**. *In*: Comentários à Lei da Liberdade Econômica. São Paulo: Editora Revista dos Tribunais, 2020. E-book.

39 TORRES, Marcos Abreu. O licenciamento ambiental de infraestrutura na encruzilhada. 2019. *In*: MILARÉ, Édis, Morais, Roberta Jardim de, ALMEIDA, André Luís Coentro de (orgs). **Infraestrutura no Direito do Ambiente**. São Paulo, Revista dos Tribunais, 2015.

É por isso que a Declaração de Direitos da Liberdade Econômica (Lei Federal n. 13.874/2019)[40] estabeleceu a impossibilidade de o Poder Público exigir prestações e medidas abusivas[41]. E, no caso de questões relacionadas ao licenciamento ambiental, incluindo o estabelecimento de condicionantes, por exemplo, ter-se-ão como abusivas aquelas que forem descoladas dos impactos ambientais associados ao projeto licenciado porquanto inexistente o nexo de causalidade.

As cláusulas das licenças ambientais sempre devem ter fundamento jurídico e técnico. E, para tanto, devem buscar fundamento nos estudos pertinentes – o Relatório Ambiental Preliminar ("RAP"), o EIA/RIMA e o Plano de Recuperação de Áreas Degradadas ("PRAD") são exemplos –, contribuições das comunidades em audiências públicas e análises técnico-administrativas, contando com previsibilidade técnica[42].

É por isso que o órgão ambiental licenciador não poderá deixar de demonstrar a funcionalidade da condicionante ambiental para justificar a internalização pelo empreendedor dos custos derivados da utilização dos recursos naturais.

As condicionantes ambientais devem decorrer de avaliação técnico-jurídica, motivada e impessoal dos impactos negativos

40 BRASIL. Lei Federal n. 13.874, de 20 de setembro de 2019. Institui a Declaração de Direitos de Liberdade Econômica. **Diário Oficial da União**, Brasília, 20 set. 2019.

41 A Lei Federal n. 13.874/2019 prevê: "Art. 3. São direitos de toda pessoa, natural ou jurídica, essenciais para o desenvolvimento e o crescimento econômicos do País, observado o disposto no parágrafo único do art. 170 da Constituição Federal: [...] XI – **não ser exigida medida ou prestação compensatória ou mitigatória abusiva**, em sede de estudos de impacto ou outras liberações de atividade econômica no direito urbanístico, entendida como aquela que: [...] e) mostre-se sem razoabilidade ou desproporcional, inclusive utilizada como meio de coação ou intimidação" (sem destaque no original).

42 SIQUEIRA, Gerlena Maria Santana. **Licenciamento ambiental de grandes empreendimentos**: regime jurídico e conteúdo das licenças ambientais. Curitiba: Juruá, 2017.

associados ao empreendimento ou atividade, sendo vedada sua materialização a partir de excessos ou deficiências. As condicionantes deverão, ainda, compatibilizar a preservação do meio ambiente e o desenvolvimento econômico-social. Do contrário, representarão ameaça ou lesão a direito individual, coletivo ou difuso (artigo 81, parágrafo único, I, II e III do Código de Defesa do Consumidor)[43].

No exercício de sua função administrativa, no âmbito do processo de licenciamento ambiental, o órgão ambiental poderá estabelecer condicionantes ambientais que versem sobre medidas preventivas (evitando o impacto por meio de medidas inibitórias), mitigatórias (caso não seja possível prevenir o impacto, objetiva-se a diminuição, minimização ou atenuação de seus efeitos negativos) ou compensatórias (na impossibilidade de prevenir ou mitigar os impactos do empreendimento, compensa-se os impactos negativos e não mitigáveis).

As medidas preventivas e mitigadoras caracterizam-se como medidas de controle ambiental, assumindo caráter de essencialidade em razão de seu caráter eminentemente técnico para embasar a licença ambiental. As medidas compensatórias, por sua vez, são exigências complementares estabelecidas pelo órgão ambiental licenciador[44].

Em relação aos projetos de energia elétrica, a legislação reconhece a essencialidade das condicionantes ambientais. A esse respeito,

---

43 *Vide* Lei Federal n. 8.078/1990, artigo 81, parágrafo único: "A defesa coletiva será exercida quando se tratar de: I – interesses ou direitos difusos, assim entendidos, para efeitos deste código, os transindividuais, de natureza indivisível, de que sejam titulares pessoas indeterminadas e ligadas por circunstâncias de fato; II – interesses ou direitos coletivos, assim entendidos, para efeitos deste código, os transindividuais, de natureza indivisível de que seja titular grupo, categoria ou classe de pessoas ligadas entre si ou com a parte contrária por uma relação jurídica base; III – interesses ou direitos individuais homogêneos, assim entendidos os decorrentes de origem comum" (BRASIL, 1990).

44 MILARÉ, Lucas Tamer. **O licenciamento ambiental:** contribuições para um marco legislativo à luz do pacto federativo ecológico instituído pela Lei Complementar n. 140/2011. 337f. 2016. Tese (Doutorado em Direito) – Pontifícia Universidade Católica de São Paulo, São Paulo, 2016. p. 243.

o artigo 10 da Resolução CONAMA n. 279/2001 estabelece que "as exigências e as condicionantes estritamente técnicas das licenças ambientais constituem obrigação de relevante interesse ambiental"[45]_[46], sobretudo porque a instalação e operação dos empreendimentos do setor de energia elétrica envolvem aspectos complexos.

Em vista dessas diversidades e peculiaridades envolvendo o setor de energia, especialmente quando tratamos da opção hidrelétrica, a qual depende – mais fortemente do que as outras opções renováveis – da obtenção de licenças ambientais para a obtenção de recursos financeiros de monta relevante, o licenciamento ambiental não é e não pode ser o guardião de todas as relações derivadas de determinado empreendimento ou atividade que não tenham ligação direta[47] com os impactos do empreendimento[48].

E, no caso dos grandes projetos energéticos – especialmente os hidrelétricos, que geralmente acabam envolvendo muitos *stakeholders* em virtude da área de abrangência do projeto –, reforça-se ainda mais o entendimento de que não há que se falar na inclusão de todo e qualquer aspecto não-ambiental no licenciamento ambiental, sob pena de torná-lo ineficaz.

É por esse motivo que, segundo Eduardo Fortunato Bim, as condicionantes não podem ser vistas como degraus de passagem para outra fase do processo de licenciamento ambiental, mas sim

---

45 BRASIL. Resolução n. 279, de 27 de junho de 2001. Estabelece procedimentos para o licenciamento ambiental simplificado de empreendimentos elétricos com pequeno potencial de impacto ambiental. **Diário Oficial da União**, Brasília, 12 jun. 2001.

46 Neste particular, vale lembrar o que estabelece o art. 68 da Lei Federal n. 9.605/1998, na medida em que descumprir obrigação de relevante valor ambiental pode gerar repercussão criminal.

47 Em decorrência disso, Alexandre Sion entende que os procedimentos de análise tornam-se morosos porque não estão amparados no princípio da eficiência. (SION, Alexandre. Processo minerário X Licenciamento ambiental. Revista Brasil Mineral, Brasília, 18 jun. 2020).

48 BIM, Eduardo Fortunato. **Licenciamento ambiental**. Belo Horizonte: Fórum, 2018.

como formas de mitigar os impactos do empreendimento, conforme forem surgindo.[49] Por consequência, as condicionantes podem ser cumpridas em qualquer fase do processo de licenciamento ambiental, desde que compatível com a dinamicidade do sistema de gerenciamento dos impactos ambientais.

No caso do atendimento das condicionantes dos grandes empreendimentos do setor de energia, devido às peculiaridades construtivas dos projetos, suas dimensões e área de influência, normalmente alonga-se no tempo em razão da dificuldade de circunscrever os efeitos das externalidades ambientais em termos geográficos e temporais.[50] Ainda assim, é fundamental que a matriz de gerenciamento dos impactos ambientais seja detalhada sobre os parâmetros e condições para o cumprimento das medidas aplicáveis, de tal sorte que não haja prejuízo no âmbito do licenciamento ambiental.

Evidente que podem surgir casos em que o cumprimento da condicionante coincida com etapa ou fase específica do procedimento de licenciamento. Podem existir hipóteses em que as questões ambientais - dada a dinamicidade e mutabilidade do meio ambiente - impactem o cronograma de execução e conteúdo das condicionantes, devendo a exigência da condicionante ser diferida ao momento mais adequado, respaldado por estudos técnicos de qualidade satisfatório e com propostas tecnicamente razoáveis e factíveis[51]. Caso não seja assim, os prazos para atendimento das condicionantes são abusivos e implicam nulidade da respectiva cláusula da licença ambiental.

---

49 BIM, Eduardo Fortunato. A dinamicidade do cumprimento das condicionantes no licenciamento ambiental. **Consultor Jurídico**, São Paulo, 18 dez. 2015. Opinião.

50 PÊGO, Bolívar; ROMA, Júlio César; FERES, José Gustavo; SCHMIDT, Larissa. **Condicionantes institucionais à execução dos investimentos em infraestrutura econômica no Brasil:** licenciamento ambiental. IPEA: Brasília. 2017.

51 SIQUEIRA, Gerlena Maria Santa de. **Licenciamento ambiental de grandes empreendimentos**. Regime jurídico e conteúdo das licenças ambientais. Curitiba: Juruá, 2017. p. 103.

4 CONCLUSÃO

O licenciamento ambiental é um dos principais instrumentos para garantir o convívio equilibrado entre a proteção ambiental e o desenvolvimento econômico, e que, por conta do modelo adotado em nossa PNMA, continua sendo o principal instrumento do Poder Público no tocante à questão ambiental.

As condicionantes ambientais, que são cláusulas das licenças e autorizações expedidas no âmbito do licenciamento, estabelecem as condições, restrições e medidas de controle ambiental que deverão ser obedecidas pelo empreendedor para localizar, instalar, ampliar e operar atividades econômicas potencial ou efetivamente poluidoras, de maneira que sejam evitados, mitigados ou compensados os impactos ambientais adversos diretamente associados ao projeto licenciado.

No caso dos empreendimentos do setor de energia, ocorre, na prática, muitas das vezes, de os órgãos ambientais estabelecerem medidas compensatórias e mitigatórias não previstas em lei e alheias aos impactos adversos estudados em avaliações técnicas pertinentes, impondo obrigações típicas do Poder Público.

O conteúdo das condicionantes ambientais, com base em informações técnicas e científicas de boa qualidade e critérios de risco e potencial impacto, deve guardar relação direta e proporcional com os impactos, sendo vedado o estabelecimento ou a modificação/revisão de condicionantes ambientais por motivos políticos, sociais e ideológicos. Caso contrário, as exigências, prazos e condições postas pelo órgão ambiental licenciador são nulas porquanto abusivas, conforme fundamento constante no artigo 3º, XI da Declaração de Direitos da Liberdade Econômica e legislação ambiental.

Por esses motivos, o estabelecimento e o cumprimento das condicionantes devem ser atrelados a um fator técnico satisfatoriamente identificado e qualificado nos estudos pertinentes, de tal sorte que a obrigação estabelecida pela Administração Pública Ambiental tenha por fundamento premissa previsível e mensurável.

REFERÊNCIAS

ANTUNES, Paulo de Bessa. **Direito ambiental**. 21. ed. São Paulo: Atlas, 2020. E-book.

AURÉLIO, Bruno. **Atos administrativos ampliativos de direitos:** revogação e invalidação. São Paulo: Malheiros, 2011.

BANDEIRA DE MELLO, Celso Antônio. **Curso de direito administrativo**. 26. ed. São Paulo: Malheiros, 2009.

BENJAMIN, Antonio Herman de Vasconcellos e. **Os princípios de estudo de impacto ambiental como limites da discricionariedade administrativa.** BDJur, Brasília, DF, 1992. Disponível em: https://www.amprs.com.br/public/arquivos/revista_artigo/arquivo_1277143531.pdf. Acesso em: 7 ago. 2020.

BIM, Eduardo Fortunato. A dinamicidade do cumprimento das condicionantes no licenciamento ambiental. **Consultor Jurídico**, São Paulo, 18 dez. 2015. Opinião. Disponível em: https://www.conjur.com.br/2015-nov-18/eduardo-bim-dinamicidade-condicionantes-licenca-ambiental. Acesso em: 20 jun. 2020.

BIM, Eduardo Fortunato. **Licenciamento ambiental**. Belo Horizonte: Fórum, 2018.

BIM, Eduardo Fortunato. **Licenciamento ambiental**. Rio de Janeiro: Lumen Juris, 2015.

BRASIL. Balanço energético nacional: ano base 2018. **Empresa de Pesquisa Energética**, Rio de Janeiro, 2019. Disponível em: https://www.epe.gov.br/sites-pt/publicacoes-dados-abertos/publicacoes/PublicacoesArquivos/publicacao-377/topico-494/BEN%202019%20Completo%20WEB.pdf. Acesso em: 24 jun. 2020.

BRASIL. [Código de Defesa do Consumidor (1990)] Lei Federal n. 8.078, de 11 de setembro de1990. Dispõe sobre a proteção do consumidor e dá outras providências. **Diário Oficial da União**, Brasília, 12 set. 1990. Disponível em: http://www.planalto.gov.br/ccivil_03/leis/l8078compilado.htm. Acesso em: 20 jun. 2020.

BRASIL. [Constituição (1988)]. Constituição da República Federativa do Brasil de 1988. **Diário Oficial da União**, Brasília, 05 out. 1988. Disponível em: http://www.planalto.gov.br/ccivil_03/constituicao/constituicao.htm. Acesso em: 10 maio 2020.

BRASIL. Lei n. 6.938, de 31 de agosto de 1981. Dispõe sobre a Política Nacional do Meio Ambiente, seus fins e mecanismos de formulação e aplicação, e dá outras providências. **Diário Oficial da União**, Brasília, 02 set. 1981. Disponível em: http://www.planalto.gov.br/ccivil_03/LEIS/L6938.htm.Acesso em: 20 jun. 2020.

BRASIL. Lei n. 9.985, de 18 de julho de 2000. Dispõe sobre o Sistema Nacional de Unidades de Conservação da Natureza e dá outras providências. **Diário Oficial da União**, Brasília, 19 jul. 2000. Disponível em: http://www.planalto.gov.br/ccivil_03/leis/l9985.htm. Acesso em: 7 ago. 2020.

BRASIL. Lei n. 13.874, de 20 de setembro de 2019. Institui a Declaração de Direitos de Liberdade Econômica. **Diário Oficial da União**, Brasília, 20 set. 2019. Disponível em: http://www.planalto.gov.br/ccivil_03/_ato2019-2022/2019/lei/L13874.htm. Acesso em: 7 ago. 2020.

BRASIL. Lei n. 9.784, de 29 de janeiro de 1999. Regula o processo administrativo no âmbito da Administração Pública Federal. **Diário Oficial da União**, Brasília, 1 fev. 1999. Disponível em: http://www.planalto.gov.br/ccivil_03/leis/l9784.htm. Acesso em: 7 ago. 2020.

BRASIL. Resolução n. 237, de 19 de dezembro de 1997. Dispõe sobre o licenciamento ambiental no Brasil. **Diário Oficial da União**, Brasília, 19 dez. 1997. Disponível em: http://www2.mma.gov.br/port/conama/res/res97/res23797.html. Acesso em: 24 jun. 2020.

BRASIL. Resolução n. 279, de 27 de junho de 2001. Estabelece procedimentos para o licenciamento ambiental simplificado de empreendimentos elétricos com pequeno potencial de impacto ambiental. **Diário Oficial da União**, Brasília, 12 jun. 2001. Disponível em: http://www2.mma.gov.br/port/conama/legiabre.cfm?codlegi=277. Acesso em: 24 jun. 2020.

BRASIL. Portaria Interministerial n. 60, de 24 de março de 2015. Estabelece procedimentos administrativos que disciplinam a atuação dos órgãos e entidades da administração pública federal em processos de licenciamento ambiental de competência do Instituto Brasileiro do Meio Ambiente e dos Recursos Naturais Renováveis - IBAMA. **Diário Oficial da União**, Brasília, 25 mar. 2020. Disponível em: http://portal.iphan.gov.br/uploads/legislacao/Portaria_Interministerial_60_de_24_de_marco_de_2015.pdf. Acesso em: 7 ago. 2020.

BRASIL. Tribunas de Contas da União. **Cartilha de licenciamento ambiental**. 2. ed. Brasília: TCU, 4ª Secretaria de Controle Externo, 2007. Disponível em: https://portal.tcu.gov.br/biblioteca-digital/cartilha-de-licenciamento-ambiental-2-edicao.htm. Acesso em: 07 ago. 2020.

CARVALHO FILHO, José dos Santos. **Manual de direito administrativo**. 25. ed. São Paulo: Atlas, 2012.

FARIA, Ivan Dutra. **Ambiente e Energia:** crença e ciência no licenciamento ambiental. Núcleo de Estudos e Pesquisa do Senado. 2011. Disponível em: https://www12.senado.leg.br/publicacoes/estudos-legislativos/tipos-de-estudos/textos-para-discussao/

td-99-ambiente-e-energia-crenca-e-ciencia-no-licenciamento-ambiental.-parte-iii-sobre-alguns-dos-problemas-que-dificultam-o-licenciamento-ambiental-no-brasil. Acesso em 7 ago. 2020.

FARIAS, Talden. **Licenciamento ambiental**. 6. ed. Belo Horizonte: Fórum, 2017.

FARIAS, Talden. **Condicionantes para concessão do licenciamento ambiental**. Consultor Jurídico. 28 set. 2019.

FRANÇA, Vladimir da Rocha. **Estrutura e motivação do ato administrativo**. São Paulo: Malheiros, 2007.

FREITAS, Rafael Véras. **Proporcionalidade das medidas compensatórias e mitigatórias**. In: Comentários à Lei da Liberdade Econômica. São Paulo: Editora Revista dos Tribunais, 2020. E-book.

MACHADO, Paulo Affonso Leme. **Direito ambiental brasileiro**. 22. ed. São Paulo: Malheiros, 2014.

MAZZA, Alexandre. **Manual de direito administrativo**. 5. ed. São Paulo: Saraiva, 2015.

MILARÉ, Édis. **Direito do ambiente**. 9. ed. São Paulo: Revista dos Tribunais, 2014.

MILARÉ, Lucas Tamer. **O licenciamento ambiental:** contribuições para um marco legislativo à luz do pacto federativo ecológico instituído pela Lei Complementar n. 140/2011. 337f. 2016. Tese (Doutorado em Direito) – Pontifícia Universidade Católica de São Paulo, São Paulo, 2016. Disponível em: https://tede2.pucsp.br/bitstream/handle/18870/2/Lucas%20Tamer%20Milar%c3%a9.pdf. Acesso em: 20 jun. 2020.

MIRANDA, Svetlana Maria de. As condicionantes ambientais e a importância da sua gestão tempestividade e adequada pelos empreendimentos. **Migalhas**, Brasília, 6 ago. 2018. Opinião. Disponível em: https://www.migalhas.com.br/depeso/284957/as-condicionantes-ambientais-e-a-importancia-da-sua-gestao-tempestiva-e-adequada-pelos-empreendimentos. Acesso em: 07 ago. 2020.

MORENO, Eduardo Starmandinoli. OLIVEIRA, Joana Cabral. SHIMABUKURO, Paloma Helena Fernandes. CARVALHO, Luciana. **Licenciamento ambiental de grandes empreendimentos:** quais os limites para avaliação de impactos diretos e indiretos em saúde? Estudo de caso na Terra Indígena Wajãpi, Bol. Mus. Para. Emílio Goeldi. Ciências Humanas, Belém, v. 13, n. 3, p. 519-540, set./dez 2018. Disponível em: https://www.scielo.br/pdf/bgoeldi/v13n3/1981-8122-bgoeldi-13-3-0519.pdf. Acesso em: 07 ago. 2020.

PÊGO, Bolívar *et al.* **Condicionantes institucionais à execução dos investimentos em infraestrutura econômica no Brasil:** licenciamento ambiental. Brasília: IPEA, 2017.

PRACUCHO, Davi Marcucci. **Licenciamento ambiental no direito brasileiro:** aspectos legais e doutrinários e ordem constitucional. Rio de Janeiro: Lumen Juris, 2018.

RIOS, Aurélio Virgílio Veiga Rios. ARAÚJO, Ubiracy. Política Nacional do Meio Ambiente. *In*: RIOS, Aurélio Virgílio Veiga (org). **O Direito e o desenvolvimento sustentável:** curso de direito ambiental. São Paulo: Petrópolis; Brasília: IEB – Instituto Internacional de Educação do Brasil, 2005.

SION, Alexandre Oheb. Processo Minerário x Licenciamento Ambiental. **Revista Brasil Mineral**, Brasília, 18 jun. 2020. Disponível em: https://www.brasilmineral.com.br/noticias/processo-miner%C3%A1rio-x-licenciamento-ambiental. Acesso em: 7 ago. 2020.

SIQUEIRA, Gerlena Maria Santana. **Licenciamento ambiental de grandes empreendimentos:** regime jurídico e conteúdo das licenças ambientais. Curitiba: Juruá, 2017.

TORRES, Marcos Abreu. O licenciamento ambiental de infraestrutura na encruzilhada. 2019. *In*: MILARÉ, Édis, Morais, Roberta Jardim de, ALMEIDA, André Luís Coentro de (orgs). **Infraestrutura no Direito do Ambiente**. São Paulo, Revista dos Tribunais, 2015. Disponível em: https://www2.camara.leg.br/atividade-legislativa/comissoes/grupos-de-trabalho/56a-legislatura/licenciamento-ambiental/documentos/manifestacoes-recebidas/2019-07-03-marcos-abreu-o-licenciamento-ambiental-de-infraestrutura-na-encruzilhada. Acesso em: 7 ago. 2020.

DESAFIOS REGULATÓRIOS E TECNOLÓGICOS PARA UMA MATRIZ ENERGÉTICA ECOEFICIENTE NOS PORTOS BRASILEIROS

Alexandre Rocco[1]

Maria Cristina Gontijo Peres Valdez Silva[2]

RESUMO:

O presente estudo tem como objetivo a análise de matrizes energéticas renováveis aplicáveis aos portos dentro dos conceitos de *greenport* e ecoeficiência energética, ao mesmo tempo em que aponta as dificuldades e desafios para a implementação de uma matriz energética ecoeficiente nos portos brasileiros com base nos compromissos internacionais assumidos pelo país, bem como a legislação constitucional, infraconstitucional e os demais instrumentos como a agenda ambiental vigente perante o organismo regulador da atividade marítima e portuária no Brasil. Em contrapartida, demonstrar-se-á que o Brasil ainda está longe de cumprir com requisitos envolvendo matrizes energéticas ecoeficientes em instalações portuárias quando se trata do abastecimento de navios por terra (*Onshore Power Supply*), apontando ainda eventuais falhas nos indicadores provenientes do IDA – Índice de Desenvolvimento Ambiental dos portos brasileiros da ANTAQ – Agência Nacional de Transportes Aquaviários.

Palavras-chave: Direito Ambiental; Direito Portuário; Matriz Energética, Ecoeficiência, *Greenports*.

ABSTRACT:

This study aims to analyze renewable energy matrices applicable to ports within the concepts of greenport and energy eco efficiency, while pointing out the difficulties and challenges for the implementation of an eco efficient energy sources in Brazilian ports based on international commitments assumed by the country, as well as constitutional, infraconstitutional legislation and other instruments such as the environmental agenda in force before the regulatory body for maritime and port activity in Brazil. On the other hand, it will be demonstrated that Brazil is still far from complying with requirements involving eco efficient energy sources in port facilities when it

comes to the supply of ships by land (Onshore Power Supply), also pointing out possible flaws in the indicators coming from IDA – Índice de Desenvolvimento Ambiental of ANTAQ – Nacional Agency of Water Transport.
Keywords: Environmental Law; Port Law; Energy Matrix; Eco-efficiency; Greenports.

SUMÁRIO:

1 INTRODUÇÃO

Levando em consideração que o transporte marítimo atualmente corresponde a aproximadamente 90% do transporte mundial (UNCTAD, 2019) a implementação de matrizes energéticas limpas remete a uma das premissas e instrumentos que envolvem os conceitos de *greenshipping* e *greenport*.

Tais conceitos foram desenvolvidos desde a década de 1990 na esteira de princípios como o desenvolvimento sustentável (década de 1980) e vem sendo cada vez mais exigidos por parte não somente dos poderes públicos, mas por parte do próprio mercado privado de contratações. Como exemplo, as *guidelines* (anexos) IMO 2020 atualmente

1 Engenheiro Eletricista, Diretor Executivo do INESC P&D Brasil. Doutor em Engenharia Elétrica pela Escola Politécnica da USP, Mestre em Engenharia Elétrica pela UNICAMP. Professor Coordenador do Curso de Engenharia Elétrica da Universidade Santa Cecília. (UNISANTA). Membro do NEPOMT (Núcleo de Estudos Portuários Marítimos e Territoriais) – UNISANTA/CNPQ coordenado pelo Prof. Msc. Adilson Luiz Gonçalves.

2 Advogada. Auditora Ambiental de Portos. Mestre em Direito Ambiental pela Universidade Católica de Santos (Patrocinada pela CAPES/CNPQ). Professora da Universidade Santa Cecília (UNISANTA) e do CENEP – Centro de Excelência Portuária de Santos. Membro do NEPOMT (Núcleo de Estudos Portuários Marítimos e Territoriais) – UNISANTA/CNPQ coordenado pelo Prof. Msc. Adilson Luiz Gonçalves e do Grupo de Pesquisa Direitos Humanos e Desenvolvimento Sustentável coordenado pelo Prof. Dr. Marcelo Lamy. Presidente do Comitê de Meio Ambiente Marítimo e Portuário da ABDEM.

preveem a diminuição dos teores de enxofre no combustível a ser utilizado no bunker dos navios, anexos estes internalizados pelo Brasil através da Resolução n. 789 da ANP[3] (Agência Nacional de Petróleo), em conjunto com 170 países no ano de 2019 na cidade de Londres.

Diante dos compromissos internacionais assumidos pelo Brasil em matéria de proteção ao meio ambiente, há de se destacar a existência de desafios jurídicos e regulatórios quanto ao cumprimento de uma agenda ambiental portuária prevista nos instrumentos internacionais como os ODS – Objetivos do Desenvolvimento Sustentável e o Acordo de Paris previsto perante as novas diretrizes adotadas pela Organização Marítimo Internacional (IMO 2020).

Tal agenda internacional é prevista e normatizada no Brasil através dos programas e políticas instituídas pela CIRM – Comissão Interministerial para os Recursos do Mar (Marinha do Brasil), pelo Ministério do Meio Ambiente, pela ANTAQ – Agência Nacional de Transportes Aquaviários (Poder Executivo) e perante a Lei dos Portos (Lei 12.815/2013) e no Plano Nacional de Gerenciamento Costeiro (PNGC).

O que se observa no setor de infraestrutura aquaviário e energético, principalmente no que diz respeito aos terminais portuários, é a necessidade de uma análise acerca dos instrumentos jurídicos regulamentadores para a implementação de uma matriz energética ecoeficiente, e o presente estudo pretende tratar especialmente a respeito do abastecimento de navios por terra através do mecanismo *Onshore Power Supply* (OPS).

Tais hipóteses representam desafios regulatórios e tecnológicos, vinculados à estruturação de soluções de engenharia, tendo por base um planejamento estratégico relacionado a adequação da oferta de energia elétrica, e considerando a evolução de cenários para diferentes

---

[3] A Resolução n. 789/2019 determina a redução do limite máximo do teor de enxofre dos óleos combustíveis marítimos para as embarcações que não dispuserem de sistema de limpeza de gases de escape. A norma altera dispositivos da Resolução ANP n. 52/2010, que estabelece as especificações dos combustíveis destinados ao uso aquaviário.

condições e frentes de consumo associados às expectativas de avanços tecnológicos estruturantes em diferentes períodos, no sentido de otimizar investimentos que permitam ganhos de eficiência globais, com minimização de riscos operacionais, ambientais e financeiros.

Este estudo pretende levantar algumas reflexões a respeito das matrizes energéticas renováveis passíveis de oferecimento e implementação, bem como alguns dos desafios jurídicos, regulatórios e tecnológicos envolvidos para a adequação estrutural da oferta de energia elétrica a partir de matrizes ecoeficientes em instalações portuárias.

A pretensão e análise que envolvem esta pesquisa levam em consideração o atendimento dos padrões relacionados a matriz energética de um *greenport* por parte dos portos, com base nos compromissos ambientais assumidos perante a comunidade internacional, bem como os *steakholders* presentes nos contratos privados que exigem a geração de energia limpa, notadamente a que poderia ser utilizada no abastecimento de navios por terra (OPS).

Para tanto, serão analisados *standards* e algumas referências utilizadas pelos principais *greenports* do mundo, além dos indicadores como o IDA (Índice de Desenvolvimento Ambiental), que integra a chamada agenda ambiental portuária brasileira (ANTAQ).

Por fim, demonstrar-se-á que a legislação portuária vigente, não obstante indique a necessidade de uma agenda ambiental portuária eficaz, ainda não teve a oportunidade de regulamentar de forma concreta uma matriz energética ecoeficiente nos portos brasileiros por meio do sistema *Onshore Power Supply* a partir de matrizes renováveis ou menos poluentes, como o gás natural.

2 MAPEAMENTO DA EVOLUÇÃO DE DEMANDAS ENERGÉTICAS PORTUÁRIAS NO BRASIL

Na perspectiva de crescimento dos portos brasileiros, a exemplo do Porto de Santos[4], cabe considerar que novas demandas tec-

[4] Projeto P124 – Geração Distribuída e Cogeração com Gás Natural: Barreiras Tecnológicas e Institucionais IEE-USP/COMGAS 2014.

nológicas advindas da modernização e automação de embarcações e equipamentos de transporte e movimentação de cargas, instalações próprias e de terceiros para serviços e acondicionamento adequado de produtos perecíveis ou não, necessitam enquadrar-se aos requisitos ambientais que estabelecem restrições e limites de expansão de oferta de energia convencional, quer seja das próprias instalações portuárias ou das embarcações.

Há que se considerar que em nível internacional, dentre as ações de mitigação de dispersões impostas pela geração de energia elétrica por embarcações atracadas em áreas portuárias, que se utilizam de queima de combustível fóssil, tem sido largamente implementada a tecnologia denominada por "Cold Ironing", termo em inglês utilizado para definir o fornecimento de energia elétrica às embarcações por instalações locais durante o período de atracação. Este fornecimento de energia elétrica tem resultados objetivos sobre os requisitos ambientais, mas implica, diretamente, no aumento da capacidade de fornecimento de energia elétrica local.

Outro impulsionador da necessidade de adequação de oferta de fornecimento de energia elétrica está o natural crescimento de atividades operacionais portuárias, exigindo incrementos de infraestrutura com correspondente aumento de consumo de energia elétrica, agregada a necessidades operacionais e de armazenagem dentre outras.

De outro lado, a maioria dos portos brasileiros tem como principal recurso de suprimento de energia elétrica o fornecimento contratado junto a concessionárias de energia elétricas locais e com pouca integração de renováveis a sua matriz energética, quer sejam fotovoltaicas ou eólicas.

2.1 Principais vetores tecnológicos relacionados à integração de energias renováveis

A produção de energia renovável tem sido a alternativa prospectada para adequação da oferta em larga escala em substituição às energias convencionais que utilizam como fonte de energia primária, combustíveis fósseis tais como o carvão, derivados do petróleo e o gás natural, os quais se constituem em agentes poluentes, impactando o meio ambiente através de suas dispersões, agindo de diferentes formas sobre as condições de vida, além de serem restritos por existirem em quantidade limitada.

Na Europa do século XXI, a integração de fontes renováveis na produção de energia elétrica tem sido significativamente promovida, fato que se quantifica, sobretudo, no aumento verificado da presença da produção de energia elétrica por recurso eólico e solar fotovoltaica no "mix" energético dos países da União Europeia (UE).

Este processo encontrou-se intensamente ligado à adoção do quadro das metas europeias, o qual visava a implementação de um modelo energético que definisse objetivos ambiciosos para 2020: a redução das emissões de gases com efeito de estufa em 20% relativamente aos níveis de 1990, o estabelecimento de uma quota de 20% de energia proveniente de fontes renováveis no consumo final bruto e ainda, um aumento da eficiência energética em 20%.[5]

Em outubro de 2014, os principais líderes europeus concordaram com a definição de novas metas para o ano de 2030, em função do substancial progresso verificado no cumprimento das metas 2020 e em linha com objetivo em longo prazo para a UE, o qual visa o estabelecimento de uma economia competitiva caracterizada por uma baixa intensidade carbônica (redução em 80-95% em relação aos níveis de 1990 até 2050).

Assim, o novo quadro de metas europeias define novos objetivos para 2030 como: redução das emissões de gases com efeito de estufa em 40% relativamente aos níveis de 1990, aumento da presença da energia renovável para pelo menos 27% no consumo final bruto e um aumento da eficiência energética em, pelo menos, 27%. Esta última meta está sendo revista em 2020, tendo em consideração o objetivo idealizado de alcançar os 30% em 2030.[6]

---

5 Resolução do Conselho de Ministros 20/2013. Diário da República, 1.a série, n. 70, 10 abr. 2013, p. 2022. Disponível em: https://dre.pt/Acesso em: 15 jun. 2020.

6 European Council (EUCO) 23-24 October 2014. Conclusions 2030 Framework for Climate and Energy Policies. Disponível em: http://www.consilium.europa.eu/uedocs/cms_data/docs/pressdata/en/ec/1453 97.pdf Acesso em 15 jun. 2020.

A produção renovável varia ao longo do dia e de forma sazonal, nem sempre coincidindo com o consumo solicitado, pelo que para a promoção da sua integração devem ser desenvolvidos mecanismos que permitam, por exemplo, o seu armazenamento em períodos de produção excessiva para utilização em períodos de maior consumo e menor produção.

3 APONTAMENTOS PARA UMA ESTRATÉGIA DE ESTRUTURAÇÃO DE MATRIZES ENERGÉTICAS RENOVÁVEIS EM PORTOS

A formatação de uma matriz composta por fontes renováveis e energia convencional, requer estudos elétricos estáticos e dinâmicos, que têm em conta limites e segurança operacional considerando repostas a perturbações por desligamentos forçados por sistemas de proteção, saídas e entradas abruptas de carga ou de geração entre outras, estabelecidas através das características da planta e de seus sistemas de controle.

Especificamente relacionado ao abastecimento por integração de renováveis à rede está o fator da volatilidade deste tipo de geração relacionado às suas características técnicas, quer nos sistemas fotovoltaicos quer nos eólicos, que por este motivo, hora devem ser complementados por fontes convencionais ou mesmo por armazenadores de energia, ora deve ter a possibilidade ter seus excedentes cedidos a redes adjacentes com base em contratos regulados.

De qualquer forma, a solução viável para atender a crescente demanda de navios e terminais portuários no sentido operacional seria efetivamente a que considere um mix envolvendo diferentes fontes de energia renovável e convencional, quer por fornecimento junto a concessionárias e/ou através de geração própria, com suas inerentes restrições elétricas e energéticas. (PEREIRA, SOUSA e ANASTACIO, 2017).

Cabe salientar que a modernização do sítio para abrigar diferentes fontes de energia renovável e convencional, passa também pela estruturação ou reestruturação de redes elétricas internas com adequadas condições de supervisão e controle operacional, associado a estruturas de agentes inteligentes distribuídos que permitem a realização de manobras automáticas para isolamento de geração e carga através de *cluster* pré-estabelecidos, preservando a segurança de abastecimento e critérios de confiabilidade para atendimento a cargas de alta prioridade e riscos operacionais.

Assim, a adequação de uma estrutura provida de recursos alternativos de armazenamento de energia elétrica também contribui de forma significativa para a segurança do abastecimento integrando tecnologias atualizadas que possibilitam a operação de redes inteligentes denominadas por *smart grids*.

Esta estruturação planejada ao longo de um período definido, concebida e sustentada por um plano diretor (Plano Mestre, PDZ etc.) para a contínua diversificação da matriz energética e o atendimento a demandas operacionais e tecnológicas para a área portuária, de fato possibilitam (nas instalações que já adotam práticas ecoeficientes) o aumento de sua competitividade, considerados os condicionantes legais e regulatórios de comercialização de energia elétrica com as redes das empresas concessionárias bem como com outros agentes do mercado de energia e os padrões de sustentabilidade exigidos por cada país ou porto.

4 GREENPORTS E INDICADORES ENERGÉTICOS ECOEFICIENTES

A evolução da indústria da navegação desde a era da vela, passando pela propulsão a vapor até os dias de hoje, se consolida e evolui rapidamente com a descoberta da propulsão nuclear que se tornou uma realidade a partir da utilização dos combustíveis fósseis (petróleo) no abastecimento de navios, somados a invenção dos contêineres ou contentores e a mecanização da atividade portuária em meados dos anos 1970.

Atualmente, o transporte marítimo como atividade econômica como um todo representa 62% das emissões de gases, 60% de óxidos de nitrogênio (NOx) e 92% de óxidos de enxofre (SOX). Já um terminal de contêineres representa 50% das emissões de CO2 na cadeia de suprimentos desta atividade e o equipamento de movimentação de carga se tornará a maior fonte de emissões no futuro, representando 31% das emissões de gases, 22% das emissões de óxido de nitrogênio e 36% das emissões de CO2. Além disso, dados coletados junto a portos brasileiros e estrangeiros mostram que os navios e locomotivas no porto produzem aproximadamente 3% das emissões de gases, e os reboques representam cerca de 1% (YANG *apud* CALCERANO, 2018).

Se o transporte marítimo verde (*greenshipping*) passa pela adoção de práticas sustentáveis que removam ou reduzam os índices de poluição hídrica e atmosférica em conformidade com *standards* privados (logística sustentável, certificações etc.) e públicos a partir de compromissos internacionais (IMO 2020) e indicadores locais, tais conceitos e normativas passam pela aplicação também nos portos que receberão estas embarcações, que passam a fazer parte da cadeia de suprimentos de determinado produto comercializado.

Os *greenports* ou "portos verdes", portanto, se constituem como instalações portuárias que adotam práticas sustentáveis e políticas através da formulação de uma agenda ambiental, com a implementação de instrumentos que eliminam ou reduzem os impactos provenientes da atividade portuária e marítima, e finalmente, a fiscalização e avaliação da política implementada a fim de verificar os índices ambientais alcançados através dos chamados indicadores ecoeficientes.

Saengsupavanich, C. *et al.* (2009) propuseram 12 indicadores de desempenho ambiental (EPIs) para avaliar os portos industriais em observância às exigências da ISO 14000. O Porto de Los Angeles, considerado um *greenport*, elenca os seguintes padrões na adoção de práticas sustentáveis[7]: qualidade do ar; qualidade da água e sedimentos; recursos biológicos; serviços de restauração e materiais perigosos, sustentabilidade; documentos ambientais; política ambiental e sistema de gestão ambiental.

7 Disponível em: https://www.portoflosangeles.org/environment. Acesso em: 14 jun. 2020.

No que diz respeito especialmente à adoção de matrizes energéticas sustentáveis, o Porto de Long Beach (EUA) adotou a iniciativa de adoção das chamadas "ilhas de energia" (Port Of Long Beach Energy Island Initiative). Tais ilhas de energia se consolidam como uma opção sustentável na mudança de cultura das energias fósseis para a adoção de uma matriz energética "limpa", tanto para o complexo portuário em sua relação com a cidade e a comunidade quanto para os navios que atracam nos terminais.

> Tecnologias de energias renováveis, sistemas de autogeração, e controles e armazenamento de energia, permitirão ao Porto operações independentes da rede de energia local durante tempos de emergência ou interrupção. As vantagens adicionais para os terminais incluem estabilização de custos de energia e desempenho da rede elétrica melhorada. Tais medidas buscam também comunidade portuária (relação porto-cidade) beneficiar com redução da demanda, além da melhor qualidade do ar com a troca de equipamentos de a diesel para energia elétrica. (SARTORIO, 2016, p. 32).

A iniciativa inclui também o Programa de Eficiência Energética (*Energy Efficiency Rebate Match Program*) e o Programa de Avanço Tecnológico de Energia (*Energy Technology Advancement Program - ETAP*), que se constituem como subprogamas inseridos dentro da agenda ambiental do porto de Long Beach.

A ideia de ecoeficiência se origina a partir da conjunção entre ecologia e economia, surgindo a partir da necessidade do uso racional dos recursos ambientais nas atividades econômicas e sociais, através de redução de custos diretos para a conservação do ambiente e da saúde humana, como por exemplo, os recursos hídricos e a qualidade do ar (GONTIJO e SOARES, 2018).

Já Reyes e Vicente (1998) definem ecoeficiência como um mecanismo que se relaciona com a competitividade empresarial e sua contribuição para o desenvolvimento sustentável, e em resumo, produzir mais com menos recursos. Tal definição vai de encontro à definição proposta pela OCDE (Organização para Cooperação e Desenvolvimento

Econômico) que define o termo como "a eficiência com a qual os recursos ecológicos são utilizados a sérvio das necessidades humanas (1994)".

Em 12 de maio de 2017, a *International Association of Ports and Harbors* (IAPH) decidiu por criar um Programa Mundial de Sustentabilidade de Portos (*World Ports Sustainability Program*). Guiado pelos 17 Objetivos do Desenvolvimento Sustentável da ONU, o programa tem como um dos objetivos aprimorar e coordenar futuros esforços de sustentabilidade dos portos em todo o mundo e promover a cooperação internacional com parceiros da cadeia de suprimentos. O Programa de Sustentabilidade dos Portos Mundiais se baseia na *World Ports Climate Initiative*, iniciada em 2008 pela IAPH, e a estende a outras áreas do desenvolvimento sustentável.

Fazem parte da iniciativa a Associação Americana de Autoridades Portuárias (AAPA), Organização Europeia de Portos Marítimos (ESPO), a Associação Internacional de Cidades e Portos (AIVP) e a Associação Mundial de Infraestrutura de Transporte Aquaviário (PIANC).[8]

O Brasil, apesar da importância de seus portos, ainda não possui nenhum complexo portuário que possa ser considerado um *greenport*. Não que não haja qualquer iniciativa de busca da sustentabilidade. Os terminais construídos após a edição das legislações ambientais Pós-1988 já contam com a possibilidade de certificações internacionais e nacionais relacionadas a padrões sustentáveis e melhores condições de competitividade. O Porto do Pecém, por exemplo, recebeu o selo denominado Green Ward, proveniente de uma fundação holandesa, passando a oferecer descontos em tarifas portuárias para navios e armadores optantes por práticas sustentáveis (2020).

5 EFICIÊNCIA ENERGÉTICA PORTUÁRIA E O IDA – ÍNDICE DE DESENVOLVIMENTO AMBIENTAL

A Agenda Ambiental Portuária (AAP) foi idealizada e criada pela Comissão Interministerial para os Recursos do Mar (CIRM)

[8] Disponível em: https://sustainableworldports.org/about/Acesso em: 15 jun. 2020.

através da resolução CIRM 006/1998, considerado o marco regulatório da estrutura institucional relativa aos agentes implicados do setor portuário, prevendo e definindo as temáticas relevantes relacionadas ao meio ambiente portuário.

> A AAP é um instrumento que expressa as diretrizes de promoção e melhoria da qualidade ambiental, com vistas à sustentabilidade. Estas diretrizes emanam da legislação geral, instruções normativas e resoluções que regram a política de gerenciamento costeiro, e também de convenções e acordos internacionais ratificados pelo Brasil. Agregam também as normas que regem iniciativas voluntárias de certificação ambiental, traduzidas para a realidade de cada porto de forma participativa e negociada entre os diversos segmentos interessados. (ANTAQ, 2020).

Já o IDA – Índice de Desempenho Ambiental se constitui como um instrumento de acompanhamento e controle de gestão ambiental em instalações portuárias por parte da mesma agência reguladora, responsável pela fiscalização da atividade econômica privada envolvendo as explorações portuárias por parte de empresas privadas, levando em consideração a existência de portos públicos e TUPs (terminais de uso privado).

Criado em 2012 através da Resolução n. 2.650/2012 ANTAQ, o índice mede o grau de atendimento às conformidades ambientais e é composto por até 38 indicadores. De acordo com a própria agência "Atualmente, o IDA avalia com periodicidade anual 31 portos públicos e próximo de uma centena de terminais de uso privado, com expectativas de ampliação desses números. O preenchimento se dá por meio de questionário eletrônico por usuários credenciados na instalação portuária e as respostas são posteriormente validadas por especialistas da Agência."[9]

São quatro categorias que abrangem os indicadores, e que compõem, juntamente com o SIGA (Sistema Integrado de Gestão

[9] Disponível em: http://portal.antaq.gov.br/index.php/2018/08/02/indice-de-desempenho-ambiental-ida-sua-concepcao-e-evolucao-artigo/Acesso em: 15 jun. 2020.

Ambiental), o sistema da Gerência de Meio Ambiente (GMA) da ANTAQ, para o acompanhamento da gestão ambiental dos portos:

> A categoria Econômico - Operacional concentra 72% do peso total do índice, e trata das ações da organização, estruturação e capacidade de resposta, voltadas para a gestão ambiental, em harmonia com as suas operações portuárias, a categoria Sócio - Cultural concentra 7% do peso e avalia métodos e ações sociais inseridas na lógica ambiental, a categoria Físico - Química concentra 16% do peso e são relacionadas às ações de gestão dos possíveis tipos de poluição decorrentes da atividade portuária e a Biológico - Ecológica concentra 5% do peso e avalia as questões mais diretamente relacionadas aos organismos presentes nas áreas portuárias (ABRANTES, 2018, p. 19).

Ressalta o fato de que, apesar de o IDA ser o índice oficial criado e implementado pela agência reguladora em suas atribuições como órgão regulatório pertencente à estrutura do Poder Executivo, há outras certificações como o AQUA (Qualidade Ambiental Alta), desenvolvido pela Fundação Vanzolini em parceria com o CLIP, constitui em uma adaptação do sistema de classificação de sustentabilidade com base em investigação francesa (HQE), além de outras internacionais como a própria certificação Green Ward, de origem holandesa, dentre outros.

Em relação ao IDA, a tabela abaixo demonstra o percentual de avaliação em relação a cada item que compõe o parâmetro de sustentabilidade "Gerenciamento de energia". O objeto deste estudo se debruçará nas questões envolvendo o tópico: fornecimento de energia para navios.

Tabela 1 – Parâmetro de Sustentabilidade – Gerenciamento para Navios.

Gerenciamento de energia	0,028	Redução do consumo de energia	0,019
		Geração de energia limpa e renovável pelo porto	0,006
		Fornecimento de energia para navios	0,002

Fonte: ANTAQ, 2020.

5.1 Ida e o abastecimento de navios por terra *(onshore power supply)*

Onshore Power Supply ou *Cold Ironing* (abastecimento de navios) por terra é a técnica de abastecimento aplicável a navios que operam em rotas e embarcações que consomem consideráveis quantidades de energia e emitem altos níveis de poluentes no ar quando atracados.

Este tipo de solução energética já é utilizada a partir de fontes renováveis em portos do mundo todo (*greenports* e portos que adotam práticas sustentáveis) para embarcações que consomem altos índices de watts e quilowatts como, navios de cruzeiro, navios GNL, petroleiros, graneleiros e navios de contêineres. Na Europa, figuram como exemplos os portos de Marselha (FRA), Tenerife (ESP), Genova (ITA) e Hamburgo (ALE). *Greenports* como Long Beach (América) e Singapura (Ásia) já adotam tais sistemas a partir de energias renováveis seja a partir de instalações em terra próximas aos terminais ou mesmo dentro das instalações portuárias.

A *European Sea Ports Organisation* (ESPO) estipulou metas e prazos para que todos os seus associados e portos da União Europeia adotem o sistema OPS a fim de cumprir com os ODS – Objetivos do Desenvolvimento Sustentável.

Quanto ao IDA, uma curiosidade acerca deste tipo do abastecimento de navios por terra para a ecoeficiência energética dos portos é o fato de que, no Brasil, o IDA indica e prevê a existência deste sistema para abastecimento de navios, o que, na prática, não é fiscalizado ou sequer ocorre em relação a matrizes renováveis (fotovoltaica e eólica), com pretensões e projetos ainda em curso para utilização de matriz "limpa" através de abastecimento por gás natural, e mesmo assim, em percentual menor do que outros portos pelo mundo que já vêm praticando padrões de sustentabilidade.

É pertinente destacar que, a conclusão de que o IDA não fiscaliza ou não fornece dados que contextualizem a existência de instalações OPS em terminais portuários brasileiros se comprova pelo sítio eletrônico da ANTAQ. Ao escolher a opção: fornecimento de energia para embarcações, não há dados por parte de nenhum porto público ou TUP no que diz respeito a este método de fornecimento de energia a navios por terra. Portanto, de forma teórica a partir da leitura dos dados oficiais da agência reguladora, tal matriz energética não existe como força de mitigação dos danos ambientais oriundos da atividade marítima e portuária.

5.2 O porto de Santos e sua matriz energética

O porto de Santos é notadamente o maior complexo portuário da América Latina (Porto de Santos, 2020). Em contrapartida, devido ao fato de ser um dos portos públicos mais antigos do Brasil, houve relativa demora em implementar padrões ambientais adequados em suas instalações.

O gráfico abaixo mostra o cenário a partir do Porto de Santos no que diz respeito a sua matriz energética para abastecimento de navios nos anos de 2012 e 2013 (2014).

Gráfico I – Fontes Energéticas no Porto de Santos.

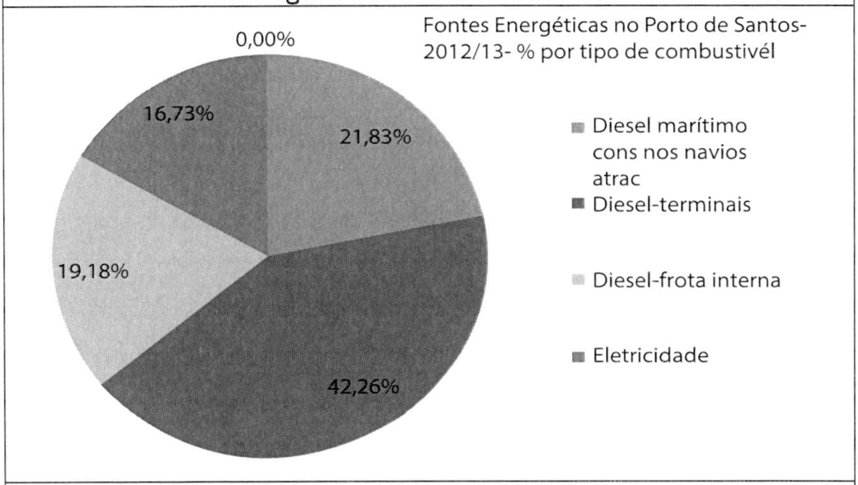

Fonte: IEE/USP COMGAS (2014).

Considerando a evolução da movimentação de carga, o estudo procura fazer uma avaliação da evolução de consumo energético até o ano de 2024, sem considerar a implantação do OPS com matrizes ecoeficientes. Esta análise é apresentada na figura abaixo. Note-se que a participação dos combustíveis fósseis soma aproximadamente 80%:

Gráfico 2 – Fontes Energéticas no Porto de Santos.

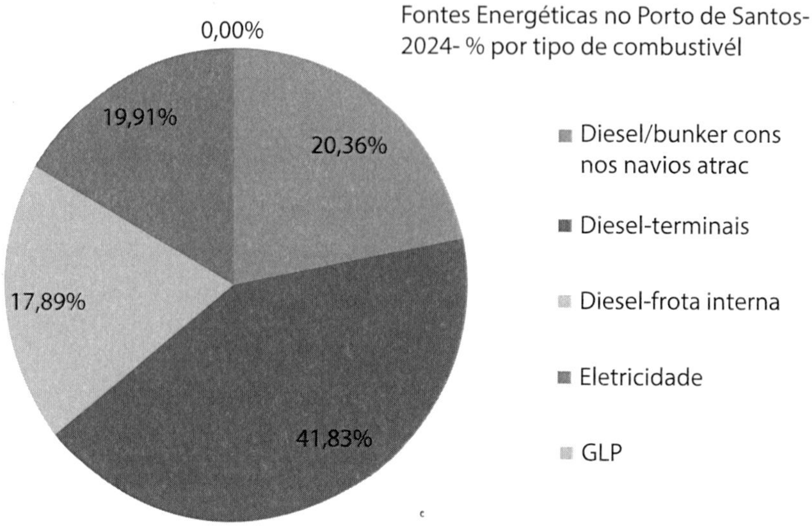

Fonte: IEE/USP COMGAS (2014).

O mesmo estudo do IEE/USP mostra que, com a adoção do OPS, sem levar em consideração somente as matrizes energéticas renováveis, o percentual de poluição gerada pelos combustíveis cairia pra aproximadamente 60%.

6 CONCLUSÃO

Para que um porto seja considerado um "porto verde" ou *greenport*, há a necessidade de cumprimento de metas ambientais estabelecidas por *stakeholders* públicos e privados, sejam eles internacionais ou não. Em relação ao objeto do presente estudo, fica evidente que, tanto para maior eficiência, quanto para redução do consumo de energia das instalações portuárias brasileiras, há a necessidade de adoção de novas matrizes energéticas, em especial as renováveis.

A agenda ambiental portuária se constituiu como um grande avanço para os portos brasileiros, e o IDA – Índice de Desenvolvimento Ambiental pode ser considerada como uma ferramenta de governança para os investidores, autoridades portuárias e Poder Público.

Por outro lado, os índices apontados pelo IDA demonstram que, no que diz respeito ao fornecimento de energia a navios por terra (*Onshore Power Supply*), os portos brasileiros ainda estão longe de ganharem o título de portos verdes, a exemplo de alguns portos europeus, asiáticos e norte-americanos.

Dentro da análise proposta pelo presente estudo, o abastecimento de navios por terra a partir de matrizes energéticas renováveis, ao mesmo tempo em que se constitui como um dos objetos centrais do estudo, (como uma das formas de redução de gases de efeito estufa em terminais portuários) que a implementação de matrizes energéticas ecoeficientes nos portos brasileiros passa por desafios regulatórios, como, por exemplo, o regime de tarifas portuárias aplicáveis aos contatos de concessão para investimentos em práticas ecoeficientes, eventual comercialização de energia excedente e mesmo a produção e distribuição de energia elétrica nos próprios terminais.

O descompasso entre a regulação e fiscalização do Poder Público em relação às matrizes energéticas ecoeficientes provoca um contrassenso, na medida em que alternativas de abastecimento como geração de energia por navios e estações fora da área do porto organizado são viáveis operacionalmente, porém juridicamente não, o que constitui um obstáculo à governança ambiental e, consequentemente, avanços para a agenda ambiental portuária brasileira.

REFERÊNCIAS

ABRANTES, Paulo Cesar. *A influência do Índice de Desempenho Ambiental (IDA) na gestão ambiental portuária no Brasil*. Dissertação de Mestrado. Universidade Santa Cecília. Programa de Pós-graduação em Auditoria Ambiental: Santos, 2019.

ANTAQ – Agência Nacional de Transportes Aquaviários. *Agendas Ambientais*. Disponível em: http://portal.antaq.gov.br/index.php/meio-ambiente/agendas-ambientais/ Acesso em: 15 jun. 2020.

________. *Índice de Desempenho Ambiental*. Disponível em: http://portal.antaq.gov.br/index.php/meio-ambiente/indice-de-desempenho-ambiental/ Acesso em: 15 jun. 2020.

CALCERANO, Tomaz Alexandre. *Práticas de sustentabilidade em terminais portuários no Brasil.* Dissertação de Mestrado em Engenharia Mecânica. Centro Universitário FEI: São Bernardo do Campo, 2018.

EUROPEAN COUNCIL (EUCO) 23-24 October 2014. *Conclusions 2030 Framework for Climate and Energy Policies.* Disponível em: http://www.consilium.europa.eu/uedocs/cms_data/docs/pressdata/en/ec/1453 97.pdf Acesso em: 15 jun. 2020.

IEC – ELECTRICAL ENERGY COMISSION. *Electrical Energy Storage White Paper.* Suíça: 2011. Disponível em: https://www.iec.ch/whitepaper/energystorage/ Acesso em: 15 jun. 2020.

PEREIRA, Newton Narciso. SOUSA, Joyse A. Oliveira. ANASTÁCIO. Caio M. da Silva. *Vantagens Da Utilização De Energia Solar Em Portos Públicos Brasileiros.* XXV Congreso Panamericano de Ingeniería Naval: Panamá, 2017.

RIBEIRO, Maria Alice Morato. CURSINO, Arthur. CALDEIRA, Rinaldo. OSHIRO, André. *Projeto P124 – Geração Distribuída E Cogeração Com Gás Natural: Barreiras Tecnológicas e Institucionais.* IEE- USP / COMGAS. São Paulo: 2014.

SAENGSUPAVANICH, C. COOWANITWONG, N. GALLARDO, W. G. LERTSUCHATAVANICH, C. (2009). *Environmental performance evaluation of an industrial port and estate: ISO14001, port state control-derived indicators. Journal of Cleaner Production, 17*(2), 154-161. https://doi.org/10.1016/j.jclepro.2008.04.001.

SARTORIO, Aline. Subsídios para o aprimoramento do desempenho ambiental no porto do Rio Grande rumo à sustentabilidade portuária. Dissertação de Mestrado. FURG – Universidade Federal do Rio Grande. Rio Grande: 2016.

UNCTAD – United Nations Trade and Development. *Internacional Maritime Report 2019.* Disponível em: https://unctad.org/en/PublicationsLibrary/rmt2019_en.pdf Acesso em: 15 jun. 2020.

O CONFLITO (APARENTEMENTE) INSUPERÁVEL ENTRE A CONSERVAÇÃO DO MEIO AMBIENTE E OS GRANDES EMPREENDIMENTOS DO SETOR ELÉTRICO

André Marchesin[1]

Werner Grau[2]

SUMÁRIO

1 INTRODUÇÃO

Os grandes empreendimentos elétricos do país ganharam notoriedade na década de 1970 pelo incremento da matriz elétrica brasileira (aumento de 400% da potência instalada) e por terem sido os primeiros empreendimentos (Usina Hidrelétrica de Sobradinho/BA e a Usina Hidrelétrica de Tucurui/PA, por exemplo) a passarem por algum de tipo de controle ambiental no país, quando os Bancos Mundiais (Banco Internacional para a Reconstrução e Desenvolvimento

---

1 Advogado. Especialista em Direito Ambiental e Direito Processual Civil (PUC-SP), Direito Ambiental e Conformidade Ambiental com Requisitos Técnicos e Legais (CETESB)

2 Advogado. Doutor em Direito Tributário Ambiental (USP) e Mestre em Direito Ambiental Internacional (USP).

– BIRD e o Banco Interamericano de Desenvolvimento – BID), como desdobramento da 1ª Conferência das Nações Unidas para o Meio Ambiente em 1972, passaram a exigir a realização de estudos e avaliações de impacto ambiental como condicionante de empréstimos.

A necessidade de prevenir a degradação ambiental de grandes empreendimentos construídos entre as décadas de 1970 e 1980 – como é o caso da Usina Hidrelétrica de Itaipu, por exemplo – fez com que fosse promulgada a Lei Federal n. 6.938/1981, que instituiu a Política Nacional de Meio Ambiente – PNMA.

Desde então houve expressivo incremento da legislação ambiental e, indiscutivelmente, o licenciamento ambiental tornou-se o principal – senão o único – mecanismo de controle da poluição[3] – ainda que aplicado de forma precária no país, quando não de forma distorcida, indevidamente extensiva e irregularmente abrangente – sobretudo por ser o instrumento administrativo preventivo da PNMA com mais intensa regulamentação[4] e porque de indispensável utilização pela Administração Pública, dada sua natureza

3 Do ponto de vista jurídico, o conceito de poluição é tratado na Lei Federal n. 6.938/1981. Do ponto de vista técnico, poluição é a degradação da qualidade ambiental resultante das atividades que direta ou indiretamente prejudiquem a saúde, a segurança e o bem-estar da população, criem condições adversas às atividades sociais e econômicas, afetem desfavoravelmente a biota, afetem as condições estéticas ou sanitárias do meio ambiente e lancem materiais ou energia em desacordo aos padrões ambientais (IBGE, 2004). Do ponto de vista ecológico, poluição é o recurso fora do lugar; perde-se o recurso em si e perdem-se o uso e as funções do ambiente receptor (Margalef, 1981), segundo ANDREOLI, Cleverson Vitório; DONHA, Annelisa Gobel; JUSTI JUNIOR, Jorge; BRITO, Izabella. TRINDADE, Tamara Vigolo. Gestão ambiental para implantação de empreendimentos. *In*: Gestão empresarial e sustentabilidade/ editores Arlindo Philippi Jr., Carlos Alberto Cioce Sampaio, Valdir Fernandes. Barueri, SP: Manole, 2017. – (Coleção ambiental; v. 21). p. 812.

4 Nesse contexto, dentre outras normas, destaca-se o Decreto Federal n. 99.274/1990, que atribui ao Conselho Nacional do Meio Ambiente – CONAMA a competência para estabelecer normas e critérios para o licenciamento ambiental, assim como a Resolução CONAMA n. 01/1986, que estabeleceu diretrizes gerais para a elaboração do Estudo de Impacto Ambiental (EIA) e respectivo Relatório de Impacto Ambiental (RIMA) para obras e atividades específicas.

antecedente, prévia à efetivação da intervenção no meio ambiente. Com efeito, o licenciamento ambiental tem por finalidade promover o controle prévio à construção, instalação, ampliação e funcionamento de atividades específicas. O licenciamento ambiental, como instrumento da PNMA[5], é obrigatório[6] para atividades utilizadoras de recursos ambientais considerados efetiva e potencialmente poluidores, bem como os capazes, sob qualquer forma, de causar degradação ambiental.

Afirma-se haver poucos países com legislação ambiental tão extensa e inovadora como o Brasil; destaca-se o fato de contarmos com capítulo constitucional dedicado ao meio ambiente. Todavia, o país tem muitas vezes demonstrado incapacidade na implementação de políticas públicas e no cumprimento do principal objetivo da legislação ambiental: o desenvolvimento sustentável. Do estabelecimento, em norma escrita, de políticas de Estado, à efetivação das políticas de Governo voltadas a dar concretude aos textos normativos, imensa distância verifica-se.

E no que toca à implantação e operação de grandes empreendimentos do setor elétrico – estratégicos para o crescimento econômico, desenvolvimento social e a segurança energética do país[7] – é cada vez mais evidente ausência de planejamento de políticas públicas (as políticas de Governo), programas e planos ambientais, impactando a implementação de projetos energéticos estratégicos.

O licenciamento ambiental não tem sido guiado pela integração com os demais instrumentos da PNMA (artigo 9º), notadamente os instrumentos administrativos preventivos de planejamento ambiental, tais como o zoneamento ecológico-econômico, para ficar em um exemplo, seja por ausência de regulamentação, seja por ineficiência do Poder Público na implementação e integração dos instrumentos da PNMA.

---

5 Artigo 9º, IV, da Lei Federal n. 6.938/1981

6 Artigo 10 da Lei Federal n. 6.938/1981

7 DESTER, Maurício, ANDRADE, Moacir Trindade de Oliveira. BAJAY, Sergio Valdir. Política de Energia Elétrica e Sustentabilidade no Brasil. *In*: **Energia e sustentabilidade**/editores Arlindo Philippi Jr, Lineu Belico dos Reis. Barueri, SP: Manole, 2016. – (Coleção ambiental – vol. 19).

Por consequência, a implantação dos grandes empreendimentos elétricos é objeto de ferozes críticas e pressão, trazendo reflexos negativos aos processos de licenciamento ambiental – a morosidade, o aumento da subjetividade e da "discricionariedade" técnica, bem como a atávica judicialização, em especial – na medida em que aumentam e acirram os debates com comunidades e diversos entes públicos acerca da apuração, controle e tratamento dos efeitos da implantação de tais empreendimentos, debate que se põe em atenção à verificação de alternativas técnicas e locacionais do empreendimento.

Apesar dessas dificuldades, investimentos em grandes empreendimentos de geração de energia elétrica devem ocorrer nas próximas décadas, dada a impossibilidade de o natural e esperado incremento na demanda por energia ser atendido apenas pela instalação de pequenas centrais ou outras formas de geração (mesmo considerando o sucesso do esforço de conservação de energia). É por isso que, ainda assim, grandes empreendimentos elétricos continuam em evidência, como é o caso das usinas hidrelétricas de Santo Antônio e Jirau, no rio Madeira, a usina de Belo Monte, no rio Xingú, a usina de Teles Pires[8], dentre outros.

Esse cenário de ausência ou ineficiência de articulação de políticas públicas ambientais dá azo à judicialização dos processos de licenciamento ambiental de importantes projetos de energia, causando vultosos prejuízos econômicos e sociais a par de, na prática, não atingir o objetivo da conservação ambiental e, por evidente, menos ainda o propósito da busca pela sustentabilidade.

2 OS REFLEXOS DO ZONEAMENTO AMBIENTAL NAS POLÍTICAS ENERGÉTICAS E NO LICENCIAMENTO AMBIENTAL

O objetivo da PNMA, segundo expresso em seu artigo 2º, é a preservação, melhoria e recuperação da qualidade ambiental propícia à vida, devendo ser asseguradas condições ao desenvolvimento socioeconômico, aos interesses da segurança nacional e à proteção

[8] REIS, Lineu Belico dos. **Geração de energia elétrica**. 3. ed. Barueri, SP: Manole, 2017. p. 24.

da dignidade da vida humana. Observe-se aqui, porque relevante a uma análise isenta de nosso ordenamento e de seus objetivos, que em nada contribui o ativismo que direciona afirmações tais quais a de que nosso sistema seria ecocentrista, de que o direito ao meio ambiente seria transversal e impositivo, restritivo mesmo, aos demais, e de que princípios e regras normativas de proteção ambiental não se comunicariam, conformariam ou mesmo afetariam pelos princípios e regras normativas outros postos em nosso ordenamento.

Rechaçamos tal postura, porque ofensiva à estrutura de nosso ordenamento, que traz igualdade aos princípios em que se funda, orientados estes tão somente, a nosso entender, pelos valores - portanto elementos extrajurídicos, que aos princípios dão origem - da vida e da dignidade, dando-se a decisão quanto ao princípio direcionador de determinado caso por meio do sopesamento dos elementos que o concretizam, nada justificando cogitar-se de conflito entre princípios, mas sim da incidência de um princípio ao invés do outro que aparentemente dava-lhe o conflito, conforme ensina Eros Roberto Grau[9], ou ainda pelo sopesamento proposto por Luís Roberto Barroso[10].

---

9 Eros Grau ensina que o juiz "não determina uma relação fixa e permanente entre eles [princípios]. Daí que o conflito não é resolvido definitivamente: cada solução vale para uma só controvérsia particular, já que não se pode prever a solução do mesmo conflito particular, já que não se pode prever a solução do mesmo conflito no quadro de diversas controvérsias futuras. [...] Daí que os juízos de ponderação entre princípios de direito extirpam seu caráter de norma jurídica. Pretendo afirmar, com isto, que os princípios de direito não podem, enquanto princípios, ser ponderados entre si. Apenas valores podem ser submetido a essa operação. Dizendo-o de outro modo, a ponderação entre eles esteriliza o caráter jurídico-normativo que os definia como norma jurídica. Curiosamente, os princípios são normas, mas, quando em conflito uns com os outros, deixam de sê-lo, funcionando então como valores. [...] o juiz deve resolver a contradição entre dois princípios jurídicos em relação a um caso concreto referindo-se à infraestrutura, apurando qual deles assume, no caso concreto, importância mais significativa em relação aos dados da infraestrutura. (ADPF 101/DF, rel. Min. Cármen Lúcia, 11.3.2009).

10 Luís Roberto Barroso ensina que "a ponderação consiste, portanto, em uma técnica de decisão jurídica aplicável a casos difíceis, em relação aos quais a

Em qualquer hipótese, não faz senso afirmar-se que determinado princípio constitucional – e menos ainda aqueles extraídos de interpretações que fogem ao rigor necessário à interpretação jurídica, meras criações decorrentes do esgarçamento de limites em nome do ativismo – sobrepor-se-ia sobre os demais pelo só fato de incutir em seus termos a noção de um direito que se reputa – e assim o reputa quem o interpreta – superior, de maior relevância que outros.

Mas volte-se ao ponto. Para a realização dos objetivos da PNMA, compatibilizando o desenvolvimento econômico-social com a preservação da qualidade do meio ambiente e do equilíbrio ecológico, são previstos diversos instrumentos administrativos para a prevenção, controle e reparação dos efeitos causados ao meio ambiente[11], incluindo mecanismos de planejamento e gestão ambiental. Estes mecanismos, conforme ensina Paulo de Bessa Antunes[12], servem para "a realização de diagnósticos antecipados das consequências ambientais decorrentes da possível implantação de atividades potencialmente degradadoras do meio ambiente em determinados meios físicos".

---

subsunção se mostrou insuficiente, sobretudo quando uma situação concreta dá ensejo à aplicação de normas de mesma hierarquia que indicam soluções diferenciadas. [E nesse contexto] o legislador infraconstitucional pode atuar no sentido de oferecer alternativas de solução e balizamentos para a ponderação nos casos de conflito de direitos fundamentais. Todavia, por força do princípio da unidade da Constituição, não poderá determinar, em abstrato, a prevalência de um direito sobre o outro, retirando do intérprete a competência para verificar, *in concreto*, a solução constitucionalmente adequada para o problema". (BARROSO, Luís Roberto. **Colisão entre Liberdade de Expressão e Direitos da Personalidade. Critérios de Ponderação.** Interpretação Constitucionalmente adequada do Código Civil e da Lei de Imprensa. Disponível: https://www.migalhas.com.br/arquivo_artigo/art_03-10-01.htm. Acesso em 21.7.2020)

11 PEREIRA, Reginaldo. WINCKLER, Silvana Terezinha. **Instrumento de tutela administrativa do meio ambiente**. Revista de direito ambiental. vol. 51. 2008. P. 193-231

12 ANTUNES, Paulo de Bessa. **Direito ambiental** [livro eletrônico]. 21. ed. São Paulo: Atlas, 2020.

A PNMA conferiu diversos instrumentos administrativos preventivos (e repressivos, de comando e controle – os mais usados pelo Poder Público) aos órgãos integrantes do Sistema Nacional do Meio Ambiente – SISNAMA para a consecução de seus objetivos. Dentre eles, o zoneamento ecológico-econômico [e veja-se aqui o nivelamento desses elementos do tripé da sustentabilidade] é importante instrumento de planejamento ambiental. Há outros, como a avaliação ambiental estratégica e a avaliação ambiental integrada. Em nossa análise, consideraremos tão-somente o papel e importância do zoneamento.

O zoneamento ambiental (artigo 9º, II, da PNMA) é, segundo lição de Paulo de Bessa Antunes[13], um importante instrumento administrativo de intervenção estatal na utilização de espaços geográficos e no domínio econômico, servindo para organizar a relação espaço-produção, de modo que seja possível a convivência dos mais diferentes interesses de uso dos espaços geográficos.

O Zoneamento Ecológico-Econômico – ZEE é uma das modalidades de zoneamento mais importantes para o Direito Ambiental. Nos termos dos critérios do Decreto Federal n. 4.297/2002, o ZEE é instrumento de organização do território a ser obrigatoriamente adotado na implantação de planos, obras e atividades públicas e privadas.

Édis Milaré alerta sobre a importância do ZEE para "movimentar muitas outras peças no âmbito de políticas para o meio ambiente, seja na esfera do Poder Público e da iniciativa privada, seja entre os segmentos organizados da sociedade civil [porque] o planejamento ambiental pode ser considerando, *pleno sensu*, um instrumento de gestão pública do ambiente" [14].

O ZEE é levantamento técnico-científico destinado a dar apoio para análise integrada e tomada de decisão vinculada[15] para

13 ANTUNES, Paulo de Bessa. **Direito ambiental** [livro eletrônico]. 21. ed. São Paulo: Atlas, 2020.

14 MILARÉ, Édis. **Direito do ambiente** [livro eletrônico]. 2. ed. São Paulo: Editora Revista dos Tribunais, 2014.

15 PEREIRA, Reginaldo. WINCKLER, Silvana Terezinha. **Instrumentos de tutela administrativa do meio ambiente**. Revista de Direito Ambiental. vol. 51.

o desenvolvimento de projetos, programas, planos e atividades econômicas que, direta ou indiretamente, utilizem recursos naturais, de maneira que sejam compatibilizados o crescimento econômico (manutenção do capital) e social e a preservação do meio ambiente (manutenção dos serviços ambientais dos ecossistemas), a teor do previsto no artigo 3º, *caput*, do Decreto Federal n. 4.297/2002.

Nesse cenário, as atividades econômicas deveriam ser desenvolvidas a partir de uma perspectiva pré-determinada de sustentabilidade, fundada em medidas e padrões de proteção ambiental destinados a assegurar a qualidade ambiental, dos recursos hídricos e do solo, e a conservação da biodiversidade, garantindo o desenvolvimento sustentável e a melhoria das condições de vida da população[16]. Contudo, a integração e regulamentação dos instrumentos administrativos preventivos da PNMA não tem sido eficiente, repercutindo negativamente na governança e bom desempenho da implementação das políticas públicas ambientais.

Na esfera federal, a legislação é genérica. A Lei n. 13.901/2019 centralizou no Ministério do Meio Ambiente - MMA[17] a competência para tratar do ZEE, ao passo que, no âmbito do Conselho Nacional do Meio Ambiente - CONAMA, atribui-se competência à Câmara Técnica de Controle e Qualidade Ambiental e Gestão Territorial para atuar em relação ao ZEE (artigo 29, II, g, da Portaria MMA n. 630/2019).

Há, contudo, algumas normas estaduais de destaque, não obstante a incipiência na implementação desse importante mecanismo.

No Estado de São Paulo, em 1997 entrou em vigor a Política Estadual do Meio Ambiente (Lei Estadual n. 9.509/1997), norma que prevê o Zoneamento Ecológico-Econômico (artigo 2º) como mecanismo destinado a promover o equilíbrio ambiental e a melhoria da

---

16 SOLER, Fabricio Dorado. Direito ambiental e energia. *In*: **Direito ambiental e sustentabilidade**/editores Arlindo Philippi Jr, Vladimir Passos de Freitas, Ana Luiza Silva Spínola. Barueri, SP: Manole, 2016. p. 510

17 O artigo 39 da Lei Federal n. 13.844/2019 prevê as áreas de competência do Ministério do Meio Ambiente.

qualidade ambiental, prevenir a degradação em todas as suas formas e impedir ou mitigar impactos ambientais negativos e para recuperar o meio ambiente degradado.

A Política de Mudanças Climáticas do Estado de São Paulo (artigo 4º, XL, da Lei Estadual n. 13.798/2009) estabelece que o ZEE é o instrumento básico e referencial para o planejamento ambiental e a gestão do processo de desenvolvimento, capaz de identificar a potencialidade e a vocação de um território, tornando-o base do desenvolvimento sustentável. Ou seja, o ZEE deve disciplinar as atividades produtivas, promover a racional utilização dos recursos naturais, o uso e a ocupação do solo.

Coube ao Poder Executivo paulista definir, até maio de 2010, os critérios para o ZEE (artigo 33, V). Contudo, ainda não houve regulamentação sobre os critérios técnicos a serem observados. Somente dez anos após a promulgàção da Lei Estadual foi criada a Comissão Estadual do Zoneamento Ecológico-Econômico de São Paulo[18], órgão público responsável por acompanhar a elaboração, apreciar e referendar proposta, e acompanhar a implementação do ZEE (artigo 1º).

No Estado do Rio Grande do Sul, na forma da recente Lei Estadual n. 15.434/2020, a formulação do ZEE terá como referência técnica as bacias hidrográficas. O mecanismo deverá ser implantado por lei específica (artigo 16, III).

Pois bem. Como visto, após quase quatro décadas da promulgação da PNMA, os entes federativos engatinham na regulamentação e implementação de instrumentos que possibilitem a atuação preventiva do Estado em matéria ambiental, com implementação efetiva de políticas públicas integrativas. Tais questões afastam-nos do alcance dos objetivos e princípios estabelecidos na Constituição Federal e na PNMA[19].

---

18 Decreto Estadual n. 64.526/2019

19 PEREIRA, Reginaldo. WINCKLER, Silvana Terezinha. **Instrumentos de tutela administrativa do meio ambiente**. Revista de Direito Ambiental. Vol. 51. 2008.

As políticas públicas de ordem ambiental concernentes à oferta de energia elétrica, por sua vez, não são claramente definidas e bem estabelecidas[20], sobretudo porque dão grande ênfase aos aspectos técnicos, econômicos e financeiros em detrimento de questões ambientais e de saneamento, dentro outras. E tal dá-se por existir no setor de energia, por falta de tradição e hábito em trabalhos multidisciplinares, uma deficiência ou inexistência na utilização de técnicas avançadas de análises integradas e holísticas[21], tais como o zoneamento ambiental e as já citadas análise ambiental estratégica e avaliação ambiental integrada.

Lineu Belico dos Reis e Eldis Camargo Santos[22] avaliam que as políticas energéticas deveriam considerar os impactos (ou externalidades, segundo nomenclatura utilizada pelos economistas) identificados previamente em instrumentos de planejamento ambiental como condição ideal[23] para o início dos processos de licenciamento ambiental. Do ponto de vista econômico e financeiro isso contribui para uma análise de custos e monetização adequada pelo empreendedor, pois pode-se utilizar as informações do diagnóstico ambiental

---

20 DESTER, Maurício, ANDRADE, Moacir Trindade de Oliveira. BAJAY, Sergio Valdir. Política de Energia Elétrica e Sustentabilidade no Brasil. *In*: **Energia e sustentabilidade**/editores Arlindo Philippi Jr, Lineu Belico dos Reis. Barueri, SP: Manole, 2016. – (Coleção ambiental – vol. 19). p. 954

21 REIS, Lineu Belico dos. Planejamento energético e desenvolvimento sustentável. *In*: **Energia elétrica e sustentabilidade:** aspectos tecnológicos, socioambientais e legais. Lineu Belico dos Reis, Eldis Camargo Santos. – 2ª ed. Barueri, SP: Manole, 2014. – (Coleção ambiental) [livro eletrônico].

22 REIS, Lineu Belico dos. Planejamento energético e desenvolvimento sustentável. *In*: **Energia elétrica e sustentabilidade:** aspectos tecnológicos, socioambientais e legais. Lineu Belico dos Reis, Eldis Camargo Santos. – 2ª ed. Barueri, SP: Manole, 2014. – (Coleção ambiental) [livro eletrônico].

23 Eduardo Fortunato Bim avalia que a inexistência de instrumentos administrativos preventivos não impede o licenciamento ambiental porque não é seu requisito. No caso do ZEE, por exemplo, o instrumento vinculará o licenciamento ambiental quando o ZEE existir e desde que tenha sido aprovado no rito previsto no Decreto Federal n. 4.297/2002. BIM, Eduardo Fortunato. **Licenciamento ambiental**. 5. ed. Belo Horizonte: Fórum, 2020. p. 503

do território para escolher a alternativa locacional que cause menos impacto e exija a utilização de menos medidas mitigadoras[24], evidentemente consideradas as fontes de geração de energia que admitem a mobilidade locacional.

A não utilização dos instrumentos administrativos preventivos na formulação e implementação das políticas energéticas implica prejuízos ao interesse coletivo. Caso houvesse levantamento técnico prévio e integração das políticas públicas no país, o Poder Público poderia indicar as localidades ambiental, social e economicamente favoráveis para o aproveitamento energético, e, assim, otimizar a relação custo [aí incluído o ambiental] benefício dos empreendimentos de geração de energia. Nessa perspectiva, atender-se-ia e efetivar-se-ia o interesse público[25].

O ZEE prestar-se-ia, dentre outros pontos, a gerar a compatibilização do empreendimento com as políticas públicas que o Poder Público identificou como essenciais[26]. O empreendedor também não seria mais obrigado a produzir informações técnicas gerais e desnecessárias, limitando-se a sustentar a viabilidade ambiental do projeto no que diz respeito aos impactos diretos e indiretos que venha a produzir, valendo-se para tanto do conteúdo de "moldura" trazido pelo

24 ATTANASIO JÚNIOR, Mario Roberto. ATTANASIO, Gabriela Muller Carioba. **O dever de elaboração e implementação do zoneamento ecológico-econômico e a efetividade do licenciamento ambiental**. Revista de Direito Ambiental. vol. 43. 2005. p. 203 - 221.

25 Celso Antônio Bandeira de Mello ensina que "o interesse público deve ser conceituado como o interesse resultante do conjunto dos interesses que os indivíduos pessoalmente têm quando considerados em sua qualidade de membros da Sociedade e pelo simples fato de o serem". *In*: MELLO, Celso Antônio Bandeira de. **Curso de direito administrativo**. 26. ed. São Paulo: Malheiros, 2008. p. 61

26 OLIVEIRA, Isabel Silva Dutra de. **A contribuição do zoneamento ecológico econômico na avaliação de impacto ambiental:** bases e propostas conceituais. 2004. Dissertação (Mestrado em Ciências da Engenharia Ambiental) - Escola de Engenharia de São Carlos, Universidade de São Paulo, São Paulo, 2004.

ZEE que refletiria, de antemão, a orientação da política de Governo - esta fruto da materialização da política de Estado - quanto à atividade econômica sob licenciamento.

Como isso não é a realidade no cenário brasileiro, a ausência ou deficiência na articulação entre as políticas energéticas e os mecanismos de planejamento ambiental é negativamente refletida no licenciamento ambiental, tornando-o ainda mais controvertido pelo abarcar temas que não caberiam, por princípio e abrangência, na análise de intervenção específica no meio ambiente.

A Associação Brasileira de Entidades Estaduais de Meio Ambiente - ABEMA afirma que a ausência de mecanismos preventivos de planejamento ambiental no âmbito do licenciamento ambiental, como o zoneamento ecológico-econômico, a avaliação ambiental estratégica e a avaliação ambiental integrada, contribui para que o licenciamento ambiental perca "sua finalidade como instrumento para aferir os impactos, tornando-se cada vez mais uma prática cartorial, em prejuízo da proteção do meio ambiente"[27].

A inaplicação ou aplicação insuficiente[28] dos mecanismos administrativos de planejamento ambiental da PNMA para nortear as alternativas locacionais, dimensionar os impactos cumulativos[29] e orientar a verificação da viabilidade do empreendimento pretendido faz desaguar no licenciamento ambiental todas as expectativas

---

[27] Associação Brasileira de Entidades Estaduais de Meio Ambiente. **Novas proposta para o licenciamento ambiental no Brasil**. Organização José Carlos Carvalho - Brasília: ABEMA, 2013.

[28] O Banco Mundial aponta a deficiência do Poder Público no que diz respeito ao planejamento das bacias hidrográficas, de estudos de inventário e de estudos de viabilidade.

[29] Os efeitos energéticos relacionam-se à alteração significativa na dinâmica ambiental a partir da acumulação de impactos locais provocados por mais de um empreendimento. Essa alteração deve ser representativa de uma mudança em um mesmo aspecto econômico, social, ambiental ou institucional, segundo Luiz Cláudio Gonçalves. *In*: GONÇALVES, Luiz Cláudio. **Planejamento de Energia e Metodologia de Avaliação Ambiental Estratégica**: conceitos e críticas. Curitiba: Juruá, 2009.

socioambientais relacionadas ao empreendimento. E, em razão do modo como se consolidou no país, o licenciamento ambiental dá visibilidade pública não só aos intensos conflitos socioambientais naturalmente decorrentes da implantação de grandes empreendimentos[30], mas transforma-se em vala comum de todas as mazelas sociais de nossa população. A ausência, ineficiência e inação do Estado tornam-se moeda de troca que onera o empreendimento e a sociedade pela transferência ao agente privado de medidas que nada têm que ver com os impactos de ordem ambiental, social e econômica decorrentes do empreendimento, que se torna a tábua de salvação de uma coletividade abandonada pelo Poder Público e salvo conduto para que siga o Estado inerte, omisso, irresponsável no prover à sociedade um mínimo de dignidade – o mínimo essencial.

Tal fato contribui, sob o auspício do princípio do poluidor-pagador, para a imposição de obrigações pelo órgão ambiental, especialmente no estabelecimento de medidas compensatórias cujas obrigações sequer relacionam-se com os impactos adversos causados pelo empreendimento, revelando verdadeiras barganhas dos entes públicos e comunidades na tentativa de resolver problemas políticos e socioambientais desassociados aos impactos causados pelo empreendimento.

A análise dos impactos ambientais do empreendimento e de suas alternativas deve constituir concatenação de atividades de análise técnica que envolve a dimensão da magnitude e interpretação dos prováveis impactos relevantes, positivos ou negativos, com base em diagnóstico ambiental bem elaborado sobre a base territorial do empreendimento[31]. A partir de criteriosa análise técnica, o órgão ambiental estabelece as medidas mitigadoras e compensatórias nas condicionantes da

30 BRONZ, Deborah. **Nos bastidores do licenciamento ambiental:** uma etnografia das práticas empresariais em grandes empreendimentos. Rio de Janeiro: Contra Capa, 2016. p. 447.

31 FIGUEREDO, Douglas Dias Vieira de. SILVA, Marcos Edmar Ramos Alvares da. COELHO, Rafael Isaac de Almeida. VASCONCELOS, Samuel Duarte. *In*: **Resolução CONAMA 01/86 comentada**: erros e acertos. José Claudio Junqueira Ribeiro (organizador). 1. ed. Rio de Janeiro: Lumen Juris, 2016. p. 56

licença ambiental, assim como os programas de acompanhamento e monitoramento a serem realizados no plano de controle ambiental.

Como a finalidade do licenciamento ambiental é mitigar os impactos adversos, as obrigações estabelecidas pelo órgão licenciador devem ter relação direta, clara e imediata com os impactos adversos do empreendimento. E nesse contexto, o princípio do poluidor-pagador contribui para nortear a atividade do órgão ambiental no estabelecimento de obrigações.

Em síntese, o princípio do poluidor-pagador impõe a internalização dos custos da deterioração ambiental – bem como social e econômica – na medida necessária[32] para diminuir, neutralizar, compensar ou afastar o impacto adverso causado pelo empreendimento[33]. Corrige-se o custo adicionado à sociedade pelo impacto negativo, alocando-se os custos para o "sujeito econômico" da atividade licenciada[34] com base em propostas técnicas factíveis e eficazes para a atenuação ou compensação dos impactos negativos[35] e valorização dos impactos positivos.

As prerrogativas de avaliação técnica da Administração Pública exigem, destaque-se, que a decisão seja fundamentada, contando com previsibilidade técnica, sem casuísmo[36]. Diminui-se, assim, a discricionariedade e garante-se segurança jurídica ao licenciamento ambiental.

---

32 MILARÉ, Édis. **Princípios fundamentais do direito do ambiente**. Revista dos Tribunais 756. 1998.

33 A Lei da Liberdade Econômica (Lei Federal n. 13.874/2019, artigo 3º, XI) vedou a exigência de medida ou prestação compensatória ou mitigatória abusiva.

34 RIOS, Aurélio Virgílio Veiga Rios. DERANI, Cristiane. Princípios gerais do direito internacional ambiental. *In*: **O direito e o desenvolvimento sustentável:** curso de direito ambiental/[organizador Aurélio Virgílio Veiga Rios]. – São Paulo: Peirópolis; Brasília, DF: IEB – Instituto Internacional de Educação do Brasil, 2005. p. 109

35 HOFMANN, Rose Mirian. **Gargalos do licenciamento ambiental federal no Brasil**. Consultoria Legislativa da Câmara dos Deputados. Brasília, 2015. p. 13.

36 PRACUCHO, Davi Marcucci. **Licenciamento ambiental no direito brasileiro**: aspectos legais e doutrinários, conflituosidade e ordem constitucional. Rio de Janeiro: Lumen Juris, 2018. p. 118.

Gerlena Maria Santana de Siqueira[37] avalia que as decisões administrativas devem ser motivadas, devendo ser demonstradas as razões de escolhas dos meios para atingir determinados fins concernentes aos objetivos das licenças ambientais. O conteúdo do ato administrativo (restrições, condições e medidas) deverá ser proporcional[38] e, principalmente, adequado, suficiente e necessário para atingir os objetivos almejados no licenciamento ambiental. E a esse respeito, Terence Trennepohl e Curt Trennepohl[39] ensinam que, em última instância, o objetivo principal do licenciamento ambiental é evitar os impactos desnecessários e irreparáveis, mitigar os aceitáveis e compensar os inevitáveis.

De toda forma, é imprescindível reconhecer que o ato administrativo não está imune de ser sindicado judicialmente (artigo 5º, XXXV da Constituição Federal), pois cabe ao Poder Judiciário, com

[37] SIQUEIRA, Gerlena Maria Santana de. **Licenciamento ambiental de grandes empreendimentos**: regime jurídico e conteúdo das licenças ambientais. Curitiba: Juruá, 2017. p. 113.

[38] Gerlena Maria Santa de Siqueira ensina que "a proporcionalidade envolve a utilização de três subprincípios, que devem ser aplicados como etapas de conferência na solução proporcional do caso concreto, em síntese: (i) adequação (dentro do faticamente possível) deve ser escolhido o meio mais adequado para fomentar o resultado almejado, sob conformidade e utilidade a esse fim; (ii) exigibilidade (ou necessidade): o meio escolhido deve ser o exigível, ainda, o mais suave dentre os diversos disponíveis, no sentido de menos danoso a bens e valores constitucionais protegidos que colidem com a norma interpretada; (iii) proporcionalidade em sentido estrito ou máxima do sopesamento: significa que o meio a ser empregado é o mais vantajoso no sentido de promover certos valores com o mínimo de desrespeito ao núcleo de outros valores ("núcleo essencial" dos direitos fundamentais". SIQUEIRA, Gerlena Maria Santana de. **Licenciamento ambiental de grandes empreendimentos:** regime jurídico e conteúdo das licenças ambientais. Curitiba: Juruá, 2017. p. 109.

[39] Trennepohl, Terence. Trennepohl, Curt. Os aspectos econômicos de infraestrutura energética e a necessidade das usinas hidrelétricas. *In*: **Licenciamento ambiental** [livro eletrônico]. 8. ed. São Paulo: Revista dos Tribunais, 2020.

base nos parâmetros do nexo causal e da proporcionalidade[40], realizar o controle de legalidade do ato administrativo e das razões que o motivaram, e a observância de sua finalidade, respeitado o princípio da independência e harmonia dos Poderes (artigo 2º da Constituição Federal) e observada a liberdade – discricionariedade relativa – técnica de que goza o ente licenciador para, no cotejo estritamente técnico das alternativas que atendam à régua da lei, ao desiderato de conservação da norma jurídica, apontar a solução, dentre as possíveis, que reputar adequada ao caso.

3 AS DISPUTAS JUDICIAIS ENVOLVENDO O LICENCIAMENTO AMBIENTAL DE GRANDES EMPREENDIMENTOS DO SETOR ELÉTRICO

A construção de grandes empreendimentos do setor elétrico, especialmente na região Amazônica, tem sido objeto de controle jurisdicional por atuação crescente do Ministério Público[41] e outros entes legitimados que objetivam obstar a implantação de obras do setor elétrico, argumentando principalmente pela insuficiência dos estudos ambientais[42] e pela necessidade de imposição de medidas que alteram/impactam todo o curso de implantação/ou operação do empreendimento[43].

---

40 BIM, Eduardo Fortunato. **Licenciamento ambiental**. 5. ed. Belo Horizonte: Fórum, 2020. p. 275.

41 O Banco Mundial avalia que a autonomia ilimitada conferida ao Ministério Público é importante fator para a falta de previsibilidade e cumprimento com os cronogramas dos processos de licenciamento ambiental, pois permite que seus membros participem de atos técnicos ou administrativos típicos do órgão ambiental licenciador.

42 TRENNEPOHL, Terence. TRENNEPOHL, Curt. **Licenciamento ambiental** [livro eletrônico]. 8. ed. São Paulo: Revista dos Tribunais, 2020.

43 FERREIRA, Eduardo de Campos. WEBER, Victoria Elimelek. O direito ambiental e os desafios da instalação de empreendimentos hidrelétricos no Brasil. *In*: **Prática do direito ambiental na defesa dos interesses de empresas privadas**. [organizadores Letícia Yumi Marques, Tiago Cardoso Vitekunas Zapater]. São Paulo: Editora Letras Jurídicas, 2019. p. 197.

E no caso dos licenciamentos ambientais dos empreendimentos hidrelétricos do rio Madeira (Jirau e Santo Antônio[44]), assim como Belo Monte, os conflitos são proporcionais à complexidade dos processos de licenciamento de cada empreendimento.

O caso de Belo Monte, em especial, é emblemático em razão do ajuizamento de diversas ações civis públicas pelo Ministério Público e porque o empreendimento ocupou posição central e prioritária no Programa de Aceleração do Crescimento – PAC, instituído pelo Poder Executivo Federal em janeiro de 2007.

O processo de licenciamento ambiental e construção da usina de Belo Monte foi objeto de mais de trinta ações civis públicas ajuizadas pelo Ministério Público Federal para discutir, em essência, a adequação do diagnóstico de impactos ambientais e o cumprimento de condicionantes.

A judicialização do licenciamento ambiental da usina de Belo Monte envolveu prerrogativas de avaliação técnica sob margens de atuação discricionária da Administração Pública. As ações civis públicas versavam, dentre outros temas, sobre:

> (i) os estudos de viabilidade do empreendimento que estavam sendo elaborados sem um Termo de Referência pelo IBAMA;
> (ii o convênio (acordo de cooperação técnica) entre a Eletrobrás e empreiteiras para a elaboração do EIA-RIMA;
> (iii) o inventário hidrelétrico da bacia hidrográfica do rio

[44] No caso da Usina Hidrelétrica de Santo Antônio no rio Madeiro, no Estado de Rondônia, município de Porto Velho, os primeiros estudos de inventário do rio Madeira foram realizados em 2001. Após seis anos de estudos, intensa interação e debates com comunidade local e órgão licenciador, o Plano Básico Ambiental – PBA do projeto foi aprovado em 2008, resultando na emissão de licença de instalação do empreendimento e na estruturação de 28 programas socioambientais para mitigação dos impactos adversos relacionados à UHE. E somente dez anos após o início dos primeiros estudos técnicos foi concedida a licença de operação (2011), permitindo o início do enchimento do reservatório e da geração de energia elétrica.

> Xingu, reputando nulo pelo Ministério Público Federal devido à ausência de avaliação ambiental integrada;
> (iv) o número de audiências públicas (quatro), considerado baixo pelo Ministério Público Federal para atender a amplitude de atingidos pelo empreendimento (mais de 22 Municípios e localidades);
> (v) a carência do diagnóstico do EIA-RIMA, reconhecida pelo próprio IBAMA, e a não consideração das audiências públicas na análise daqueles documentos;
> (vi) a medição da denominada cota 100 e o impacto que haveria em decorrência do alagamento da área urbana de Altamira; e
> (vii) a insuficiência de análise dos impactos sobre os índios.

Todas as liminares concedidas nos casos da usina de Belo Monte foram suspensas pelo Tribunal Regional Federal da 1ª Região, que pacificou entendimento de que as decisões liminares acarretavam grave lesão à ordem, à saúde, à segurança e à economia pública. Outrossim, o Tribunal decidiu que "a interferência da atividade jurisdicional em políticas públicas, nas atribuições específicas e privativas da Administração, implicando não raras alterações na condução do planejamento da sua atuação, deve ser feita com critério e prudência, de forma pontual e calcada em dados objetivos e técnicos que justificam a intervenção judicial"[45].

É evidente que a instalação e operação de grandes empreendimentos elétricos envolve interesses coletivos, possibilitando o controle formal ou material (controle de legalidade em sentido amplo) de ato da Administração Pública perante o Poder Judiciário. Na prática, a judicialização do licenciamento ambiental tornou-se recorrente e versa, muitas vezes, acerca da discricionariedade administrativa, instrumentos administrativos não regulamentados e a aplicação de conceitos indeterminados.

A judicialização do licenciamento ambiental, embora possível, deve ocorrer com muita cautela. As demandas judiciais acarretaram

---

45 Tribunal Regional Federal da 1ª Região. Agravo Regimental na suspensão de liminar ou antecipação de tutela 0021954-88.2010.4.01.0000, j. 17.06.2010.

inevitáveis interrupções nas obras e operação dos empreendimentos, causando relevantes prejuízos econômicos e sociais. Além disso, é salutar que os entes legitimados considerem a excessiva litigiosidade que em nada contribui para um estado de segurança jurídica que agregaria resultado positivo não apenas à conservação ambiental, mas também aos aspectos econômico e social.

Esses aspectos devem ser minuciosamente considerados na defesa do interesse coletivo, especialmente porque, segundo destacou Herman Benjamin, "a proteção ambiental está diretamente relacionada com a questão da discricionariedade administrativa"[46]. E, diante desse cenário, Eduardo Fortunato Bim pondera que "a deferência judicial às decisões tomadas pela Administração Pública ambiental é essencial"[47].

4 CONSIDERAÇÕES FINAIS

Nossa sociedade, passados quase 40 anos do estabelecimento da PNMA, merece que sejam todos os seus instrumentos efetivamente implementados, notadamente aqueles previstos no artigo 9º, de sorte a que o licenciamento ambiental possa limitar-se a sê-lo, o que já é muito, dada a importância do tema, sem abarcar temas outros e mazelas que cabe ao Estado enfrentar.

O licenciamento ambiental somente poderá cumprir estritamente seu papel, de configuração e viabilização de determinada intervenção pontual sobre o meio ambiente, quando tivermos, como sociedade, efetiva definição do que desejamos no plano geral para nosso país. Até que saibamos definir essa premissa de ordem macro, restar-nos-á atacar o tema em foro inadequado, o da intervenção pontual e individualizada sobre o meio ambiente.

Somente com a plena implantação dos instrumentos previstos no artigo 9º da PNMA, notadamente o ZEE, teremos um sistema de

---

46 BENJAMIN, Antonio Herman. *In*: BENJAMIN, Antonio Herman; MILARÉ, Édis. **Estudo Prévio de Impacto Ambiental**, 1993. p. 61.

47 BIM, Eduardo Fortunato. **Licenciamento ambiental**. 5. ed. Belo Horizonte: Fórum, 2020. p. 448.

controle ambiental e de busca da sustentabilidade, pela harmonização entre as variáveis ambiental, econômica e social, efetivamente eficiente.

REFERÊNCIAS

ABEMA – Associação Brasileira de Entidades Estaduais de Meio Ambiente. **Novas proposta para o licenciamento ambiental no Brasil.** Organização José Carlos Carvalho - Brasília: ABEMA, 2013.

ANDREOLI, Cleverson Vitório; DONHA, Annelisa Gobel; JUSTI JUNIOR, Jorge; BRITO, Izabella. TRINDADE, Tamara Vigolo. Gestão ambiental para implantação de empreendimentos. *In*: **Gestão empresarial e sustentabilidade** / editores Arlindo Philippi Jr., Carlos Alberto Cioce Sampaio, Valdir Fernandes. Barueri, SP: Manole, 2017. - (Coleção ambiental; v. 21).

ANTUNES, Paulo de Bessa. **Direito ambiental** [livro eletrônico]. 21. ed. São Paulo: Atlas, 2020.

ATTANASIO JÚNIOR, Mario Roberto. ATTANASIO, Gabriela Muller Carioba. **O dever de elaboração e implementação do zoneamento ecológico-econômico e a efetividade do licenciamento ambiental.** Revista de Direito Ambiental. vol. 43. 2005.

BANCO MUNDIAL. **Licenciamento ambiental de empreendimentos hidrelétricos no Brasil:** uma contribuição para o debate. 2008.

BARROSO, Luís Roberto. **Colisão entre Liberdade de Expressão e Direitos da Personalidade.** Critérios de Ponderação. Interpretação Constitucionalmente adequada do Código Civil e da Lei de Imprensa, 2001.

BENJAMIN, Antonio Herman. *In*: BENJAMIN, Antonio Herman; MILARÉ, Édis. **Estudo Prévio de Impacto Ambiental**, 1993.

BIM, Eduardo Fortunato. **Licenciamento ambiental.** 5.ed. Belo Horizonte: Fórum, 2020

BRONZ, Deborah. **Nos bastidores do licenciamento ambiental:** uma etnografia das práticas empresariais em grandes empreendimentos. Rio de Janeiro: Contra Capa, 2016.

DESTER, Maurício, ANDRADE, Moacir Trindade de Oliveira. BAJAY, Sergio Valdir. Política de Energia Elétrica e Sustentabilidade no Brasil. *In*: **Energia e sustentabilidade** / editores Arlindo Philippi Jr, Lineu Belico dos Reis. Barueri, SP: Manole, 2016. - (Coleção ambiental - vol. 19).

FERREIRA, Eduardo de Campos. WEBER, Victoria Elimelek. O direito ambiental e os desafios da instalação de empreendimentos hidrelétricos no Brasil. *In*: **Prática do direito ambiental na defesa dos interesses de**

empresas privadas. [organizadores Letícia Yumi Marques, Tiago Cardoso Vitekunas Zapater]. São Paulo: Editora Letras Jurídicas, 2019.

FIGUEREDO, Douglas Dias Vieira de. SILVA, Marcos Edmar Ramos Alvares da. COELHO, Rafael Isaac de Almeida. VASCONCELOS, Samuel Duarte. *In*: **Resolução CONAMA 01/86 comentada:** erros e acertos. José Claudio Junqueira Ribeiro (organizador). 1.ed. Rio de Janeiro: Lumen Juris, 2016.

GONÇALVES, Luiz Cláudio. **Planejamento de Energia e Metodologia de Avaliação Ambiental Estratégica:** conceitos e críticas. Curitiba: Juruá, 2009.

HOFMANN, Rose Mirian. **Gargalos do licenciamento ambiental federal no Brasil.** Consultoria Legislativa da Câmara dos Deputados. Brasília, 2015.

IPEA – Instituto de Pesquisa Econômica Aplicada. **Condicionantes institucionais à execução dos investimentos em infraestrutura econômica no Brasil:** licenciamento ambiental. – Brasília, 2017.

MELLO, Celso Antônio Bandeira de. **Curso de direito administrativo.** 26. ed. São Paulo: Malheiros, 2008.

MILARÉ, Édis. **Direito do ambiente** [livro eletrônico]. 2. ed. São Paulo: Editora Revista dos Tribunais, 2014.

MILARÉ, Édis. **Princípios fundamentais do direito do ambiente.** Revista dos Tribunais 756. 1998.

OLIVEIRA, Isabel Silva Dutra de. **A contribuição do zoneamento ecológico econômico na avaliação de impacto ambiental:** bases e propostas conceituais. 2004. Dissertação (Mestrado em Ciências da Engenharia Ambiental) - Escola de Engenharia de São Carlos, Universidade de São Paulo, São Paulo, 2004.

PEREIRA, Reginaldo. WINCKLER, Silvana Terezinha. **Instrumento de tutela administrativa do meio ambiente.** Revista de direito ambiental. vol. 51. 2008.

PRACUCHO, Davi Marcucci. **Licenciamento ambiental no direito brasileiro:** aspectos legais e doutrinários, conflituosidade e ordem constitucional. Rio de Janeiro: Lumen Juris, 2018.

REIS, Lineu Belico dos. **Geração de energia elétrica.** 3.ed. Barueri, SP: Manole, 2017.

REIS, Lineu Belico dos. Planejamento energético e desenvolvimento sustentável. *In*: **Energia elétrica e sustentabilidade:** aspectos tecnológicos, socioambientais e legais [livro eletrônico]. Lineu Belico dos Reis, Eldis Camargo Santos. – 2ª ed. Barueri, SP: Manole, 2014. – (Coleção ambiental).

RIOS, Aurélio Virgílio Veiga Rios. DERANI, Cristiane. Princípios gerais do direito internacional ambiental. *In*: **O direito e o desenvolvimento sustentável:** curso de direito ambiental / [organizador Aurélio Virgílio Veiga Rios]. – São Paulo: Peirópolis; Brasília, DF: IEB – Instituto Internacional de Educação do Brasil, 2005.

SIQUEIRA, Gerlena Maria Santana de. **Licenciamento ambiental de grandes empreendimentos:** regime jurídico e conteúdo das licenças ambientais. Curitiba: Juruá, 2017.

SOLER, Fabricio Dorado. Direito ambiental e energia. *In*: **Direito ambiental e sustentabilidade** / editores Arlindo Philippi Jr, Vladimir Passos de Freitas, Ana Luiza Silva Spínola. Barueri, SP: Manole, 2016.

TRENNEPOHL, Terence. TRENNEPOHL, Curt. Licenciamento ambiental [livro eletrônico]. 8. ed. São Paulo: Revista dos Tribunais, 2020.

UTILIZAÇÃO DE RESÍDUOS NO SETOR DE ENERGIA: REPERCUSSÕES SOCIAIS, ECONÔMICAS E AMBIENTAIS

Christiane Dias Pereira[1]

Marlus Oliveira[2]

SUMÁRIO:

1 CONSIDERAÇÕES INICIAIS

A inclusão de fontes de energia renováveis na matriz energética é uma tendência decorrente da necessidade de fazer frente à crescente demanda por energia e ao mesmo tempo cumprir as metas e compromissos globais de desenvolvimento sustentável, em especial com redução de emissões de gases do efeito estufa (GEE).

---

1 Diretora técnica da Terra Melhor Ltda. e assistente de pesquisa na Technische Universität Braunschweig. Engenheira civil e advogada. Pós-graduada em Gestão Empresarial e Direito Ambiental. Doutoranda em Gestão de Resíduos na Tecnische Universität Braunschweig.

2 Advogado. Mestre em Engenharia Urbana e Ambiental. Doutorando em Geociências na UFF. Atua como pesquisador na Technische Universität Braunschweig (Alemanha) como German Chancellor Fellow.

Neste sentido, embora haja um relativo destaque para a geração eólica e fotovoltaica, a sustentabilidade da matriz energética depende da combinação de diferentes fontes de energia (MENDONÇA; BORNIA, 2019), espaço que permite a utilização da energia presente nos resíduos sólidos urbanos (RSU).

Vale lembrar que, quando inadequadamente gerenciados, os resíduos oferecem risco potencial ao ambiente, representando um dos maiores desafios para as sociedades contemporâneas. Soma-se a esta problemática a expectativa de que a produção global de lixo somente atinja seu pico global em 2100, em decorrência do aumento da população mundial e melhoria das condições financeiras globais (HOORNWEG *et al.*, 2015).

No Brasil, a gestão de RSU evidencia desafios que devem ser superados pelo gestor público a fim de reduzir o seu impacto na saúde da população e no meio ambiente. Estes desafios são derivados não apenas do contínuo incremento da quantidade de resíduos gerados diariamente, mas também pela necessidade de prover práticas sustentáveis que atendam as premissas legais e que caibam dentro do orçamento público.

Entretanto, a degradação da qualidade ambiental como fruto do mesmo fenômeno passou a ser discutida e a receber grande atenção, globalmente, apenas nos últimos trinta anos, conforme comentado em "Gestão Sustentável de Resíduos Sólidos Urbanos – transferência de experiência entre a Alemanha e o Brasil" (FRICKE *et al.*, 2015).

Uma das possíveis soluções para a questão são as tecnologias de recuperação energética de RSU, que devem assumir um papel protagonista na gestão de resíduos sólidos, transpassando as práticas de reciclagem de materiais e introduzindo alternativas que promovem elevada redução de massa dos aterros e, consequentemente, mitigam impactos ambientais, protegem o clima e preservam recursos naturais.

Neste sentido, a recuperação energética dos resíduos sólidos visa a aproveitar o potencial energético inerente aos RSU na forma de calor, eletricidade ou combustíveis alternativos tais como biogás e Combustível Derivado de Resíduos (CDR), visando desviar dos aterros sanitários ou lixões um volume significativo dos resíduos, suprir carência na geração de energia e, ainda, mitigar as emissões de GEE. De forma suplementar, podem ser apontados, ainda, como benefícios a imobilização de compostos inorgânicos e a possibilidade de uma reciclagem de recursos secundários, tais como, cinzas, sulfato de cálcio e ácidos clorídricos.

No que diz respeito ao potencial energético, a publicação de 2018 do Ministério de Meio Ambiente da Alemanha, *Energieerzeugung aus Abfällen: Stand und Potenziale in Deutschland bis 2030* – Geração de Energia por Resíduos: status e potencial na Alemanha até 2030 (BMU, 2018), menciona que o poder calorífico introduzido nas centrais térmicas a partir dos RSU corresponde a 4,3% do consumo de energia primária na Alemanha.

Este dado reforça a representatividade que estas técnicas poderão assumir em um mercado que pretende diversificar sua matriz energética e, ainda, corrobora o entendimento de que a reciclagem pode caminhar junto à recuperação energética, pois a Alemanha, em 2018, foi o país com maior índice de reciclagem da União Europeia, na ordem de 67%. (BMU, 2018)

É que a reciclagem e a recuperação energética não são formas de tratamento concorrentes. Estas alternativas podem e devem ocorrer de forma complementar em sistemas integrados de gestão de resíduos, mesmo porque a reciclagem de materiais ocupa um patamar prioritário nas premissas de valorização de resíduos da Lei da Política Nacional de Resíduos Sólidos, Lei n. 12.305/2010 (BRASIL, 2010).

A rigor, a preferência se justifica porque a reciclagem de materiais permite preservar os recursos naturais, gera menor impacto ambiental, no sentido de reduzir a emissão de GEE, e detém alto potencial de inclusão social, pelo valor econômico dos materiais recicláveis.

Contudo, deve-se observar que os mercados de materiais recicláveis são voláteis e sujeitos a rápidas alterações. Desta forma, materiais que não sejam mais do interesse do mercado de reciclagem, ou aqueles que não poderão ser reciclados de uma forma técnica ou economicamente viável, poderão ser utilizados para geração de energia.

Portanto, uma gestão sustentável de resíduos deve buscar o balanço entre maiores taxas de recuperação de energia e a boa qualidade dos produtos reciclados, valendo-se do princípio da complementaridade, observando a tendência de aproveitamento dos rejeitos de sistemas de triagem manual ou mecanizada de recicláveis, e, ainda, garantindo uma intervenção em escala para aqueles resíduos coletados de forma indiferenciada e que não serão mais passíveis de reciclagem.

Em outras palavras, a produção de energia a partir de resíduos pode ser um aliado não só na redução de emissões nacionais de GEE, como forma de aumento da oferta de energia, enquanto contribui também para uma gestão ambientalmente adequada dos resíduos.

2 GERAÇÃO DE ENERGIA ELÉTRICA

A utilizaçao de esgotos e resíduos para a produção de energia elétrica não é exatamente uma novidade no Brasil. Dejetos de suinoculturas, por exemplo, são tratados em biodigestores há bastante tempo e o biogás gerado é captado e transformado em energia para suprir a demanda da própria produção (GODOY JUNIOR *et al.*, 2002). Também os RSU podem ser utilizados para geração de energia, tanto através da coleta e queima do biogás, como pela incineração direta dos próprios resíduos.

Na Dinamarca, por exemplo, uma usina de lixo construída em Copenhagen processa 400.000 toneladas de lixo por ano e gera eletricidade para 50 mil residências e aquecimento para 120 mil (BABCOCK & WILCOX, [2020]). Já no Brasil, a capacidade instalada em 2019 das 21 usinas de geração de energia a partir de resíduos foi 138 MW, aproximadamente 0,1% da capacidade instalada nacional (MENDONÇA; BORNIA, 2019). Se 35% dos resíduos gerados nacionalmente fossem destinados a esta finalidade, o potencial de geração de energia poderia atingir até 1.300 GWh/mês (TISI, 2019).

O procedimento mais simples para geração de energia a partir de resíduos consiste na combustão total dos resíduos, e a sua viabilidade depende da oferta de resíduos, seu potencial calorífico inferior, o valor de venda da energia e eventuais receitas alternativas, como créditos de carbono (OLIVEIRA *et al.*, 2018). Na cidade de São Paulo, uma estimativa preliminar concluiu pela viabilidade da instalação de até 13 usinas, que somadas poderiam gerar até 354 GW por ano (OLIVEIRA *et al.*, 2018).

Uma outra possibilidade é a utilização do biogás dos resíduos sólidos. Este gás, composto principalmente por metano e dióxido de carbono, pode ser incinerado diretamente ou após o tratamento e concentração do metano, atingindo poder calorífico semelhante ao do gás natural (EPE, 2018). Os RSU podem também ser gaseificados através de pirólise, gerando um outro tipo de gás com potencial para geração de energia.

Segundo Tisi (2019), a queima direta dos resíduos possui potencial de geração de energia por tonelada de resíduo até dez vezes maior que o uso do biogás. Além disso, é importante lembrar que o processo de coleta de biogás em aterro possui eficiente limitado e grande parte do metano gerado continua escapando para atmosfera ou preso no interior da massa de resíduos.

Independendemente da tecnologia específica a ser adotada, a realidade é que o uso de RSU possui vantagens não só sob o aspecto ambiental, mas também faz sentido do ponto de vista do setor elétrico, com o aumento da diversificação da matriz renovável com uma fonte de baixa intermitência.

Estas vantagens foram alguns dos fatores que justificaram os Ministérios do Meio Ambiente (MMA), de Minas e Energia (MME) e do Desenvolvimento Regional (MDR) a editar a Portaria Interministerial n. 274/2019, regulamentando a recuperação energética dos RSU e criando o conceito de Usina de Recuperação Energética de Resíduos Sólidos Urbanos (URE) (BRASIL, 2019).

A garantia da competitividade das UREs ainda depende da atenção do poder público, em especial em ambiente de competição com outras formas de geração térmica, mais consolidadas e com menores custos. De toda sorte, os benefícios cumulativos são mais do que o suficiente para justificar políticas públicas visando aumentar a capacidade instalada de geração de energia a partir de RSU.

3 COPROCESSAMENTO

O coprocessamento, por seu turno, é o emprego de materiais derivados de RSU visando substituir combustíveis fósseis tradicionais como carvão, óleo combustível e gás natural em processos industriais, sendo aplicado principalmente na indústria de cimento e em usinas termelétricas no mundo todo.

A busca por energéticos com menores fatores de emissão combinada com a preservação de recursos naturais tem sido uma importante ferramenta para a redução de suas emissões de dióxido de carbono (CO2), ao mesmo tempo em que são reduzidos os impactos ambientais observados em longo prazo nos aterros sanitários.

Segundo o "Roadmap tecnológico do setor de cimento" – lançado em 2019 –, no período de 2000 a 2014, a indústria cimenteira aumentou a participação dos combustíveis alternativos em sua matriz energética de 9% para 15%, diminuindo suas emissões ao mesmo tempo em que reduziu o passivo ambiental representado pelos resíduos (VISEDO; PECCHIO, 2019).

Já na Europa e Alemanha, o "Opções em Waste-to-Energy na Gestão de Resíduos Sólidos Urbanos" (GIZ, 2017, p. 26) aponta que:

> Na indústria de cimento europeia, a taxa de substituição térmica de combustíveis tradicionais por resíduos chega até 80% em determinadas instalações (média anual), enquanto a taxa de substituição média na UE é em torno de 39% (CEMBUREAU, "Activity Report 2015", The European Cement Association, Brussel, 2015).
> Coprocessamento em usinas de cimento também tem se difundido amplamente como parte de sistemas de gestão de resíduos em diversos países emergentes ou em desenvolvimento. Entretanto, a parcela de resíduos sólidos urbanos utilizada em coprocessamento ainda é baixa em comparação com fluxos de resíduos específicos como pneus usados, resíduos industriais perigosos, terra contaminada, resíduos de biomassa ou lodo de estações de tratamento de águas residuais. (GIZ, 2017, p. 26)

No Brasil há 38 plantas cimenteiras licenciadas para coprocessamento, o que representa quase 70% da capacidade instalada de produção. Mattos (2019) em sua apresentação comenta a projeção de aumento do coprocessamento de RSU e industriais não perigosos, de 8%, em 2014, para 44% em 2050, a partir do uso de fontes de energia com menor intensidade de carbono que representa uma opção adicional para reduzir ainda mais as emissões oriundas da queima de combustíveis.

Segundo o Roadmap de 2019, a substituição do coque de petróleo nos fornos de cimento do Brasil por combustíveis alternativos representará uma importante contribuição para a redução das emissões de CO2 do setor, com potencial de mitigar cerca de 13% dessas emissões cumulativas até 2050 (VISEDO; PECCHIO, 2019).

Corroborando com estes dados, o "Caderno Temático 3 – Recuperação Energética de Resíduos Sólidos", Plano Nacional de Saneamento Básico (Plansab) 2019, retrata um potencial de consumo de CDR que varia entre 1,12 a 4 Mt por ano, a partir de 25 regiões de consumo distribuídas no Brasil. Isto demonstra que o coprocessamento pode gerar elevado impacto na redução de massa nos aterros mas isoladamente não garante a destinação adequada das 80 Mt de RSU gerados anualmente (PAULA *et al.*, 2019).

4 COMBUSTÍVEL DERIVADO DE RESÍDUOS (CDR)

O termo CDR cobre amplo espectro de materiais presentes em RSU e em resíduos sólidos industriais (RSI) não perigosos, mas esta denominação ainda não está pacificada no mercado brasileiro.

Considerando a intensificação das discussões sobre coprocessamento no país, marcos legais foram instituídos tais como a resolução publicada no Estado de São Paulo SMA n. 38/2017, que estabelece a denominação Combustível Derivado de Resíduos Urbanos (CDRU) e a ABNT NBR 16.849:2020 que introduz nova denominação Resíduo Sólido Urbano Energético (RSUE) (ABNT, 2020; SÃO PAULO, 2017).

Segundo a NBR 16.849, RSUE são RSU, com ou sem incorporação de outros resíduos sólidos, resíduos agrossilvipastoris ou resíduos classe II – Não perigosos elegíveis, utilizados em processos de recuperação energética de maneira controlada.

Independentemente da terminologia, estes podem ser enquadrados como resíduos que sofreram segregação das frações potencialmente recicláveis e, ainda, detém conteúdo energético que poderá ser recuperado em preferência ao simples aterramento. Em outras palavras, o CDR é o material utilizado para geração de energia (elétrica ou calorífica) nas atividades de coprocessamento, obtido dos resíduos após a remoção dos recicláveis.

A partir dos dados coletados em campanha de caracterização, os tipos dos resíduos deverão ser reordenados para refletir melhor o potencial de aproveitamento energético em uma cimenteira. Desta forma, a adequação de resíduos para coprocessamento depende das suas características e do tipo de indústria onde serão aplicados, entretanto um alto teor de cloro ou mercúrio nos resíduos poderá causar problemas operacionais. Deverão, ainda, atender a padrões de qualidade como presença de metais, cloro, cinzas e enxofre; e, um poder calorífico inferior em torno de 10 – 20 MJ/Kg é desejável para uma operação economicamente viável. (PEREIRA; FRICKE, 2020, p. 147). No Brasil, já existem normativas que balizam a aplicabilidade do CDR segundo o poder calorífico inferior, NBR 16.849 e SMA n. 38/2017, respectivamente 10 MJ/Kg e 15 MJ/Kg.

5 REPERCUSSÕES

O setor cimenteiro tem fomentado discussões sobre a minimização dos impactos no processo produtivo, entendendo que o investimento em inovação é parte fundamental desse esforço. Desta forma, a substituição da fonte energética tradicional pelo CDR tornou-se estratégica para o setor. As cimenteiras têm investido para alcançar, em médio prazo, padrões internacionais em uso de matérias-primas e combustíveis alternativos não fósseis via coprocessamento em suas unidades no Brasil.

Além disso, a condição de baixo crescimento econômico do país impele à busca por alternativas que gerem maior competitividade, o que significa que o desafio atual não está relacionado ao desempenho do cimento, nem à produção e ao mercado, mas à redução das emissões de GEE e à possibilidade de conciliar as mudanças climáticas e a necessidade do setor cimenteiro. Busca-se a sustentabilidade através da eficiência energética e do combustível derivado de matérias-primas alternativas.

O Poder Público terá papel essencial de fomentar a qualidade tanto nos critérios de escolha dos projetos a serem priorizados, quanto, também, no correto e justo equacionamento das variáveis envolvidas no negócio, gerando então um ambiente de confiança entre os envolvidos. Este tem sido o maior entrave para a promoção da recuperação energética de RSU e que precisa receber uma atenção especial do governo federal e estadual para seu desenvolvimento.

Admite-se que a sinergia entre o setor de resíduos e o da energia possa vir a garantir o escoamento de parte significativa do CDR produzido a partir de resíduos urbanos em unidades de coprocessamento, podendo o quantitativo remanescente ser encaminhado para outros setores de atividade econômica tais como plantas de força e caldeiras.

A potencialidade de afastar grandes massas dos aterros, reforça a citada sinergia e foi evidenciada em políticas públicas firmadas nos últimos anos. Seja pela eclosão de marcos legais que regulamentam a aplicabilidade do CDR, tais como SMA n. 38/2017 e a ABNT NBR 16.849:2020, seja por força da Portaria Interministerial n. 274/2019 que disciplina a recuperação energética, ou mesmo pela mobilização de atores importantes do segmento, como a Frente Brasil de Recuperação Energética de Resíduos, que pretende não apenas revisar barreiras regulatórias mas, também, fomentar a implementação de projetos.

Todavia, apesar dos esforços conjuntos, o incremento de atividades de coprocessamento de CDR deverá ser avaliado segundo o tripé da sustentabilidade, qual seja: social, ambiental e econômico.

5.1 Social

No que diz respeito a este aspecto, há de se observar a importância dos movimentos relacionados à inclusão social. Para além das previsões legais que determinam a priorização do emprego de cooperativas e associações em ações voltadas para a gestão dos resíduos, deve-se destacar a importância da atuação deste segmento especializado em segregação e, sobretudo, como agente ambiental em suas localidades.

Em 2018, segundo dados da Pesquisa Nacional por Amostra de Domicílios (PNAD) os catadores infomais de materiais recicláveis somavam 268.000 pessoas (CARRANÇA, 2019). O Movimento dos Catadores de Materiais Recicláveis (MNCR) acredita que existem de 800.000 a 1 milhão de catadores em atividade (MNCR, 2017). Estes números por si só já refletem a importância relacionada às ações de inclusão social.

A redução de empregos formais motivada pela pandemia do COVID-19 fortalecerá a informalidade na gestão de resíduos, onde a catação, apesar de representar forma de ocupação de menor rendimento, ainda permite a geração de alguma renda familiar.

Neste momento, políticas públicas que incentivem a formalização da atuação destes catadores através de cooperativas ou associações, que disponibilizem infraestrutura e capacitação, serão fundamentais para readequar a gestão de resíduos de forma a reciclar as frações secas ou orgânicas, prioritariamente às ações de recuperação energética e aterramento.

Apesar de algumas tentativas de depreciar as práticas de recuperação energética, a complementariedade destes dois universos é uma importante ferramenta de geração de emprego e renda, e sobremaneira, de preservação do meio ambiente.

5.2 Ambiental

O preceito da economia circular evidencia a relevância da recuperação energética quando aplicada às frações não recicláveis e perigosas de resíduos, respeitando normas ambientais e levando em conta aspectos sociais. Em adição, o coprocessamento contribui para a redução dos impactos ambientais em decorrência da produção de cimento, principalmente por representar um processo onde o consumo energético é intensivo, contribuindo com 7 % das emissões globais de GEE (GIZ, 2020).

Não obstante a importância dos aterros sanitários como técnica de disposição final para os rejeitos, é importante ressaltar a limitada disponibilidade de áreas para novos empreendimentos desta natureza, a eficiência apenas parcial dos sistemas de coleta de gases, assim como riscos de contaminação do solo e águas subterrâneas. Isso corrobora para a conclusão de que o aterramento não deve ser a primeira opção para o gerenciamento de resíduos.

No que diz respeito ao elevado desvio de massa dos aterros, as necessárias medidas de encerramento e de pós-encerramento exigirão a adoção de recursos financeiros substanciais. A produção de CDR pode ser uma maneira de geração de recursos para uma provisão de encerramento.

Os horizontes temporais para o cálculo dos custos de pós-encerramento deverão considerar, por um lado, uma duração mínima de trinta anos e, por outro lado, períodos de monitoramento para acompanhamento das emissões ditas como relevantes por um período de cem anos (KrW-/AbfG, 2004; STEGMANN *et al.*, 2006).

Embora os aterros apresentem menores custos de investimento e operação em um primeiro momento, estes oferecem elevado risco ambiental que obrigam a provisão de reservas para intervenções futuras. A necessidade de provisionamento se tornou ainda mais latente com o encerramento do julgamento do Recurso Extraordinário n. 654.833 do Supremo Tribunal Federal (STF), onde se fixou a tese de imprescritibilidade da pretensão de reparação civil do dano ambiental.

Neste sentido, os Municípios que optarem pela recuperação energética não apenas atendem aos pressupostos legais de redução de massa dos aterros, mas, também, afastam possíveis passivos ambientais oriundos da disposição descontrolada nos aterros sanitários, mitigando, assim, impactos climáticos e preservando recursos naturais e financeiros.

5.3 Econômico

A geração de energia e o coprocessamento de CDR oferecem a possibilidade de redução de custos de aterramento, bem como permitem gerar receita acessória através da comercialização da energia e do CDR, assim como de eventuais créditos de carbono.

É lógico que haverá necessidade de investimento em infraestrutura e custos adicionais de operação, contudo estas despesas poderão ser suportadas pelo advento da contraprestação paga pela Administração Pública e a remuneração decorrente da venda dos produtos, por exemplo.

Observando o período entre 2004 e 2018 o preço do coque de petróleo importado para as cimenteiras no Brasil aumentou em torno de 425%. No mesmo período, o preço médio do saco de cimento mais comum subiu algo em torno de 30%, corroborando para que as empresas cimenteiras estejam empenhadas em buscar uma alternativa a essa grande exposição do resultado operacional de seus negócios, uma vez que a energia térmica representa algo em torno de 30% do custo total de produção do cimento (PAULA *et al.*, 2019). Segundo Camillo Penna, em redução de custo Brasil, no custo da produção do cimento brasileiro, 50% é de energia térmica, sendo 35% derivado do custo do coque e 15% da energia elétrica (SANTOS, 2020).

Precificar o CDR está diretamente relacionado com a contraprestação e o valor de mercado da fonte de energia tradicional. Para uma precificação do CDR que justifique sua produção, há uma série de variáveis que interferem na decisão, como valor pago pelo gerador público ou privado para a destinação adequada dos resíduos, valor de aterramento dos rejeitos na região, taxa interna de retorno e reinvestimento.

O Plansab 2019 apresenta como preço "justo" para o mercado brasileiro o valor referencial a ser pago pelo comprador do CDR em torno de R$ 100/t – uma vez que estamos tratando de valores médios e assim cada fábrica de cimento potencial consumidora de CDR tem a sua especificidade em função do seu custo de energia do coque levando em conta os fretes de transporte de coque de petróleo importado do porto até a fábrica. Segundo operadores de plantas de geração de CDR, a Lafarge remunera em Pernambuco o valor de R$ 132,00/t e a Votorantim em São Paulo, R$ 115,00/t (PAULA *et al.*, 2019).

Importante contextualizar que para se buscar um equilíbrio econômico do negócio de CDR onde se tenha metas financeiras para os projetos que atendam às expectativas de investidores privados, será necessário um esforço multilateral. A Administração Pública deve viabilizar o implemento das plantas de produção de CDR e o setor cimenteiro remunera este subproduto com base em características qualitativas, por exemplo.

6 CONSIDERAÇÕES FINAIS

As práticas de tratamento de resíduos sólidos tomaram força no mercado global a partir do entendimento de que os aterros têm um potencial de influência nas emissões de GEE elevado, as práticas de engenharia não conseguem afastar o potencial de contaminação a médio e longo prazos, as ações de manutenção após o encerramento dos aterros são onerosas, os recursos naturais estão se tornando cada vez mais valorizados e, portanto, o mercado de recursos secundários tem ganhado força devido a este fato. Da mesma forma, os valores dos recursos energéticos estão cada vez mais caros, a demanda alimentícia está acentuada para o atendimento de uma população crescente e a sociedade tem se tornado mais sensível às ações que determinam a proteção e a preservação ambiental.

A geração de energia elétrica e o coprocessamento podem ser apresentados como práticas que entrelaçam o reaproveitamento e destinação final em uma única operação: a queima de RSU ou biogás, com características físico-químicas compatíveis com o processo de produção de clínquer, em fornos rotativos da indústria cimenteira, ou para produção de energia elétrica.

Entre as principais vantagens dessa prática estão a substituição da fonte tradicional de energia por uma fonte ambientalmente adequada, a preservação de recursos energéticos não renováveis, a possibilidade de processamento em larga escala de combustíveis alternativos, a mitigação de passivos ambientais em decorrência do desvio de massa dos aterros e, indiretamente, a contribuição à saúde pública e a geração de empregos.

Neste contexto, a recuperação energética retoma seu protagonismo no mercado brasileiro e assume seu papel de intervenção complementar, a partir do entendimento de que a reciclagem precisa ser priorizada, os volumes dos aterros preservados, as emissões mitigadas e, principalmente, valorizada a geração de emprego e renda.

A formação de política pública que evidencia a necessidade de priorização da reciclagem e, ainda, regulamenta a aplicação das técnicas de recuperação energética, corrobora o incremento da segurança jurídica às futuras contratações, e garantirão o interesse e amadurecimento do mercado, enquanto se fortalece a recuperação energética.

A geração de energia e o coprocessamento permitem estabelecer sinergia entre o setor privado, como o da indústria do cimento que busca combustível alternativo para reduzir seus impactos ambientais e melhorar sua eficiência energética, e o setor público que detêm a competência para administrar a gestão de RSU, de forma adequada ambientalmente e a custos compatíveis com sua capacidade orçamentária.

A consciência ambiental e das mudanças climáticas, a necessidade de preservação, a comercialização dos recursos naturais e o valor da energia garantem o desenvolvimento do mercado de recursos secundários e fontes alternativas de energia.

Desta forma, este artigo abre um diálogo multisetorial que, além de garantir a transversalidade do tema, permitirá sua implementação de forma contínua e duradoura, representando uma alternativa de valorização que corrobora com as diretrizes da Política Nacional de Resíduos Sólidos (PNRS), tanto econômica quanto ambiental e de saúde humana.

REFERÊNCIAS

ABNT – Associação Brasileira de Normas Técnicas. **NBR 16.849:2020** – Resíduos sólidos urbanos para fins energéticos – Requisitos. São Paulo: ABNT, 2020.

BABCOCK & WILCOX Enterprises. **Amager Bakke / Copenhill Copenhagen, Denmark**. [2020]. Disponível em: https://www.babcock.com/resources/case-profiles/amager-bakke-copenhill. Acesso em: 15 jun. 2020.

BMU – Umweltbundesamt. **Energieerzeugung aus Abfällen**: Stand und Potenziale in Deutschland bis 2030. Texte 51/2018. Berlin, Alemanha, 2018. Disponível em: https://www.umweltbundesamt.de/sites/default/files/medien/1410/

publikationen/2018-06-26_texte_51-2018_energieerzeugung-abfaelle.pdf. Acesso em: 12 jun. 2020.

BRASIL. **Lei n. 12.305**, de 02 de agosto de 2010. Institui a Política Nacional de Resíduos Sólidos; altera a Lei n. 9.605, de 12 de fevereiro de 1998; e dá outras providências. Presidência da República, Casa Civil, Brasília – DF, 2010. Disponível em: http://www.planalto.gov.br/ccivil_03/_ato2007-2010/2010/lei/l12305.htm. Acesso em: 17 abr. 2020.

BRASIL. MMA – Ministério do Meio Ambiente / MME – Ministério de Minas e Energia / MDR – Ministério de Desenvolvimento Regional. **Portaria Interministerial de Recuperação Energética n. 274**, de 30 de abril de 2019. Disciplina a recuperação energética dos resíduos sólidos urbanos referida no § 1º do art. 9º da Lei n. 12.305, de 2010 e no art. 37 do Decreto n. 7.404, de 2010. Brasília – DF: MMA/ MME / MDR, 2019. Disponível em: http://www.in.gov.br/web/dou/-/portaria-interministerial-n%C2%BA-274-de-30-de-abril-de-2019-86235505. Acesso em: 12 jun. 2020.

CARRANÇA, Thais. **Crise multiplica catadores, mas reduz o lixo**. Valor Econômico, 10.05.2019. Disponível em: https://valor.globo.com/brasil/noticia/2019/05/10/crise-multiplica-catadores-mas-reduz-o-lixo.ghtml. Acesso em: 12 jun. 2020.

EPE – Empresa de Pesquisa Energética. **Papel da Biomassa na Expansão da Geração de Energia Elétrica**. Documento de Apoio ao PNE 2050. Brasília: Ministério de Minas e Energia, 2018. Disponível em: https://www.epe.gov.br/sites-pt/publicacoes-dados-abertos/ publicacoes/PublicacoesArquivos/publicacao-227/topico-457/Biomassa%20e%20 Expans% C3%A3o%20de%20Energia.pdf. Acesso em: 12 jun. 2020.

FRICKE, Klaus; PEREIRA, Christiane; LEITE, Aguinaldo; BAGNATI, Marius. (Coords.). **Gestão sustentável de resíduos sólidos urbanos**: transferência de experiência entre a Alemanha e o Brasil. Braunschweig: Technische Universität Braunschweig, 2015. Disponível em: https://goo.gl/BE246I. Acesso em: 12 jun. 2020.

GIZ – Deutsche Gesellschaft für Internationale Zusammenarbeit. **Guidelines on Pre- and Co-processing of Waste in Cement Production**. Use of waste as alternative fuel and raw material. Bonn, 2020. Disponível em: https://www.giz.de/de/downloads/giz-2020_en_guidelines-pre-coprocessing.pdf. Acesso em: 12 jun. 2020.

GIZ – Deutsche Gesellschaft für Internationale Zusammenarbeit. **Opções em Waste-to-Energy na Gestão de Resíduos Sólidos Urbanos**: Um guia para tomadores de decisão em países emergentes ou em desenvolvimento. Eschborn, 2017. Disponível em: http://protegeer. gov.br/images/documents/393/WasteToEnergy%20Guidelines%20GIZ%202017%20 -web%20PT.pdf. Acesso em: 12 jun. 2020.

GODOY JUNIOR, Ederaldo; CARROCCI, Luiz Roberto; SILVEIRA, José Luiz; CAMARGO, José Rui; GIACAGLIA, Giorgio Eugênio Oscare. **Biodigestores associados a sistema de cogeração para o aproveitamento do biogás produzido a partir de resíduos de suinocultura**. Procedings of the 4th Encontro de Energia no Meio Rural. Campinas, 2002. Disponível em: http://www.proceedings.scielo.br/scielo.php?script=sci_arttext&pid =MSC0000000022002000100029 [versão pdf: http://www.proceedings.scielo.br/pdf/agrener/n4v1/029.pdf]. Acesso em: 12 jun. 2020.

HOORNWEG, Daniel; BHADA-TATA, Perinaz; KENNEDY, Christopher. Peak waste: when is it likely to occur? **Journal of Industrial Ecology**, v. 19, n. 1, p. 117-128, 2015. https://doi.org/10.1111/jiec.12165. Disponível em: https://onlinelibrary.wiley.com/doi/abs/10.1111/jiec.12165. Acesso em: 12 jun. 2020.

KrW-/AbfG. **Kreislaufwirtschafts- und Abfallgesetz – Gesetz zur Förderung der Kreislaufwirtschaft und Sicherung der umweltverträglichen Beseitigung von Abfällen**. Bundestag, Alemanha, 2004.

MATTOS, Daniel. **Evolução do coprocessamento e os combustíveis alternativos do futuro**. ABCP (Associação Brasileira de Cimento Portland). 2019. Disponível em: https://coprocessamento.org.br/wp-content/uploads/2019/09/2019_Evolucao_coprocessamento_Daniel_ABCP_CShow20190816.pdf. Acesso em: 12 jun. 2020.

MENDONÇA, Anny Key de Souza; BORNIA, Antônio Cezar. Aproveitamento energético dos resíduos sólidos urbanos: análise das políticas públicas. **Mix Sustentável**, Florianópolis, v. 5, n. 2, p. 109-122, jun. 2019. Disponível em: https://www.researchgate.net/publication/335178704_APROVEITAMENTO_ENERGETICO_DOS_RESIDUOS_SOLIDOS_URBANOS_ANALISE_DAS_POLITICAS_PUBLICAS. Acesso em: 12 jun. 2020.

MNCR – Movimento Nacional dos Catadores de Materiais Recicláveis. **Quantos Catadores existem em atividade no Brasil?** 07.06.2008. atualizado em 02.10.2017. Disponível em: http://www.mncr.org.br/sobre-o-mncr/duvidas-frequentes/quantos-catadores-existem-em-atividade-no-brasil. Acesso em: 12 jun. 2020.

OLIVEIRA, Douglas Eldo Pereira de; MIRANDA, Amanda Carvalho; KLEPA, Rogério Bonette; FRANCO, Marco Antonio Cortellazzi; SILVA FILHO, Silvério Catureba da; SANTANA, José Carlos Curvelo. Análise do potencial da produção de energia a partir da incineração de resíduos sólidos urbanos na cidade de São Paulo. **Interciência**, v. 43, n. 11, nov. 2018. Disponível em: https://www.interciencia.net/wp-content/uploads/2018/11/778-KLEPA-43_11.pdf. Acesso em: 12 jun. 2020.

PAULA, Alaim Silva de; PEREIRA, Christiane Dias; VILELA, Gustavo Gallo; FRICKE, Klaus; KASPER, Olga. **Recuperação energética de resíduos sólidos urbanos. Caderno temático 3**. Brasília: Ministério de Desenvolvimento Regional / PLANSAB, 2019. Disponível em: https://www.mdr.gov.br/images/stories/ArquivosSNSA/Arquivos_PDF/plansab/3-CadernotematicoRecuperacaoEnergeticadeRSU.pdf. Acesso em: 12 jun. 2020.

PEREIRA; Christiane; FRICKE, Klaus. **Tecnologias Ambientais.** (Apresentação técnica para módulo gestão de resíduos aplicado no curso de mestrado Engenharia Urbana e Ambiental na PUC-Rio). Março 2020. Rio de Janeiro, Universidade Técnica de Braunschweig / ProteGEEr / PUC-Rio, 2020.

SANTOS, Altair. Indústria do cimento perto da alforria do coque de petróleo. Setor atua para substituir mais de 50% do combustível fóssil por fontes alternativas e resíduos industriais. 28.05.2020. Disponível em: https://www.cimentoitambe.com.br/industria-do-cimento-perto-da-alforria-do-coque-de-petroleo/. Acesso em: 12 jun. 2020.

SÃO PAULO [Estado]. Secretaria de Estado do Meio Ambiente. **Resolução SMA n. 38**, de 31 de maio de 2017. Estabelecem diretrizes e condições para o licenciamento e a operação da atividade de recuperação de energia proveniente do uso de Combustível Derivado de Resíduos Sólidos Urbanos – CDRU em Fornos de Produção de Clínquer. Governo do Estado de São Paulo. São Paulo, Brasil. 2017. Disponível em: https://smastr16.blob.core.windows.net/legislacao/2017/06/resolucao-sma-038-2017-processo-3840-2017-estabelece-diretrizes-e-condicoes-para-licenciamento-e-operacaoda-atividadede-recuperacaode-energis-cdru.pdf. Acesso em: 12 jun. 2020.

STEGMANN, Rainer; HEYER, Kai-Uwe; HUPE, Karsten; WILLAND, Achim. **Deponienachsorge – Handlungsoptionen, Dauer, Kosten und qyantitative Kriterien für die Entlassung aus der Nachsorge**. UmweltBundesAmt. Alemanha, 2006.

TISI, Yuri Schmitke Almeida Belchior. Os importantes benefícios ambientais e energéticos das usinas Waste-to-Energy. **Canal Energia**, 28.08.2019. Disponível em: http://abren.abren.org.br/docs/Os%20importantes%20benefi%CC%81cios%20ambientais%20e%20energe%CC%81ticos%20das%20usinas%20Waste-to-Energy%20_%20.pdf. Acesso em: 12 jun. 2020.

VISEDO, Gonzalo; PECCHIO, Marcelo. (coord.). **ROADMAP tecnológico do cimento**: potencial de redução das emissões de carbono da indústria do cimento brasileira até 2050. Rio de Janeiro: SNIC – Sindicato Nacional da Indústria do Cimento, 2019. Disponível em: https://coprocessamento.org.br/wp-content/uploads/2019/11/Roadmap_Tecnologico_Cimento_Brasil_Book-1.pdf. Acesso em: 12 jun. 2020.

FONTES DE ENERGIA RENOVÁVEIS NA GERAÇÃO DISTRIBUÍDA – ABORDAGEM DISTINTA NO ICMS EM MINAS GERAIS

Clarice Horst Dutra Coutinho[1]

RESUMO:

Inicialmente o artigo visa apresentar o conceito de geração distribuída, contendo vários aspectos e por diferentes definições, conjuntamente será abordada a legislação vigente que regulamenta a geração distribuída no Brasil de forma sucinta e a evolução legislativa no estado de Minas Gerais. Ato contínuo, serão apresentadas as fontes de energias renováveis, bem como a fotovoltaica, que pode ser considerada como a fonte responsável pela propagação da geração distribuída em Minas Gerais. Nesse aspecto, serão apresentados dados do mercado mundial, nacional e estadual. Além disso, serão apresentadas as distintas formas de abordagem que o estado de Minas Gerais atua no tocante aos incentivos de Imposto sobre Circulação de Mercadorias e Serviços ("ICMS") para as fontes de energia renováveis, demonstrando, inclusive, divergência em relação à Resolução 482/2015 da Agência Nacional de Energia Elétrica ("ANEEL").

Palavras-chave: Geração Distribuída, micro e minigeração, fontes renováveis de energia elétrica, igualdade, regulatório, ICMS, gerador, Aneel, legislação.

SUMÁRIO:

---

1 Pós-graduada em Direito Empresarial pela Faculdade Milton Campos/MG (2014). MBA em Gestão do Setor Elétrico pela Fundação Getúlio Vargas – FGV (2018). Graduada em Direito pela Newton Paiva (2013). Membro da Comissão de Direito de Energia da OAB/MG. Advogada.

1 INTRODUÇÃO

Impossível começar esse artigo, que enfocará a distinção em relação aos aspectos tributários do Imposto sobre Circulação de Mercadorias e Serviços ("ICMS") de Minas Gerais no tocante às fontes de geração de energia renováveis, àquelas que se enquadram na modalidade de Geração Distribuída ("GD"), antes de falar da evolução em GD no referido estado.

Antes disso, destaca-se a evidente importância da energia para o desenvolvimento econômico e social, em destaque para aquelas da modalidade de GD, em que a oportunidade em produzir energia limpa e abundante, trouxe e continua trazendo, de forma evidente, a melhoria de vida para os cidadãos do Estado de Minas Gerais, principalmente para a região do Norte de Minas Gerais.

Nesse contexto, a fonte solar de energia fotovoltaica iniciou um crescimento exponencial, por meio dos projetos de mini e microgeração, por se tratar de uma opção com reduzido impacto ambiental, promove a eficiência energética, por meio de alívio de demanda e a relativa autonomia energética ao consumidor.

Há que se falar, ainda, que apesar de popularmente conhecida, a energia fotovoltaica não é a única fonte renovável em que se enquadra a GD.

Já no tocante à tributação, em 2015 a Lei n. 21.713, de 07.07.2015 alterou a Lei n. 21.527, de 16 de dezembro de 2014, que alterou a Lei n. 6.763, de 26 de dezembro de 1975, consolidando a legislação tributária do Estado, e deu outras providências que serão tratadas adiante.

Desde então, Minas Gerais está entre os Estados pioneiros em estimular o crescimento da GD evoluindo em conhecimento por meio de debates na própria Assembleia de Minas Gerais ("ALMG"). Além disso, aderiu ao Convênio ICMS em 16 de 22 de abril de 2015, em que autorizou os Estados signatários, mediante edição de legislação específica, a concederem isenção do ICMS incidente sobre a energia elétrica fornecida pela distribuidora à unidade consumidora, na quantidade correspondente à soma da energia elétrica injetada na rede de distribuição pela mesma unidade consumidora ou por outra unidade do mesmo titular, através de geração distribuída com capacidade instalada de até 1 MW, nos termos da Resolução Normativa n. 482/2012.

Assim, pretende-se analisar, ainda que sucintamente, a abordagem distinta que o Estado de Minas Gerais aplica às fontes de energia renováveis no que se refere aos benefícios tributários.

Além disso, apresentar questões recorrentes sob a perspectiva jurídica, de forma a fomentar a discussão da presente matéria, geração distribuída e energia renovável.

2 DA GERAÇÃO DISTRIBUÍDA

2.1 Das definições e evolução da micro e minigeração

Inicialmente, vale destacar o conceito e legislação da GD em âmbito nacional, já que desde o ano de 2012, após a edição da Resolução Normativa n. 482, de 17 abril de 2012, da Agência Nacional de Energia Elétrica ("ANNEL"), instituiu condições gerais para o ingresso de micro e minigeração distribuída aos sistemas de distribuição de energia elétrica, o sistema de compensação de energia elétrica[2], e de outras providências, utilizando como referência o Procedimentos de Distribuição de Energia Elétrica no Sistema Interligado Nacional ("PRODIST"). Essa Resolução fora resultado da Consulta Pública n. 15/2010 e da Audiência Pública n. 42/2011. O artigo "Geração Distribuída no Brasil"[3], o objeto da referida consulta fora apresentar os principais instrumentos regulatórios utilizados no Brasil e em outros países para incentivar a GD de pequeno porte, a partir das fontes renováveis de energia.

A micro e minigeração distribuída consistem na produção de energia elétrica a partir de pequenas centrais geradoras que utilizam fontes com base em energia hidráulica, solar, eólica, biomassa ou

[2] Sistema no qual a energia ativa injetada por unidade consumidora com Microgeração ou minigeração distribuída é cedida, por meio de empréstimo gratuito, à distribuidora local e posteriormente compensada com o consumo de energia elétrica cativa.

[3] Temas relevantes no Direito da Energia Elétrica – TOMO VI – Coordenador Fábio Amorim da Rocha

cogeração qualificada, conectadas à rede de distribuição por meio de instalações de unidades consumidoras.

Para efeitos de diferenciação e atualização, conforme redação dada pela Resolução da Aneel n. 684 de 2015, a microgeração é caracterizada por uma central geradora de energia elétrica, com potência instalada menor ou igual a 75 kW e que utilize fontes renováveis de energia elétrica ou cogeração qualificada, conectada na rede de distribuição, por meio de instalações de unidades consumidoras.

Já em relação à minigeração distribuída que é uma central geradora de energia elétrica, a ANEEL atualizou a igualdade das fontes para se enquadrar em geração distribuída, como é possível perceber na sequência de alterações à REN n. 482/2012 que primeiro fora atualizada em 2015 pela REN n. 684 e as principais inovações que começaram a valer em 1º de março de 2016 foram:

> [...] microgeração distribuída a central geradora com potência instalada até 75 quilowatts (KW) e minigeração distribuída aquela com potência acima de 75 kW e menor ou igual a 5 MW (sendo 3 MW para a fonte hídrica), conectadas na rede de distribuição por meio de instalações de unidades consumidoras.[4]

Já a atualização em 2017 se deu por meio da Redação dada pela REN ANEEL 786, de 17.10.2017, em que é adotado a seguinte definição, minigeração distribuída, com potência instalada superior a 75 kW e menor ou igual a 5MW e que utilize cogeração qualificada ou fontes renováveis de energia elétrica, conforme conectada na rede de distribuição por meio de instalações de unidades consumidoras.

Nota-se a evolução e equidade em relação às diversas fontes de energia, igualando todas em até 5MW.

Para efeitos práticos, a utilização da micro e da minigeração distribuída é realizada por meio do sistema de compensação, em que permite que a energia ativa gerada pelas usinas de fontes renováveis

[4] BRASIL. Geração Distribuída. **Agência Nacional de Energia Elétrica**, Brasília, 2020.

sejam injetadas nas unidades consumidoras, por meio do empréstimo gratuito à distribuidora local e posteriormente compensada nas unidades consumidoras de mesma titularidade ou por meios autorizados pela Resolução em que prevê a compensação de geração compartilhada e empreendimento com múltiplas unidades consumidoras.

As referidas mudanças normativas que favoreceram a instalação de novos pontos de micro e minigeração distribuídas trazem aos consumidores uma redução de custo de instalação das centrais geradoras a partir do ganho de escala, pois possibilita a reunião de consumidores, seja por condomínio, consórcio ou ainda cooperativa. Os créditos oriundos desses empreendimentos são divididos entre as unidades consumidoras participantes, de acordo com os critérios por elas regidos, sem diferenciação de fontes energéticas.

Na modalidade de geração compartilhada, os interessados podem se unir e constituir um consórcio ou cooperativa para a instalação da usina com o objetivo de reduzir o valor da conta de energia elétrica. Além disso, há a possibilidade de instalação de sistemas de geração em condomínio, onde a energia poderá ser dividida entre os condôminos em percentual definido pelos próprios.

Além disso, fora instruído o autoconsumo remoto, que se dá com a compensação entre o montante de energia gerado e o da energia consumida. Para tanto, é necessário que ambos os pontos de conexão estejam sob a mesma titularidade e mesma área de concessão da distribuidora. Ressalta-se que o prazo para utilização dos créditos dos consumidores aumentou de 36 meses para 60 meses.

Visando à simplificação, os procedimentos para instalação foram flexibilizados e os prazos para atendimento da conexão, reduzidos.

2.2 Da fonte de energia fotovoltaica

O efeito fotovoltaico significa geração de uma diferença de potencial na junção de dois materiais diferentes em resposta a radiação visível ou outra. Todo o campo de conversão de energia solar em eletricidade é, portanto, significado como a "energia fotovoltaica". A energia fotovoltaica significa literalmente "eletricidade leve", porque "foto" é um radical da palavra grega "*phõs*" que significa luz e "Volt" é uma abreviação do nome de Alessandro Volta (1745-1827), que foi pioneiro no estudo de eletricidade. Uma vez que um leigo geralmente não conhece o significado da palavra fotovoltaica, um termo popular e comum para se referir à energia solar fotovoltaica é a eletricidade solar.

O mercado mundial fotovoltaico vem crescendo exponencialmente nos últimos anos, como apresentado na Figura 1.

A fonte solar fotovoltaica cresceu 22,5% em 2019, liderando o crescimento da capacidade instalada de energias renováveis no mundo, com o acréscimo de 115 GW, é o que aponta o relatório internacional Renewables Global Status Report, elaborado pela REN21[5], o relatório reúne todas as informações mais recentes sobre o mercado de energia renovável e desenvolvimentos da indústria, políticas e tendências de investimento.

O Brasil lidera a expansão da energia solar fotovoltaica na América Latina, adicionando 2,1 GW no ano e com investimentos na monta de mais de R$24 bilhões em 2019.

O estudo da REN21 demonstrou que a capacidade instalada global das energias renováveis cresceu 200 GW em 2019, um aumento de 12% em relação a 2018, atingindo 627 GW. A fonte que mais cresceu foi a solar fotovoltaica, com alta de 57,5% desse montante, seguida da fonte eólica, com 60 GW e 30% de participação, e a fonte hidrelétrica, com 18 GW e 8% de participação.

> A solar fotovoltaica foi a fonte com a maior taxa de crescimento na matriz elétrica brasileira em 2019, atingindo um aumento de 88%, contra 7% da eólica e 5% da hidrelétrica. Também foi a segunda fonte com maior capacidade instalada adicionada na matriz elétrica no ano, com 2,1 GW, ficando atrás apenas da hidrelétrica, com adição de 4,9 GW [, enfatiza Koloszuk].

Reconhecendo a importância de avançar com os brasileiros no uso da fonte solar, ao comparar com outros países, é importante

[5] RENEWABLES Global Status Report. **REN 21Renewables Now**, Paris, 2020.

ressaltar que diferentemente dos demais países, com matriz energética baseada em combustíveis fósseis, a matriz energética brasileira que é predominantemente renovável, com forte presença hidráulica, atenua o incentivo de políticas à fonte solar.

É possível observar o cenário internacional, uma nova tendência de expansão de energia solar no mundo, com diminuição da importância dos países europeus e destaque para os países asiáticos, como a China e o Japão, que comandam a instalação de painéis fotovoltaicos no mundo.

O mercado chinês manteve a liderança nos avanços condizentes com as energias renováveis, somando as fontes solar, eólica, biomassa e hídrica, atingindo 789 GW de capacidade instalada, seguida pelos Estados Unidos da América ("EUA"), com 282 GW.

Outros países asiáticos também apresentaram significativo crescimento no mercado de energia solar, como a Índia que tem se tornando um dos principais locais de expansão da fonte no mundo nos próximos anos, ponderando sua capacidade de geração solar e seu aumento na demanda por energia elétrica, com 137 GW.

O Brasil ficou em terceiro lugar no *ranking* mundial, com 144 GW em capacidade instalada total.

Por fim, o potencial brasileiro para energia solar é admirável. Verificando pela região nordeste que oferece as maiores estimativas de irradiação solar global, com a menor e maior média variável do ano entre todas as regiões.

2.3 Das demais fontes renováveis

A geração de energia por meio de fontes renováveis detém benefícios conhecidos, principalmente em relação à redução de emissões de gases de efeito estufa e da poluição.

O Brasil e muitos outros países investem em programas oficiais para expansão das chamadas fontes renováveis de energia, iniciados já há alguns anos, como por exemplo, em 2003, implantou o PROINFA, maior programa nacional para estímulo à produção de energia elétrica por meio das fontes renováveis, baseado na Lei n. 10.438, de abril de 2002. O referido programa é gerenciado pela Eletrobrás e energia produzida pelo PROINFA tem garantia de contratação por 20 anos pela Eletrobrás, o maior programa do mundo de incentivo às fontes alternativas de energia elétrica, o PROINFA contribuiu para a diversificação da matriz energética nacional, além de ter fomentado a geração de milhares de empregos diretos e indiretos em todo o país, proporcionando grande avanço industrial e internalização de tecnologia de ponta. Além disso, o programa possibilita a redução de emissões de gases de efeito estufa[6].

No entanto, em boa parte dos programas, as duas principais fontes – aproveitamentos hídricos e a biomassa – não apresentavam potencial significativo de expansão. Assim, as pesquisas e aplicações acabaram por beneficiar o grupo chamado "Outras Fontes" ou ("fontes alternativas").

No grupo chamado "Outras Fontes" estão abrigados o vento (energia eólica), sol (energia solar), mar, geotérmica (calor existente no interior da Terra), esgoto, lixo e dejetos animais, entre outros. Em comum, elas têm o fato de serem renováveis e, portanto, corretas do ponto de vista ambiental. Permitem não só a diversificação, mas também a "limpeza" da matriz energética local, ao reduzir a dependência dos combustíveis fósseis, como carvão e petróleo, cuja utilização é responsável pela emissão de grande parte dos gases que provocam o efeito estufa. Além disso, também podem operar como fontes complementares a grandes usinas hidrelétricas, cujos principais potenciais já foram quase integralmente aproveitados nos países desenvolvidos[7].

Conceituando as fontes renováveis e em conjunto com o sistema de *net-metering*[8] introduzido pela Resolução Normativa n. 482/2012, a geração distribuída de energia começou de fato a avançar no País.

De acordo com o Relatório de *Status* Global Renováveis 2020-REN21, o Brasil liderou o comissionamento de nova capacidade hidrelétrica em 2019, seguido por quatro países asiáticos: China, Laos

---

6 **ÁREA** de atuação: PROINFA. Eletrobrás, Rio de Janeiro, 2020.

7 PARTE II Fontes renováveis. **Atlas de Energia Elétrica do Brasil**, Brasília, Cap. 5, p. 75-89.

8 Sistema de Compensação de Energia Elétrica, fonte: https://pt.wikipedia.org/wiki/Sistema_de_compensa%C3%A7%C3%A3o_de_energia_el%C3%A9trica_(Net_Metering)

PDR, Butão e Tajiquistão. Isso marcou o primeiro ano desde pelo menos 2004 quando a China não conseguiu manter a larga margem de vantagem sobre todos os outros países novas conclusões hidrelétrico.

O mercado global de energia hidrelétrica, conforme medido em instalações de capacidade contratadas em 2019, continua a ser tendência plurianual de desaceleração. A nova capacidade totalizou cerca de 15,6 GW, elevando o nível global de capacidade instalada para cerca de 1.150 GW em 2019.

A geração por hidrelétricas aumentou 2,3% durante o ano de 2019 para um valor estimado de 4.306 TWh, refletindo não apenas o aumento da capacidade, mas também variabilidade localizada significativa da mudança dos padrões climáticos e outras condições operacionais.

Conforme se verifica no próprio site da ANEEL, a quantidade de usinas enquadradas como geração distribuída são 249.716, atualizadas até junho de 2020[9] com total de potência instalada em 3.112.527,29 kW.

No tocante às diversas fontes de energia renováveis, os dados da ANEEL atualizados até junho de 2020[10] são os apresentados na Figura 1:

Figura 1 – Geração Distribuída.

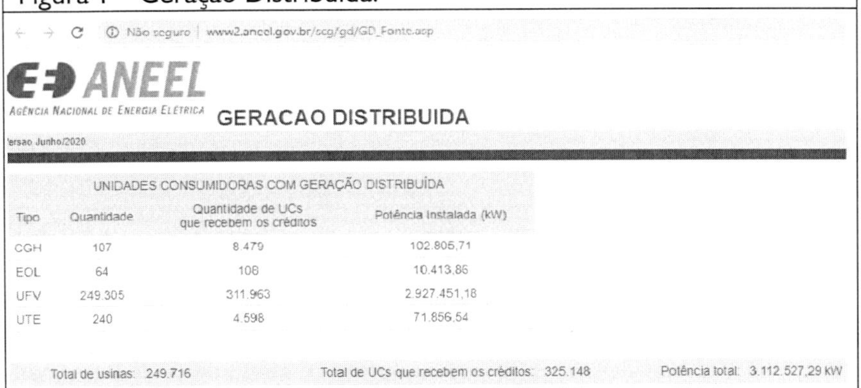
Não seguro | www2.aneel.gov.br/scg/gd/GD_Fonte.asp

ANEEL
Agência Nacional de Energia Elétrica

GERACAO DISTRIBUIDA

Versao Junho/2020

UNIDADES CONSUMIDORAS COM GERAÇÃO DISTRIBUÍDA

Tipo	Quantidade	Quantidade de UCs que recebem os créditos	Potência Instalada (kW)
CGH	107	8.479	102.805,71
EOL	64	108	10.413,86
UFV	249.305	311.963	2.927.451,18
UTE	240	4.598	71.856,54

Total de usinas: 249.716 Total de UCs que recebem os créditos: 325.148 Potência total: 3.112.527,29 kW

Fonte: BRASIL, 2020 (Aneel).

9 BRASIL. Unidades Consumidoras com Geração Distribuída. **Agência Nacional de Energia Elétrica**, Brasília, jun. 2020.

10 BRASIL. Unidades Consumidoras com Geração Distribuída. **Agência Nacional de Energia Elétrica**, Brasília, jun. 2020.

Em relação a Minas Gerais, promover essas fontes é uma das prioridades do Governo de Minas que trabalha também em mudanças na legislação que estimula a implantação de empreendimentos desta natureza no Estado.

Em termos de distribuição por estado, verifica-se que só em Minas Gerais a potência instalada é de 647.515,73 kW (seiscentos e quarenta e sete mil, quinhentos e trinta e quatro e dezessete), permanecendo como o estado com mais instalações em GD, seguido pelo Rio Grande do Sul.

Ainda assim, a despeito da crise vivenciada pelo setor elétrico brasileiro, o setor de energia renováveis, tem-se mostrado resiliente.

Na realidade, a crise do setor tem provocado o efeito de ativar os consumidores a procurarem na produção própria a solução para fazer frente à alta dos preços de energia, e ainda sob risco de racionamento.

Além do aspecto ambiental, dados da Agência Internacional de Energia Renovável (IRENA, na sigla em inglês), revelam que o setor de energia renovável prevê um crescimento significativo na geração de empregos no mundo. Somente em 2017, o número de empregos gerados bateu recorde de 10,3 milhões de postos ocupados.

Todavia, a divergência no que se refere ao aspecto tributário das fontes renováveis tem travado uma evolução econômica para o Estado de Minas Gerais.

2.4 Do aspecto tributário no instituto de compensação de energia e da abordagem diversa de fontes de energia

Ainda sobre o instituto da compensação, salienta-se que no início da Resolução surgiram diversas dúvidas acerca da incidência de tributos estaduais e federais na fatura dos consumidores que aderiram ao sistema de compensação e se tal relação configuraria comercialização de energia.

Em razão disso, a Receita Federal do Brasil e as Secretarias de Fazenda Estaduais, ao tratarem da questão, decidiram que o relacionamento entre as partes no sistema proposto não se caracterizaria como comercialização de energia, mas sim como contrato mútuo.

São inúmeros os fatores que contribuem para o expressivo crescimento, dentre os quais se incluem as medidas como o Ajuste SINIEF n. 2, de 22/04/2015 e a adesão, em sua maioria, dos estados da Federação ao Convênio ICMS.

Nesse sentido, verifica-se que o referido Convênio permite que os estados da Federação aderentes concedam isenção do ICMS incidente sobre a energia fornecida na unidade consumidora em montante equivalente ao injetado pela unidade na rede. Nesse sentido, minigeradores e microgeradores possuem a obrigação de pagar apenas o ICMS incidente sobre a parcela do seu consumo de energia elétrica que não for compensada pelo montante injetado por eles na rede de distribuição durante o mês.

Sendo assim, em caso de injeção de energia em sua totalidade de consumo, não há o que se falar em incidência de ICMS, o que se torna uma questão de grande relevância na geração distribuída no Brasil, é a cobrança do ICMS sobre a energia injetada na rede.

Minas Gerais fora um dos estados pioneiros e que aderiu ao Convênio ICMS n. 16 de 22 de abril de 2015, em que autorizou os Estados signatários, mediante edição de legislação específica, a concederem isenção do ICMS incidente sobre a energia elétrica fornecida pela distribuidora à unidade consumidora, na quantidade correspondente à soma da energia elétrica injetada na rede de distribuição pela mesma unidade consumidora ou por outra unidade do mesmo titular, através de geração distribuída com capacidade instalada de até 1 MW, nos termos da Resolução Normativa n. 482/2012.

Nota-se que, apesar da Resolução n. 482/2012 ter sido atualizada no sentido de capacidade instalada da geração distribuída na modalidade minigeração, o CONFAZ até a elaboração do presente artigo, não se atualizou.

Portanto, mesmo com a alteração da REN n. 786/2017 da ANEEL, aumentou a minigeração para todas as fontes renováveis de energia elétrica menor ou igual 5MW e superior à 75kW o CONFAZ ainda mantém o teto de 1MW para todas as fontes renováveis.

No tocante à legislação mineira, por meio do Decreto n. 47.231, de 4 de agosto de 2017,[11] dispõe acerca da isenção de ICMS na saída, em operação interna, de:

> [...] energia elétrica de energia elétrica fornecida pela distribuidora à unidade consumidora, na quantidade correspondente à energia elétrica injetada na rede de distribuição somada aos créditos de energia ativa originados, no mesmo mês ou em meses anteriores, na própria unidade consumidora ou em outra unidade de mesma titularidade, desde que o responsável pela unidade tenha aderido ao sistema de compensação de energia elétrica" e de energia elétrica fornecida pela distribuidora à unidade consumidora participante do sistema de compensação de energia elétrica, na quantidade correspondente à soma da energia elétrica injetada na rede de distribuição pela mesma unidade consumidora com os créditos de energia ativa originados na própria unidade consumidora no mesmo mês, em meses anteriores ou em outra unidade consumidora do mesmo titular, os itens 222 e 223 consequentemente.

Nota-se que os *caputs* dos refeitos itens concedem a isenção de forma genérica, sem a distinção de fontes e/ou outras disposições, mas em seus itens subsequentes divergem as fontes, em que o item 223 do Anexo I do RICMS/MG – que determina de forma genérica a isenção do imposto para fontes diversas da fotovoltaica – abarca em sua redação as modalidades constantes do item 223.2 recentemente excluído.

Em relação à exclusão, o item 223.2 do Anexo I do RICMS/MG fora revogado, em face do Decreto n. 47.544/2018, restando afastada, dessa forma, a isenção do imposto para as modalidades de geração distribuída de energia elétrica caracterizadas como (i) empreendimento de múltiplas unidades consumidoras, (ii) geração compartilhada e (iii) autoconsumo remoto.

---

11 MINAS GERAIS. Decreto n. 47.231, de 04 de agosto de 2017. Altera o Regulamento do ICMS – RICMS –, aprovado pelo Decreto n. 43.080, de 13 de dezembro de 2002. **Palácio Tiradentes**, Belo Horizonte, 04 ago. 2017.

Contudo, resta claro que o item 223 do Anexo I do RICMS/MG - que determina de forma genérica a isenção do imposto para fontes diversas da fotovoltaica - abarca em sua redação as modalidades constantes do item 223.2 recentemente excluído.

Isso porque, nos termos do art. 6º da Resolução Normativa ANEEL n. 482/2012, podem aderir ao sistema de compensação os consumidores responsáveis por unidade consumidora com micro ou minigeração distribuída, integrante de empreendimentos de múltiplas unidades, bem como as caracterizadas como geração compartilhada ou autoconsumo remoto:

> Art. 6º Podem aderir ao sistema de compensação de energia elétrica os consumidores responsáveis por unidade consumidora: I - com microgeração ou minigeração distribuída; II - integrante de empreendimento de múltiplas unidades consumidoras; III - caracterizada como geração compartilhada; IV - caracterizada como autoconsumo remoto.

Conforme o disposto nos incisos VI, VII e VIII do art. 2º da Resolução Normativa ANEEL n. 482/2012, as modalidades caracterizadas como (i) empreendimento de múltiplas unidades consumidoras, (ii) geração compartilhada e (iii) autoconsumo remoto permitem que a energia seja compensada em unidades consumidoras distintas, desde que pertencentes a um mesmo titular, senão vejamos:

> VI - empreendimento com múltiplas unidades consumidoras: caracterizado pela utilização da energia elétrica de forma independente, no qual cada fração com uso individualizado constitua uma unidade consumidora e as instalações para atendimento das áreas de uso comum constituam uma unidade consumidora distinta, de responsabilidade do condomínio, da administração ou do proprietário do empreendimento, com microgeração ou minigeração distribuída, e desde que as unidades consumidoras estejam localizadas em uma mesma propriedade ou em propriedades contíguas, sendo vedada a utilização de vias públicas, de passagem aérea ou subterrânea e de propriedades de terceiros não integrantes do empreendimento; VII - geração compartilhada: caracterizada pela

> reunião de consumidores, dentro da mesma área de concessão ou permissão, por meio de consórcio ou cooperativa, composta por pessoa física ou jurídica, que possua unidade consumidora com microgeração ou minigeração distribuída em local diferente das unidades consumidoras nas quais a energia excedente será compensada; VIII – autoconsumo remoto: caracterizado por unidades consumidoras de titularidade de uma mesma Pessoa Jurídica, incluídas matriz e filial, ou Pessoa Física que possua unidade consumidora com microgeração ou minigeração distribuída em local diferente das unidades consumidoras, dentro da mesma área de concessão ou permissão, nas quais a energia excedente será compensada. (grifo nosso)

Resta nítido que a redação atual do item 223 do Anexo I do RICMS/MG permite a compensação:

> [...] na quantidade correspondente à soma da energia elétrica injetada na rede de distribuição pela mesma unidade consumidora com os créditos de energia ativa originados na própria unidade consumidora no mesmo mês, em meses anteriores ou em outra unidade consumidora do mesmo titular.

Em outras palavras, as modalidades caracterizadas como (i) empreendimento de múltiplas unidades consumidoras, (ii) geração compartilhada e (iii) autoconsumo remoto mantêm a individualidade da titularidade, conforme determina a Resolução Normativa ANEEL n. 482/2012 e o item 223 do Anexo I do RICMS/MG, sendo plenamente aplicável a isenção do imposto.

A título de exemplo, frisa-se que, na modalidade de geração compartilhada, a titularidade da unidade consumidora com minigeração se restringe ao consórcio ou à cooperativa constituídas para tal fim, que se torna titular exclusivo da respectiva unidade. Como a redação do item 223 do Anexo I do RICMS/MG estabelece a isenção para a compensação de energia proveniente de outra unidade consumidora do mesmo titular, a isenção deve ser aplicada, também, a esta modalidade.

Soma-se a isso o fato de que se aplica, expressamente, os Princípios da Legalidade e da Tipicidade ao Direito Tributário, razão pela qual o legislador, ao formular a lei, deve definir, de modo taxativo e completo as situações tributáveis e não tributáveis, sendo que a ocorrência dessa situação será necessária e suficiente ao nascimento da obrigação tributária. Além disso, o aplicador da lei não pode fazer uma interpretação extensiva ou analógica, incompatíveis com a taxatividade e determinação das situações tributáveis e não tributáveis.

Sinteticamente, além do ICMS, no âmbito federal também fora reduzida a zero as alíquotas do PIS e da COFINS incidentes sobre a energia elétrica ativa o objeto da compensação, de maneira similar ao ICMS (Lei Federal n. 13.169/2015).

Até 2015, os valores de PIS/Pasep e COFINS eram cobrados com base no consumo bruto da unidade consumidora, independente do montante de energia injetado na rede. Entretanto, com a edição da Lei n. 13.169, de 6 de outubro de 2015, passou-se a isentar a parcela da energia fornecida pela distribuidora na quantidade correspondente à energia elétrica ativa injetada na rede de distribuição pela mesma unidade consumidora, ou seja, a cobrança de PIS/Pasep e COFINS começou a ser realizada com base no consumo líquido da unidade consumidora.[12]

Com isso, verifica-se que o longo período demandado entre a regulação da ANEEL e o tratamento tributário dispensado à micro e minigeração é um indicativo de que, o efetivo desenvolvimento de uma atividade, há uma relação de temas a serem observados, o que significa a interdisciplinaridade cada vez mais presente no setor elétrico.

---

[12] "Art. 8º Ficam reduzidas a zero as alíquotas da Contribuição para o PIS/Pasep e da Contribuição para Financiamento da Seguridade Social - COFINS incidentes sobre a energia elétrica ativa fornecida pela distribuidora à unidade consumidora, na quantidade correspondente à soma da energia elétrica ativa injetada na rede de distribuição pela mesma unidade consumidora com os créditos de energia ativa originados na própria unidade consumidora no mesmo mês, em meses anteriores ou em outra unidade consumidora do mesmo titular, nos termos do Sistema de Compensação de Energia Elétrica para microgeração e minigeração distribuída, conforme regulamentação da Agência Nacional de Energia Elétrica - ANEEL" (sem grifo no original) (BRASIL, 2015).

Essa opção mantida pelo estado de Minas Gerais, além de alterar o conceito original de *net metering*, representa um obstáculo à disseminação da geração distribuída.

Portanto, pode-se concluir com a presente análise que o cenário atual em que encontra-se o estado de Minas Gerais no tocante aos incentivos fiscais para a geração distribuída tem sido, até a elaboração do presente artigo, bastante favorável à fonte de energia fotovoltaica e o que é o mais importante e adequado ao desenvolvimento e à expansão da geração distribuída, mostrando-se animadoras as prospecções[13] desenhadas para o segmento, muito embora ainda se coloquem muitos essenciais desafios a serem considerados e endereçados pelo regulador para que a geração distribuída se desenrole, amadureça e comece a ser operada eficientemente no setor elétrico do país.

3 CONCLUSÃO

Conclui-se que o segmento da geração distribuída tem muito a contribuir para as esperadas e devidas melhorias do setor elétrico, provendo importantes benefícios aos operadores do sistema e ao setor elétrico.

Inclusive em decorrência da própria evolução tecnológica e da maior atuação do consumidor no setor elétrico e nas decisões de consumo.

No tocante aos benefícios, o Brasil adotou, nos últimos anos, diversas políticas de incentivo à fonte solar.

Do ponto de vista da equidade, a forma mais justa e eficiente em incentivar o crescimento potencial dos investimentos, empregos e receitas no âmbito estadual de Minas Gerais, seria a inexistência de distinção das fontes de energia de renováveis no aspecto tributário.

---

[13] A EPE calcula a viabilidade de adesão à geração distribuída para mais de 80% dos consumidores potenciais em 2023 e, no fim deste horizonte, estima que o país terá instalado aproximadamente 161 mil sistemas de energia fotovoltaica diretamente conectadas à rede de distribuição (**NOTA Técnica DEA 19/17**. Inserção da Geração Fotovoltaica Distribuída no Brasil – Condicionantes e Impactos. Rio de Janeiro: EPE, out. 2014).

Os benefícios da geração distribuída são inúmeros, entre os quais destacam-se, o uso das fontes renováveis, melhor gerenciamento de produção e consumo por parte do consumidor, redução de investimento na ampliação das linhas de transmissão, postergação de investimentos em geração centralizada, rapidez na implantação e relativamente baixo custo de operação e manutenção, sob o aspecto social-econômico, a geração de empregos, dentre outras vantagens.

Há, assim, importantes desafios regulatórios que devem ser considerados e eficientemente endereçados, em especial o de tratamento isonômico entre as fontes de energia elétrica, desenvolvendo sob uma lógica diferente da que está hoje colocada, incentivar não só a fase inicial nas construções das usinas com incentivos em compras de materiais, mas também e forma ampla, o incentivo na compensação dos créditos gerados em decorrência da geração distribuída de todas as fontes de energia, além disso, reconhecer as diversas modalidades trazidas pela Resolução n. 482 da ANEEL de compensação de energia.

Em resumo, o tratamento de forma igual no aspecto tributário do estado de Minas Gerais é o que se deve esperar do legislativo mineiro, que sempre à frente dos demais estados, inova na área de energia.

Assim, não só a fonte solar somará para o crescimento do estado, não só os investidores se sentirão seguros quanto aos seus investimentos, mas todo mineiro, que terá perspectiva de melhora, independente do momento vivenciado por todos.

REFERÊNCIAS

ANEEL. Caderno Temático Micro e Minigeração Distribuída

ÁREA de atuação: PROINFA. Eletrobrás, Rio de Janeiro, 2020. Disponível em: https://eletrobras.com/pt/Paginas/Proinfa.aspx. Acesso em: 12 jun. 2020.

BRASIL. Convênio ICMS n. 101, de 12 de dezembro de 1997. Concede isenção do ICMS nas operações com equipamentos e componentes para o aproveitamento das energias solar e eólica que especifica. **Diário Oficial da União**, Rio de Janeiro, 12 dez. 1997. Disponível em: https://www.legisweb.com.br/legislacao/?id=14712. Acesso em: 12 jun. 2020.

BRASIL. Geração Distribuída. **Agência Nacional de Energia Elétrica**, Brasília, 2020. Disponível em: https://www2.aneel.gov.br/area.cfm?idArea=757&idPerfil=2. Acesso em: 12 jun. 2020.

BRASIL. Procedimentos de Distribuição de Energia Elétrica no Sistema Elétrico Nacional. **Agência Nacional de Energia Elétrica**, Brasília, 10 jan. 2017. Disponível em: https://www.aneel.gov.br/prodist. Acesso em: 12 jun. 2020.

BRASIL. Resolução Normativa n. 482, de 17 de abril de 2012. Estabelece as condições gerais para o acesso de microgeração e minigeração distribuída aos sistemas de distribuição de energia elétrica, o sistema de compensação de energia elétrica, e dá outras providências. **Diário Oficial da União**, Brasília, 19 abr. 2012. Disponível em: http://www2.aneel.gov.br/cedoc/ren2012482.pdf. Acesso em: 15 jun. 2020.

BRASIL. Resolução Normativa n. 687, de 24 de novembro de 2015. Altera a Resolução Normativa n. 482, de 17 de abril de 2012, e os Módulos 1 e 3 dos Procedimentos de Distribuição – PRODIST. **Diário Oficial da União**, Brasília, 02 dez. 2012. Disponível em: https://www2.aneel.gov.br/cedoc/ren2015687.pdf. Acesso em: 12 jun. 2020.

BRASIL. Unidades Consumidoras com Geração Distribuída. **Agência Nacional de Energia Elétrica**, Brasília, jun. 2020. Disponível em: http://www2.aneel.gov.br/scg/gd/GD_Estadual.asp. Acesso em: 15 jun. 2020.

BOYER, Robert. **Teoria da regulação:** os fundamentos. São Paulo: Estação Liberdade, 2009.

MINAS GERAIS. Decreto n. 47.231, de 04 de agosto de 2017. Altera o Regulamento do ICMS – RICMS –, aprovado pelo Decreto n. 43.080, de 13 de dezembro de 2002. **Palácio Tiradentes**, Belo Horizonte, 04 ago. 2017. Disponível em: http://www.fazenda.mg.gov.br/empresas/legislacao_tributaria/decretos/2017/d47231_2017.html. Acesso em: 15 jun. 2020.

INEE. O que é geração distribuída. **Instituto Nacional de Eficiência Energética**, Rio de Janeiro, 2020. Disponível em: http://www.inee.org.br/forum_ger_distrib.asp#:~:text=Gera%C3%A7%C3%A3o%20Distribu%C3%ADda%20(GD)%20%C3%A9%20uma,Co%2Dgeradores. Acesso em: 15 jun. 2020.

PARTE II Fontes renováveis. **Atlas de Energia Elétrica do Brasil**, Brasília, Cap. 5 p. 75-89. Disponível em: http://www2.aneel.gov.br/arquivos/PDF/atlas_par2_cap5.pdf. Acesso em: 15 jun. 2020.

RENEWABLES Global Status Report. **REN 21Renewables Now**, Paris, 2020. Disponível em: https://www.ren21.net/reports/global-status-report/?gclid=Cj0KCQjwirz3BRD_ARIsAImf7LM6Wu3LS5BFduu7FQego9GWjJ3U-YjdabJ4HjqnBbcHfJe-ELLwdRMaAg21EALw_wcB. Acesso em: 15 jun. 2020.

SEVERINO, Mauro Moura; Camargo, Ivan Marques de Toledo; OLIVEIRA, Marco Aurelio Gonçalves de. Geração Distribuída: Discussão Conceitual e Nova Definição. **Revista Brasileira de Energia**, Itajubá, v. 14, n. 1, p. 47-49, 1º sem. 2008.

Relatório de Status Global Renováveis. 2020.

BREVE PANORAMA DO LICENCIAMENTO E DOS DESAFIOS SOCIOAMBIENTAIS DE PARQUES EÓLICOS TERRESTRES NO BRASIL

Cristiane Jaccoud[1]
Luciana Gil[2]
Thais dos Santos Monteiro[34]

SUMÁRIO:

---

1 Advogada e Engenheira Florestal. Pós-doutora em Ciências Ambientais (UFF). Doutora em Planejamento Ambiental (COPPE/PPE/UFRJ). Mestre em Direito Ambiental (UNISANTOS). Especialista em Direito Ambiental (PUC-Rio). Coordenadora de Direito Ambiental na ESA-OAB/RJ. Sub-Coordenadora de Direito Ambiental na EMERJ. Professora de Direito Ambiental nos cursos de Pós-Graduação da EMERJ/TJRJ, ESAJ/TJRJ, ESAP/PGE-RJ, PUC-RS e IBMEC. Membro do Fórum Permanente de Direito Ambiental da Escola da Magistratura do Estado do Rio de Janeiro (EMERJ/TJRJ). Membro Fundadora e atual Diretora de Relações Institucionais da União Brasileira da Advocacia Ambiental (UBAA). Membro da Associação dos Professores de Direito Ambiental do Brasil (APRODAB). Presidente do Comitê de Licenciamento de Fontes Alternativas da Associação Brasileira do Direito da Energia e do Meio Ambiente (ABDEM). Organizadora das obras "Comentários à Legislação Ambiental do Estado do Rio de Janeiro (2ª ed. Lumen Juris, 2019), "Legislação Ambiental do Estado do Rio de Janeiro:

1 CONSIDERAÇÕES INICIAIS

A energia eólica vem, cada vez mais, sendo uma das fontes de maior interesse no país e no mundo, não só pelos seus benefícios econômicos, mas, especialmente, por se tratar de uma fonte limpa, renovável e de menor complexidade se comparada às tecnologias tradicionais, com baixa emissão de Gases do Efeito Estufa (GEE), impacto das atividades infinitamente menor ao gerado por usinas

sistematizada por assunto" (2a Ed. CJ Consultoria Ambiental, 2020). Coorganizadora e coautora da obra "Súmulas do STJ em Matéria Ambiental Comentadas" (Ed. Thoth, 2019). Autora de diversos artigos sobre direito ambiental publicados como capítulos de livros e periódicos nacionais e internacionais indexados [cristiane.jaccoud@gmail.com]

2 Graduada pela Universidade Presbiteriana Mackenzie. Especialista em Direito Ambiental pela Pontifícia Universidade Católica de São Paulo (PUC/SP). Colaboradora da Comissão de Meio Ambiente da OAB/RJ e Membro da Diretoria da União Brasileira de Advocacia Ambiental (UBAA). Membro do Comitê de Licenciamento de Fontes Alternativas da Associação Brasileira do Direito da Energia e do Meio Ambiente (ABDEM). Coautora das obras "Súmulas Ambientais do STJ Comentadas" (2019), "Prática do Direito Ambiental na Defesa dos Interesses de Empresas Privadas" (2019) "Direito Ambiental e os 30 Anos da Constituição de 1988" (2018), "Aspectos Jurídicos dos contratos de seguro ano II e III: "(Im)Previsibilidade do Risco Ambiental" (Dez/2013) e "O pool de cosseguro no âmbito dos riscos ambientais: advertências e vantagens" (Abril/2015) "Getting the Deal Through: Environment in 22 jurisdictions worldwide" (2013). Autora de diversos artigos publicados na imprensa brasileira. [luciana.gil@bicharalaw.com.br]

3 Graduada pela Universidade Federal Fluminense (UFF). MBA em Gestão Ambiental e Sustentabilidade pela Fundação Getúlio Vargas (FGV-RJ). Membro da União Brasileira de Advocacia Ambiental (UBAA). Coautora das obras "Desafios do licenciamento ambiental para energias renováveis no Brasil" (abril de 2019), "Compensação financeira ambiental" (março de 2018) e "Novas concessões ainda esbarram em entraves do licenciamento ambiental" (outubro de 2015). [thais.monteiro@bicharalaw.com.br].

4 Em nome de Thaís dos Santos Monteiro, as autoras agradecem à Cristina Carvalho Sumar pela fundamental participação e colaboração com as pesquisas e construção do presente artigo.

hidrelétricas, além de contribuir para que o Brasil cumpra os objetivos da Política Nacional de Mudança do Clima (PNMC[5])[6].

A expansão da energia eólica no Brasil se impulsiona a partir de 2009 e se intensifica de forma exponencial a partir de 2011. Dado o ineditismo tecnológico e as peculiaridades do empreendimento ou do local a ser instalado, há, em paralelo com sua expansão, uma construção legislativa para regulamentar o procedimento de licenciamento ambiental ao qual está sujeita.

Se é fato que o caminho dessa construção normativa vem sendo trilhado tanto em âmbito federal quanto estadual, também é fato que, não raras vezes, houve (há) dúvidas quanto à norma aplicável, lacunas, incongruências ou divergências de interpretação culminaram (culminam) na judicialização dos processos de licenciamento ambiental, trazendo reflexos na segurança jurídica dos empreendimentos.

Dentro desse contexto e sem pretensão de esgotar o assunto, essa análise apresenta um breve histórico e panorama da legislação ambiental sobre o licenciamento ambiental dos empreendimentos eólicos no Brasil, apresenta alguns desafios enfrentados e ilustra alguns reflexos jurídicos deste panorama regulatório.

---

5 Lei Federal n. 12.187, de 29 de dezembro de 2009 – Institui a Política Nacional sobre Mudança do Clima – PNMC e dá outras providências, e Decreto n. 9.578, de 22 de novembro de 2018 – Consolida atos normativos editados pelo Poder Executivo federal que dispõem sobre o Fundo Nacional sobre Mudança do Clima, de que trata a Lei n. 12.114, de 9 de dezembro de 2009, e a Política Nacional sobre Mudança do Clima, de que trata a Lei n. 12.187, de 29 de dezembro de 2009.

6 No Acordo de Paris, aprovado na 21ª Conferência das Partes (COP21) da Convenção-Quadro das Nações Unidas sobre a Mudança do Clima (CQNUMC), o Brasil se comprometeu a reduzir as emissões de gases de efeito estufa em 37% abaixo dos níveis de 2005, em 2025, com uma contribuição indicativa subsequente de reduzir as emissões de gases de efeito estufa em 43% abaixo dos níveis de 2005, em 2030. O alcance dessas metas se pauta, dentre outros aspectos, no compromisso de alcançar uma participação estimada de 45% de energias renováveis na composição da matriz energética em 2030.

2 HISTÓRICO E *STATUS* DA GERAÇÃO DE ENERGIA EÓLICA NO BRASIL

O início da geração de energia a partir de fonte eólica no Brasil data de 1992, quando entrou em operação o primeiro aerogerador instalado no arquipélago de Fernando de Noronha. No entanto, cresceu pouco durante os dez anos seguintes, o que pode ser justificado em parte pela falta de políticas públicas, mas, principalmente, pelo alto custo da tecnologia[7].

Em 2001 o país sofreu uma forte crise energética ocasionada pelo aumento no consumo e pela queda nos níveis de precipitação, o que impactou diretamente nas hidrelétricas, que, à época, correspondiam a aproximadamente 90% da matriz energética nacional. Consequência direta dessa crise foram interrupções frequentes no fornecimento da energia elétrica (denominadas "apagões"), que culminavam em paralização temporária de serviços públicos (transporte, serviços de saúde e distribuição de água) comércio, bancos e indústrias, com risco de severas perdas econômicas[8].

Na tentativa de sanar a crise e se precaver de outras de igual ou maior magnitude, o país deu início a programas de incentivo às fontes alternativas de energia, em especial a energia eólica, visando uma complementaridade sazonal do regime de ventos com os fluxos hidrológicos nos reservatórios.

Nesse contexto, a primeira iniciativa remonta ao Programa Emergencial de Energia Eólica (Proeólica)[9], posteriormente substituído pelo Programa de Incentivo às Fontes Alternativas de Energia

7 Cf. ASSOCIAÇÃO BRASILEIRA DE ENERGIA EÓLICA (ABEEólica). **Eólica: energia para um futuro inovador**. Disponível em: [http://abeeolica.org.br/energia-eolica-o-setor/]. Acesso em: 25 abr. 2020.

8 Cf. FOLHA DE SÂO PAULO. **Veja os efeitos do apagão em todo o Brasil**. Disponível em: [https://www1.folha.uol.com.br/folha/dinheiro/ult91u40078.shtml]. Acesso em: 24 maio 2020.

9 Casa Civil. Câmara de Gestão da Crise de Energia Elétrica. Resolução n. 24, de 5 de julho de 2001.

Elétrica (Proinfa)[10], o qual, além de incentivar o desenvolvimento das fontes renováveis, abriu caminho para a fixação da indústria de componentes e turbinas eólicas no Brasil.

De acordo com dados da Associação Brasileira de Energia Eólica (ABEEólica), instituição sem fins lucrativos e que congrega a indústria de energia eólica no país, a intensificação da geração a partir dessa fonte começa a partir de 2005, e começa a crescer de forma significativa a partir de 2009.

A partir de então, salta-se de uma capacidade instalada de menos de 1 GW, em 2010, para uma capacidade instalada de 15,6 GW no início de 2020, advinda de 7.621 aerogeradores em operação, distribuídos em 624 parques eólicos em 12 estados. Dentre os estados brasileiros, destacam-se, em representatividade de potência instalada, Rio Grande do Norte (3.980,1MW), Bahia (3.547,5MW), Ceará (2.050,5), Rio Grande do Sul (1.831,1MW), Piauí (1.638,1MW) e Pernambuco (782MW), seguidos do Maranhão, Santa Catarina, Paraíba, Sergipe, Rio de Janeiro e Paraná[11].

No cenário nacional, a eólica representava menos de 1% da matriz energética em 2009 e passou a ser responsável por 9% da matriz elétrica em 2019, deixando de ser uma fonte "alternativa" para ter um papel fundamental na matriz elétrica brasileira, alçando o segundo lugar entre as fontes[12]. Segundo dados da Empresa Brasileira

---

10 Lei n. 10.438, de 26 de abril de 2002. Dispõe sobre a expansão da oferta de energia elétrica emergencial, recomposição tarifária extraordinária, cria o Programa de Incentivo às Fontes Alternativas de Energia Elétrica (Proinfa), a Conta de Desenvolvimento Energético (CDE), dispõe sobre a universalização do serviço público de energia elétrica, dá nova redação às Leis no 9.427, de 26 de dezembro de 1996, no 9.648, de 27 de maio de 1998, no 3.890-A, de 25 de abril de 1961, no 5.655, de 20 de maio de 1971, no 5.899, de 5 de julho de 1973, no 9.991, de 24 de julho de 2000, e dá outras providências.

11 Cf. ASSOCIAÇÃO BRASILEIRA DE ENERGIA EÓLICA (ABEEólica). **Eólica: energia para um futuro inovador**. Disponível em: [http://abeeolica.org.br/energia-eolica-o-setor/]. Acesso em: 25 abr. 2020.

12 Cf. ASSOCIAÇÃO BRASILEIRA DE ENERGIA EÓLICA (ABEEólica). **Boletim anual da geração de energia eólica 2018.** Disponível em: [http://

de Pesquisa Energética (EPE)[13], em 2018 a geração da energia eólica foi equivalente ao consumo médio de 25,5 milhões de residências e cerca de 76 milhões de habitantes, o que corresponde a uma população maior que a da região nordeste (cerca de 57 milhões de pessoas).

No cenário global, de acordo com o ranking do *Global Wind Energy Council* (GWEC)[14], em 2012 o Brasil ocupava a 15ª posição mundial em termos de capacidade instalada de energia eólica, saltando para 8ª posição em 2018.

O Brasil vem sendo classificado como uma potência eólica e um dos países que mais investe nesta tecnologia no mundo – somente entre os anos de 2011 a 2019 foram investidos mais de U$$ 32 bilhões no país[15]. Segundo dados da *Climatescope*[16], pesquisa anual sobre energia limpa realizada pela empresa de pesquisas *BloombergNEF* (BNEF) envolvendo 104 mercados emergentes, em 2019 o Brasil figurava como 3º país mais atrativo mundialmente em energias renováveis, e o 1º colocado neste ranking para a América Latina e Caribe.

abeeolica.org.br/wp-content/uploads/2019/05/Boletim-Anual_2018.pdf]. Acesso em: 25 abr. 2020.

13 EMPRESA BRASILEIRA DE PESQUISA ENERGÉTICA (EPE). **Anuário Estatístico de Energia Elétrica 2019 (ano base 2018).** Disponível em: [http://www.epe.gov.br/sites-pt/publicacoes-dados-abertos/publicacoes/PublicacoesArquivos/publicacao-160/topico-168/Anu%C3%A1rio_2019_WEB.pdf]. Acesso em: 25 abr. 2020.

14 GLOBAL WIND ENERGY COUNCIL (GWEC). **Global Wind Report 2018**. p. 29. Disponível em [http://abeeolica.org.br/wp-content/uploads/2019/07/GWEC2018-compactado.pdf] Acesso em: 20 abr. 2020.

15 Cf. ASSOCIAÇÃO BRASILEIRA DE ENERGIA EÓLICA (ABEEólica). **Boletim anual da geração de energia eólica 2018.** Disponível em: [http://abeeolica.org.br/wp-content/uploads/2019/05/Boletim-Anual_2018.pdf]. Aceso em: 25 abr. 2020.

16 BloombergNEF (BNEF). **Climatescope: Emerging Marketing Outlook 2019**. Disponível em: [http://global-climatescope.org/assets/data/reports/climatescope-2019-report-en.pdf] Acesso em: 01 jun 2020. Vide também "Principais Conclusões". Disponível em [http://global-climatescope.org/key-findings] Acesso em: 01 jun. 2020.

Também nesse contexto, outros dados que impressionam referem-se à prospecção do crescimento da energia eólica no país: (i) o Brasil tem projeção para chegar a 22,5 GW em 2023, considerando leilões já realizados e contratos firmados no mercado livre[17]; (ii) o potencial eólico terrestre no país foi estimado em 143 GW[18]; (iii) há ainda a prospecção de usinas eólicas offshore e estima-se um potencial de 3,4 TW de capacidade, especialmente nos estados do Nordeste, Sudeste e norte do Estado do Rio de Janeiro[19], de acordo com o Centro de Estratégia em Recursos Naturais e Energia (Cerne) e o Instituto Federal de Educação Tecnológica do Rio Grande do Norte.

Em adição aos "bons ventos" (estáveis, com a intensidade certa e sem mudanças bruscas de velocidade ou de direção), o crescimento e a consolidação da energia eólica no Brasil podem ser atribuídos à nacionalização da cadeia produtiva, impulsionada pelas políticas públicas e programas de financiamento.

Por outro lado, apesar de todo o cenário favorável, a implantação de empreendimentos eólicos terrestres em território nacional enfrentou (e enfrenta) muitos desafios. As principais inseguranças e questionamentos se resvalam em imprecisões ou ambiguidades normativas, que culminam incertezas para empreendedores nacionais e internacionais, e não raras vezes, na judicialização dos processos de licenciamento ambiental.

Diante desse abreviado histórico e estado da arte da geração de energia eólica no Brasil, passa-se ao histórico normativo do licenciamento ambiental em âmbito federal e nos principais estados polo.

---

17 Idem, ibdem.

18 Cf. AMARANTE, O. A. C. do *et al.* **Atlas do potencial eólico brasileiro**. Brasília: MME; ELETROBRÁS; CEPEL, 2001. Disponível em: [http://www.cresesb.cepel.br/index.php?section=publicacoes&task=livro&cid=1]. Acesso em: 20 abr. 2020.

19 Cf. ESTADO DE MINAS. **Ibama abre consulta pública para licenciamento de eólicas offshore no Brasil**. Publicado em 7 jan. 2020. Disponível em: [https://www.em.com.br/app/noticia/economia/2020/01/07/internas_economia,1112706/ibama-abre-consulta-publica-para-licenciamento-de-eolicas-offshore.shtml]. Acesso em: 01 maio 2020.

3 ENREDO NORMATIVO DO LICENCIAMENTO AMBIENTAL

Em paralelo ao desenvolvimento do setor, o marco regulatório do licenciamento ambiental de empreendimentos eólicos foi sendo construído, desenvolvido e aprimorado pela União e Estados, calcados na competência concorrente para legislar em matéria ambiental, prevista no art. 22, VI da Constituição Federal de 1988 (CF/88).

Com fulcro no dito dispositivo constitucional, os Estados podem complementar a legislação federal no que couber, adequando às suas peculiaridades, ou legislar de forma plena, ante a ausência de lei geral. Desta feita, em paralelo às normativas federais, as estaduais delineiam de forma específica os critérios de enquadramento do potencial poluidor dos empreendimentos e outros aspectos, como locacionais, qualitativos, considerando os impactos socioambientais dos empreendimentos. Os aspectos sociais, apesar de serem de grande relevância para os empreendimentos eólicos, são pouco explorados na legislação em si, mas vêm ganhando cada vez mais atenção em razão da interferência dos parques eólicos em comunidades locais e consequentemente nas exigências dos órgãos no âmbito do licenciamento.

Estas variáveis inferem diretamente no rito do licenciamento e nos tipos de estudos ambientais a subsidiarem o procedimento.

Assim, também a partir de um resgate histórico, discorre-se sobre o panorama regulatório do licenciamento ambiental de empreendimentos eólicos na esfera federal e nos estados mais representativos em capacidade instalada.

3.1 Federal

Até 2001, o licenciamento ambiental para usinas eólicas era tratado com base nas normas gerais, (Resolução Conama n. 01/1986[20], Resolução Conama n. 06/1987[21], Resolução Conama n.

[20] Estabeleceu que as usinas de geração de eletricidade acima de 10MW, independente da fonte de energia primária, são efetiva ou potencialmente causadoras de "significativo" impacto ao meio ambiente, e, portanto, estariam sujeitas ao EIA/RIMA (Estudo de Impacto Ambiental/Relatório de Impacto Ambiental) para subsidiar o processo de licenciamento ambiental.

237/97[22]). A Conama n. 01/86, previa taxativamente que seria exigido o licenciamento ambiental trifásico, sujeito ao EIA/RIMA, qualquer fonte de energia primária acima de 10MW[23].

Apenas em 2001, impulsionada pela crise energética ocorrida naquele ano, foi dado tratamento específico ao licenciamento ambiental de empreendimentos eólicos com base no respectivo grau de impacto, por meio da Resolução Conama n. 279/2001, que estabeleceu procedimentos de licenciamento ambiental simplificado para empreendimentos elétricos com pequeno potencial de impacto ambiental, sendo previsto o Relatório Ambiental Simplificado (RAS).

Nessa esteira, e no exercício de sua competência legislativa concorrente, durante os anos que se seguiram os Estados começaram a regular sobre o enquadramento do potencial poluidor de empreendimentos de energia eólica, bem como, os estudos necessários para subsidiar o processo de licenciamento ambiental.

Somente em 2014, foi editada a atual e vigente Resolução Conama n. 462/2014, que estabelece o licenciamento ambiental de eólicas em superfície terrestre em geral e não apenas para pequeno impacto ambiental. Nela foi mantido o RAS quando se trata de rito simplificado (baixo impacto ambiental) e o EIA/RIMA, no rito tradicional (significativo impacto ambiental).

---

21 Estabeleceu os procedimentos para o licenciamento ambiental dos empreendimentos do setor elétrico, a qual confirmou que as atividades listadas na Resolução Conama n. 01/1986 estavam sujeitas à apresentação de EIA/RIMA quando do licenciamento ambiental.

22 Determinou que os empreendimentos considerados efetiva ou potencialmente causadores de significativa degradação do meio ambiente dependeriam de prévio EIA/RIMA e sujeitar-se-iam ao procedimento trifásico de licenciamento (Licença Prévia – LO, Licença de Instalação – LI e Licença de Operação – LO).

23 CONAMA 01/86: Artigo 2º – *Dependerá de elaboração de estudo de impacto ambiental e respectivo relatório de impacto ambiental – RIMA, a serem submetidos à aprovação do órgão estadual competente, e do IBAMA eln caráter supletivo, o licenciamento de atividades modificadoras do meio ambiente, tais como: (...) Xl – Usinas de geração de eletricidade, qualquer que seja a fonte de energia primária, acima de 10MW;*

Nela também foi disposta expressamente as hipóteses as quais os empreendimentos não serão considerados de baixo impacto e, portanto, será exigido o EIA/RIMA, sendo eles, pelo critério locacional: (i) em formações dunares, planícies fluviais e de deflação, mangues e demais áreas úmidas; (ii) no bioma Mata Atlântica e necessitarem de corte e supressão de vegetação primária e secundária no estágio avançado de regeneração; (iii) na zona costeira e implicarem em alterações significativas das suas características naturais; (iv) em zonas de amortecimento de unidades de conservação de proteção integral (3 km a partir da unidade se a zona não tiver sido estabelecida); (v) em áreas regulares de rota de aves migratórias; (vi) em locais em que venham a gerar impactos socioculturais diretos que impliquem inviabilização de comunidades ou sua completa remoção; e, (v) em áreas de ocorrência de espécies ameaçadas de extinção e de endemismo.

Como se vê pelos critérios elencados, há certo grau de subjetividade nos conceitos "alterações significativas", "áreas regulares" entre outros trazidos na norma, o que pode levar o enquadramento como significativo impacto a qualquer empreendimento ficando a critério dos órgãos licenciadores (estaduais) tal definição.

Do ponto de vista técnico, estudos e processos de licenciamento atuais indicam, de uma forma geral, impactos socioambientais bastante similares entre os empreendimentos eólicos, além dos gerais de solo, flora e fauna, há aqueles mais típicos envolvendo impactos visuais, interferências eletromagnéticas, emissão sonora e sombreamentos[24]. Ou seja, apesar de serem atividades menos impac-

[24] Cf. GOVERNO DO ESTADO DE MNAS GERAIS. **Utilização da Energia Eólica no Estado de Minas Gerais – Aspectos técnicos e o Meio Ambiente. – Comunicado Técnico n. 2, GEMUC/DPED/FEAM**. Belo Horizonte, 2013. Disponível em: [http://www.feam.br/images/stories/materia/comunicado_tecnico2_gemuc.pdf]. Acesso em 29 mai 2020 e COUTINHO, José Regis Vieira. **Aspectos analíticos no estudo de impactos geradores por ruídos e estruturas de aerogeradores**. Monografia (Graduação em Física) Centro de Ciências e Tecnologia, Universidade Estadual do Ceará, 2012.

tantes em comparação com outras fontes de energia, as usinas eólicas possuem particularidades muito especiais que demandam uma avaliação técnica pormenorizada, com forte apelo social quando há interferência em comunidades do entorno.

Vale destacar que empreendimentos eólicos são, em sua maioria, instalados e operados em áreas amplas, com pouca densidade populacional, muito típico de áreas com atividades rurais, com população carente. Os impactos sociais podem ser bastante positivos por atrair investimentos e renda para a comunidade local, mas também podem implicar em medidas adicionais de mitigação, controle e compensação, como qualquer outro impacto.

Para nortear o licenciamento, nos Anexos 1 e 2 da referida Resolução Conama n. 462, foi prevista "Proposta de Termos de Referência" para a elaboração do EIA/RIMA e RAS, respectivamente, com base nos fatores ambientais da área de influência, nas alternativas construtivas tecnológicas e de localização em função das características do ambiente, nos impactos ambientais relativos às etapas do projeto (planejamento, implantação e operação), além de propostas mitigadoras e programas de monitoramento e controle dos impactos negativos.

Vale destacar também que para o EIA/RIMA, no âmbito do diagnóstico ambiental do Anexo 1 (seção 5), foram listados os aspectos a serem estudados para identificação de impacto no meio físico, biótico e socioeconômico, mas não há orientação detalhada de cada estudo e medida a ser adotada, menos ainda no caso de RAS.

Um exemplo quanto a esse aspecto é com relação aos impactos sonoros e efeito estroboscópio, típicos de empreendimentos eólicos. Esses impactos foram listados apenas em caso de EIA/RIMA, sendo estabelecido que para parques que estejam a menos de 400m de residências ou comunidades, deverá apresentar o estudo visando conforto acústico e preservação da saúde. Não há a mesma previsão para RAS, tampouco previsão de programas voltados especificamente para esses efeitos.

Situações como essa deixam a cargo dos órgãos licenciadores, a depender do caso concreto, estruturar um melhor detalhamento e definição da medida a ser adotada. Ocorre que, na maior parte das vezes, as normas estaduais não são suficientes para suprir as lacunas e orientações federais. Dito em outras palavras, a escassez normativa, somada à ausência de aparelhamento público suficiente para garantir o serviço de qualidade e capacitação técnica necessária para lidar com empreendimentos de infraestrutura geram, na prática, muita insegurança e fragilidades no licenciamento que podem prejudicar e, até mesmo, inviabilizar a atividade.

Diante destes e de outros desafios, Aloísio Pereira Neto assevera que:

> Especificamente em relação à energia eólica, o Estado brasileiro deveria criar e fazer valer as políticas que fomentem o investimento privado no setor; mas para isso deveria estabelecer alguns procedimentos, tais como: tentar manter mercados econômicos estáveis; regulamentar claramente a legislação relacionada à matéria; pactuar contratos de compra de energia de longo prazo; aumentar os prazos das licenças ambientais de operação; e esclarecer à população sobre os impactos na produção de energia eólica e suas respectivas medidas mitigadoras, sem deixar que essas discussões sejam contaminadas por aspectos ideológicos ou partidários[25].

Feitas essas considerações, passa-se ao panorama das normas estaduais.

3.2 Estadual

As dicções estaduais demandam atenção, dado que, consoante critério de competência para o licenciamento ambiental[26], a maioria das usinas eólicas no Brasil são licenciadas pelos Estados.

---

[25] NETO, Aloísio Pereira. **A Energia Eólica no Direto Ambiental. Brasileiro**. ed. Synergia. 2014, p. 134.

[26] Lei Complementar n. 140/2011 (art. 7 º, caput, inciso XIV, alíneas "a" a "g" e art. 8º) e Decreto Federal n. 8.437/2015 que prevê licenciamento pela União as atividades eólicas offshore e em zona de transição terra-mar.

Até a data do presente artigo, dos 26 estados brasileiros, em 13 os empreendimentos ligados à eólica são mencionados de forma generalista na legislação ambiental (políticas de incentivo à geração e aproveitamento da energia), sem, contudo, tratar efetivamente sobre critérios para a sua implementação.

Os Estados que tratam com maior detalhamento sobre o licenciamento de eólicas são aqueles mais representativos em potência instalada, como é o caso do Rio Grande do Norte, Bahia, Ceará e Rio Grande do Sul. Os estados de Piauí e Pernambuco[27], apesar de representativos, apenas indicam que as eólicas estão sujeitas ao licenciamento ambiental, mas não há detalhamento do procedimento em si.

Na Tabela 1 estão destacadas as principais normativas estaduais nos Estados acima mencionados:

Tabela 1 – Normativas estaduais sobre licenciamento ambiental de empreendimentos eólicos

Estado	Normativa para licenciamento ambiental de empreendimentos eólicos
Rio Grande do Norte	**Resolução CONEMA n. 04, de 12 de dezembro de 2006 alterada pela Resolução Conema n. 2, de 11 de novembro de 2014** e outras – Estabelece parâmetros e critérios para classificação, segundo o porte e potencial poluidor/degradador, dos empreendimentos e atividades efetiva ou potencialmente poluidores ou ainda que, de qualquer forma, possam causar degradação ambiental. **Resolução CONEMA n. 04, de 21 de julho de 2009 –** Define empreendimentos e atividades de impacto local para fins de licenciamento ambiental por municípios. **Instrução Normativa IDEMA n. 1, de 24 de janeiro de 2013** – Dispõe acerca da exigência da apresentação de Estudo de Impacto Ambiental e Relatório de Impacto Ambiental – EIA/RIMA nos processos administrativos de licenciamento referentes a empreendimentos de grande ou excepcional porte que objetivem a geração de energia eólica e ocupem Áreas de Preservação Permanente – APPs.

27 No Piauí, a Resolução CONSEMA n. 10/2009 elenca "usinas eólicas" como atividade licenciável, descrevendo seu porte e potencial de impacto e em Pernambuco, Lei n. 14.249/2010 elenca eólicas como atividade licenciável, descrevendo seu porte e potencial de impacto.

Tabela 1 – Normativas estaduais sobre licenciamento ambiental de empreendimentos eólicos

Estado	Normativa para licenciamento ambiental de empreendimentos eólicos
Bahia	**Resolução CEPRAM n. 4.180, de 29 de abril de 2011** – Aprova a Norma Técnica NT-(01/2011) e seus Anexos, que dispõe sobre o Processo de Licenciamento Ambiental de Empreendimentos de Geração de Energia Elétrica a partir de fonte eólica no Estado da Bahia (termos de Referência para elaboração do RAS e EIA, respectivamente, com lista exemplificativa de planos e programas que devem ser apresentados, a depender da fase do empreendimento). **Resolução Cepram n. 4.636, de 28 de setembro de 2018** – Estabelece critérios e procedimentos para o licenciamento ambiental de empreendimentos de geração de energia elétrica a partir de fonte eólica em ambientes terrestres no estado da Bahia e dá outras providências.
Ceará	**Resolução Coema n. 3, de 3 de abril de 2016** – Dispõe sobre os critérios e procedimentos simplificados para a implantação de sistemas de micro e minigeração distribuída de energia elétrica, a partir de fontes renováveis. **Resolução Coema n. 5, de 12 de julho de 2018** alterada pela **Resolução Coema n. 7, de 06 de setembro de 2018** – Dispõe sobre a simplificação e atualização dos procedimentos, critérios e parâmetros aplicados aos processos de licenciamento e autorização ambiental no âmbito da Superintendência Estadual do Meio Ambiente-SEMACE para os empreendimentos de geração de energia elétrica por fonte eólica no estado do Ceará.
Rio Grande do Sul	**Portaria Fepam n. 118/2014, alterada pela Portaria Fepam n. 121/2014** – Dispõe acerca da regulamentação do art. 3° da resolução CONAMA 462/2014 e estabelece os critérios, exigências e estudos prévios para o licenciamento ambiental de empreendimentos de geração de energia a partir da fonte eólica, no Estado do Rio Grande do Sul. **Portaria Fepam n. 61, de 28 de maio de 2015** – Dispõe sobre os critérios, exigências e estudos prévios para o licenciamento ambiental de empreendimentos de geração de energia eólica, no Rio Grande do Sul, e estabelece o índice exigível na aplicação de recursos financeiros das respectivas medidas compensatórias. **Resolução CA/FEPAM n. 9, de 28 de julho de /2017** – Dispõe sobre os procedimentos para licenciamento ambiental da atividade de torre anemométrica e dá outras providências.

Fonte: Elaborada pelas autoras.

Vale destacar que apesar dos estados acima possuírem legislação sobre o licenciamento ambiental de eólicas, em geral, não tratam de forma detalhada sobre o conteúdo mínimo ou termos de referência para orientar os estudos ambientais e respectivos programas, medidas mitigatórias ou compensatórias. Tratam sobre as categorias de porte/potencial para classificação do grau de impacto, se sujeito a RAS ou EIA/RIMA.

Em resumo, tem-se alguns destaques nas normas estaduais citadas.

O estado da Bahia foi o primeiro a regulamentar exclusivamente sobre licenciamento de empreendimentos eólicos e definia o porte dos empreendimentos de acordo com o número de aerogeradores, sendo submetidos a Licença Simplificada (LS) micro e pequeno porte (até 30) e ao licenciamento tradicional os empreendimentos de porte médio (30-60), grande (60-120) e excepcional (acima de 120). Atualmente, pela nova legislação, as hipóteses de EIA/RIMA são praticamente as mesmas da Conama n. 462/2014, sendo ainda incluídas as áreas que possibilitem ocorrência de impactos negativos em cavidades naturais.

No Rio Grande do Norte, a potência gerada também é critério para definição de sua classificação de impacto e foram ampliadas as hipóteses locacionais para EIA/RIMA previstas na CONAMA n. 462, como, por exemplo, quando houver supressão de vegetação em áreas de preservação permanente (APP).

No Ceará, da mesma forma, o enquadramento é feito com base na potência gerada, cabendo RAS ou EIA/RIMA a depender do porte, além de prever as hipóteses da Resolução Conama n. 462/2014 para EIA/RIMA e licenciamento trifásico.

No Rio Grande do Sul o rol de empreendimentos sujeitos ao EIA/RIMA é bastante amplo e aberto. Além das mesmas hipóteses da Conama n. 462/2014, foram incluídas áreas de alta e média sensibilidade ambiental[28], áreas a serem definidas a depender dos atributos e vulnerabilidades ambientais relevantes, além de outros critérios

---

[28] As referidas áreas de sensibilidade ambiental são identificadas no mapa georreferenciado elaborado pela Fepam, que também contém áreas de restrição, impróprias para a implantação de empreendimentos eólicos.

taxativamente previstos, mas com conceitos muito amplos[29], como, por exemplo, "áreas em que possa afetar a saúde e segurança públicas, a higidez da coletividade nas suas atividades socioeconômicas".

Há, portanto, expressa discricionariedade técnica para definir a característica ambiental de cada área de interesse e consequentemente a classificação do licenciamento, se sujeito a EIA/RIMA.

Outra particularidade do Rio Grande do Sul que vale destaque é a Portaria Fepam n. 61/2015, que determina a incidência de "compensação ambiental" com destinação do montante de até 0,5% sobre o valor investido no empreendimento, inclusive em caso de RAS.

Tal "compensação" foi originalmente estabelecida pela Lei Federal n. 9.985/2000 (no art. 36[30]) e é específica para empreendimentos de significativo impacto e sujeitos ao EIA/RIMA, já inclusive confirmado pelo Supremo Tribunal Federal[31] (STF). Ou seja, a norma estadual está eivada de ilegalidade, mas permanece vigente e sendo aplicada no licenciamento estadual de empreendimentos eólicos, inclusive sujeitos ao RAS, sendo que se não cumprida, impede a continuidade das próximas etapas do licenciamento.

---

29 (i) quando "existir" APP (sem definir se a existência é na área diretamente afetada ou nas área de influência direta e/ou indireta); (ii) quando estiver próximo a área de banhado, conforme Lei Estadual n. 15.434/2020 (inciso XIII, artigo 2º); (iii) em área correspondente ao Bioma Mata Atlântica; (iv) em área correspondente à zona núcleo de Reserva da Biosfera da Mata Atlântica; (v) em áreas em que possa afetar a saúde e segurança públicas, a higidez da coletividade na suas atividades socioeconômicas, a biota, as condições estéticas e sanitárias do meio ambiente, bem como a qualidade dos recursos ambientais e, ainda, (vi) em áreas indicadas no Relatório Anual de Concentração de Aves Migratórias no Brasil.

30 *Art. 36. Nos casos de licenciamento ambiental de empreendimentos de significativo impacto ambiental, assim considerado pelo órgão ambiental competente, com fundamento em estudo de impacto ambiental e respectivo relatório – EIA/RIMA, o empreendedor é obrigado a apoiar a implantação e manutenção de unidade de conservação do Grupo de Proteção Integral, de acordo com o disposto neste artigo e no regulamento desta Lei.(Regulamento.*

31 ADI 3378

Alguns empreendedores tentaram afastar a sua incidência, mas o órgão ambiental, sob o argumento de ser um órgão executório e fazer cumprir a "lei", continua exigindo a compensação em licenciamento subsidiado em RAS, mesmo em afronta à legalidade, seja pelo aspecto formal, seja material.

Como visto, são poucos os estados que possuem uma legislação mais detalhada para licenciamento de eólicas. Mesmo aqueles que possuem alto potencial de geração de energia, ainda não se desenvolveram suficientemente no campo normativo para tanto. E nos casos em que houve alguma construção normativa, ainda há lacunas, subjetivismos e, até mesmo, ilegalidades.

Na ausência de detalhamento normativo estadual, os órgãos licenciadores socorrem-se da norma federal para fundamentar as exigências no bojo do procedimento estadual. Por outro lado, a Res. Conama n. 462/2014, apesar de bastante detalhada, traz conceitos amplos e que podem não ser suficientes para contemplar os aspectos regionais necessários para cada empreendimento.

É exatamente por isso que aos Estados foi conferida a competência para legislar, diante de suas particularidades regionais e, ainda, para estabelecer os procedimentos próprios aplicáveis.

Ocorre que, como visto, a construção normativa para o licenciamento de eólicas ainda é incipiente. A realidade das usinas eólicas no Brasil é "jovem" e, portanto, os agentes licenciadores, de uma forma geral, também carecem de subsídio e capacitação técnica para conhecer os empreendimentos e as melhores medidas de controle para os impactos pelas atividades – além de, tampouco, respaldados suficientemente do ponto de vista legislativo.

Nessas situações, o que se verifica na prática é que há pouca discussão técnica e aprimoramento do licenciamento para fins de garantir um procedimento seguro e suficiente quanto ao alcance das medidas de controle e mitigação necessárias para todos os *stakeholders* envolvidos, desde o próprio empreendedor, o órgão ambiental, até os atingidos pelo empreendimento.

Não à toa, muitas discussões que deveriam ser tratadas em ambiente técnico e especializado – no bojo do licenciamento ambiental

– têm sido levadas ao Poder Judiciário com questionamento sobre a regularidade dos parques eólicos, em especial sobre o estudo aplicável ao empreendimento (EIA/RIMA ou RAS), por meio de Ações Civis Públicas ajuizadas pelo Ministério Público, visando a nulidade de todo licenciamento. Diante do risco de irreversibilidade, as liminares em geral são indeferidas, sendo conferida a continuidade do empreendimento, mas a análise sobre o cabimento do estudo é feita, a depender do caso, em perícia técnica. Não foram identificadas decisões pela condenação final em nulidade do licenciamento, mas pelo refazimento do estudo ou pela aplicabilidade do RAS[32].

Ou seja, o que se verifica no licenciamento ambiental por todo país é ainda uma carência de uniformidade e necessidade de aprimoramento legislativo e técnico para viabilizar investimentos e segurança jurídica aos empreendedores, especialmente estrangeiros. Nesse sentido, Daniela Garcia Giacobbo[33], faz coerente observação:

> Tais divergências e lacunas normativas são um grande desafio tanto para os empreendedores nacionais, que pretendem instalar empreendimentos em diversas regiões do país, como para os empreendedores estrangeiros, sendo que tais diferenças não podem se converter em uma disputa acirrada por investimentos por parte dos entes federados de modo a importar em flexibilização da legislação para atrair os empreendimentos de geração de energia eólica. E para o que interessa ao presente estudo,

32 TRF-5. AI 0014054-14.2008.4.05.0000. Rel. MARCO BRUNO MIRANDA CLEMENTINO. 4ª Turma. Publicação em 07/07/2008; TRF-5.AC 0000177-80.2010.4.05.8101. Rel. PAULO MACHADO CORDEIRO. 5ª Turma. Julgado em 30/06/2016; TJ-CE. AI 0017482-41.2008.8.06.0000. Rel. WASHINGTON LUIZ BEZERRA DE ARAUJO. 3ª Câmara Cível, Julgado em 17/11/2014; TRF-5. AI 0014054-14.2008.4.05.0000. Rel. MARCO BRUNO MIRANDA CLEMENTINO. 4ª Turma. Publicação em 07/07/2008.

33 GIACOBBO, Daniela Garcia. **Uma análise regulatória do licenciamento Ambiental para a geração de energia eólica no Brasil e a judicialização do setor.** Dissertação (Mestrado em Direito). Escola de Direito do Rio de Janeiro, Fundação Getúlio Vargas. Rio de Janeiro, 2019. p. 94.

> a complexidade normativa é um obstáculo para os operadores do direito, os quais, na maioria das vezes, não têm a expertise necessária para julgar eventuais conflitos que possuem tais minúcias técnicas.

É inegável a complexidade normativa existente que coopera com o atraso dos empreendimentos e a dificuldade de crescimento econômico do país, seja pela interpretação duvidosa das normas – até pelos operadores do direito quiçá dos empreendedores –, seja pela disputa entre os entes para atração dos investimentos. O que se verifica, em suma, é que ao invés das normas estaduais desburocratizarem o licenciamento, com vistas a viabilizar a sua implantação e operacionalização, o que ocorre é exatamente o oposto.

4 CONSIDERAÇÕES FINAIS

Na esfera federal é muito claro o intuito de racionalizar o licenciamento ambiental de empreendimentos eólicos, como previsto na Conama n. 462/2014. Tem-se como regra o RAS e o licenciamento simplificado, e, de forma excepcional, o EIA/RIMA e o licenciamento tradicional, ainda que silentes quanto aos critérios de enquadramento dos empreendimentos, aspecto deferido ao órgão ambiental competente para o licenciamento, o qual, na esmagadora maioria dos casos, reside na esfera estadual.

A legislação estadual, por seus conceitos genéricos e abrangentes pode vincular, em muitos casos, os parques eólicos como sujeitos ao EIA/RIMA, e não ao RAS. Esse subjetivismo da legislação causa insegurança aos próprios técnicos dos órgãos ambientais que, na dúvida, podem aplicar a exigência do EIA, até mesmo a seu contragosto, no intuito de evitar questionamentos mais conservadores, diante da previsão legal.

Posturas como a acima referenciada geram, sem dúvida, maior custo e dificuldades práticas no licenciamento que deveria ser um rito técnico e com discricionaridade suficiente do técnico habilitado para tanto para exigir apenas se entender realmente aplicável, e não por temor da norma e suas consequências. Muitas das vezes essa discussão acaba sendo resolvida no judiciário, seara não adequada para uma avaliação meramente técnica, mas que, na prática, vem sendo a saída para definição do estudo exigido no licenciamento.

As decisões judiciais, como não poderia ser diferente, variam muito. Algumas deixam para sua solução em perícia técnica e em geral, satisfazem-se pelas características (de baixo impacto) do empreendimento. De todo modo, sem dúvida, gera uma insegurança relevante ao empreendedor que tem suas atividades ameaçadas de paralisações quando enfrentam o judiciário sobre a legalidade de seu licenciamento nesse aspecto.

Há ainda desvios legais em algumas normas estaduais que preveem novas obrigações por norma infralegal, extrapolando os contornos constitucionais e princípios legais, como, por exemplo, aplicação do instituto da compensação ambiental em qualquer situação, mesmo em casos de RAS, em afronta à legislação federal que determina sua incidência apenas para EIA/RIMA, já inclusive confirmado pelo STF.

É inegável a distorção entre o *boom* do desenvolvimento tecnológico para os parques eólicos no país e a realidade prática do licenciamento ambiental quando se analisa, ainda que de forma preliminar e genérica, as normas aplicáveis em cada estado do país. Há patentes ilegalidades e incongruências conceituais que contribuem para um cenário que, ao invés de buscar a sua viabilização, com a robustez técnica necessária, caminha em sentido oposto, gerando insegurança e temor a todos os envolvidos, sejam eles investidores, empreendedores e até mesmo os técnicos dos órgãos ambientais, com reflexo direto ao meio econômico, e até mesmo ao social e meio ambiente.

É imprescindível um maior engajamento técnico no âmbito do licenciamento ambiental de infraestrutura em geral, como é o caso das eólicas, para que, na carência de normas, possa garantir a viabilidade dos empreendimentos sob o manto de um licenciamento consistente, robusto e suficiente para uma operação segura e sadia da atividade.

REFERÊNCIAS

AMARANTE, O. A. C. do *et al.* **Atlas do potencial eólico brasileiro**. Brasília: MME; ELETROBRÁS; CEPEL, 2001. Disponível em: [http://www.cresesb.cepel.br/index.php?section=publicacoes&task=livro&cid=1]. Acesso em: 20 abr. 2020.

ARAÚJO, Thiago Cássio D'Ávila. **Licenciamento ambiental de empreendimentos de geração de energia elétrica a partir de fonte eólica em superfície terrestre**. Disponível em: [https://jus.com.br/artigos/40578/licenciamento-ambiental-de-empreendimentos-de-geracao-de-energia-eletrica-a-partir-de-fonte-eolica-em-superficie-terrestre]. Acesso em: 23 abr. 2020.

ASSOCIAÇÃO BRASILEIRA DE ENERGIA EÓLICA (ABEEólica). **Boletim anual da geração de energia eólica 2018**. Disponível em: [http://abeeolica.org.br/wp-content/uploads/2019/05/Boletim-Anual_2018.pdf]. Aceso em: 25 abr. 2020.

ASSOCIAÇÃO BRASILEIRA DE ENERGIA EÓLICA (ABEEólica). **Eólica: energia para um futuro inovador.** Disponível em: [http://abeeolica.org.br/energia-eolica-o-setor/]. Aceso em: 25 abr. 2020.

BloombergNEF (BNEF). ***Climatescope: Emerging Marketing Outlook 2019***. Disponível em: [http://global-climatescope.org/assets/data/reports/climatescope-2019-report-en.pdf] Acesso em: 01 jun. 2020. Vide também "Principais Conclusões". Disponível em [http://global-climatescope.org/key-findings] Acesso em: 01 jun. 2020.

COUTINHO, José Regis Vieira. **Aspectos analíticos no estudo de impactos geradores por ruídos e estruturas de aerogeradores**. Monografia (Graduação em Física) Centro de Ciências e Tecnologia, Universidade Estadual do Ceará, 2012.

EMPRESA BRASILEIRA DE PESQUISA ENERGÉTICA (EPE). **Anuário Estatístico de Energia Elétrica 2019 (ano base 2018)**. Disponível em: [http://www.epe.gov.br/sites-pt/publicacoes-dados-abertos/publicacoes/PublicacoesArquivos/publicacao-160/topico-168/Anu%C3%A1rio_2019_WEB.pdf]. Aceso em: 25 abr. 2020.

GLOBAL WIND ENERGY COUNCIL (GWEC). ***Global Wind Report 2018***. p. 29. Disponível em [http://abeeolica.org.br/wp-content/uploads/2019/07/GWEC2018-compactado.pdf] Acesso em 20 abr. 2020.

ESTADO DE MINAS. **Ibama abre consulta pública para licenciamento de eólicas offshore no Brasil**. Publicado em 7 jan. 2020. Disponível em: [https://www.em.com.br/app/noticia/economia/2020/01/07/internas_economia,1112706/ibama-abre-consulta-publica-para-licenciamento-de-eolicas-offshore.shtml]. Acesso em: 01 maio 2020.

FOLHA DE SÃO PAULO. **Veja os efeitos do apagão em todo o Brasil**. Disponível em: [https://www1.folha.uol.com.br/folha/dinheiro/ult91u40078.shtml]. Acesso em: 24 maio 2020.

GIACOBBO, Daniela Garcia. **Uma análise regulatória do licenciamento Ambiental para a geração de energia eólica no Brasil e a judicialização do setor**. Dissertação (Mestrado em Direito). Escola de Direito do Rio de Janeiro, Fundação Getúlio Vargas. Rio de Janeiro, 2019.

GOVERNO DO ESTADO DE MNAS GERAIS. **Utilização da Energia Eólica no Estado de Minas Gerais – Aspectos técnicos e o Meio Ambiente**. – Comunicado Técnico n. 2, GEMUC/DPED/FEAM. Belo Horizonte, 2013. Disponível em: [http://www.feam.br/images/stories/materia/comunicado_tecnico2_gemuc.pdf]. Acesso em: 29 maio 2020.

NETO, Aloísio Pereira. **A Energia Eólica no Direto Ambiental. Brasileiro**. ed. Synergia. 2014.

ENERGIA ACESSÍVEL E LIMPA: ESTUDO DE CASO DO ESTADO DO PIAUÍ

Débora Gomes Galvão[1]

SUMÁRIO:

1 INTRODUÇÃO

Discussões sobre a energia ocorrem globalmente devido à sua importância nos aspectos econômicos, políticos, sociais e ambientais, pois a industrialização em conjunto aos avanços tecnológicos contribuiu para o aumento da demanda energética em todos os continentes. No entanto, as reservas de recursos energéticos tradicionais

---

1 Doutoranda em Direito Ambiental Internacional pela Universidade Católica de Santos (UNISANTOS). Mestre em Ciência Política pela Universidade Federal do Piauí (UFPI). Bolsista Capes Prosuc, desenvolvendo pesquisa com ênfase no meio ambiente. Brazilian Civil Society Delegate at High-Level Political Forum on Sustainable Development 2019, ECOSOC. Research in United Nations Volunteers, developing Analysis of Gender Equality and Sustainable Environmental Development in Latin America and the Caribbean. Membro da ABDEM.

diferem de um país para outro. Como resultado, observam-se justificadas preocupações ambientais, sérios conflitos políticos, inevitável dependência econômica e consequências sociais importantes.

A situação apresentada e as estimativas futuras sobre o tema impõe às pessoas buscar recursos energéticos alternativos. Além disso, possíveis consequências negativas atuais e futuras nas áreas ambientais, econômicas, políticas e sociais também forçam os países a inclinar suas políticas para recursos provenientes da energia renovável, tornando-se um dos pontos chave do planejamento de energia sustentável.

No ciclo do Desenvolvimento Sustentável a geração atual satisfaz suas necessidades sem comprometer a capacidade das gerações futuras de atender suas próprias necessidades (WCED, 1987). À luz desta definição, a sustentabilidade é usada para caracterizar o equilíbrio desejado entre crescimento econômico e preservação ambiental (KÖNE; BÜKE, 2007). Por essa razão, a energia é um dos principais fatores que devem ser considerados nas discussões sobre desenvolvimento sustentável, e seu planejamento envolve encontrar um conjunto de fontes de modo a atender aos requisitos de energia da maneira ideal (HIREMATH *et al.*, 2007).

Assim, a decisão de planejamento energético demanda um processo que alcance o equilíbrio entre aspectos ambientais, técnicos, econômicos e sociais no espaço e no tempo. Esse equilíbrio é crítico para a sobrevivência da natureza.

Em 2015, os chefes de Estado e de Governo juntamente aos altos representantes se reuniram entre os dias 25 e 27 de setembro de 2015 na sede da Organização das Nações Unidas ("ONU"), localizada em Nova York. Ao longo das comemorações relativas ao septuagésimo aniversário da ONU, eles discutiram e deliberaram conjuntamente sobre os novos Objetivos do Desenvolvimento Sustentável ("ODS"), de alcance global, e a adoção da Agenda 2030.

Dentre os 17 novos objetivos e suas 169 metas, o ODS da ONU número 7 visa "Assegurar o acesso confiável, sustentável, moderno e a preço acessível à energia para todos".

Este capítulo propõe uma análise do avanço deste objetivo, acesso à energia acessível e limpa, e utiliza como parâmetro o estudo de caso do Estado do Piauí, que apresenta avanços recentes no que diz respeito à produção de energia solar, ações que geraram empregos, renda e desenvolvimento em diversas esferas.

A metodologia utilizada consiste na pesquisa classificada quanto à natureza qualitativa teórica, cuja resposta ao objetivo demandou estudo exploratório de caráter bibliográfico e documental.

Ao final, conclui-se o capítulo com a apresentação do panorama entre o avanço e os desafios para energia uma acessível e limpa, visando um desenvolvimento sustentável e a implementação da Agenda 2030 da ONU.

2 ENERGIA ACESSÍVEL E LIMPA: OBJETIVOS DO DESENVOLVIMENTO SUSTENTÁVEL

Como parte de sua agenda para o desenvolvimento, em 23 de setembro de 2015, as Nações Unidas passaram a adotar a Agenda 2030, com o ODS 7: "assegurar o acesso confiável, sustentável, moderno e a preço acessível à energia, para todos" (PNUD, 2015a, p. 22; BRASIL, 2019b).

Os 17 ODS cobrem ampla gama de temas, desde energia e clima; água, alimentos e ecossistemas; a saúde e pobreza; e empregos e inovação; entre outros. Isso representa um expressivo passo adiante dos Objetivos de Desenvolvimento do Milênio ("ODM") (ONU, 2015), que, além de não serem de natureza universal, foram omissos em alguns dessas dimensões, principalmente energia.

A energia é um fator essencial nos esforços gerais para alcançar o desenvolvimento sustentável. Os países que buscam esse objetivo devem reavaliar seus sistemas de energia com o objetivo de planejar programas e estratégias de energia alinhadas com as metas e objetivos para o desenvolvimento sustentável.

Nesse sentido, a Agenda 2030 estabeleceu cinco metas para o desenvolvimento e maior acessibilidade às energias limpas, consideradas como aquelas que não liberam, durante seu processo de produção ou de consumo, resíduos ou gases poluentes geradores do efeito estufa e do aquecimento global. As metas são aplicáveis ao Brasil, sendo três delas adaptadas à realidade brasileira, com as respectivas redações modificadas: metas 7.2, 7.3 e 7.b. As outras duas metas, 7.1 e 7.a, foram mantidas com suas redações originais (PNUD, 2015a, p. 22), sendo assim, as metas 7.1 até 7.b são:

> 7.1 Até 2030, assegurar o acesso universal, confiável, moderno e a preços acessíveis a serviços de energia
> 7.2 Até 2030, aumentar substancialmente a participação de energias renováveis na matriz energética global
> 7.3 Até 2030, dobrar a taxa global de melhoria da eficiência energética
> 7.a Até 2030, reforçar a cooperação internacional para facilitar o acesso a pesquisa e tecnologias de energia limpa, incluindo energias renováveis, eficiência energética e tecnologias de combustíveis fósseis avançadas e mais limpas, e promover o investimento em infraestrutura de energia e em tecnologias de energia limpa
> 7.b Até 2030, expandir a infraestrutura e modernizar a tecnologia para o fornecimento de serviços de energia modernos e sustentáveis para todos nos países em desenvolvimento, particularmente nos países menos desenvolvidos, nos pequenos Estados insulares em desenvolvimento e nos países em desenvolvimento sem litoral, de acordo com seus respectivos programas de apoio.

O propósito da energia sustentável, com o consequente aumento do uso de fontes renováveis, enfrenta desafios sociais e ambientais. Segundo relatório do IPEA (2019);

> Não obstante a alta participação das usinas hidroelétricas na geração de energia elétrica, a tarifa de energia aplicada no Brasil é das maiores do mundo. O alto preço é resultado de diversos fatores, como a necessidade do acionamento de usinas térmicas, com custos de geração mais altos, para suprir a escassez temporária de energia de fontes hidráulicas; a elevação das tarifas para os consumidores, em razão dos subsídios a diversos setores, por meio da Conta de

> Desenvolvimento Energético (CDE), tais como a universalização do serviço de energia elétrica em todo o território nacional e a concessão de descontos tarifários a diversos usuários do serviço de energia (consumidor de baixa renda, classe rural, irrigação e aquicultura, empresas de serviço público de água, esgoto e saneamento e geração e consumo de energia de fontes incentivadas); e dos aumentos que ocorreram a partir de 2015 para corrigir as reduções realizadas pelo governo federal, em 2013, nas tarifas médias de geração das concessionárias (IPEA, 2019, p. 8).

Para cumprir o desafio de energia acessível e limpa no Brasil e nos outros países signatários da Agenda 2030, os ODS da ONU forneceram guias para a sociedade, e tentam responder a uma série de desafios prementes. Os ODS tornaram-se fundamentais para a formulação de políticas de energia e, embora seja observada concordância entre os governos em todo o mundo a respeito da integração e indivisibilidade dos ODS, ainda existem lacunas de conhecimento sobre como as interações entre os ODS de energia e os diferentes contextos.

É necessário, portanto, melhorar a compreensão acerca das principais interações relacionadas à energia entre os ODS, bem como suas dependências de contexto que são relacionadas ao tempo, geografia, governança, tecnologia e direcionalidade, de modo a: I – avaliar a natureza e força das interações identificadas, II – indicar a robustez da base de evidências e III – destacar as áreas críticas onde é melhor e necessário entendimento ou compreensão sobre as dependências de contexto.

Identificam-se os possíveis caminhos a seguir para a formulação de políticas. A comunidade científica, a fim de preencher lacunas de conhecimento em áreas críticas, necessita com urgência de pesquisas interdisciplinares voltadas ao desenvolvimento de novos dados, ferramentas e perspectivas. A formulação de políticas, bem como esforços mais amplos para promovê-las, exigem avaliações coerentes e integradas para lidar com possíveis influências em setores, domínios de sustentabilidade e limites geográficos e temporais.

O Estado brasileiro dispõe de diversos programas e ações de eficiência energética em nível federal, por exemplo:

a) o Programa Brasileiro de Etiquetagem ("PBE") (BRASIL, 2020), coordenado pelo Instituto Nacional de Metrologia, Normalização e Qualidade Industrial ("INMETRO"), divulga informações sobre a eficiência energética e outros atributos para equipamentos e edificações, por meio da Etiqueta Nacional de Conservação de Energia ("ENCE"), a qual classifica os equipamentos em faixas coloridas de mais eficiente (A) para menos eficiente (E);

b) o Programa Nacional de Conservação de Energia Elétrica ("PROCEL") (BRASIL, 2019a), programa do governo federal vinculado ao Ministério de Minas e Energia ("MME") e executado pelas Centrais Elétricas Brasileiras S.A. (Eletrobras) que, por meio do Selo Procel, indica os equipamentos mais eficientes no consumo de energia (os produtos contemplados neste selo são caracterizados pela faixa "A" da Ence);

c) o Programa Nacional da Racionalização do Uso de Derivados de Petróleo e do Gás Natural ("CONPET") (BRASIL, 2012), o qual tem por objetivo o uso eficiente dos combustíveis e é concedido para os melhores produtos nos segmentos de fornos e fogões a gás, aquecedores de água a gás e veículos leves para destacar a eficiência energética desses produtos;

d) o Comitê Gestor de Índices de Eficiência Energética ("CGIEE"), coordenado pelo MME, instituído pela Lei n. 10.295/2001 (BRASIL, 2001), responsável pelo estabelecimento de índices mínimos de eficiência energética em equipamentos comercializados no Brasil;

e) o Programa de Eficiência Energética ("PEE") da Agência Nacional de Energia Elétrica ("ANEEL"), instituído pela Lei n. 9.9991/2000 (BRASIL, 2015), o qual define recursos para aplicação em projetos de eficiência energética a serem desenvolvidos dentro da área de concessão de cada distribuidora de energia elétrica.

No intuito de colaborar com os esforços internacionais relacionados ao desenvolvimento energético sustentável, o Brasil fortaleceu seu engajamento nas principais organizações e iniciativas sobre o tema.

Infere-se dos dados apresentados, que o país tem a tarefa de conduzir avaliações abrangentes de ciência para política, abrangendo todos os ODS, mas gerenciando com revisões sistemáticas concentrando-se em um número limitado de dimensões dos objetivos em cada caso, a fim de implementar o acesso de energia acessível e limpa e consequentemente solucionando e avançando em outros objetivos.

3 AGENDA 2030: ESTUDO DE CASO DO ESTADO DO PIAUÍ

A energia renovável é produzida a partir de recursos naturais tais como o vento, luz solar e energia geotérmica calor.

Diante da importância das questões energéticas para o desenvolvimento sustentável, a energia foi uma questão prioritária na Cúpula Mundial sobre Desenvolvimento Sustentável (ONU, 2002). Portanto, a energia foi tratada como tema ícone da Cúpula Mundial para o Desenvolvimento Sustentável e, na fase que antecedeu à Conferência, o Brasil alinhavou metas e prazos para as fontes renováveis de energia juntamente com os demais países da América Latina e do Caribe (SEQUINEL, 2002, p. 2).

Assim, a proposta brasileira apoiada pelo movimento ambientalista, com destaque para o *Greenpeace* e o *World Wildlife Fund* ("WWF"), recebeu novos termos, entre eles o de energia positiva, e se tornou o ponto central da participação brasileira na Conferência Mundial.

Desde 2016, o estado do Piauí apresenta avanço no que diz respeito à produção de energia solar, gerando emprego, renda e mais desenvolvimento (NUNES, 2020).

O estado abriga, atualmente, a maior usina solar em operação da América Latina, o Parque Solar Nova Olinda, localizado no município de Ribeira do Piauí. Com quase um milhão de painéis fotovoltaicos instalados em 690 hectares, e a usina tem capacidade para produzir 600 GWh de energia por ano em meio ao semiárido piauiense. Empregando cerca de 2 mil pessoas para sua construção, Nova Olinda contou com o apoio do Governo do Estado, por meio de R$ 80 milhões em incentivos fiscais, num total de quase R$ 1 bilhão investido (ENEL, 2017).

Conforme dados do governo, a área equivalente a 700 campos de futebol, as placas fotovoltaicas do parque solar possuem sistema de autoajuste informatizado, que acompanha a direção da radiação solar, captando, assim, mais energia (PROCLIMA, 2017).

Logo, a capacidade elétrica de Nova Olinda pode abastecer 300 mil famílias. Toda a potência produzida no parque é transmitida da subestação própria para a subestação da Chesf em São João do Piauí, por onde é fornecida para o sistema nacional de distribuição elétrica.

Figura 2 – Painéis fotovoltaicos do Parque Solar Nova Olinda

Fonte: ESTADO DO PIAUÍ, 2020.

Mostra-se importante destacar que o Piauí ocupa a terceira posição no Brasil na produção de energia solar, com potência instalada de 278,2 MW e nove usinas. O estado está localizado em uma área chamada de "cinturão solar", conforme a 2ª edição do Atlas Brasileiro de Energia Solar, divulgado em 2017 (PEREIRA *et al*, 2017). Do Nordeste ao pantanal, passando pelo norte de Minas Gerais, a região compreende ainda o sul da Bahia e o nordeste de São Paulo.

No Brasil, as fontes de energia renováveis têm forte potencial econômico a ser explorado (ESPARTA, 2004). Entretanto, a concretização depende de políticas públicas para a superação das barreiras ao investimento.

Em 2019, foi aprovada a proposta de instalação de oito miniusinas fotovoltaicas (solar) em solo piauiense. O projeto apresentado prevê o uso de cinco terrenos privados e três áreas públicas situadas em Caraúbas, Cabeceiras e Canto do Buriti. O investimento previsto (público e privado) é estimado em R$ 174 milhões. Nesse sentido, a produção de energias renováveis no Piauí é possível devido ao investimento tanto em estrutura física quanto ao planejamento. A estrutura envolve a participação de diversos órgãos do Governo do Estado, que trabalham condições e flexibilidade para que haja a viabilização e atração desses investimentos.

Outro aspecto relevante sobre o caso do estado do Piauí é o de garantir o acesso à energia, preferencialmente renovável, às populações em regiões de difícil acesso, principalmente na região Norte do País, no qual 6,32% das residências não têm acesso à energia (BRASIL, 2010).

Pesquisas em diferentes áreas do saber indicam a forte correlação entre disponibilidade e consumo de energia e indicadores sociais importantes, como a expectativa de vida, mortalidade infantil, analfabetismo e taxa de fertilidade, ou seja, levar energia para as populações sem acesso é fundamental ao seu desenvolvimento (LEMOS; HIGUCHI, 2011). Portanto, prover energia permite que os setores industriais e de serviços se estabeleçam e prosperem, gerando mais renda e emprego localmente.

De acordo com dados da Secretaria de Estado da Mineração, Petróleo e Energias Renováveis, as usinas em operação nos municípios de Ribeira do Piauí, João Costa e São João do Piauí produzem 270 MW (Megawatts) (PIAUÍ, 2020a).

Estão sendo construídas, ainda, outorgadas pela ANEEL, a Usina Solar São Gonçalo, em São Gonçalo do Gurguéia; e a Usina Solar Etesa, também em São João do Piauí, que irão gerar 420 MW no total (PORTAL ECODEBATE, 2020).

O Governo do Estado do Piauí, por meio das Secretarias de Estado do Planejamento ("SEPLAN") e da Mineração, Petróleo e Energias Renováveis, realizaria, no dia 26 de março de 2020, a reunião inaugural do Fórum Piauí de Energias (PIAUÍ, 2020b). A expectativa concentrava-se na promoção de reuniões mensais para discutir sobre o setor elétrico no Piauí e a sua inserção no contexto nacional e mundial. Dessas discussões, aguardava-se a ocorrência de sugestões técnicas, regulatórias, bem como oportunidades de negócios para o estado. Em meio à declaração de pandemia global em decorrência da Covid-19, o evento foi adiado para data posterior, não definida até a elaboração deste capítulo.

O Fórum Piauí de Energias tinha por objetivo discutir, de forma mais ampla, todo o processo de construção da Política Energética do Estado. O Piauí aparece atualmente com destaque no radar nacional em matéria de produção de energia eólica e solar, por isso a escolha desse Estado para a pesquisa com base no ODS número 7.

Ressalta-se que a ampla dimensão coberta pelos ODS representa um desafio especialmente agudo para avaliações científicas. Políticas significativas no âmbito das energias renováveis, como a do estado do Piauí, requerem a avaliação rigorosa das diversas áreas do saber a respeito das alternativas.

4 CONSIDERAÇÕES FINAIS

As metas acordadas no âmbito da Agenda 2030 da ONU estabeleceram trajetórias capazes de proporcionar o acesso da população a fontes modernas de energia por valores acessíveis e com alto grau de confiança em seu fornecimento.

Contudo, apesar de o Brasil possuir uma rica gama de energias renováveis, nota-se a constante falta de liderança política que impede acordos não apenas sobre metas de energia renovável, mas também sobre programas para promover o acesso.

As realizações da Cúpula permitem atividades como a capacitação e transferência de tecnologia, mas carece de acordos substantivos. Enquanto o tema energia permeia mais a agenda de discussões do que antes, são poucos programas para levar adiante as questões. Portanto, continua sendo um desafio crítico a ser enfrentado.

Atingir o amplo ODS número 7, exigirá a construção de uma coalizão para promover energia mais limpa e o comprometimento de recursos para programar o seu acesso.

Desse modo, observa-se a necessidade de transferência de recursos por meio de financiamentos públicos e privados internacionais, investimentos no âmbito da energia limpa, o avanço nas abordagens regionais para alcançar metas de energia renovável, e uma série de mecanismos para fortalecer a capacidade institucional para integrar energia e desenvolvimento sustentável.

O Estado do Piauí, mesmo com as dificuldades para obter investimentos públicos e privados, desde 2016, apresenta avanço no que diz respeito à produção de energia solar, abrigando a maior usina solar em operação da América Latina, o Parque Solar Nova Olinda, localizado no município de Ribeira do Piauí. Como resultado, empregos foram gerados, a renda distribuída e, consequentemente, o estado desenvolveu-se.

Para que se observem avanços efetivos, é imprescindível o engajamento proativo e a coordenação aprimorada entre departamentos e ministérios do governo, bem como em diferentes níveis: internacional, nacional e local, (BOAS *et al*, 2016).

Instituições integradas de planejamento em diferentes países podem desempenhar importante papel ao unir conhecimento e planos de ministérios governamentais, que são aparentemente díspares há décadas. Assim, pode-se lidar com os objetivos das políticas de maneira mais isolada.

Por fim, ainda que os objetivos não tenham sido definitivamente alcançados, é possível reconhecer que com a chegada da Agenda 2030 da ONU, a noção de pensamento integrado e holístico entrou em discurso na política global de modo expressivo.

REFERÊNCIAS

BRASIL. **Ação Local:** Benefício Global. Brasília: Programa nacional de racionalização do uso dos derivados do petróleo e do gás natural (CONPET), 2012. Disponível em: http://www.conpet.gov.br/portal/conpet/pt_br/conteudo-gerais/conpet.shtml. Acesso em 20 mai. 2020.

BRASIL. Agência Nacional de Energia Elétrica. Programa de Eficiência Energética. **ANEEL**, Brasília, 17 nov. 2015. Disponível em: http://www.aneel.gov.br/programa-eficiencia-energetica. Acesso em: 20 maio 2020.

BRASIL. Ministério de Minas e Energia. **Procel – Programa Nacional de Conservação de Energia Elétrica**. Brasília: Ministério de Minas e Energia, 2019a. Disponível em: http://www.mme.gov.br/web/guest/secretarias/planejamento-e-desenvolvimento-energetico/acoes-e-programas/programas/procel-programa-nacional-de-conservacao-de-energia-eletrica. Acesso em: 20 maio 2020.

BRASIL. Instituto de Pesquisa Econômica Aplicada. **Cadernos ODS:** ODS 7 assegurar o acesso confiável, sustentável, moderno e a preço acessível à energia para todos. Brasília: IPEA, 2019b. E-book. Disponível em: http://repositorio.ipea.gov.br/bitstream/11058/9205/1/Cadernos_ODS_Objetivo_7.pdf. Acesso em: 20 maio 2020.

BRASIL. Ministério de Minas e Energia. **CGIEE – Comitê Gestor de Indicadores de Eficiência Energética**. Brasília: Ministério de Minas e Energia, 2001. Disponível em: http://www.mme.gov.br/web/guest/conselhos-e-comites/cgiee#:~:text=O%20Comit%C3%AA%20Gestor%20de%20Indicadores,e%20Uso%20Racional%20de%20Energia.. Acesso em: 20 maio 2020.

BRASIL. INMETRO. **Programa Brasileiro de Etiquetagem.** Brasília: INMETRO, 2020. Disponível em: https://www2.inmetro.gov.br/pbe/. Acesso em: 20 maio 2020.

BRASIL. IBGE. Sinopse do censo demográfico 2010. **Instituto Brasileiro de Geografia e Estatística**, Brasília, 2010. Disponível em: https://censo2010.ibge.gov.br/sinopse/index.php?dados=P13. Acesso em: 20 maio 2020.

BOAS I.; BIERMANN, F.; KANIE, N. Cross-sectoral strategies in global sustainability governance: towards a nexus approach. **Int. Environ. Agreements:** Polit. Law Econ, New York, n. 16, p. 449–64, 2016. Disponível em: https://link.springer.com/article/10.1007/s10784-016-9321-1#citeas. Acesso em: 20 maio 2020.

ENEL. Parque Solar Nova Olinda: uma viagem pelo passado e pelo futuro no sertão do Piauí. **ENEL**, Fortaleza, 27 nov. 2017. Disponível em: https://www.enel.com.br/pt-ceara/historias/a201711-uma-viagem-pelo-passado-e-pelo-futuro-no-sertao-do-piaui.html. Acesso em 20 maio 2020.

ESPARTA, A. Ricardo J.; LUCON, Oswaldo S.; UHLIG, Alexandre. Energia Renovável no Brasil. *In:* **Anais do X Congresso Brasileiro de Energia**, Rio de Janeiro, 26 a 28 out. 2004. Disponível em: https://www.researchgate.net/profile/Oswaldo_Lucon/publication/228428527_Energia_Renovavel_no_Brasil/links/5450e83c0cf201441e954f71.pdf. Acesso em: 20 maio 2020.

HIREMATH, R.B.; SHIKHA, S..;, RAVINDRANATH, N.H. Decentralized energy planning; modeling and applicationda review. **Renewable and Sustainable Energy Reviews**, Amsterdam, n. 11, p.729-752, 2007. Disponível em: https://doi.org/10.1016/j.rser.2005.07.005. Acesso em: 20 maio 2020.

KÖNE, A.Ç,; BÜKE, T. An Analytical Network Process (ANP) Evaluation of Alternative Fuels for Electricity Generation in Turkey. **Energy Policy**, Amsterdam, n. 35, p. 5220-5228, 2007. Disponível em: https://doi.org/10.1016/j.enpol.2007.05.014. Acesso em: 20 maio 2020.

LEMOS, Sônia Maria; HIGUCHI, Maria Inês Gasparetto. Compromisso socioambiental e vulnerabilidade. **Ambient. soc.,** São Paulo, v. 14, n. 2, p. 123-138, dez. 2011. Disponível em: http://www.scielo.br/scielo.php?script=sci_arttext&pid=S1414-753X2011000200009&lng=en&nrm=iso. Acesso em: 20 maio 2020.

NUNES, Cristiana. Fórum debaterá crescimento do setor de energias renováveis no estado. **Imprensa do Governo do Piauí**, Teresina, 10 mar. 2020. Energias Renováveis. Disponível em: https://www.pi.gov.br/noticias/forum-debatera-crescimento-do-setor-de-energias-renovaveis-no-estado/. Acesso em: 20 maio 2020.

ORGANIZAÇÃO DAS NAÇÕES UNIDAS (ONU). **A ONU e o meio ambiente**, 2002. Disponível em: https://nacoesunidas.org/acao/meio-ambiente/. Acesso em: 20 maio 2020.

ORGANIZAÇÃO DAS NAÇÕES UNIDAS (ONU). **Objetivos de Desenvolvimento do Milênio**, 2015. Disponível em: https://nacoesunidas.org/tema/odm/. Acesso em: 20 maio 2020.

PEREIRA, Enio Bueno *et al.* **Atlas Brasileiro de Energia Solar**. 2. ed. São José dos Campos: INPE/ABSOLAR, 2017. E-book. Disponível em: http://www.absolar.org.br/atlas-brasileiro-de-energia-solar-2a-edicao.html. Acesso em: 20 maio 2020.

PIAUÍ é destaque na geração de energia limpa. **Portal Costa Norte**, Teresina, 09 jan. 2020. Disponível em: https://portalcostanorte.com/piaui-e-destaque-na-geracao-de-energia-limpa/. Acesso em: 20 maio 2020.

PIAUÍ. **Órgãos:** Secretaria de Estado da Mineração, Petróleo e Energias Renováveis. Teresina – PI, 2020a. Disponível em: https://www.pi.gov.br/orgaos/secretaria-de-estado-da-mineracao-petroleo-e-energias-renovaveis/. Acesso em: 20 maio 2020.

PIAÚI. **Piauí realizará Fórum Permanente de Energias:** Evento será realizado em março e pretende criar o Fórum Permanente de Energias do Piauí. Teresina - PI: Imprensa do Estado, 2020b. Disponível em: https://www.pi.gov.br/noticias/seplan-e-seminper-preparam-i-forum-permanente-de-energias/. Acesso em: 20 maio 2020.

PORTAL ECODEBATE. Maior Usina Solar da América do Sul inicia operações em São Gonçalo – PI. **Portal EcoDebate**, Mangaratiba, 17 jan. 2020. Disponível em: https://www.ecodebate.com.br/2020/01/17/maior-usina-solar-da-america-do-sul-inicia-operacoes-em-sao-goncalo-pi/. Acesso em: 20 maio 2020.

PROCLIMA – Programa Estadual de Mudanças Climáticas do Estado de São Paulo. Piauí ganha maior parque de geração solar da América do Sul. **Proclima**, São Paulo, 29 nov. 2017. Disponível em: https://cetesb.sp.gov.br/proclima/2017/11/29/piaui-ganha-maior-parque-de-geracao-solar-da-america-do-sul/. Acesso em: 20 maio 2020.

PROGRAMA DAS NAÇÕES UNIDAS PARA O DESENVOLVIMENTO (PNUD). **Transformando o nosso mundo:** a Agenda 2030 para o Desenvolvimento Sustentável. PNUD, New York, 2015a. Disponível em: http://www.br.undp.org/content/dam/brazil/Agenda2030-completo-site%20(1).pdf. Acesso em: 20 maio 2020.

SEQUINEL, Maria Carmen Mattana. Cúpula mundial sobre desenvolvimento sustentável – Joanesburgo: entre o sonho e o possível. **Análise Conjuntural**, Curitiba, v. 24, n. 11-12, p. 13, nov./dez. 2002. Disponível em: http://www.ipardes.gov.br/biblioteca/docs/bol_24_6e.pdf. Acesso em: 20 maio 2020.

WORLD COMMISSION ON ENVIRONMENT AND DEVELOPMENT (WCED). **Our Common Future**. Oxford: Oxford University Press, 1987.

LEILÕES DE ENERGIA ELÉTRICA E A IMPORTÂNCIA DO LICENCIAMENTO AMBIENTAL

Elisângela Medeiros de Almeida[1]
Glauce Maria Lieggio Botelho[2]

SUMÁRIO:

1 INTRODUÇÃO

2 LEILÕES DE ENERGIA ELÉTRICA NO BRASIL

Leilão é um processo de seleção estruturado para proporcionar uma competição de aquisição ou concessão de bens e serviços

---

1 Graduada em Ciências Biológicas, com Doutorado em Ecologia. Desde 2017 ocupa o cargo de Superintendente de Meio Ambiente, na EPE, atua no Comitê Executivo de Governança, Riscos, Integridade e Controles Internos da empresa e no Comitê de Tecnologia da ABDEM.

2 Graduada em Engenharia Florestal e Direito, com Especialização em Gestão Ambiental. Na EPE desde 2007, atualmente ocupa o cargo de Superintendente Adjunta de Meio Ambiente. Membro da Comissão de Meio Ambiente da OAB-RJ desde 2019.

em que a adjudicação é feita a um proponente pré-qualificado e se baseia numa oferta financeira (MAURER; BARROSO, 2011, p. 12). O tipo de leilão mais comum é aquele em que os concorrentes ou potenciais compradores oferecem lances a um produto e o preço de oferta mais elevado ganha. Há também leilões em que o processo de licitação concebido objetiva selecionar o preço mais baixo. Este é o chamado "leilão reverso", onde a oferta mais baixa é a vencedora (MAURER; BARROSO, 2011, p. x12).

Os leilões podem ser de dois tipos, aberto ou fechado. No leilão aberto não há regras ou pré-requisitos para participação. No fechado são estabelecidas as regras sobre quem pode apresentar lances, ou o que se chama de habilitação, que se dá pela apresentação de licenças ou autorizações, depósito de garantia, características técnicas etc. (REGO, 2012).

A partir de 1998, o setor elétrico adotou este procedimento para outorgas de concessões de usinas hidrelétricas e autorizações de sistemas de transmissão, e desde 2004 os leilões são a principal forma de contratação de energia elétrica no Brasil. Por meio desse mecanismo, concessionárias, permissionárias e autorizadas de serviço público de distribuição de energia elétrica do Sistema Interligado Nacional ("SIN") garantem o atendimento ao seu mercado no Ambiente de Contratação Regulada ("ACR"). Nos leilões do ACR o critério de menor tarifa é utilizado para definir os vencedores do certame, para garantir a modicidade tarifária, este ambiente visa também atrair investidores para construção de novas usinas objetivando a expansão da geração e retenção da geração existente.

Desde a segunda reforma do setor elétrico, dada pela Lei n.º 10.848, de 15 de março de 2004, até o final de 2019 foram realizados 42 leilões de energia elétrica, totalizando 1291 projetos e mais de 90 GW contratados.

3 ARCABOUÇO INSTITUCIONAL DOS LEILÕES DE ENERGIA ELÉTRICA

O Ministério de Minas e Energia ("MME"), responsável pela formulação e implementação de políticas para o setor energético, estabelece as diretrizes para cada leilão de energia.

A Agência Nacional de Energia Elétrica ("ANEEL") elabora o edital de cada leilão e os modelos dos contratos a serem firmados com os agentes. Destaca-se que as minutas dos editais e dos contratos são colocadas em consulta pública para contribuições dos agentes. Uma vez definidos o edital e as minutas dos contratos, a ANEEL delega a execução do leilão para a Câmara de Comercialização de Energia Elétrica ("CCEE") que, além de ser responsável por promover os leilões de compra e venda de energia elétrica, também gerencia os contratos firmados.

O Operador Nacional do Sistema Elétrico ("ONS"), além de operar o SIN e realizar estudos que irão subsidiar o MME, também é responsável por emitir o Parecer de Acesso, a Informação de Acesso ou documento equivalente para acesso à Rede Básica ou às Demais Instalações de Transmissão ("DIT"), nos casos em que a data de início de suprimento de energia ocorrer em prazo inferior ou igual a três anos. Nos casos em que a data de início de suprimento for superior a três anos, o Parecer de Acesso é emitido pela Empresa de Pesquisa Energética ("EPE").

Além da realização de estudos que irão subsidiar o MME na definição das diretrizes dos leilões, a EPE é responsável pelo cadastramento e habilitação técnica dos empreendimentos e empreendedores que irão participar dos certames.

4 O PAPEL DA EPE NOS LEILÕES DE ENERGIA

O processo de análise e habilitação técnica pela EPE abrange diversos aspectos dos projetos e da documentação apresentada pelos empreendedores. O principal objetivo da habilitação é selecionar aqueles projetos capazes de demonstrar a sua viabilidade técnica e capacidade de entregar o montante de energia a ser contratado.

A habilitação de projetos de geração que irão participar dos leilões de energia elétrica é realizada por cinco diferentes áreas da EPE, quais sejam: a Superintendência de Projetos da Geração, a Superintendência de Planejamento da Geração e a Superintendência de Estudos da Transmissão, todas integrantes da Diretoria de Estudos da Energia Elétrica; a Superintendência de Meio Ambiente que é vinculada à Diretoria de Estudos Econômico-Energéticos e Ambientais e, por fim, a Consultoria Jurídica da Empresa.

Os principais aspectos analisados são as características e registro dos projetos, o recurso ou combustível da fonte, a conexão à rede de distribuição da energia elétrica, a comprovação do direito de usar ou dispor do terreno destinado à instalação do empreendimento, as licenças ambientais, documentos de outorga de uso da água, além de outros.

Desde 2009, a EPE utiliza o sistema informatizado "Sistema de Acompanhamento de Empreendimentos Geradores de Energia ("AEGE") para o cadastramento e análise dos projetos, comunicação com empreendedores, emissão das habilitações técnicas, dentre outras atividades.

5 NORMAS LEGAIS DOS LEILÕES DE ENERGIA ELÉTRICA

As diretrizes e exigências definidas para a realização dos leilões de energia encontram amparo legal na Lei n. 10.848, de 15 de março de 2004, no Decreto n. 5.163, de 30 de julho de 2004, na Portaria MME n. 102, de 22 de março de 2016 (e portarias específicas dos leilões) e nas Instruções da EPE.

A Lei n. 10.848/2004 estabelece as regras para a comercialização de energia elétrica entre concessionários, permissionários e autorizados de serviços e instalações de energia elétrica, bem como destes com seus consumidores e altera leis anteriores pertinentes à área. Já o Decreto n. 5.163/2004 regulamenta a comercialização de energia elétrica, o processo de outorga de concessões e de autorizações de geração de energia elétrica, e dá outras providências. Nos termos do artigo 12, § 1º, do Decreto n. 5.163/2004, compete à EPE a submissão da relação de empreendimentos de geração que integrarão os leilões de energia, bem como as estimativas de custos correspondentes. Para o cumprimento de tal dever, são realizados pela EPE o cadastro e a habilitação técnica dos empreendimentos de geração de energia com base nas normas contidas na Portaria MME n. 102, de 22 de março de 2016 e em portarias que trazem as diretrizes específicas para cada leilão.

O artigo 4º da Portaria MME n. 102/2016 define os documentos a serem protocolados pelos empreendedores no momento do cadastramento com vistas à habilitação técnica. As disposições expressas no artigo 15 permitem que a EPE edite atos complementares que irão operacionalizar as disposições da Portaria n. 102/20016 e suas alterações, bem como as demais normas infralegais que regem todo o processo, as chamadas "Instruções para Solicitação de Cadastramento e Habilitação Técnica com vistas à participação nos Leilões de Energia Elétrica"[3].

Vale ressaltar que todo o conjunto normativo que rege os leilões de energia é aplicado com vistas a atender plenamente a demanda de energia elétrica à luz dos princípios da continuidade do serviço público de geração de energia e da garantia integral do suprimento.

6 LICENÇAS AMBIENTAIS E OUTORGAS DE USO DA ÁGUA NOS LEILÕES DE ENERGIA ELÉTRICA

Quando um empreendimento de geração é cadastrado para participação no leilão de energia, espera-se que, após a assinatura do contrato de concessão, a concessionária inicie a geração de energia para sua comercialização em quatro ou seis anos, por exemplo.[4] Este prazo faz parte do planejamento do Setor, que, ao realizar o Plano Decenal de Expansão de Energia ("PDE"), realiza estimativas e indicações da expansão futura do setor de energia em um horizonte de 10 anos. Assim, os primeiros cinco anos do Plano são menos incertos porque se baseiam na geração de energia que já foi contratada e que estará sendo entregue aos consumidores dentro deste prazo. Para aumentar a probabilidade de que estes empreendimentos entrarão em operação no prazo estabelecido é que se realiza a habilitação técnica dos projetos. Nela se verifica, por exemplo, se o empreendimento possui, no mínimo, a Licença Prévia ("LP") ou equivalente, que atesta a sua viabilidade socioambiental.

Também é exigida a Declaração de Reserva de Disponibilidade Hídrica ("DRDH") para hidrelétricas, que reserva a quantidade de

[3] As Instruções são divididas por fonte de geração: hidráulica, fotovoltaica, heliotérmica, eólica e térmica.

[4] Vem daí o nome dos Leilões de Energia Nova A-4 ou A-6.

água necessária à viabilidade do empreendimento ou, para termelétricas, documentos de outorga de uso da água que objetivam assegurar, ao órgão regulador, o controle quantitativo e qualitativo dos diversos usuários da água, bem como o efetivo exercício dos direitos de acesso aos recursos hídricos. Estes documentos legais, quando obtidos, diminuem os riscos do Planejador de que após o leilão e a assinatura do contrato sejam identificadas questões sociais e ambientais que atrasem ou impeçam a viabilização do empreendimento e a disponibilização da energia contratada no prazo estabelecido. Para os financiadores a exigência destes documentos pode aumentar a segurança em relação ao investimento, pois fornecem informações sobre a conformidade social e ambiental dos empreendimentos e sua exposição a riscos não financeiros que podem ter algum potencial de impacto nas taxas de crédito se os riscos não forem geridos de forma adequada. Para a coletividade há a sinalização de que a viabilidade social e ambiental do empreendimento que está sendo leiloado, pelo poder público, está atestada pelos documentos do processo de licenciamento ambiental e, no mínimo, pela LP emitida pelo órgão licenciador.

Durante o processo de habilitação técnica é realizada a verificação de licenças e estudos ambientais, bem como da DRDH dos empreendimentos hidrelétricos ou documentos de outorga de uso da água para empreendimentos termelétricos, conforme as disposições expressas na Portaria MME n. 102/2016, em seu art. 4º, § 3º, incisos VII, VIII e XI, conforme abaixo:

> § 3º Para fins de Habilitação Técnica, no momento da solicitação do Cadastramento, os empreendedores deverão protocolar os seguintes documentos, para empreendimentos a partir de quaisquer das fontes:
> [...]
> VII – Declaração de Reserva de Disponibilidade Hídrica – DRDH, emitida pelo órgão competente, para empreendimentos hidrelétricos, e nos casos de empreendimentos termelétricos e heliotérmicos, quando pertinente, outorga de uso da água ou ato administrativo que ateste a disponibilidade hídrica;

> VIII - Licença Prévia - LP, a Licença de Instalação - LI ou a Licença de Operação - LO, emitida pelo órgão ambiental competente, em conformidade com a legislação ambiental;
> IX - estudos e relatórios de impacto ambiental exigidos no processo de licenciamento ambiental[5] [...].

De acordo com a Portaria do MME (art. 4º § 7º), a EPE poderá aceitar as licenças ambientais e os documentos de outorga de uso da água, após o prazo estabelecido para solicitação do Cadastramento, desde que protocolados em até oitenta dias antes da data de realização do leilão ou conforme prazo estabelecido por portarias específicas do MME.

As Instruções da EPE apresentam quais informações, minimamente, deverão constar das licenças ambientais, tais como: o nome do empreendimento, a razão social ou o CNPJ do agente interessado, a potência instalada do projeto, a data de emissão e o prazo de validade, conforme dados cadastrados no AEGE. A potência instalada informada na licença deverá ser igual ou maior do que a potência habilitável[6].

A DRDH (empreendimentos hidrelétricos) ou ato administrativo que ateste a disponibilidade hídrica emitidos pelo órgão competente deverão estar válidos na data do cadastramento para o leilão do qual o empreendimento deverá participar[7]. Esses documentos, deverão indicar a localização geográfica do ponto de captação, o volume de água diário outorgado e o vínculo com o empreendimento (nome do empreendimento, nome do empreendedor ou CNPJ), conforme dados informados no Sistema AEGE.

7 LICENÇAS PARA FINS DE PARTICIPAÇÃO NOS LEILÕES DE ENERGIA ELÉTRICA

Conforme as Instruções da EPE, para a habilitação técnica, não são aceitas licenças ambientais emitidas para fins exclusivos

---

5 A exigência de apresentação de estudos ambientais no ato do Cadastramento possui apenas o sentido de se verificar se a emissão das licenças ambientais ocorreu mediante a realização de estudos prévios.

6 As licenças ambientais de empreendimentos eólicos deverão apresentar também o número de aerogeradores.

7 Assim como a licença ambiental expedida pelo órgão licenciador.

de participação nos leilões de geração de energia elétrica; que não atestem a viabilidade ambiental e nem aprovem a localização e a concepção do empreendimento; cuja validade esteja condicionada à participação nos leilões de energia elétrica; e outras que não atendam ao disposto na legislação federal.

Apesar das vedações expressas nas Instruções, a EPE tem se deparado com a prática de órgãos ambientais em expedir LPs de caráter provisório, ao que parece, apenas para permitir a participação dos empreendimentos nos leilões. Geralmente, essa modalidade de licença tem sido emitida a partir da análise de estudos simplificados (RAS, EAS ou similares), postergando para a etapa seguinte (caso o projeto vença o leilão) a exigência de Estudo de Impacto Ambiental e Relatório de Impacto Ambiental ("EIA/RIMA").

As principais justificativas apresentadas pelos órgãos ambientais têm sido a sobrecarga de processos de licenciamento gerada com o anúncio dos leilões de energia, sem que se tenha certeza se o projeto que está sendo licenciado irá realmente vender energia no leilão, o alto custo da elaboração do EIA para os empreendedores e o significativo tempo necessário para a expedição da LP pelo órgão ambiental.

Embora os estados possuam, segundo Antunes (2020, s. p.), a "autonomia constitucional em relação à sua auto-organização e, especialmente, em relação às suas capacidades técnicas, financeiras e materiais", devem considerar que a emissão de LPs com fins de participação em leilões poderá trazer fragilidades ao fornecimento da energia contratada e à segurança energética do sistema, que são as principais motivações para que as licenças ambientais dos empreendimentos de geração de energia elétrica sejam exigidas no ato do cadastramento e para a habilitação técnica.

Sendo assim, posicionar-se sobre a viabilidade ambiental do empreendimento somente após a venda da energia nos leilões poderá implicar em atrasos na implantação ou mesmo na inviabilidade dos projetos com o surgimento de questões ambientais antes não levantadas nos estudos mais simplificados exigidos pelos órgãos ambientais na fase do licenciamento prévio.

8 CONSIDERAÇÕES FINAIS

A racionalidade embutida na exigência, tanto das licenças ambientais quanto dos documentos de outorga de uso da água para o cadastro e habilitação técnica para participação nos leilões de energia, está na redução da incerteza sobre os riscos socioambientais relacionados aos empreendimentos e no aumento da garantia de atendimento aos prazos de entrada em operação dos mesmos. Além disso, vislumbra-se na fase de planejamento, riscos e condicionantes socioambientais aumentando a qualidade do leilão e a previsibilidade da implantação do empreendimento. Todos esses elementos são importantes ao planejamento energético do país.

Nesse sentido, ao exercer a sua competência técnica, é importante que os órgãos ambientais levem em consideração que, minimamente, a exigência das licenças ambientais e documentos de outorga de uso da água para fins de habilitação de projetos nos leilões de energia é mais uma das medidas adotadas pelo Setor Elétrico objetivando garantir a qualidade dos projetos nos leilões e a previsibilidade no Planejamento da oferta e demanda de Energia Elétrica.

REFERÊNCIAS BIBLIOGRÁFICAS

ANTUNES, Paulo de Bessa. Como uma onda no mar: a recente jurisprudência sobre licenciamento ambiental do STF. **GenJurídico**, São Paulo, 09 jun. 2020. Disponível em: http://genjuridico.com.br/2020/06/09/jurisprudencia-licenciamento-ambiental. Acesso em: 12 jun. 2020.

MAURER, Luiz. T. A.; BARROSO, Luiz A. **Electricity auctions:** an overview of efficient practices. Washington: The World Bank, 2011. Disponível em: http://documents1.worldbank.org/curated/en/114141468265789259/pdf/638750PUB0Exto00Box0361531B0PUBLIC0.pdf. Acesso em: 28 mai. 2020.

REGO, Erik. Eduardo. **Proposta de Aperfeiçoamento da metodologia dos leilões de comercialização de energia elétrica no ambiente regulado:** aspectos conceituais, metodológicos e suas aplicações. Tese (Doutorado em Energia) – Programa de Pós-graduação em Energia – EP/FEA/IEE/IF da Universidade de São Paulo, São Paulo, 2012. Disponível em: https://teses.usp.br/teses/disponiveis/86/86131/tde-28112012-093549/publico/Tese_Doutorado_Erik_Eduardo_Rego.pdf. Acesso em: 10 jun. 2020.

O PLANEJAMENTO DO SETOR ELÉTRICO BRASILEIRO SOB A ÉGIDE DO PLANO DECENAL DE EXPANSÃO DE ENERGIA (PDE 2029)

Felipe Laurêncio de Freitas Alves[1]
Lucyléa Gonçalves França[2]

RESUMO:
O Brasil segue como grande protagonista na produção e no consumo de energia na América Latina. Na busca de um modelo moderno, arrojado e estruturado em políticas energéticas foi elaborado pela Administração Pública Federal o Plano Decenal de Expansão de Energia (2019–2029), além de ter sido criada a Empresa de Pesquisa Energética (2004). O objetivo desse trabalho é refletir sobre o Plano e os principais paradoxos para sua efetividade. O artigo faz a análise desse processo de configuração legal mais recente, dentro das proposições para o desenvolvimento e modernização do setor, coincidindo com a busca de um modelo de melhor gestão e desconcentração de competências na área de licenciamento ambiental, com deslocamento para os âmbitos dos Estados-membros. Aponta-se, assim, uma análise resumida das principais proposições descritas no Plano e sua força executiva, levando em consideração os elementos que dificultam os

1 Graduando do Curso de Direito da Universidade Federal do Maranhão (UFMA) e membro do Grupo de Pesquisa e Extensão em Ciências Criminais (NUPECC/UFMA) e do Grupo de Estudos em Direitos Humanos (EDH/UNDB). E-mail: felipelaurencio@hotmail.com.

2 Doutora em Direito pela Universidade de Salamanca (USAL/Espanha) e Mestre em Direito pela Universidade Federal de Pernambuco (UFPE/Brasil). Professora do curso de Direito da Universidade Federal do Maranhão (UFMA/Brasil). Email: lucyfranca03@hotmail.com.

investimentos privados, a maior oferta, e uma melhor e mais eficiente regulação do setor, em detrimento de um novo plano que reitera algumas repetidas estratégias de intervenção político-estatais.

Palavras-chave: Política. Setor elétrico. Eficiência.

SUMÁRIO:

1 INTRODUÇÃO

No Brasil, assim como em todos os países, a questão energética é estratégia para o desenvolvimento econômico e social, além de preocupação ambiental e de sustentabilidade. Apesar de todo esse protagonismo na maior eficiência na geração de energia e do seu consumo, a demanda energética não para de crescer em todo o mundo.

Até a reforma gerencial do Estado de 1998, com a criação da Agência Nacional de Energia Elétrica (ANEEL), pela Lei n.º 9.427/96 e pelo Decreto n.º 2.335/97, começou a ser definido um novo marco na política energética, inserido no contexto internacional e com as tendências em destaque fixadas por outras tendências impulsionadas pela globalização.

Assim, desde o final da década de 90, os governos brasileiros têm se ocupado da agenda de demandas do setor energético e um conjunto legislativo amplo foi construído com o objetivo principal de consolidar a evolução do setor, os seus resultados e os programas gerenciais para um modelo real de eficiência energética, ainda não alcançado em sua plenitude.

Momento relevante foi a criação da Empresa de Pesquisa Energética (EPE), em 2004, com o propósito de centralizar, coordenar e fomentar indicadores de eficiência, bem como criar uma base de dados para harmonizar o sistema elétrico brasileiro.

Em 2007 foi publicado o Plano Nacional de Energia (PNE 2030), como o primeiro documento oficial responsável por realizar o planejamento energético integral, com a definição de metas e estratégias, englobando a realização de estudos, pesquisas e a necessidade de criação de outros indicadores para a sua execução a longo prazo.

A partir do PNE 2030, se desenhou o Plano Nacional de Eficiência Energética (PNEf), publicado em 2011, criado com o propósito de elaborar um conjunto de diretrizes para alcançar valores de eficiência energética fixados no plano. Posteriormente, a Ordem do Ministério de Minas e Energia (MME) n.º 601/2011 constituiu um grupo de trabalho (GT-PNEF) onde caberia à EPE conduzir a elaboração do plano de trabalho para criação de um banco de dados e de informações referentes à eficiência energética do Brasil, baseados em elementos, dados, indicadores, tecnologias, metodologias, estudos e programas de eficiência energética.

A partir dessa construção, surgiu, em 2019, o Plano Decenal de Expansão de Energia (PDE 2029), descrito como um conjunto de medidas mais ampla e capazes de realizar projeções de demandas e de investimentos para o setor energético.

O artigo descreve e analisa os conceitos elementares traçados por esse Plano, além da observação das distintas perspectivas de futuro. Nesta análise, inclui-se uma breve observação da caracterização geral do setor, para sinalar quais perspectivas futuras podem ser apontadas pelo PDE 2029, inicialmente olhando para a trajetória da regulação energética nas últimas duas décadas e, em seguida, dá-se ênfase a alguns pontos do Plano e suas consequências para a eficiência do setor.

2 A REGULAÇÃO DO SETOR ELÉTRICO: APANHADO HISTÓRICO, ANTECEDENTES E REGIME VIGENTE

No cenário nacional, o licenciamento de atividades com conteúdo ambiental, seja efetiva ou potencialmente poluidoras, surgiu como instrumento da Política Nacional do Meio Ambiente (PNMA), instituída pela Lei n.º 6.938/81, ou seja, antes da Constituição da República de 1988 (CR/88), e teve por objetivo a preservação, melhoria e recuperação da qualidade ambiental, visando assegurar condições tanto ao desenvolvimento socioeconômico, por meio dos empreendimentos, quanto aos interesses da segurança nacional e à proteção da dignidade da vida humana, por meio da fiscalização (BRASIL, 2010b).

A Lei n.º 6.938/1981 também criou o Conselho Nacional do Meio Ambiente (CONAMA), com a finalidade de assessorar, estudar e propor diretrizes de políticas governamentais para o meio ambiente e os recursos naturais, e deliberar, no âmbito de sua competência, sobre normas e padrões compatíveis com o meio ambiente ecologicamente equilibrado e essencial à sadia qualidade de vida (BRASIL, 2010b).

A primeira resolução do CONAMA, datada de 23 de janeiro de 1986, já tratou de definir normas acerca do licenciamento de atividades modificadoras do meio ambiente, especificando as atividades que dependem da elaboração de Estudo de Impacto Ambiental (EIA) e seu respectivo Relatório de Impacto Ambiental (RIMA) (BRASIL, 2012).

Dentre estas atividades estavam todas as que, por lei, fossem de competência federal e aquelas submetidas à aprovação do órgão estadual e do Instituto Brasileiro do Meio Ambiente e dos Recursos Naturais Renováveis (IBAMA), em caráter supletivo, tais como: linhas de transmissão de energia elétrica acima de 230KV, obras hidráulicas para exploração de recursos hídricos, extração de combustível fóssil, usinas de geração de eletricidade acima de 10MW, atividades que utilizem carvão vegetal[3] em quantidade superior a dez toneladas por dia, entre outras (BRASIL, 2012).

Pouco tempo depois, a *novel* CR/88, no seu art. 225, § 1º, IV, constitucionalizou a exigência de estudo prévio de impacto ambiental, a que se dará publicidade, para instalação de obra ou atividade potencialmente causadora de significativa degradação ambiental, reconhecendo, assim, a importância do licenciamento (BRASIL, 2019a). Além do mais, no parágrafo segundo do mesmo artigo, definiu que aquele que explorar recursos minerais fica obrigado a recuperar o meio ambiente degradado (BRASIL, 2019a), nos termos do *princípio do poluidor-pagador.*

---

[3] A Resolução CONAMA n.º 11, de 18 de março de 1986, acrescentou no dispositivo derivados ou produtos similares do carvão vegetal em quantidade superior a dez toneladas por dia (BRASIL, 2012).

Resolução do CONAMA é então editada para dispor sobre licenciamento ambiental, de acordo com as novas determinações constitucionais. A Resolução n.º 237/97 trouxe um rol de atividades sujeitas ao licenciamento ambiental[4] no seu Anexo 1, que inclui, por exemplo, a perfuração de poços e produção de petróleo e gás natural, a fabricação de combustíveis não derivados de petróleo, a produção de energia termoelétrica e a transmissão de energia elétrica (BRASIL, 2012).

Outrossim, a resolução trouxe a previsão da realização de audiências públicas no processo de licenciamento, a competência do IBAMA, como órgão executor do Sistema Nacional de Meio Ambiente (SISNAMA)[5], do licenciamento de empreendimentos e atividades com significativo impacto ambiental de âmbito nacional ou regional, a que se refere o art. 10 da Lei n.º 6.938, de 31 de agosto de 1981[6], além de especificar três tipos diferentes de licenças ambientais:

---

4 A Resolução 237/97 definiu o licenciamento ambiental, como sendo o "[...] procedimento administrativo pelo qual o órgão ambiental competente licencia a localização, instalação, ampliação e a operação de empreendimentos e atividades utilizadoras de recursos ambientais, consideradas efetiva ou potencialmente poluidoras ou daquelas que, sob qualquer forma, possam causar degradação ambiental, considerando as disposições legais e regulamentares e as normas técnicas aplicáveis ao caso (BRASIL, 2012, p. 930).

5 Criado pela Lei n.º 6.938/1981, o Sistema Nacional de Meio Ambiente (SISNAMA) é a estrutura adotada para a gestão ambiental no Brasil, e é formado pelos "[...] órgãos e entidades da União, dos Estados, do Distrito Federal, dos Territórios e dos Municípios, bem como as fundações instituídas pelo Poder Público, responsáveis pela proteção e melhoria da qualidade ambiental" (BRASIL, 2010b, p. 87).

6 O artigo em questão tinha como redação original: "Art 10 – A construção, instalação, ampliação e funcionamento de estabelecimentos e atividades utilizadoras de recursos ambientais, considerados efetiva ou potencialmente poluidores, bem como os capazes, sob qualquer forma, de causar degradação ambiental, **dependerão de prévio licenciamento por órgão estadual competente**, integrante do SISNAMA, sem prejuízo de outras licenças exigíveis" (BRASIL, 1981, *não paginado, grifo nosso*). O texto do artigo foi então alterado pela Lei n.º 7.804, de 1989, para incluir a necessidade de licenciamento

a Licença Prévia (LP), concedida na fase preliminar do planejamento do empreendimento; a Licença de Instalação (LI), autorizando a instalação do empreendimento ou atividade de acordo com as especificações constantes dos projetos aprovados; e a Licença de Operação (LO), que autoriza a operação do empreendimento, após a verificação do efetivo cumprimento do que consta das licenças anteriores (BRASIL, 2012).

Em continuação com o objetivo de regulamentar as determinações constitucionais, foi editada a Lei n.º 9.985/2000, que instituiu o Sistema Nacional de Unidades de Conservação da Natureza (SNUC), estabelecendo critérios e normas para a criação, implantação e gestão das unidades de conservação (BRASIL, 2010b).

A Lei trouxe inovações importantes para o *novo modelo* de licenciamento ambiental, obrigando o autor de empreendimentos de significativo impacto ambiental a apoiar a implantação e manutenção de unidades de conservação do Grupo de Proteção Integral[7], definin-

---

prévio pelo IBAMA em caráter supletivo para essas atividades (BRASIL, 2010b). Com o intuito, pois, de organizar a atuação estatal no combate à poluição, editou-se, tardiamente, diga-se de passagem, a Lei Complementar n.º 140/2011 (ANTUNES, 2019), como regulamento de parte do parágrafo único do art. 23 da Constituição de 1988, pelo qual se tentou implantar no país o modelo conhecido como **federalismo cooperativo ambiental**, tendo como ideia principal a soma de esforços dos entes federativos na realização de uma política ambiental efetiva e verdadeiramente sustentável (SILVA, 2019). A Lei Complementar alterou novamente o artigo e o seu parágrafo primeiro, revogando os demais parágrafos, que passaram a ter a seguinte redação: "Art. 10. A construção, instalação, ampliação e funcionamento de estabelecimentos e atividades utilizadores de recursos ambientais, efetiva ou potencialmente poluidores ou capazes, sob qualquer forma, de causar degradação ambiental **dependerão de prévio licenciamento ambiental**. § 1º Os pedidos de licenciamento, sua renovação e a respectiva concessão serão publicados no jornal oficial, bem como em periódico regional ou local de grande circulação, ou em meio eletrônico de comunicação mantido pelo órgão ambiental competente" (BRASIL, 2011, *não paginado, grifo nosso*).

[7] A Lei n.º 9.985/2000 dividiu as unidades de conservação em dois grupos: Grupo das Unidades de Proteção Integral, composto pela Estação Ecológica,

do, inclusive que o montante de recursos a ser destinado para esta finalidade[8] não poderia ser inferior a meio por cento dos custos totais previstos para a implantação do empreendimento[9] (BRASIL, 2010b).

Ainda sob a égide do antigo Código Florestal, a Resolução CONAMA n.º 378/2006 se incumbiu de definir os empreendimentos potencialmente causadores de impacto ambiental nacional ou regional, determinando que competiria ao IBAMA a aprovação de empreendimentos que envolvessem manejo ou supressão de espécies selvagens em perigo de extinção, manejo ou supressão de florestas e formações sucessoras em imóveis rurais que abranjam dois, ou mais Estados, supressão de florestas e formações sucessoras em obras licenciadas pelo IBAMA e supressão de vegetação nativa em grandes áreas (BRASIL, 2012).

A Resolução também trazia uma preocupação especial com as zonas de amortecimento de unidades de conservação e com as chamadas Áreas de Proteção Ambiental (APAs), cujos manejos somente poderiam ser concedidos pelo órgão competente mediante prévia manifestação do órgão responsável por suas administrações (BRASIL, 2012).

Reserva Biológica, Parque Nacional, Monumento Natural e Refúgio de Vida Silvestre; e Grupo das Unidades de Uso Sustentável, composto pela Área de Proteção Ambiental, Área de Relevante Interesse Ecológico, Floresta Nacional, Reserva Extrativista, Reserva de Fauna, Reserva de Desenvolvimento Sustentável e Reserva Particular do Patrimônio Natural (BRASIL, 2010b).

8 Mais recentemente, a Lei n.º 13.668/2018 alterou a Lei n.º 9.985/2000, para dispor que essa obrigação poderá, em virtude do interesse público, ser cumprida em unidades de conservação de posse e domínio públicos do grupo de Uso Sustentável, especialmente as localizadas na Amazônia Legal (BRASIL, 2018).

9 No julgamento da ADI 3378, o Supremo Tribunal Federal entendeu ser inconstitucional a expressão "não pode ser inferior a meio por cento dos custos totais previstos para a implantação do empreendimento", ao afirmar que o valor da *compensação-compartilhamento* é de ser fixado proporcionalmente ao impacto ambiental, de acordo com o **princípio do poluidor-pagador**, após estudo em que se assegurem o contraditório e a ampla defesa (BRASIL, 2008).

Com toda essa preocupação em proteger as unidades de conservação é que foi criado, pela Lei n.º 11.516/2007, o Instituto Chico Mendes (ICMBio), recebendo parte das atriuições do IBAMA, para que este direcionasse sua atenção para o licenciamento ambiental, ao controle da qualidade ambiental e à autorização do uso dos recursos naturais e sua fiscalização, monitoramento e controle (FARIA, 2011).

Outra Resolução do CONAMA, a de n.º 428/2010, determinou que o licenciamento de empreendimentos de significativo impacto ambiental que possam afetar Unidade de Conservação (UC) específica ou sua Zona de Amortecimento (ZA) só poderá ser concedido após autorização do órgão responsável pela administração da UC ou, no caso das Reservas Particulares de Patrimônio Natural (RPPN), pelo órgão responsável pela sua criação (BRASIL, 2010a).

A Resolução ainda deu um prazo de 5 anos[10] para estabelecimento das ZAs em todas as UCs, devendo o licenciamento de empreendimentos de significativo impacto ambiental localizados numa faixa de 3 mil metros a partir dos limites de UCs com ZAs não definidas sujeitarem-se ao procedimento descrito anteriormente, com exceção das RPPNs, APAs e Áreas Urbanas Consolidadas (BRASIL, 2010a).

Cumprindo a previsão constitucional de fixar normas para a cooperação fiscalizatória ambiental entre a União, os Estados, o Distrito Federal e os Municípios, veio a Lei Complementar n.º 140/2011, que reservou para a União o licenciamento ambiental de diversos empreendimentos e atividades, dentre elas, os destinados a pesquisar, lavrar, produzir, beneficiar, transportar, armazenar e dispor material radioativo, em qualquer estágio, ou que utilizem energia nuclear em qualquer de suas formas e aplicações, e os localizados ou desenvolvidos no mar territorial, na plataforma continental, na Zona Econômica Exclusiva (ZEE) ou em terras indígenas (BRASIL, 2011).

No que diz respeito ao licenciamento ambiental específico de obras do setor de geração de energia elétrica, o CONAMA publicou

---

10 O prazo foi depois prorrogado pela Resolução CONAMA n.º 473/2015 para mais cinco anos (BRASIL, 2015a).

a Resolução n.º 006/1987, que colocava a cargo da Secretaria Especial do Meio Ambiente (SEMA)[11] a supervisão dos empreendimentos que necessitem ser licenciados por mais de um Estado-membro, pela abrangência de sua área de influência (BRASIL, 2012).

A Resolução também prevê que os órgãos estaduais competentes e os demais integrantes do SISNAMA envolvidos no processo de licenciamento estabelecerão etapas específicas para esse tipo de empreendimento e traz formas diferenciadas para as concessões de LPs, LIs e LOs para empreendimentos de aproveitamento hidroelétrico, usinas termoelétricas, e subestações e linhas de transmissão de energia elétrica (BRASIL, 2012).

Além do mais, o setor energético possui um licenciamento simplificado para empreendimentos elétricos com pequeno potencial de impacto ambiental, definido pela Resolução CONAMA n.º 279/2001 (BRASIL, 2012).

Outra especificidade do setor, é a criação da EPE, autorizada pela Lei n.º 10.847/2004, que possui competências no âmbito do licenciamento ambiental, a saber, a de obter a licença prévia ambiental e a declaração de disponibilidade hídrica necessárias às licitações envolvendo empreendimentos de geração hidrelétrica e de transmissão de energia elétrica selecionados pela EPE, de desenvolver estudos de impacto social, viabilidade técnico-econômica e socioambiental para os empreendimentos de energia elétrica e de fontes renováveis e de efetuar o acompanhamento da execução de projetos e estudos de viabilidade realizados por agentes interessados e devidamente autorizados (BRASIL, 2004).

[11] O órgão, subordinado ao Ministério do Interior, foi extinto pela Lei n.º 7.735, de 22 de fevereiro de 1989, mesma lei que criou o IBAMA, vinculado ao Ministério do Meio Ambiente, o qual possui como uma de suas finalidades: "Art. 2. (...) II – executar ações das políticas nacionais de meio ambiente, referentes às atribuições federais, relativas ao licenciamento ambiental, ao controle da qualidade ambiental, à autorização de uso dos recursos naturais e à fiscalização, monitoramento e controle ambiental, observadas as diretrizes emanadas do Ministério do Meio Ambiente" (BRASIL, 2010b, p. 118-119).

Documento da Confederação Nacional da Indústria (CNI) em conjunto com o Fórum do Meio Ambiente do Setor Elétrico aponta para a existência de ferramentas importantes destinadas ao esclarecimento de questões socioambientais ainda na fase do planejamento setorial do licenciamento ambiental para o setor energético, como a Avaliação Ambiental Integrada (AAI) e a Avaliação Ambiental Estratégica (AAE) (CNI, 2015).

A AAI, apesar de não possuir base legal para sua exigência, foi realizada nas bacias hidrográficas do rio Uruguai a partir de um Termo de Compromisso firmado em 2004 entre o Executivo e o Ministério Público, estabelecendo as diretrizes gerais para sua elaboração. O estudo, realizado pela EPE antes da implementação de empreendimentos hidroenergéticos, visa identificar e avaliar os efeitos sinérgicos e cumulativos resultantes dos impactos ambientais ocasionados por conjuntos de aproveitamentos hidrelétricos nas bacias hidrográficas do país (CNI, 2015).

A AAE não é exclusiva do sistema de licenciamento para o setor energético[12], mas, por se realizar de maneira sistemática, pública, participativa e democrática, é um instrumento bastante eficaz de previsão e avaliação dos impactos ambientais e alternativas mitigadoras das políticas públicas, devendo ser utilizada no momento de elaboração de planos, programas e projetos governamentais (CNI, 2015).

O uso da AAE faz com que sejam reduzidos os problemas decorrentes da cumulação e da sinergia dos impactos e pode assegurar que no processo de tomada de decisão, juntamente com as considerações de ordem econômica e social, as consequências ambientais sejam integralmente incluídas e apropriadamente consideradas em um estágio inicial (FARIA, 2011).

---

12 A metodologia foi aplicada a diversos empreendimentos do país, tendo o estado de Minas Gerais criado normas estaduais que obrigam sua realização no setor elétrico, apesar do governo estadual não ter utilizado nenhuma das recomendações da AAE do Programa de Geração Hidrelétrica de Minas Gerais, concluídas em 2007 (BASTOS, 2015).

Esse estudo era de competência do Departamento de Licenciamento e Avaliação Ambiental do Ministério do Meio Ambiente, como previsão do art. 16, I, "a", do Decreto n.º 6.101, de 26 de abril de 2007. A previsão do instrumento, no entanto, foi revogada pelas novas reestruturações que aconteceram no Ministério com os Decretos n.º 8.975, de 24 de janeiro de 2017 e n.º 9.672, de 02 de janeiro de 2019 (BRASIL, 2007).

Fora isso, importante citar as intervenções mais recentes do governo federal nos processos de licenciamento ambiental, como, por exemplo, a Portaria Interministerial n.º 60/2015, que prevê uma comunicação entre o IBAMA e a Fundação Nacional do Índio (FUNAI), a Fundação Cultural Palmares (FCP), o Instituto do Patrimônio Histórico e Artístico Nacional (IPHAN) e o Ministério da Saúde nos processos de licenciamento de competência federal que digam respeito às esferas de atuação desses outros órgãos (BRASIL, 2015b).

O Decreto n.º 8.437/2015, que avoca competência para o IBAMA licenciar outros empreendimentos ou atividades, como a exploração e produção de petróleo, gás natural e outros hidrocarbonetos em determinadas hipóteses, a instalação de sistemas de geração e transmissão de energia elétrica e situações que comprometam a continuidade e a segurança do suprimento eletroenergético ou a necessidade de sistemas de transmissão de energia elétrica associados a empreendimentos estratégicos (BRASIL, 2015c).

No governo Temer, houve a criação do Programa de Parcerias de Investimentos (PPI)[13], pela Lei n.º 13.334/2016, resultado da conversão da Medida Provisória (MP) n.º 727/2016, que facilitou a obtenção de licenças para empreendimentos do Programa[14] (BRASIL, 2016b).

---

13 A Medida Provisória reviveu o Programa Nacional de Desestatização e, quando da sua conversão em lei, permitiu que fossem incluídos no projeto empreendimentos públicos de infraestrutura em execução ou a serem executados por meio de contratos de parceria e obras e os serviços de engenharia de interesse estratégico (BRASIL, 2016b).

14 Foi incluído posteriormente a essa Lei, o art. 8-A, criando a Secretaria Especial do Programa de Parcerias de Investimentos da Presidência da República, pela

Já no Governo Bolsonaro, por meio do Decreto n.º 9.696/2019, criou-se a Secretaria de Apoio ao Licenciamento Ambiental e Desapropriações, vinculada à Secretaria de Governo da Presidência da República, que tinha como uma de suas atribuições apoiar os processos de licenciamento ambiental dos empreendimentos qualificados no PPI, instruir o processo de licenciamento ambiental dos empreendimentos qualificados no PPI, articular e propor soluções para os entraves nos processos de licenciamento ambiental e propor aprimoramentos técnicos e normativos para este (BRASIL, 2019d). A secretaria foi depois extinta pelo Decreto n.º 9.980/2019 (BRASIL, 2019d).

Por fim, no mesmo ano, o IBAMA editou a Instrução Normativa n.º 008/2019, para estabelecer procedimentos de delegação de licenciamento ambiental de competência federal para os orgãos estaduais e municipais de meio ambiente (BRASIL, 2019b), e o governo assinou a chamada *MP da Liberdade Econômica*, que instituiu a Declaração de Direitos de Liberdade Econômica, retirando a necessidade de licenciamento ambiental para atividades econômicas de baixo risco, nas quais se valha exclusivamente de propriedade privada própria ou de terceiros consensuais, para sustento próprio ou de sua família[15] (BRASIL, 2019g).

Medida Provisória n.º 882, de 3 de maio de 2019, que tinha como uma de suas competências apoiar o processo de licenciamento ambiental dos empreendimentos qualificados no PPI. A medida provisória, no entanto, não foi votada no prazo legal e teve seu prazo de vigência encerrado no dia 30 de agosto de 2019 (BRASIL, 2019h). Apesar disso, a Secretaria foi revivida após emendas na Medida Provisória n.º 886, de 18 de junho de 2019, que resultaram na Lei n.º 13.901, de 11 de novembro de 2019 (BRASIL, 2019f).

15 Quando da conversão da MP para lei, foi suprimida a expressão "para sustento próprio ou de sua família" (BRASIL, 2019e, *não paginado*), ficando somente: "Art. 3º São direitos de toda pessoa, natural ou jurídica, essenciais para o desenvolvimento e o crescimento econômicos do País, observado o disposto no parágrafo único do art. 170 da Constituição Federal: I – desenvolver atividade econômica de baixo risco, para a qual se valha exclusivamente de propriedade privada própria ou de terceiros consensuais, sem a necessidade de quaisquer atos públicos de liberação da atividade econômica;" (BRASIL, 2019e, *não paginado*).

3 PROPOSIÇÕES DO PLANO DECENAL: PERSPECTIVAS DE FUTURO DA EFICIÊNCIA ENERGÉTICA E POLÍTICAS DE APOIO E TECNOLOGIA NO BRASIL

O Plano Decenal de Expansão de Energia (PDE-2029) foi concebido em 2019, pela EPE, com o propósito de estabelecer algumas estratégias e pautas a serem cumpridas para tornar o Brasil, em primeiro lugar, atraente e seguro para investimentos de longo prazo e, ao mesmo tempo, alcançar a expansão da oferta de energia como garantia de retomada do crescimento econômico nacional.

No sentido da proposição de inovar, o Plano se desenvolve sob os enfoques da modernização do setor elétrico e do novo mercado de gás. Embora apresente claros objetivos, faz estimativas realistas ao reconhecer que diante da matriz energética atual de 47% (quarenta e sete por cento) renovável, em 2019, estipula apenas uma possibilidade de incremento para o alcance de até 48% (quarenta e oito por cento), em 2029.

Atualmente, o Brasil tem 83% de sua matriz elétrica originada de fontes renováveis, de acordo com o secretário de Planejamento e Desenvolvimento Energético do MME (BRASIL, 2020). A participação é liderada pela hidrelétrica (63,8%), seguida de eólica (9,3%), biomassa e biogás (8,9%) e solar centralizada (1,4%) (BRASIL, 2020).

Assim, o marco da política energética brasileira está associado à tendência internacional e da América Latina e, de alguma forma, segue esse ritmo. No âmbito internacional, destaca-se o Acordo de Paris (2015), do qual o Brasil é signatário, embora não sejam mencionadas as suas diretrizes de modo explícito no PDE-2029.

Com a entrada em vigor do Acordo de Paris, devidamente ratificado pelo Brasil, promoveu-se um novo impulso mundial ao conjunto de políticas energéticas associadas aos controles e estudos sobre as mudanças climáticas, inserido, portanto, no debate sobre energia, usando como parâmetros o desenvolvimento econômico e social dos países signatários.

As medidas propostas a partir de 2015 foram também dirigidas ao setor de energia, com objetivos estratégicos para o setor das energias renováveis e para o impacto no consumo da energia final, melhora de eficiência energética e interconexões.

Não consumimos energia e sim serviços energéticos (LINARES LLAMAS, 2009) que são evidentemente serviços públicos. Assim, o apoio governamental e dos consumidores, a consciência de produção e de consumo se mostram essenciais para a execução e para o bom ritmo do planejamento vigente.

Quanto à política de eficiência energética, o Plano sugere a necessidade de um conjunto de ações de caráter legislativo a curto e médio prazo, para servir de impulso e apoio econômico, com o propósito de produzir um impacto geral ou específico no consumo de energia.

No plano internacional, em alguns países, como é o caso da Espanha, de modo ilustrativo, a eficiência energética é considerada elemento estratégico e somente viável a partir da criação de um fundo nacional de eficiência energética, com o propósito de financiar as iniciativas nacionais[16]. Propósito que não encontra parâmetros no PDE de 2029.

Podemos perceber, portanto, que a conotação do plano brasileiro é essencialmente econômica, cuja estratégia visa reforçar as necessidades energéticas sob a ótica do planejamento, para permitir o desenvolvimento da economia nacional e a competitividade do país, assegurando uma dimensão estratégica de melhor aproveitamento dos recursos energéticos nacionais e incorporando a dimensão regional, dentro das iniciativas propostas quanto à delegação de competências federais aos Estados-membros e municípios.

---

[16] No caso da Espanha, o PLAN NACIONAL INTEGRADO DE ENERGÍA Y CLIMA 2021-2030, elaborado em janeiro de 2020, trata da eficiência energética e tem como marcos o Decreto-Lei n.º 8/2014, de 04 de julho, e a aprovação de medidas urgentes de crescimento, competitividade e eficiência convalidadas pela Lei n.º 18/2014, de 15 de outubro, considerando assim que a eficiência energética somente será alcançável com a reabilitação energética de muitos setores, como o das edificações e da indústria, razão pela qual, somente um plano eficiente de financiamento de projetos urbanos de eficiência energética e estímulo ao uso de energias renováveis causaria um concreto impacto nas estratégias de desenvolvimento urbano e rural, na sustentabilidade dos negócios e no equilíbrio do meio ambiente (ESPANHA, 2020).

Trata-se, pois, de orientações, mais do que de diretrizes. O plano sinaliza estratégias que deverão pautar as ações e decisões dos agentes administrativos e econômicos para a expansão de oferta e de garantias de ampliação do suprimento energético no Brasil, com equivalência de custos.

O referido plano estabelece visões e projeções de futuro, observando as variações de expansão de referência dos últimos anos, levando em conta o acréscimo de demanda por gás natural, através do chamado *modelo computacional de divisão de investimentos (MDI)*, desenvolvido pela EPE.

Após a aprovação pelo Congresso Nacional, o Brasil concluiu, em 12 de setembro de 2016, o processo de ratificação do Acordo de Paris, tendo o instrumento sido entregue às Nações Unidas no dia 21 de setembro, fazendo com que as metas brasileiras deixassem de ser pretendidas e tornassem-se compromissos oficiais (BRASIL, 2016a).

O Brasil não possui uma lei geral do setor elétrico, incorporando a essa estrutura legislativa uma série de amálgamas de normas, esparsas e pouco ordenadas, asseguradas no regime de competências definido pela CR/88[17], que se estrutura dentre outros dispositivos no monopólio na lavra e pesquisa das jazidas de petróleo e gás natural e outros hidrocarbonetos fluidos, além da refinação do petróleo nacional ou estrangeiro e seu fornecimento em todo território nacional.

No caso da política agrícola, está disposto no art. 187 da CR/88 que esta será planejada e executada na forma da lei, envolvendo os setores de comercialização, de armazenamento e de transportes, levando em conta, especialmente, a eletrificação rural e a irrigação (BRASIL, 2019a).

No desenho infraconstitucional, um conjunto de leis, de conteúdo principalmente de aspectos tributário e econômico, estrutura o funcionamento do setor elétrico brasileiro.

---

[17] Art. 177 da Constituição de 1988.

A novidade mais recente e muito importante para a política energética nacional foi a criação, em 2004, da EPE[18], com o propósito essencial de prestar serviços na área de estudos e pesquisas destinadas a subsidiar o planejamento do setor energético, tais como energia elétrica, petróleo e gás natural e seus derivados, carvão mineral, fontes energéticas renováveis e eficiência energética, dentre outras (BRASIL, 2004).

A Lei n.º 10.847/2004 versa sobre eficiência energética e assegura a competência da EPE, e, no inciso V, do art. 4º, define-se o compromisso em realizar estudos para a determinação dos aproveitamentos ótimos dos potenciais hidráulicos (BRASIL, 2004).

No inciso XV da Lei, a EPE assume a promoção de estudos e produção de informações para subsidiar planos e programas de desenvolvimento energético ambientalmente sustentável, inclusive, de eficiência energética (BRASIL, 2004).

A eficiência energética, portanto, inserida no contexto legislativo brasileiro, significa essencialmente o uso de estratégicas articuladas e eficazes, voltadas para o desenvolvimento do setor e da melhor gestão da demanda. Nesse sentido, a política energética se pauta pelo uso das novas tecnologias sobre a produção, como também sobre o consumo, com maior qualidade possível. Ou seja, a inovação, a pesquisa e a competitividade se tornam essenciais.

A experiência da última década tem demostrado avanços importantes na garantia da estabilidade e equilíbrio entre o índice de cobertura e a demanda energética brasileiros, ressaltando-se, nessa recente trajetória, alguns sobressaltos provocados pela crise do apagão de 2001[19], durante o governo de Fernando Henrique Cardoso, e a crise do setor elétrico no governo Dilma Rousseff, denominado por Gustavo Tasso como o *11 de setembro do setor elétrico (11/09/2012)* (TASSO, 2016).

---

[18] Como dito anteriormente, autorizada pela Lei n.º 10.847, de 15 de março de 2004.

[19] Sobre o assunto, ver: GOLDENBERG; PRADO, 2003.

O aumento na geração de energia é também um elemento de eficiência, mas não suficiente. No caso brasileiro, a pressão reside na produção insuficiente de energia de matriz renovável e no aumento real do consumo a cada ano. Do lado da demanda, a ampliação vem acompanhando o aumento do consumo, tanto de energia primária como de elétrica (maior no Brasil que em toda a América Latina), embora os preços cobrados aos consumidores ainda não são os adequados. É provável que os preços não estejam de acordo com as tarifas, já que não conseguem cobrir os custos financeiros (ONU, 2015) e sociais do setor (DÍAZ FUENTES, 2006)[20].

A Lei n.º 10.295, de 17 de outubro de 2001, proíbe a entrada no mercado brasileiro de produtos que não atendam aos níveis aceitáveis de eficiência energética e prevê a evolução dos níveis máximos de eficiência, ou seja, depois de certo tempo a índices mínimos devem ser.

O PNE 2030 foi o primeiro documento oficial de planejamento energético integral do Brasil e nasceu com o objetivo de fixar metas de eficiência para longo prazo.

No PNEf 2030 foi considerado que cerca de 10% da demanda de eletricidade em 2030 seria atendida por ações na área de eficiência energética (câmbio de paradigma), com o objetivo de tornar factível o cumprimento da meta prevista no PNE 2030, cujas competências se definem através das administrações públicas, ou seja, MME, EPE, Agência Nacional de Energia Elétrica (ANEEL), Agência Nacional de Petróleo (ANP), Instituto Nacional de Metrologia, Qualidade e Tecnologia (INMETRO), Programa Nacional de Conservação de Energia Elétrica (PROCEL) e Programa Nacional da Racionalização do uso dos Derivados de Petróleo e do Gás Natural (CONPET), cujas linhas de atuação e propostas se aplicarão aos

[20] Para analisar o conjunto de prestações e de serviços, é necessário examinar o setor e suas características, ou seja, os indicadores econômicos, sociais e políticos que irão determinar as trajetórias de crescimento e sustentabilidade em uma população cada vez maior.

edifícios públicos, edificações e indústrias com fontes de recursos nacionais e internacionais.

No que tange à executoriedade, o Plano apresenta dificuldades de implementação relacionadas com a possibilidade de que suas metas não sejam almejadas, gerando assim um impacto negativo sobre as expectativas do mercado brasileiro.

O relatório da Comissão Econômica para a América Latina e o Caribe (CEPAL) 2015 já apontava, dentre as hipóteses de riscos no cumprimento do PNE 2030, a escassa integração entre os programas de eficiência energética do Brasil, quais sejam: Programa Brasileiro de Etiquetado (PBE), Programa de Eficiência Energética das Distribuidoras de Energia Eléctrica (PEE), Programa Nacional de economia de Eletricidade (PROCEL) e as grandes diferenças regionais e dimensões continentais do Brasil (ONU, 2015).

Por outro lado, no Plano Decenal de Expansão de 2029, chega-se às dimensões econômica, estratégica e social como premissas gerais, de perspectivas futuras, a serem consideradas, com estimativas sobre o crescimento do consumo e melhora da economia, abordando a perspectiva sociodemográfica como elemento central, mas sem aprofundar a questão ambiental como um aspecto essencial no contexto energético da atualidade.

O enfoque do Plano de 2029 é a expansão da geração de energia, no que tange à sua demanda, geração centralizada, transmissão, abastecimento de derivados de petróleo, gás e biocombustíveis, traçando alguns comentários superficiais sobre eficiência energética e análise socioambiental.

Assim, em seu conjunto, o Plano se resume a um conjunto analítico da realidade energética brasileira, sem adentrar ou concretizar a necessidade de projetos específicos a serem implantados no Brasil na próxima década, apresentando apenas meras projeções de futuro, com ênfases no aumento da demanda.

Além do mais, o Plano faz estimativas baseadas tão somente em dados históricos, com análise sobre os ganhos de eficiência ao longo da última década, levando em consideração a quantidade de eletricidade gerada em percentuais históricos nos setores da indústria, transporte, comércio e serviços.

Dessa forma, o Plano de Expansão, reconhecido como documento de importância para a definição do perfil energético do Brasil, apenas reconhece a necessidade de investimentos no setor, não sinalizando, todavia, uma projeção específica em um projeto-macro, que leve em consideração os impactos ambientais ou os desafios a serem observados, por exemplo.

Por outro lado, o plano não menciona, embora devam ser considerados, os avanços tecnológicos nas telecomunicações, que inclusive não foram transpassadas para as redes elétricas brasileiras. A maior parte da rede elétrica brasileira não é subterrânea, com mais desgaste e menor capacidade para o uso de novas tecnologias de transmissão.

Como um plano assimétrico, o PDE mesmo assim possui o mérito de representar um avanço histórico, considerando se tratar de um instrumento inexistente nas décadas anteriores, mas não assume uma política energética programática, madura, sob o ponto de vista socioambiental, ocupando-se essencialmente de realizar projeções sobre o mercado de energia brasileiro, condicionado a expectativas de investimentos indefinidos - embora esperados - sem a previsão de elaboração de um plano concreto de sustentabilidade e desenvolvimento para o setor.

4 CONSIDERAÇÕES FINAIS

Pode ser possível que, em um reduzido espaço de tempo, tenhamos novas tecnologias que auxiliem no progresso do modelo de eficiência energética brasileira, permitindo a construção de uma consciência ambiental sustentável, capaz de reduzir, de modo efetivo, a emissão de gás carbônico (CO2) na atmosfera.

Até alcançarmos esse patamar, os governos brasileiros, de modo reiterado, desde os últimos vinte anos, vêm tentando viabilizar objetivos propostos através de planos e estratégias administrativas e legislativas visando reduzir os custos da geração de energia, com o aumento de potência energética e um consumo mais eficiente e consciente.

No contexto global de sucessivas crises econômicas, e *meio-ambientais*, a crise energética deixa de ser consequência para ser fator determinante e permanente de preocupações dos países, onde a eficiência energética joga um papel fundamental.

As reflexões trazidas à colação servem para ilustrar que, ao examinar o caminho percorrido pelos planejamentos e estratégias das últimas décadas, podemos identificar os resultados de uma base de indicadores que surgiram para iluminar a consolidação de novas políticas e diretrizes. Documentos como planos de expansão bem elaborados e estruturados são fundamentais para fixar as futuras estratégias que influenciarão a produção e o consumo de energia no Brasil dos próximos anos.

A eficiência energética aparece como ponta de lança e principal opção reivindicatória para a solução de muitos conflitos econômicos e sociais no contexto brasileiro e mundial.

No âmbito da geração, houve a ampliação dos indicadores de desempenho, mas ainda insipientes em relação a estratégias de otimização de produção e atenção plena ao consumo de renováveis, e a cogeração de alta eficiência. Em termos de demanda, as expectativas residem na sua ampliação em face do aumento do consumo, aumento dos índices relacionados ao agronegócio e redução dos preços aos consumidores finais, considerando que as tarifas apenas cobrem gastos e custos do setor, com *deficit* tarifário ainda elevado.

Ressalte-se a necessidade de consolidação de uma espécie de **cultura de sustentabilidade** e **consciência ambiental** na busca de um consumidor mais consciente do uso de energia e onde se possa alcançar o máximo e a melhor rentabilidade para a indústria, o consumo doméstico, o meio rural e o setor terciário.

A regulação, dessa maneira, deverá acompanhar o desenvolvimento do Plano, garantindo, assim, a rentabilidade do negócio, já que se trata de um serviço público e uma atividade determinante para o incremento do Produto Interno Bruto (PIB) do país.

REFERÊNCIAS

ANTUNES, Paulo Bessa. **Direito ambiental**. 20. ed. São Paulo: Atlas, 2019.

BASTOS, Marina Montes. **A avaliação ambiental estratégica no contexto brasileiro**: efetividade e desafios jurídico-institucionais. São Paulo, 2015. Dissertação (Mestrado) – Escola de Direito de São Paulo, Fundação Getulio Vargas, São Paulo, 2015.

BRASIL. Conselho Nacional do Meio Ambiente. **Resolução CONAMA n. 428/2010**. Brasília: Ministério do Meio Ambiente, 2010. Disponível em: http://www2.mma.gov.br/port/conama/legiabre.cfm?codlegi=641. Acesso em: 12 maio 2020.

BRASIL. Conselho Nacional do Meio Ambiente. **Resolução CONAMA n. 473/2015**. Brasília: Ministério do Meio Ambiente, 2015. Disponível em: http://www2.mma.gov.br/port/conama/legiabre.cfm?codlegi=719. Acesso em: 12 maio 2020.

BRASIL. Conselho Nacional do Meio Ambiente. **Resoluções do CONAMA**: Resoluções vigentes publicadas entre setembro de 1984 e janeiro de 2012. Brasília: Ministério do Meio Ambiente, 2012. Disponível em: http://www2.mma.gov.br/port/conama/processos/61AA3835/LivroConama.pdf. Acesso em: 12 maio 2020.

BRASIL. Constituição (1988). **Constituição da República Federativa do Brasil**. Brasília: Supremo Tribunal Federal, Secretaria de Documentação, 2019.

BRASIL. Fontes de energia renováveis representam 83% da matriz elétrica brasileira. **Portal Oficial do Governo do Brasil**, Brasília, 28 jan. 2020. Disponível em: https://www.gov.br/pt-br/noticias/energia-minerais-e-combustiveis/2020/01/fontes-de-energia-renovaveis-representam-83-da-matriz-eletrica-brasileira. Acesso em: 15 jun. 2020.

BRASIL. **Legislação brasileira sobre meio ambiente**. 2. ed. Brasília: Câmara dos Deputados, Edições Câmara, 2010.

BRASIL. Ministério do Meio Ambiente. Acordo de Paris. **Portal Oficial do MMA**, Brasília, [21 set. 2016]. Dsiponível em: https://www.mma.gov.br/clima/convencao-das-nacoes-unidas/acordo-de-paris. Acesso em: 15 jun. 2020.

BRASIL. Ministério do Meio Ambiente. Instituto Brasileiro do Meio Ambiente e dos Recursos Naturais Renováveis. Instrução normativa n. 8, de 20 de fevereiro de 2019. **Diário Oficial da União**, Brasília, n. 42, seção 01, 28 fev. 2019, p. 152. Disponível em: http://www.in.gov.br/materia//asset_publisher/Kujrw0TZC2Mb/content/id/65393173/do1-2019-02-28-instrucao-normativa-n-8-de-20-de-fevereiro-d. Acesso em: 14 maio 2020.

BRASIL. Ministério do Meio Ambiente. Portaria Interministerial n. 60, de 24 de março de 2015. **Diário Oficial da União**, Brasília, n. 57, seção 01, 25 mar. 2015, p. 71-77. Disponível em: https://arqueologiaeprehistoria.files.wordpress.com/2015/03/portaria-interministerial-nc2ba-60-2015.pdf. Acesso em: 13 maio 2020.

BRASIL. Presidência da República. Casa Civil. **Decreto n. 6.101, de 26 de abril de 2007**. Brasília: Subchefia para Assuntos Jurídicos, 2007. Disponível em: http://www.planalto.gov.br/ccivil_03/_Ato2007-2010/2007/Decreto/D6101.htm. Acesso em: 13 maio 2020.

BRASIL. Presidência da República. Casa Civil. **Decreto n. 8.437, de 22 de abril de 2015**. Brasília: Subchefia para Assuntos Jurídicos, 2015. Disponível em: http://www.planalto.gov.br/ccivil_03/_Ato2015-2018/2015/Decreto/D8437.htm. Acesso em: 13 maio 2020.

BRASIL. Presidência da República. Casa Civil. **Lei complementar n° 140, de 8 de dezembro de 2011**. Brasília: Subchefia para Assuntos Jurídicos, 2011. Disponível em: http://www.planalto.gov.br/ccivil_03/leis/lcp/lcp140.htm. Acesso em: 12 maio 2020.

BRASIL. Presidência da República. Casa Civil. **Lei n. 10.847, de 15 de março de 2004**. Brasília: Subchefia para Assuntos Jurídicos, 2004. Disponível em: http://www.planalto.gov.br/ccivil_03/_ato2004-2006/2004/lei/l10.847.htm. Acesso em: 13 maio 2020.

BRASIL. Presidência da República. Casa Civil. **Lei n. 13.668, de 28 de maio de 2018**. Brasília: Subchefia para Assuntos Jurídicos, 2018. Disponível em: http://www.planalto.gov.br/ccivil_03/_Ato2015-2018/2018/Lei/L13668.htm#art3.htm. Acesso em: 12 maio 2020.

BRASIL. Presidência da República. Casa Civil. **Lei n. 6.938, de 31 de agosto de 1981**. Brasília: Subchefia para Assuntos Jurídicos, 1981. Disponível em: http://www.planalto.gov.br/ccivil_03/LEIS/L6938.htm. Acesso em: 12 maio 2020.

BRASIL. Presidência da República. **Decreto n. 9.669, de 2 de janeiro de 2019**. Brasília: JusBrasil, 2019. Disponível em: https://presrepublica.jusbrasil.com.br/legislacao/671147255/decreto-9669-19. Acesso em: 13 maio 2020.

BRASIL. Presidência da República. Secretaria-Geral. **Decreto n. 9.696, de 30 de janeiro de 2019**. Brasília: Subchefia para Assuntos Jurídicos, 2019. Disponível em: http://www.planalto.gov.br/CCIVIL_03/_Ato2019-2022/2019/Decreto/D9696.htm. Acesso em: 14 maio 2020.

BRASIL. Presidência da República. Secretaria-Geral. **Lei n. 13.334, de 13 de setembro de 2016**. Brasília: Subchefia para Assuntos Jurídicos, 2019. Disponível em: http://www.planalto.gov.br/ccivil_03/_Ato2015-2018/2016/Lei/L13334.htm. Acesso em: 14 maio 2020.

BRASIL. Presidência da República. Secretaria-Geral. **Lei n. 13.874, de 20 de setembro de 2019**. Brasília: Subchefia para Assuntos Jurídicos, 2016. Disponível em: http://www.planalto.gov.br/ccivil_03/_Ato2019-2022/2019/Lei/L13874.htm. Acesso em: 14 maio 2020.

BRASIL. Presidência da República. Secretaria-Geral. **Lei n. 13.901, de 11 de novembro de 2019**. Brasília: Subchefia para Assuntos Jurídicos, 2019. Disponível em: http://www.planalto.gov.br/ccivil_03/_Ato2019-2022/2019/Lei/L13901.htm#art4. Acesso em: 14 maio 2020.

BRASIL. Presidência da República. Secretaria-Geral. **Medida provisória n. 881, de 30 de abril de 2019**. Brasília: Subchefia para Assuntos Jurídicos, 2019. Disponível em: http://www.planalto.gov.br/ccivil_03/_Ato2019-2022/2019/Mpv/mpv881.htm. Acesso em: 14 maio 2020.

BRASIL. Presidência da República. Secretaria-Geral. **Medida provisória n. 882, de 3 de maio de 2019**. Brasília: Subchefia para Assuntos Jurídicos, 2019. Disponível em: http://www.planalto.gov.br/ccivil_03/_Ato2019-2022/2019/Mpv/mpv882.htm#art5. Acesso em: 14 maio 2020.

BRASIL. Supremo Tribunal Federal. **Ação Direta de Inconstitucionalidade n. 3378**. Relator: Min. Carlos Britto, 09 abr. 2008. Disponível em: http://portal.stf.jus.br/processos/detalhe.asp?incidente=2262000. Acesso em: 12 maio 2020.

CNI. **Proposta da indústria para aprimoramento do licenciamento ambiental**: setor elétrico. Brasília: Confederação Nacional da Indústria, 2015.

DÍAZ FUENTES, Daniel. Crisis, cambio estructural y de políticas económicas en América Latina: una revisión de las crisis del siglo XX en Argentina, Brasil y México. *In*: SANTAMARÍA, Antonio (Coord.). **América Latina, crecimiento económico sostenido y equidad**. Madrid: Fundación Mapfre, 2006.

ESPANHA. Ministerio para la Transición Ecológica y el Reto Demográfico. **Plan nacional integrado de energía y clima 2021-2030**. Madri: Instituto para la Diversificación y ahorro de la Energía, 2020. Disponível em: https://www.idae.es/informacion-y-publicaciones/plan-nacional-integrado-de-energia-y-clima-pniec-2021-2030. Acesso em: 17 jun. 2020.

FARIA, Ivan Dutra. Ambiente e energia: crença e ciência no licenciamento ambiental. **Textos para Discussão**, Brasília, n. 99, jul. 2011. Disponível em: https://www12.senado.leg.br/publicacoes/estudos-legislativos/tipos-de-estudos/textos-para-discussao/td-99-ambiente-e-energia-crenca-e-ciencia-no-licenciamento-ambiental.-parte-iii-sobre-alguns-dos-problemas-que-dificultam-o-licenciamento-ambiental-no-brasil. Acesso em: 13 maio 2020.

GOLDENBERG, José; PRADO, Luiz Tadeu Siqueira. Reforma e crise do setor elétrico no período FHC. **Tempo Social**, São Paulo, v. 15, n. 2, p. 219-235, nov. 2003. Disponível em: http://www.scielo.br/scielo.php?script=sci_arttext&pid=S0103-20702003000200009&lng=en&nrm=iso. Acesso em: 15 jun. 2020.

LINARES LLAMAS, Pedro. Eficiencia energética y medio ambiente. **ICE, Revista de Economía**, Madri, n. 847, mar./abr. 2009. Disponível em: http://www.revistasice.com/index.php/ICE/article/view/1227. Acesso em: 16 jun. 2020.

ONU. Comisión Económica para América Latina y el Caribe. **Informe nacional de monitoreo de la eficiencia energética del Brasil**. Santiago: CEPAL, 2015. Disponível em: https://repositorio.cepal.org/bitstream/handle/11362/38863/1/S1500636_es.pdf. Acesso em: 17 jun. 2020.

SILVA, José Afonso. **Direito ambiental constitucional**. 11. ed. atual. São Paulo: Malheiros, 2019.

TASSO, Gustavo. A reconstrução do setor elétrico brasileiro. **Terraço Econômico**, [S.l.], 13 set. 2016. Disponível em: https://terracoeconomico.com.br/reconstrucao-do-setor-eletrico-brasileiro/. Acesso em: 15 jun. 2020.

DESAFIOS FUNDIÁRIOS À IMPLANTAÇÃO DE LINHAS DE TRANSMISSÃO DE ENERGIA ELÉTRICA NO BRASIL

Gustavo Mascarenhas Guedes[1]
Marcos Edmar Ramos Alvares da Silva[2]

SUMÁRIO:

---

1 Advogado, Especialista em Meio Ambiente, pela COPPE/UFRJ, Pós-graduado em Direito Empresarial pela PUC-RJ, Presidente do Comitê de Transmissão de Energia Elétrica da ABDEM – Associação Brasileira de Meio Ambiente e Energia.

2 Doutorando em Direito Internacional Público pela Pontifícia Universidade Católica de Minas Gerais – PUC/MG (aluno bolsista da Coordenação de Aperfeiçoamento de Pessoal de Nível Superior – CAPES). Mestre em Direito Ambiental e Desenvolvimento Sustentável pela Escola Superior Dom Helder Câmara – ESDHC. Pós-graduando em Direito da Energia em um Contexto Global pelo Centro de Estudos em Direito e Negócios – CEDIN.

1 INTRODUÇÃO

A abertura do serviço público de geração, transmissão e distribuição de energia elétrica à inciativa privada, mediante amplo procedimento concorrencial baseado em leilões, gerou turbulentos embates.

A rosa dos ventos dos futuros investidores irrompeu-se com a edição da Lei n. 8.897, de 13 de fevereiro de 1995, que estabeleceu o regime de concessão e permissão da prestação de serviços públicos, de modo a regulamentar o previsto no art. 175 da CF/88 e a Lei n. 9.074, de 7 de julho de 1995, que fixa normas para outorga e prorrogações das concessões e permissões de serviços públicos.

Todavia, a correta prestação desse serviço público essencial não se traduz unicamente na redução da intervenção direta do poder público, pois que outros obstáculos continuam impactando na atratividade de investimentos, como a frequente intervenção estatal na tarifa de energia, os custos marginais de operação, entre outros.

O presente artigo se dedica a explorar um desses obstáculos, consolidado nos desafios fundiários enfrentados na implantação de linhas de transmissão de energia elétrica e observados na perspectiva do leilão.[3]

Pós-graduado em Direito Público pela Faculdade de Direito do Vale do Rio Doce - FADIVALE. Pesquisador do Grupo de Pesquisa em Direito Internacional dos Recursos Naturais - DIRNAT da Escola Superior Dom Helder Câmara - ESDHC. Membro associado fundador do Instituto Brasileiro de Direito do Mar - IBDMAR. Membro Benemérito da Associação Brasileira de Direito da Energia e do Meio Ambiente - ABDEM, Comitê de Transmissão de Energia Elétrica. Advogado.

3 O artigo 175 da Constituição Federal de 1988 estabelece que cabe ao Poder Público, diretamente ou sob regime de concessão ou permissão, sempre através de licitação, a prestação de serviços públicos. A Agência Nacional de Energia Elétrica ("ANEEL"), por meio de delegação do Ministério de Minas e Energia ("MME"), é o órgão competente para conduzir o processo de licitação referente à contratação de agentes para atuar em projetos elétricos.

Não se pode negar o imenso caos fundiário brasileiro, com títulos imobiliários que se sobrepõe (grilagem de terras), imóveis sem origem registral, propriedades com dimensões incorretas quando confrontadas com as descrições dos respectivos registros cartorários, pluralidade de cadastros rurais, matrículas com informações imprecisas ou incorretas que demandam regularização que extrapola as prerrogativas dos concessionários de energia, num acervo de inumeráveis adversidades.

Por essas razões, visto tratar-se de matéria de enorme abrangência, com repercussões no direito ambiental, civil, regulatório e até internacional[4], pretende-se afunilar o estudo em temática prática, destacando alguns pontos dentro dos numerosos desafios fundiários, sempre com observação temporal associada ao processo licitatório.

A primeira parte do estudo revela os desafios identificados em caráter antecedente ao processo licitatório, nominalmente, o (i) Diagnóstico Preliminar, a partir dos dados consignados nos relatórios cuja compilação compete à Empresa de Pesquisa Energética ("EPE")[5], notadamente, o R5 – Custos Fundiários, documento

---

4 Tema aberto refere-se a possibilidade de aquisição de imóveis rurais por pessoa jurídica controlada por estrangeiro para implementação de empreendimentos do setor elétrico.

5 Todas as novas instalações de transmissão a serem integradas à Rede Básica devem ser recomendadas por estudos de planejamento coordenados pela EPE. O estudo é composto por relatórios: No relatório R1 a EPE indica os empreendimentos ou ampliações que compõem a melhor alternativa para equacionar uma necessidade do sistema, com base em análises de viabilidade técnico-econômica e socioambiental. O relatório R2 apresenta o detalhamento técnico da obra; O relatório R3 apresenta a diretriz de traçado para as linhas de transmissão e localização das subestações, bem como a análise socioambiental associada; O relatório R4 define os requisitos do sistema circunvizinho, de forma a assegurar o adequado compartilhamento entre as instalações existentes e a nova obra; O relatório R5 apresenta a estimativa dos custos fundiários referentes à região onde a nova instalação será implantada. A consolidação dos relatórios R1 a R5 passa por um processo interativo, o que se faz necessário a fim de assegurar a consistência entre

primordial ao empreendedor, no qual se consignam os resultados dos estudos das características e particularidades da região de instalação.

Ato contínuo, explora-se (ii) o caminho jurídico paralelo às atividades de obra, sobre o qual, cuidadoso assessoramento se mostra salutar para o sucesso do projeto. A "*via crucis*" jurídica passa pela Declaração da Utilidade Pública ("DUP") do empreendimento, pelo Poder Público; percorrendo a correta aplicação do instituto da servidão administrativa e de sua necessária diferenciação do conceito de desapropriação, ambos, em muitas oportunidades, não corretamente interpretados pelo Poder Judiciário e auxiliares do juízo.

O segundo tópico identifica os principais desafios enfrentados nas etapas imediatamente posteriores à realização do certame, e, nessa toada, (i) a complexa identificação das áreas interceptadas pela Linha de Transmissão, (ii) as questões associadas à propriedade, à posse e aos imóveis irregulares, (iii) os empecilhos fundiários em áreas de maior sensibilidade social, (iv) as delicadas tratativas negociais e o possível enfrentamento judicial.

A terceira parte examina as vicissitudes remanescentes à fase de implantação da Linha de Transmissão, notadamente, quando da tentativa de registrar a servidão administrativa na matrícula imobiliária, que perpassa pelo enfrentamento de comprovar uma documentação exaustiva, consoante dispõe a Lei n. 6.015/73 e as normas dos serviços extrajudiciais notariais e de registro dos Tribunais de Justiça dos Estados.

Cada tema sinteticamente delineado neste artigo é merecedor de um ensaio próprio, diante dos desdobramentos que causam aos empreendimentos elétricos, de forma que não é pretensão apresentar soluções mirabolantes em tão poucas linhas.

Utilizando-se de metodologia de referência bibliográfica, conjuntamente com uma abordagem empírica, o artigo é concluído com a indicação dos pontos de atenção para o enfrentamento correto aos desafios aqui expostos.

---

esses documentos (BRASIL. Papel da EPE no Processo Licitatório. Empresa de Pesquisa Energética, Brasília, 2020).

2 DESAFIOS FUNDIÁRIOS ANTERIORES AO LEILÃO

2.1 Do diagnóstico preliminar

Durante a Aula Inaugural do PPE-COPPE/UFRJ, em março de 2019[6], o Presidente da EPE, Tiago Barral, indicou de forma elucidativa o Cronograma Geral para Leilões de Transmissão de Energia Elétrica no Brasil.

Figura 3 – Cronograma Geral para Leilões de Transmissão

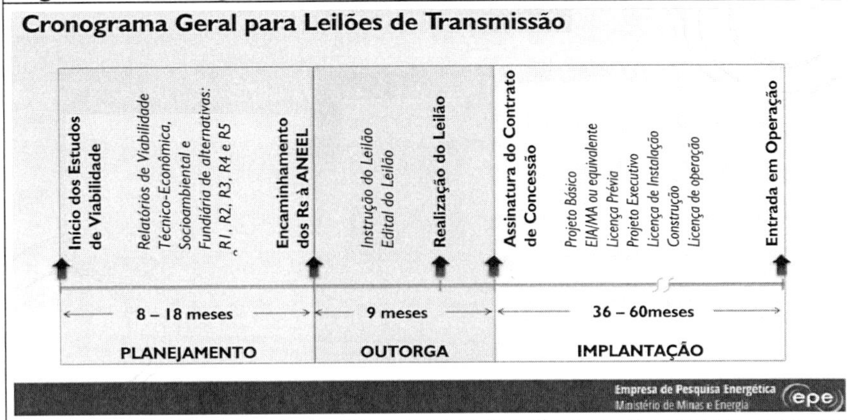

Fonte: http://www.ppe.ufrj.br/images/documentos/PPE-COPPE.pdf.

Pelas informações disponibilizadas pela EPE, "Os estudos de planejamento de expansão da transmissão cumprem papel fundamental no processo que culmina com os leilões de instalações de transmissão [...]"[7].

Especificamente no que toca a questão fundiária, o grande desafio está na perfeita análise do Relatório R5, que contempla os custos fundiários. Com efeito, trata-se de documento capaz de revelar informações, tais como o local onde se inserem as linhas de transmissão em estudo; informações de uso de ocupação de solo; dados

6 FERREIRA, Thiago Vasconcellos Barral. Aula Inaugural do PPE-COPPE/UFRJ: O planejamento Brasileiro no Contexto da Transição Energética. **Empresa de Pesquisa Energética**, Rio de Janeiro, 25 mar. 2019.

7 BRASIL. Relatórios R1 e R2 – Estudos de planejamento da expansão da transmissão. **Empresa de Pesquisa Energética**, Brasília, 2020.

da economia local, municípios e Estados atingidos; características do terreno e vegetação; informações de acessos às obras; estimativa de custo indenizatório; dimensão dos imóveis rurais e/ou urbanos; eventuais áreas de expansão urbana e industriais, culturas preponderantes no trecho de implantação com a identificação das benfeitorias produtivas e não reprodutivas (construções e instalações) interferidas; custos com cartórios extrajudicial e judiciais, municipais, além de breves informações sobre a possível futura relação do município com o empreendimento.

A complexidade da fase de planejamento, que representa um quadro momentâneo da situação fundiária de determinada localidade na zona de interferência do projeto elétrico, reside, em especial, no distanciamento entre o inventário contendo a projeção técnico-econômica, realização do Leilão e assinatura do Contrato de Concessão, do efetivo início da instalação do empreendimento pelo novo Concessionário, etapas que emergem os reais obstáculos à regularização fundiária.

Isto ocorre, porque a celeridade do desenvolvimento urbanístico promovido pelos entes federativos não acompanha a intricada dinâmica dos leilões de energia. Em poucos meses uma região com acanhada exploração econômica pode se tornar um exitoso polo agroindustrial, uma zona de expansão residencial com a edificação de conjuntos habitacionais ou ser destinada à exploração minerária, com a chancela do órgão competente.

Portanto, a depender da extensão do empreendimento e de suas particularidades, sobretudo quanto à área onde se conclui pela localização da diretriz preferencial de instalação, os custos fundiários podem sofrer substancial variação, com efeitos impactantes ao desempenho da gestão do empreendedor, pois os riscos do contrato administrativo são de responsabilidade exclusiva do Concessionário.

Assim, quanto mais eficaz for a análise dos elementos acima indicados, maior a perspectiva de que o investidor construa um sólido planejamento e largue na frente para o sucesso do empreendimento.

2.2 A Declaração de Utilidade Pública e os institutos da servidão administrativa e desapropriação

A compreensão dos conceitos legais associados é tarefa desafiadora ao investidor do setor elétrico, notadamente, no setor de transmissão. Correto que, se bem entendidos, podem ajudar na mitigação de riscos e garantir a eficiência do empreendimento.

O procedimento expropriatório é desenvolvido em duas fases, uma chamada de declaratória e outra executória, abrangendo, está última, uma fase administrativa e uma judicial.

Na fase declaratória o Poder Público declara a utilidade pública para fins de desapropriação ou servidão administrativa, fundado no planejamento estratégico para o atendimento do interesse público.

No âmbito do setor elétrico, cabe à Agência Nacional de Energia Elétrica ("ANEEL") declarar a utilidade pública, para fins de desapropriação ou instituição de servidão administrativa, das áreas necessárias à implantação de instalações de concessionários, permissionários e autorizados de energia elétrica, consoante permissivo previsto no artigo 175, da CF/88 e no artigo 10 da Lei nº; 9.074, de 7 de julho de 1995.

Concluída a primeira fase, permite-se a abertura da segunda etapa, isto é, a promoção da desapropriação ou da constituição da servidão administrativa pelo ente expropriante, seja pela via administrativa, o que normalmente se concretiza, quando exitosa, com a assinatura do instrumento jurídico adequado ou, ainda, pela via judicial, com o ajuizamento da ação competente.

A segunda fase seguramente é a mais extensa, perdurando por meses, pois iniciam-se os cadastros dos proprietários e propriedades interceptados pelo projeto; faz-se as avaliações das benfeitorias que serão indenizadas; elaboram-se os laudos técnicos de avaliação; inauguram-se as rodadas de negociação e concretizam-se os acordos por meio dos instrumentos jurídicos adequados.

A construção de um empreendimento de transmissão de energia elétrica impinge a necessidade de se instituir o que se denomina de "faixa de servidão", ou seja, um corredor delimitado no interior do imóvel serviente reservado à passagem da rede de alta tensão, caracterizando-se como local com restrições ao uso pleno da propriedade.

No ordenamento jurídico brasileiro, observar-se-á a garantia de embasamento legal na promoção das servidões de passagem. Nesse sentido preconiza o artigo 175, da CF/88[8] a ser observado em conjunto com o artigo 31, inciso VI, da Lei n. 8.987/95[9] e com os artigos 2º e 40 do Decreto-Lei n. 3.365/41[10].

O instituto da servidão está previsto em linhas gerais, no Código Civil Brasileiro, no Título V "DAS SERVIDÕES", no capítulo I, no artigo 1.378[11], e complementado no artigo 1.286[12] do mesmo diploma legal, sendo certo, porém, que a servidão administrativa possui essência substancialmente diversa da servidão comum, baseada no direito individual.

Enquanto a servidão administrativa é modalidade de intervenção do Estado na propriedade privada, tendo, portanto, como fundamento o poder de império do próprio Estado, gozando de

---

8 BRASIL. [Constituição (1988)]. Constituição da República Federativa do Brasil de 1988. **Diário Oficial da União**, Brasília, 05 out. 1988.

9 BRASIL. Lei n. 8.987, de 13 de fevereiro de 1995. Dispõe sobre o regime de concessão e permissão da prestação de serviços públicos previsto no art. 175 da Constituição Federal, e dá outras providências.

10 BRASIL. Decreto Lei n. 3.365 de 21 de junho de 1941. Dispõe sobre desapropriações por utilidade pública. **Diário Oficial da União**, Brasília, 18 jul. 1941.

11 "Art. 1.378. A servidão proporciona utilidade para o prédio dominante, e grava o prédio serviente, que pertence a diverso dono, e constitui-se mediante declaração expressa dos proprietários, ou por testamento, e subsequente registro no Cartório de Registro de Imóveis" (BRASIL, 2002).

12 "Art. 1.286. Mediante recebimento de indenização que atenda, também, à desvalorização da área remanescente, o proprietário é obrigado a tolerar a passagem, através de seu imóvel, de cabos, tubulações e outros condutos subterrâneos de serviços de utilidade pública, em proveito de proprietários vizinhos, quando de outro modo for impossível ou excessivamente onerosa. Parágrafo único. O proprietário prejudicado pode exigir que a instalação seja feita de modo menos gravoso ao prédio onerado, bem como, depois, seja removida, à sua custa, para outro local do imóvel" (BRASIL, 2002).

características do direito público, a servidão comum é legitimada na liberdade individual das partes, não podendo, como regra, ser instituída sem consentimento mútuo.

Na prática, a servidão administrativa pode ser constituída, a UMA, após um ajuste prévio, por meio de escritura pública ou contrato particular, em que o investidor, valendo-se da condição de Concessionário de Serviço Público de Transmissão, e os proprietários estipulam, com base nas normas regulamentadoras, o valor indenizatório, a extensão dos ônus que a servidão produzirá, a DUAS, por decisão judicial, quando o juiz afirma os efeitos da servidão e, a TRÊS, quando a lei a impõe diretamente.

Neste ponto, importante diferenciar o instituto da servidão administrativa com o da desapropriação. Enquanto a desapropriação importará na transferência de titularidade da totalidade ou da fração afetada do bem para o ente expropriante e, portanto, na efetiva mudança de domínio, a servidão implicará, tão somente, em imposição de ônus real, com limitações de uso e gozo, à parte interceptada da propriedade, submetida à utilidade pública.

Clovis Beznos distingue os institutos de forma inequívoca ao afirmar que "quando o sacrifício de direito atinge a totalidade da propriedade, não mais cabe pensar na figura da servidão, mas sim na da desapropriação, o que será determinante da indenização integral"[13].

A distinção entre os institutos é frequentemente desconsiderada pelos julgadores, réus e por grande parte dos peritos, mesmo diante de consistente doutrina, de pleitos consubstanciados em DUP e farta documentação caracterizadora do projeto. Isto implica em sentenças que fixam indenizações lastreadas em laudos periciais que não avaliam corretamente o coeficiente de servidão[14], julgando

13 **BEZNOS, Celso. Aspectos Jurídicos da Indenização na Desapropriação. 2. ed. Belo Horizonte: Fórum, 2016. p. 77.**

14 Cálculo metodológico que avalia o grau de interferência do projeto elétrico na exploração hodierna do imóvel atingido. Quanto maior o grau de interferência maior será o coeficiente de servidão, se aproximando do valor necessário à plena aquisição da propriedade.

como se o ente expropriante fosse, ao invés de constituir uma servidão administrativa, desapropriar o imóvel serviente.[15]

A consequência insofismável desse erro metodológico é a prolação de sentenças despropositadas, distantes da via de mão dupla da justa indenização insculpida na CF/88, em seu artigo 5º, inciso XXIV, traduzida no direito que o proprietário possui de receber indenização condizente ao sacrifício imposto ao seu bem, e no dever do ente expropriante de pagar somente o valor suficiente para recompor o patrimônio afetado, nem mais, nem menos.

Certo é que caberá ao concessionário estar pronto para atuação de fôlego e diligente perante aos Magistrados das comarcas judiciais das áreas interceptadas pelo projeto, de forma a evitar eventual embargo,[16] que impacte o cronograma geral e acarrete em prejuízos

---

15 CIVIL. SERVIDÃO ADMINISTRATIVA. INDENIZAÇÃO. LIMITES. 1. A servidão corresponde a um ônus que o particular é obrigado a suportar em benefício da coletividade, ressalvado o seu direito à indenização pelos prejuízos que porventura vier a sofrer. 2. "Não há se confundir a servidão administrativa com a desapropriação. A desapropriação retira a propriedade do particular, enquanto a servidão apenas lhe impõe o ônus de suportar um uso público. Na desapropriação, indeniza-se a propriedade e sempre há indenização. Na servidão, indeniza-se o prejuízo que o uso público pode vir a causar para o proprietário. Só ocorre indenização se efetivamente houver prejuízo". [...] (TRF-4 – AC: 15875 PR 2004.04.01.015875-8, Relator: Carlos Eduardo Thompson Flores Lenz, Data de Julgamento: 20/03/2006, Terceira Turma, Data de Publicação: DJ 21/09/2006 PÁGINA: 686) (grifou-se)

16 Nesse sentido, vale referenciar caso recentíssimo em que se acredita que eventual diligência de esclarecimentos poderia ter o efeito de reverter o embargo da obra: Concessionária não consegue suspender decisão que paralisou obra de transmissão de energia no interior de SP. O presidente do Superior Tribunal de Justiça ("STJ"), Ministro João Otávio de Noronha, não conheceu do pedido da Energisa Sul Sudeste ("ESS"), concessionária de serviço público federal, para suspender decisão que paralisou obra de distribuição de energia elétrica em área objeto de servidão administrativa no estado de São Paulo. Disponível em: http://www.stj.jus.br/sites/portalp/Paginas/Comunicacao/Noticias/Concessionaria-nao-consegue-suspender-decisao-que-paralisou-obra-de-transmissao-de-energia-no-interior-de-SP.aspx. Acesso em: 01 jun. 2020.

não somente ao investidor, mas também ao consumidor e ao próprio Poder Público, que sofrerá atraso na obra pública de melhoria do Sistema Interligado Nacional ("SIN").

3 DOS DESAFIOS ENCONTRADOS APÓS O CERTAME

3.1 Da identificação e regularização das áreas interceptadas pelo projeto

Finalizado o Leilão, vencido o processo licitatório, o outrora investidor, agora Concessionário de Serviço Público de Transmissão de Energia Elétrica, depara-se com um longo e sinuoso caminho até a regularização fundiária do projeto.

O início do processo se confunde com o momento de definição da localização da diretriz de instalação, propriamente pelo levantamento das áreas efetivamente interceptadas e a identificação de seus proprietários.

A interceptação do Projeto se dará, inevitavelmente, em áreas de toda sorte, onde se encontrarão imóveis com heterogêneas situações jurídicas: (i) plenamente regulares sob os prismas ambiental, tributário, civil e administrativo; (ii) invadidos ou de posse; (iii) vinculados a projetos de assentamento rural do Instituto Nacional de Colonização e Reforma Agrária ("INCRA") ou; (iv) pertencentes a comunidades tradicionais.

A busca pela documentação que atesta a propriedade é tarefa complexa. Existem no Brasil, 22.680 Cartórios, entre Registro Civil das Pessoas Naturais ("RCPN"), Registro de Títulos ("RCPJ") e Documentos e Civis das Pessoas Jurídicas e Registro de Imóveis ("RI"), conforme dados disponibilizados pelo Conselho Nacional de Justiça[17] ("CNJ") ou pelo Cadastro Nacional de Serventias Públicas e Privadas do Brasil[18].

---

17 CNJ. Justiça Aberta: informações gerais. **Conselho Nacional de Justiça**, Brasília, 2020.

18 Cadastro Nacional de Serventias Públicas e Privadas do Brasil. Disponível em: https://portal.mj.gov.br/CartorioInterConsulta/. Acesso em: 01 de jun. 2020.

Apesar de dispor de regulamento editado pelo respectivo Tribunal de Justiça[19], não é inverídico afirmar que cada uma dessas serventias possui dinâmica própria, com exigências específicas para cada situação, mesmo diante de casos similares, atadas em burocracia governamental que impede o atendimento das exigências, impondo, por exemplo, o comparecimento pessoal para solicitar uma mera certidão de matrícula, embora existam recursos tecnológicos já consolidados, menos dispendiosos e sabidamente mais ágeis.

Diante desse quadro de incertezas, resta ao Concessionário a tarefa de percorrer cada propriedade e cartório competente, em diligência *in loco*, para confirmar que determinada área de terra é efetivamente daquele indivíduo que se apresenta como tal e que, portanto, a negociação indenizatória segue caminho regular e eficaz.

3.2 Da propriedade, da posse e dos imóveis irregulares

A diligência presencial é medida salutar e diferencial para que o Concessionário consiga identificar de forma correta as áreas interceptadas e ter eficiência e maior previsibilidade quantos aos riscos e desafios no momento da instituição da servidão administrativa ou eventual desapropriação.

A tarefa de identificação para fins de implantação é pretensamente simples quando se trata de imóvel regularizado, com documentação hábil a comprovar o domínio que será tido como pleno[20]

---

[19] BRASIL. Lei n. 8.935, de 18 de novembro de 1994. Regulamenta o art. 236 da Constituição Federal, dispondo sobre serviços notariais e de registro. **Diário Oficial da União**, Brasília, 21 nov. 1994.

[20] Estabelece o artigo 1.231 do Código Civil que a "propriedade presume-se plena e exclusiva, até prova em contrário". A propriedade é entendida como limitada, quando restrita e assim, em decorrência de gravame com ônus real, em razão de eventual direito real de garantia como hipoteca ou penhor, ou em razão de usufruto, quando o proprietário cede a coisa a outrem, mantendo-se a disposição e posse indireta do bem. Poderá ser ainda limitada por restrições, quando a propriedade puder ser resolvida por tempo ou condição, casos em que veem associados os institutos da Retrovenda do artigo 505 do Código Civil; da Alienação Fiduciária em garantia do artigo 1361; do Fideicomisso do artigo 1953.

quando o proprietário, eficazmente, possuir os três poderes inatos da sua condição de proprietário, ou seja, puder usar, gozar e dispor do referido bem.

No entanto, cabe ao Concessionário a cautela de certificar-se que não há disputas judicias de posse ou domínio que recaiam sobre o imóvel interceptado, muitas das quais não se encontram averbadas na matrícula imobiliária, para evitar que a pressuposta segurança documental não seja estorvada no momento de ingressar na área de interesse para construir o projeto.

Para Silvio de Salvo Venosa[21], "o direito de propriedade é o direito mais amplo da pessoa em relação à coisa. Esta fica submetida à senhoria do titular, do dominus, do proprietário, empregando-se esses termos sem maior preocupação semântica". O instituto tem previsão no Código Civil, em seu artigo 1228.

Nessa hipótese, estando regular o imóvel, não há dúvidas de que restará, apenas, negociar os valores indenizatórios a serem pagos ao proprietário e formalizar com o documento adequado.

Lado outro, a lógica acima descrita não se emprega às áreas identificadas como sendo de posse, sobretudo nos casos em que não é exercida de forma justa, na esteira de relações conflituosas e não aparentes.

Conforme preceitua Nelson Rosenvald[22] "a posse é o poder de fato sobre a coisa, já a propriedade é o poder direito nela incidente. A situação de fato pode ser convertida em propriedade".

Posse será, portanto, quando se tem confirmada a exteriorização da propriedade, enfim, quando o possuidor agir como se proprietário fosse do bem serviente.

Seja como for, é papel do concessionário a correta identificação do tipo de posse exercida no imóvel serviente, em outras palavras, se estaria a frente do exercício da posse direta ou indireta,

21 VENOSA, Sílvio de Salvo. **Direitos Civil:** Direitos Reais. 13. ed. São Paulo: Atlas, 2013. V. 5. **p. 168.**

22 ROSENVALD, Nelson. **Direitos Reais**. 6. ed. Rio de Janeiro: Lumen Juris, 2009. p. 273.

de eventual composse, posse justa, precária ou injusta, de boa-fé ou má-fé, mediante exame pormenorizado da documentação coletada, com as certificações fáticas correspondentes.

Problemática hercúlea é o enfrentamento da posse classificada como injusta, pois que exercida em ato caracterizado como violento, com eventual uso da força ou, a depender, de ato clandestino, oculto, velado, nunca regular. A invasão de terra, fato típico previsto no artigo 161 do Código Penal Brasileiro ("CPB"), é exemplo de posse injusta e elucida o conflito de titularidade de terras, tema atualíssimo no debate político atual, em 2020.

Na mesma linha problemática é o enfrentamento da posse de má-fé, explicada pelo civilista Silvio Salvo Venosa[23], como "aquela na qual o possuidor sabe ter a coisa consigo indevidamente; tem ciência do vício ou do obstáculo impeditivo".

Na existência de qualquer fato que implique na possibilidade de que a posse seja exercida de forma injusta e em má-fé, o Concessionário deverá atuar com extrema cautela, pois que os efeitos da posse não se mostram aparentes nesses casos, e, qualquer negociação deverá passar por estudo, suficientemente, criterioso.

Merece igual cautela o enfrentamento das situações em que os imóveis se encontram de alguma forma irregulares. Para os casos de espólio (com ou sem inventário) é fundamental que se busque a participação de todos os herdeiros na negociação, sem a qual eventual acordo poderá ser considerado nulo, por fraude contra credores ou fraude à execução[24].

No mesmo sentido, requer atenção as negociações dos imóveis gravados com garantia real ou proveniente de posse com ou sem origem imobiliária e/ou em usucapião, uma vez que eventual acordo estará exposto a nulidades se o Concessionário não buscar a participação e anuência do credor, ou do real proprietário, respectivamente.

---

23 VENOSA, Sílvio de Salvo. **Direitos Civil:** Direitos Reais. 13. ed. São Paulo: Atlas, 2013. V. 5. p. 73.

24 Nesse sentido, os termos dos artigos 104, início I, 158 e 165 do Código Civil.

3.3 Das particularidades fundiárias em áreas de sensibilidade social

O prognóstico fundiário da área do projeto pode revelar eventual interceptação em áreas de terras onde há assentamentos do INCRA, comunidades tradicionais e áreas de conflitos sociais, alguns deles, não facilmente identificáveis.

As comunidades tradicionais receberão tratamento próprio, na esteira do processo de licenciamento ambiental respectivo, com procedimento distinto das áreas de Assentamentos ou Projetos de Assentamento.

O INCRA[25] dá conta de que até 2019, mais de um milhão e trezentas mil famílias foram assentadas no Brasil e, assim, é grande a chance de que um Empreendimento possa, a depender de sua diretriz, interceptar alguma dessas áreas.

Na hipótese do Assentamento estar ainda na condição de Projeto de Assentamento, portanto, momento em que os assentados ainda não foram titulados ou receberam titulação precária, certo que a negociação para fins de implantação do Empreendimento dependerá de alinhamento prévio e formal validação pelo referida Autarquia Federal[26], especialmente para fins de negociação indenizatória.

Tangencia a questão imobiliária e, assim, os desafios que delas poderão advir, as áreas de conflitos sociais, que poderão impactar sobremaneira no atraso do cronograma geral de implantação. A ausência desse diagnóstico ou a sua surpresa no momento da implantação pode travar o Empreendimento e importar, inclusive, na alteração do traçado original.

---

25 BRASIL. Números da Reforma Agrária. **Instituto Nacional de Colonização e Reforma Agrária**, Brasília, 30 jan. 2020.

26 INCRA. A Instrução Normativa n. 99 de 30 de dezembro de 2019 fixa os procedimentos administrativos para titulação de imóveis rurais em Projetos de Assentamento de Reforma Agrária, criados em terras de domínio ou posse do Incra ou da União, bem como verificação das condições de permanência e de regularização de beneficiário no Programa Nacional de Reforma Agrária ("PNRA").

Outro ponto sensível é a comprovação da possibilidade de conciliação de execução simultânea de atividades relacionadas à transmissão de energia e exploração agrícola nos imóveis dos assentamentos. Salutar, nessas situações, desenvolver estudo técnico multidisciplinar sobre a coexistência das atividades de transmissão de energia e agricultura/aquicultura/pecuária, a fim de evitar futuros contratempos junto ao INCRA.

Em 30.05.2017, a Diretoria da ANEEL decidiu pela alteração do traçado da Concessionária de Serviço Público Brilhante Transmissora de Energia S.A. (processo nºs. 48500.002891/2009-71 e 48500.006572/2011-59)[27], cujo Relator foi o Diretor José Jurhosa Junior, pelo vulto do conflito social local em razão da construção do Empreendimento.

---

27 O caso foi assim detalhado na Nota Técnica 46/2017: "[...] 4. Em 24 de setembro de 2009 foi realizada reunião na Agência Nacional de Energia Elétrica – ANEEL, demandada pelo Senador Valter Pereira, da qual participaram representantes e membros do Sindicato Rural de Chapadão do Sul – MS, da ANEEL (SCT, SFE, SMA e SRI) e representante das concessionárias envolvidas com a subestação Chapadão, Linhas de Transmissão do Itatim Ltda., contratada para implantar a subestação, e Brilhante, acessante a subestação. Nessa reunião os representantes do Sindicato expuseram que a localização da subestação e os traçados das linhas de transmissão causariam grande impacto sobre parte da área agriculturável do Município. (...) 11. Em 16 de abril de 2010 os produtores rurais de Chapadão do Sul cercaram com máquinas a área de implantação da Subestação Chapadão impedindo o desenvolvimento dos trabalhos de construção da subestação. 15. Em 11 de maio de 2010 a Secretaria de Estado de Meio Ambiente, do Planejamento, da Ciência e Tecnologia, do Estado de Mato Grosso do Sul, por intermédio do Ofício SEMAC-MS/GAB n. 193/10, comunicou a ANEEL a suspensão dos efeitos das atuais licenças ambientais da subestação Chapadão e das linhas de transmissão associadas, ao mesmo tempo em que anexa ao seu ofício o ofício da Prefeitura Municipal de Chapadão do Sul, no qual o Senhor Prefeito justifica seu pedido de mudança da localização da subestação Chapadão. (...) 17. Em 16 de julho de 2010, por meio da Carta BTE 178 – 2010 (Sic 48513.024308/2010-00), a BTE informou novo traçado preliminar para a Linha de Transmissão 230 kV Chapadão – Imbirussu e informou da necessidade de recomposição do equilíbrio econômico-financeiro de seu contrato de concessão decorrente da alteração de traçado".

No caso, a alteração de traçado não decorreu de simples opção do Concessionário, que dificilmente identificaria o conflito quando do diagnóstico prévio, mas de ato superveniente do Poder Concedente, em atenção aos protestos apresentados por agricultores interceptados e locais interessados[28].

3.4 Do desafio negocial e do possível enfrentamento judicial

A judicialização dos casos para se garantir a implantação dos projetos de linha de transmissão é uma realidade inelutável para empreendimentos dessa natureza.

Por mais que o enfoque econômico se mostre compensador ao proprietário na ocasião da negociação, de modo a contrabalançar as limitações ao pleno uso e gozo da propriedade, razões de foro íntimo, que não podem ser mensurados monetariamente, podem atravancar o acordo.

Nesse momento deve prevalecer a supremacia do interesse público sobre o interesse particular, princípio fundamental do regime jurídico administrativo e indispensável à concretização das políticas macroestratégicas da Administração Pública.

Assim, uma vez esgotadas as negociações com os interceptados, alternativa não há senão a de ser ajuizada a respectiva ação judicial, com vistas a solucionar o conflito de interesses entre o ente expropriante e o particular.

É norteador o Decreto-Lei n. 3.365/41, norma octogenária que passou por muitas modificações ao longo dos anos e que, recentemente, sofreu nova alteração substantiva, com viés prático pela Lei n. 13.867/2019, para possibilitar o emprego da mediação ou via arbitral de modo a auxiliar no acordo de valores de indenização nas servidões administrativas e desapropriações por utilidade pública.

A Lei, embora diminuta, releva inúmeras incertezas, especialmente quanto a sua aplicação e interpretação pelo Poder Judiciário,

---

28 Na mesma linha, seguiu o Projeto Belo Monte Transmissora de Energia, que demandou o uso da Força Nacional em razão de conflito social não aparente, evidenciados no momento da implantação.

já que adotou conceitos jurídicos abertos e não alinhados com a melhor técnica redacional legislativa e com a *práxis* dos Tribunais, como: "notificação", "proprietário", "órgãos ou instituições especializadas em mediação ou arbitragem" e "órgão responsável pela desapropriação". Pergunta-se: qual a modalidade de notificação válida? Via cartório (extrajudicial), pelos correios ou judicial como previsto nos artigos 726 a 729 do Código de Processo Civil? E se o proprietário estiver em local ignorado, como proceder com a notificação? O órgão responsável pela desapropriação é quem declara ou quem a promove? A notificação é pré-requisito ao ajuizamento da ação expropriatória? Quais as consequências se o ente expropriante não providenciar a notificação? O processo deve ser extinto sem resolução do mérito?

Não há respostas prévias e nem garantia de como o Poder Judiciário interpretará as novas disposições normativas, certo é que o procedimento tornou mais longa a fase preliminar, agora indissociável ao ajuizamento da demanda judicial, e obstaculiza a celeridade imposta nos cronogramas definidos pela Agência Reguladora, eventualmente, a depender de como o Poder Judiciário demande a comprovação de apresentação da oferta.

Iniciado o contencioso, o sujeito ativo da ação é o Concessionário de Serviço Público de Transmissão, o qual, exercendo a função delegada e autorizada pelo Contrato de Concessão, deverá, na primeira oportunidade, para obter a liminar de imissão provisória na posse, declarar urgência, pautada no reconhecimento da utilidade pública, e comprovar o depósito da oferta de preço, para o fim expropriatório ou de instituição de servidão, como prevê o artigo 15 do Decreto-Lei n. 3.365/41.

Entretanto, não são poucas as decisões que determinam a realização de perícia prévia como condição para o exame do pedido liminar, ao arrepio do Decreto-Lei n. 3.365/41 e dos enunciados das súmulas do STJ e STF, guardiões dos planos constitucional e infraconstitucional das leis e da CF/88, invertendo-se a lógica da supremacia do interesse público, sem o qual o Estado não caminharia no sentido de atender com agilidade aos necessários anseios sociais.

4 DOS DESAFIOS REMANESCENTES À IMPLANTAÇÃO

4.1 Dos registros das áreas interceptadas

Negociadas extrajudicialmente ou indenizadas judicialmente as áreas interceptadas pelas Linhas de Transmissão, caberá ao Concessionário enfrentar a derradeira e, não menos complexa missão, de registrar as servidões administrativas nos Cartórios de Registros de Imóveis.

Busca-se auxilio nos registros públicos, que encontram suporte legal na Lei n. 6.015/1973 e na Lei n. 8.935/94, e se destinam, irremediavelmente, a constituir, comprovar e dar publicidade a fatos e atos jurídicos, pois que meios de prova especiais e com função primordial na prevenção de direitos que repercutem na esfera jurídica de terceiros.

Não se nega que o Sistema de Registros Públicos Nacional, dentre o qual se inclui o Registro Imobiliário, pauta-se pelo princípio da legalidade, a exigir que os atos sujeitos a registros sejam efetivamente com estrita obediência aos requisitos legais, o que levará à validade e eficácia dos mesmos.

Mas há de ser ressaltado que o registro das servidões administrativas possui fundamento em Decreto de Utilidade Pública, exigindo-se que a legalidade também seja aferida a partir da legislação de regramento da espécie, o supradito Decreto Lei n. 3.365/41.

Nesse sentido, é sobremaneira laboriosa percorrer a extensa lista de documentos usualmente exigidos pelos oficiais cartorários para concluir o registro da servidão à margem da matrícula, tais como: georreferenciamento do imóvel; inscrição na propriedade no Cadastro Ambiental Rural ("CAR"); apresentação de Certidão Negativa de Débito do ITR, além de tantos outros documentos, que dependem muitas vezes de providências do proprietário/possuidor, que podem nega-los, impedindo a regularização da servidão administrativa implantada.

Assim, importa examinar as exigências cartoriais a partir dessas premissas, com aplicação dos princípios gerais do direito público e da Teoria Geral do Direito Constitucional, porque a servidão administrativa possui regime jurídico próprio, não lhe sendo aplicável as regras do direito civil para justificar certas condicionantes ao registro.

5 CONSIDERAÇÕES FINAIS

Longe de exaurir as hipóteses desafiadoras circundadas nos Projetos de Linha de Transmissão de Energia Elétrica, buscaram os autores jogar os holofotes para as questões mais evidentes, a respeito dos quais, o Investidor – até o Leilão, Concessionário – após o certame, seguramente enfrentarão ao longo da implantação.

A lista é bem maior e alguns fatores serão determinantes para uma mudança do cenário de obstáculos, principalmente, não associados a questão fundiária propriamente dita, mas sim ao momento político, social e econômico daquela determinada região onde se instalará as Torres de Transmissão.

O diagnóstico preliminar nos casos de implantação de linha de transmissão de energia elétrica, feito de forma exaustiva, presencial, cautelosa, pode revelar não só os desafios aparentes, mas aqueles não aparentes e que podem ser definidores para a decisão de eventual alternativa locacional de traçado e já indicar um diagnóstico fundiário opcional,

A busca pelo assessoramento prévio técnico competente e adequado é medida de ordem para que o Empreendimento ultrapasse com mais tranquilidade, segurança e menor custo e riscos fundiários às etapas até a operação.

REFERÊNCIAS

BEZNOS, Celso. **Aspectos Jurídicos da Indenização na Desapropriação**. 2. ed. Belo Horizonte: Fórum, 2016.

BRASIL. [Código Civil (2002)]. Lei n. 10.406, de 10 de janeiro de 2002. Institui o Código Civil. **Diário Oficial da União**, Brasília, 11 jan. 2002. Disponível em: http://www.planalto.gov.br/ccivil_03/leis/2002/l10406.htm. Acesso em: 08 maio 2020.

BRASIL. [Constituição (1988)]. Constituição da República Federativa do Brasil de 1988. **Diário Oficial da União**, Brasília, 05 out. 1988. Disponível em: http://www.planalto.gov.br/ccivil_03/constituicao/constituicao.htm. Acesso em: 08 maio 2020.

BRASIL. Decreto Lei n. 3.365 de 21 de junho de 1941. Dispõe sobre desapropriações por utilidade pública. **Diário Oficial da União**, Brasília, 18 jul. 1941. Disponível em: http://www.planalto.gov.br/ccivil_03/Decreto-Lei/Del3365.htm. Acesso em: 08 maio 2020.

BRASIL. Lei n. 6.015, de 31 de dezembro de 1973. Dispõe sobre os registros públicos, e dá outras providências. **Diário Oficial da União**, Brasília, 31 dez. 1973. Disponível em: http://www.planalto.gov.br/ccivil_03/LEIS/L6015original.htm. Acesso em: 25 maio 2020.

BRASIL. Lei n° 8.935, de 18 de novembro de 1994. Regulamenta o art. 236 da Constituição Federal, dispondo sobre serviços notariais e de registro. **Diário Oficial da União**, Brasília, 21 nov. 1994. Disponível em: http://www.planalto.gov.br/ccivil_03/leis/l8935.htm. Acesso em: 25 maio 2020.

BRASIL. Lei n. 8.987, de 13 de fevereiro de 1995. Dispõe sobre o regime de concessão e permissão da prestação de serviços públicos previsto no art. 175 da Constituição Federal, e dá outras providências. **Diário Oficial da União**, Brasília, 14 fev. 1995. Disponível em: http://www.planalto.gov.br/ccivil_03/leis/L8987compilada.htm. Acesso: 08 maio 2020.

BRASIL. Números da Reforma Agrária. **Instituto Nacional de Colonização e Reforma Agrária**, Brasília, 30 jan. 2020. Disponível em: http://www.incra.gov.br/pt/n%C3%BAmeros-da-reforma-agr%C3%A1ria.html. Acesso em: 02 maio 2020.

BRASIL. Papel da EPE no Processo Licitatório. **Empresa de Pesquisa Energética**, Brasília, 2020. Disponível em: http://www.epe.gov.br/pt/leiloes-de-energia/leiloes-de-transmissao/papel-da-epe-no-processo-licitatorio. Acesso em: 20 maio 2020.

BRASIL. Relatórios R1 e R2 – Estudos de planejamento da expansão da transmissão. **Empresa de Pesquisa Energética**, Brasília, 2020. Disponível em: http://www.epe.gov.br/pt/publicacoes-dados-abertos/publicacoes/relat%C3%B3rios-r1. Acesso em: 30 maio 2020.

CNJ. Justiça Aberta: informações gerais. **Conselho Nacional de Justiça**, Brasília, 2020. Disponível em: https://www.cnj.jus.br/corregedoria/justica_aberta/?. Acesso em: 02 jun. 2020.

FERREIRA, Thiago Vasconcellos Barral. Aula Inaugural do PPE-COPPE/UFRJ: O planejamento Brasileiro no Contexto da Transição Energética. **Empresa de Pesquisa Energética**, Rio de Janeiro, 25 mar. 2019. Disponível em: http://www.ppe.ufrj.br/index.php/pt/destaque/noticias/1422-aula-inaugural-do-ppe-coppe-ufrj. Acesso em: 14 jun. 2020.

ROSENVALD, Nelson. **Direitos Reais**. 6. ed. Rio de Janeiro: Lumen Juris, 2009.

VENOSA, Sílvio de Salvo. **Direito Civil:** Direitos Reais. 13. ed. São Paulo: Atlas, 2013. V. 5.

OS IMPACTOS DA GERAÇÃO DISTRIBUÍDA SOBRE AS DISTRIBUIDORAS DE ENERGIA ELÉTRICA

Gustavo Santiago Pires[1]

SUMÁRIO:

1 INTRODUÇÃO

Desde os primórdios da geração de energia elétrica, os sistemas foram desenvolvidos com base na Geração Centralizada - grandes fontes geradoras em locais distantes dos consumidores - com fluxos energéticos que se propagavam em uma única direção.

---

1 Pós-graduado em Processo Civil pelo CAD - FUMEC. MBA em Gestão do Setor Elétrico pela Fundação Getúlio Vargas - FGV. Graduado em Direito pela Pontifícia Universidade Católica de Minas Gerais - PUC Minas. Membro Fundador, Secretário-Geral e Presidente do Comitê de Geração Distribuída da Associação Brasileira de Direito da Energia e do Meio Ambiente - ABDEM. Membro das Comissões de Direito da Energia e Infraestrutura da OAB/MG. Membro da Câmara da Indústria da Energia da FIEMG. Coordenador e Professor de cursos de Pós-graduação da PUC/MG. Advogado na Área de Energia.

Devido à evolução tecnológica e às novas tendências ambientais e econômicas, a Geração Distribuída ("GD") - geração descentralizada, fontes próximas aos consumidores - vem causando entusiasmo e ganhando expressão por todo o mundo.

A ideia de gerar a própria energia e ser autossustentável, energeticamente falando, ou seja, gerar energia para a própria casa, comércio e até mesmo seu carro, está em um futuro não tão distante e apresenta benefícios ambientais imensuráveis. Nesse contexto, as políticas sustentáveis e as novas tecnologias tendem a acompanhar a onda de crescimento da GD.

É nesse contexto de crescimento da GD que o trabalho envereda a fim de destacar os possíveis impactos econômicos gerados às distribuidoras de energia elétrica, caso a GD seja adotada em larga escala.

A pesquisa se justifica na medida em que a GD oferece opções de adoção de fontes sustentáveis de energia elétrica, fato crucial para o cumprimento do compromisso assumido pelo Brasil quanto ao incentivo de fontes renováveis, ao mesmo tempo em que gera reflexos para as distribuidoras de energia elétrica no mercado cativo.

A metodologia utilizada foi a teórica documental do tipo dedutivo, com análise bibliográfica, doutrinária e legal a respeito do tema, inclusive com notas técnicas emitidas pela própria Agência Nacional de Energia Elétrica ("ANEEL").

No primeiro tópico trabalharemos o contexto de surgimento da GD, perpassando pelas transformações estruturais impostas ao setor, bem como sua regulação no Brasil. No segundo tópico será analisado o funcionamento do sistema de distribuição de energia elétrica no país, como ocorre a tarifação e a remuneração das distribuidoras. No terceiro tópico serão abordados os possíveis impactos causados ao segmento de distribuição de energia elétrica pela adoção da GD. Por fim, no tópico 4 serão apresentadas as possíveis soluções para eventuais impactos negativos advindos do crescimento da GD no país.

2 GERAÇÃO DISTRIBUÍDA

A geração de energia elétrica passou por diversas transformações estruturais ao longo dos anos, inicialmente, por razões técnicas, as primeiras usinas de geração elétrica eram próximas aos consumidores, tendo em vista que a corrente contínua[2] não possibilitava o transporte de energia elétrica por longas distâncias.

Posteriormente, a invenção da corrente alternada[3] viabilizou o transporte de eletricidade, por meio de redes de distribuição, possibilitando a geração de energia elétrica em local distante do seu consumidor final, revolucionando a eletrificação mundial.

Nesse sentido, a matriz elétrica mundial se desenvolveu de forma centralizada, de modo que a energia elétrica era, predominantemente, gerada por grandes empreendimentos hidrelétricos e térmicos. Ocorre que a necessária universalização da eletricidade, consequentemente, elevou os impactos ambientais e os custos envolvidos para o transporte da energia, entre a geração e o consumidor, vez que as grandes usinas encontram-se em locais distantes dos grandes centros urbanos.

Com o desenvolvimento de novas fontes renováveis[4] de energia elétrica e o aumento da pressão socioambiental, a geração descentralizada, conhecida mundialmente como geração distribuída, ganhou força e adeptos, seja pelo contexto social, ou até mesmo pela "independência" energética.

---

[2] Caracterizada pela movimentação de elétrons em um único sentido preferencial. Os elétrons fluem do polo negativo para positivo.

[3] Corrente elétrica cujo sentido varia no tempo, ao contrário da corrente contínua cujo sentido permanece constate ao longo do tempo.

[4] Nesse sentido, importante apontar a tecnologia do *blockchain* no setor elétrico, a qual visa "atribuir de forma ágil os ativos de geração ao ponto de consumo e, inclusive, estabelecer uma hierarquia de prioridades nas fontes de origem. Desta forma, consegue-se acelerar e automatizar os processos de certificação de energia renovável pois há um grau mais elevado de rastreabilidade" (COMO pode o 'blockchain' confirmar a origem da energia verde?. **Iberdrola**, Uberlândia, 2020. s. p.). Trata-se de ferramenta inovadora e útil para o setor, que apresenta perspectivas de otimização das fontes renováveis de energia elétrica, mas que não será aqui esmiuçada em razão de recorte metodológico.

No Brasil, o tema é regulado pela Resolução Normativa 482/2012[5], que estabelece as condições gerais para a 'microgeração' – central geradora, com potência instalada menor ou igual a 75 Kilowatts ("KW") – e 'minigeração distribuída' – central geradora, com potência instalada superior a 75 kW e menor ou igual a 5 Megawatts ("MW") para as demais fontes renováveis – aos sistemas de distribuição de energia elétrica, a norma também instituiu o sistema de compensação, conhecido como *Net Metering*.

Em suma, na modalidade *Net Metering*, a medição de energia injetada é registrada no sistema de distribuição, descontando-se o consumo e possibilitando a utilização de possíveis créditos em abatimento de faturas posteriores, por prazo de 60 (sessenta) meses.

Nesse cenário, as unidades prossumidoras podem aderir ao Sistema de Compensação de Energia Elétrica ("SCEE") nas seguintes modalidades: **(i)** empreendimentos com múltiplas unidades consumidores; **(ii)** geração compartilhada e **(iii)** autoconsumo remoto.

Para exemplificar a tendência mundial, registra-se que, em maio de 2020, a geração distribuída, no Brasil, atingiu a marca de 3 Gigawatts ("GW"), com mais de 250 mil unidades de geração distribuída, dentre diversas fontes e modalidades de geração[6], sendo que 119 mil unidades foram conectadas apenas no ano de 2019[7].

Portanto, denota-se que o consumidor deixa de ser apenas um receptor do Sistema Elétrico e passa a figurar também como produtor da própria energia, porém, de modo geral[8], ainda dependente da

5 BRASIL. Resolução Normativa n. 482, de 17 de abril 2012. Estabelece as condições gerais para o acesso de microgeração e minigeração distribuída aos sistemas de distribuição de energia elétrica, o sistema de compensação de energia elétrica, e dá outras providências. **Diário Oficial da União**, Brasília, 19 de abr. de 2012.

6 BRASIL. Geração Distribuída. **Agência Nacional de Energia Elétrica**, Brasília, 15 ago. 2018.

7 BRASIL. Geração Distribuída. **Agência Nacional de Energia Elétrica**, Brasília, 15 ago. 2018.

8 Possibilidade dos sistemas isolados (Off-grid).

figura do Distribuidor de Energia Elétrica, tendo em vista o monopólio natural das Distribuidoras.

3 A DISTRIBUIÇÃO DE ENERGIA ELÉTRICA NO BRASIL

Inicialmente, cumpre ressaltar que, compete à União explorar, diretamente ou mediante autorização, concessão ou permissão: os serviços e instalações de energia elétrica e o aproveitamento energético dos cursos de água, em articulação com os Estados onde se situam os potenciais hidroenergéticos[9].

Nesse sentido, a distribuição de energia elétrica caracteriza-se como segmento do Setor Elétrico Brasileiro ("SEB") dedicado ao transporte e entrega da energia para o usuário final. A Distribuidora pode ser definida como agente titular de concessão ou permissão federal para a prestação do serviço público de distribuição de energia elétrica.

Nesse ínterim, as concessionárias do serviço público de distribuição de energia, são reguladas pela Agência Nacional de Energia Elétrica ("ANEEL"), que fixa as tarifas de fornecimento aos consumidores cativos[10], estabelece regras e procedimentos referentes ao acesso, expansão, medição, indicadores de qualidade do serviço e do produto, dentre outros aspectos.

Destaca-se que as Distribuidoras atuam em uma área de concessão exclusiva, detendo o monopólio natural da infraestrutura, bem como a exclusividade de fornecimento de energia elétrica aos consumidores cativos de sua área de concessão, assegurando o livre acesso aos seus sistemas de distribuição e instalações de transmissão deles integrantes, pelos produtores de energia elétrica e consumidores não alcançados pela exclusividade de fornecimento.

---

9 Art. 21, inciso XII, "b". BRASIL. [Constituição (1988)]. Constituição da República Federativa do Brasil de 1988. **Diário Oficial da União**, Brasília, 05 out. 1988.

10 Consumidor ao qual só é permitido comprar energia da distribuidora detentora da concessão ou permissão na área onde se localizam as instalações do acessante, e, por isso, não participa do mercado livre e é atendido sob condições reguladas.

Ante o exposto, salienta-se que pela prestação dos serviços, as Distribuidoras são remuneradas por meio das tarifas homologadas pelo poder concedente, observando o *price cap*[11] previamente estabelecido, sendo o valor da tarifa reajustado, anualmente, ou revisado periodicamente a depender do contrato de concessão.

Em síntese, a receita das Distribuidoras se divide em Parcela A – custos parcialmente gerenciáveis –, relacionados aos custos de compra de energia, transmissão e Encargos Setoriais e Parcela B – custos gerenciáveis – relacionados aos custos da própria atividade de Distribuição.

Figura 4 – Componentes das Parcelas A e B

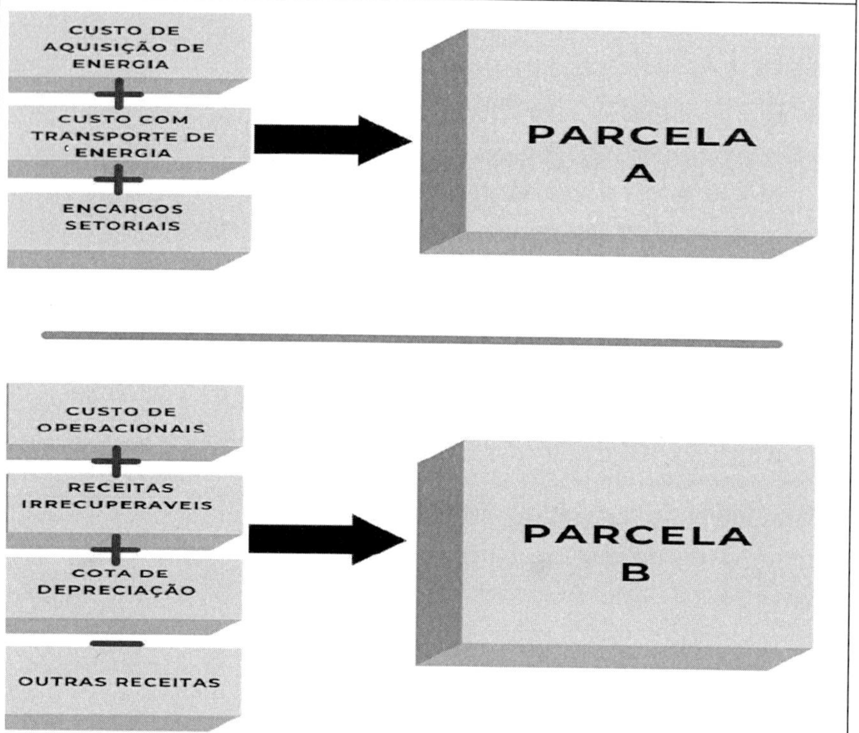

Fonte: Elaborado pelo Autor.

[11] Regulação por incentivo, o regulador estabelece um valor teto para a tarifa, ajustada anualmente e descontada de um índice de ganho de produtividade pré-definido.

Ainda, cumpre ressaltar que a tarifa é composta pelas Parcelas 'A' e 'B', bem como pelo Fator X[12]. Em regra, o Fator X funciona como redutor dos índices de reajuste das tarifas cobradas aos consumidores finais, com o objetivo primordial de garantir o equilíbrio entre as receitas e despesas nos reposicionamentos tarifários, garantindo-se ao consumidor o repasse dos ganhos relacionados às boas práticas das Distribuidoras.

Tendo em vista o Monopólio Natural das Distribuidoras, a redução dos custos gerenciáveis são regulados por comparação, conhecido como *yardstick competition*, essa forma de regulação estimula a redução de custos, bem como o aumento da eficiência e qualidade da gestão empresarial.

Em suma, o Regulador estabelece padrões de avaliação baseados em custos e preços hipotéticos, remunerando a Distribuidora de acordo com o seu desempenho em comparação aos padrões estabelecidos pela ANEEL.

Desta forma, as Distribuidoras são incentivadas a realizar a prestação do serviço público com máxima eficiência, evitando gastos e despesas desnecessárias em sua gestão, vez que os custos excedentes não são contabilizados na composição da tarifa.

Diante deste cenário atual, percebe-se que as Distribuidoras possuem, de modo geral, a função de repassar os custos aos consumidores finais, gerenciando sua margem de remuneração por meio da Parcela B.

4 IMPACTOS DA GERAÇÃO DISTRIBUÍDA NAS DISTRIBUIDORAS DE ENERGIA ELÉTRICA

Ante o cenário de pouca gerência das Distribuidoras sobre as tarifas a serem cobradas do consumidor final e, consequentemente, sobre sua remuneração, resta, por óbvio, grande receio sobre os impactos que a Geração Distribuída pode trazer com sua adesão em grande quantidade.

---

12 Fator X = Ganhos de produtividade da atividade de distribuição, somados a qualidade técnica e comercial do serviço prestado ao consumidor, somados a trajetória de custos operacionais.

Destaca-se, que os impactos da Geração Distribuída nas Distribuidoras estão, em regra, atrelados ao modelo atual de composição tarifária que, desde já, não refletem adequadamente a estrutura dos custos das Distribuidoras e que, caso mantida a estrutura da formação tarifária, a GD acentuará os desafios econômicos enfrentados.

Nesse contexto, resta claro que a receita das Distribuidoras está diretamente ligada ao consumo de energia em sua área de concessão, porém seus custos fixos - inerentes a sua atividade - não estão correlacionados com a quantidade de energia fornecida.

Em síntese, o impacto financeiro ocasionado pela propagação da Geração Distribuída sobre as Distribuidoras, está relacionado com: **(i)** aumento de custos; **(ii)** perda de receita e; **(iii)** diminuição de rentabilidade dos ativos de distribuição.

O aumento dos custos das Distribuidoras está atrelado aos investimentos na rede de distribuição que deverão ser realizados para suportar, tecnicamente, o fluxo bidirecional ocasionado pela Geração Distribuída.

Sobre o tema, conforme já exposto, o Sistema Elétrico Brasileiro foi implementado de forma centralizada - energia proveniente de grandes usinas - com fluxo unidirecional, não estando preparado para receber fluxos inversos, portanto, em razão da Geração Distribuída, as Distribuidoras serão compelidas a investir em suas redes de distribuição.

Ressalta-se, também, a elevada perda de receita das Distribuidoras, vez que os custos da rede são recuperados através das tarifas previstas nas revisões tarifárias, sendo precificada com base na estimativa volumétrica para o próximo período, ou seja, no período entre as revisões tarifárias, as Distribuidoras absorvem a perda, pois existe mecanismo para refletir esse *déficit* na revisão tarifária seguinte.

Com isso, naturalmente as Distribuidoras perdem rentabilidade, uma vez que perderão receita, que é atrelada à venda de energia pelas Distribuidoras e conjuntamente seus ativos serão impactados pelo aumento de custos de manutenção e operação da rede de distribuição.

Diante deste modelo atual de remuneração das Distribuidoras e com o aumento dos prossumidores de energia elétrica, inicia-se o ciclo vicioso conhecido como "Espiral da Morte". Em suma, as Distribuidoras perdem mercado e repassam seus custos para uma quantidade menor de consumidores, aumentando o valor da tarifa. Com a majoração tarifária, os consumidores são incentivados a se tornarem prossumidores, gerando assim o Espiral da Morte.

Figura 5 – Espiral da Morte das Distribuidoras

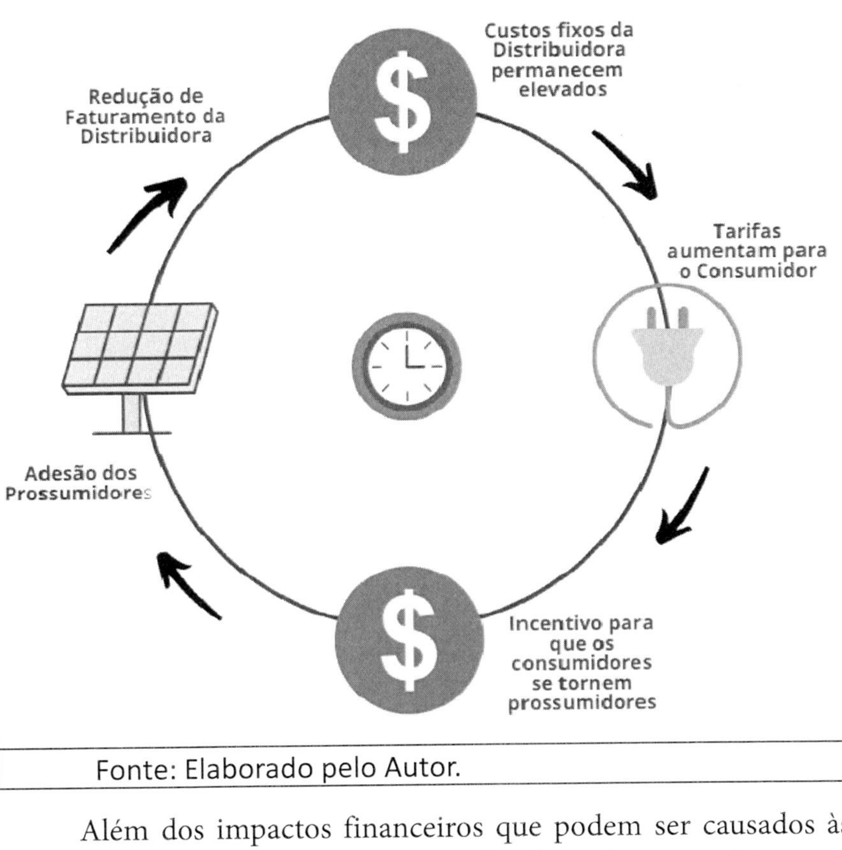

Fonte: Elaborado pelo Autor.

Além dos impactos financeiros que podem ser causados às Distribuidoras, o modelo atual a ser aplicado pode trazer efeitos perversos sobre a tarifa dos consumidores cativos.

Como já exposto, a tarifa engloba todos os custos incorridos ao longo da cadeia produtiva do SEB: geração, transmissão e distribuição de energia elétrica, com máxima eficiência, visando a garantir a modicidade tarifária, para que os consumidores recebam energia e serviços de qualidade pelo preço adequado.

No modelo de composição tarifária atual, a geração distribuída pode impactar a composição dos custos da Parcela A e B, aumentando-se, por exemplo, os custos operacionais das Distribuidoras, indo-se de encontro com os princípios da modicidade tarifária e razoabilidade, vez que os custos gerados pelos prossumidores serão arcados pelos consumidores.

5 POSSÍVEIS SOLUÇÕES PARA OS IMPACTOS NAS DISTRIBUIDORAS

No ano de 2018 iniciou-se um processo de revisão da Resolução Normativa n. 482/2012 que, conforme abordado, trata das regras aplicáveis à micro e à minigeração distribuída. Tal revisão busca compensar parcialmente os custos de transmissão e distribuição da energia gerada e posteriormente injetada na rede de distribuição da concessionária.

O processo iniciado em 2018 culminou na publicação da Nota Técnica nº 108/2018 que posteriormente deu origem ao documento de Avaliação de Impacto Regulatório ("AIR") n. 04/2018. Em 2019 foram realizadas audiências públicas com o intuito de trazer a discussão aos diversos entes do setor elétrico cujos interesses estão associados a possíveis mudanças.[13]

No projeto apontado pela ANEEL foram apresentados cinco cenários nos quais deverá ocorrer a compensação, sendo que sua aplicação deverá observar os fatores, como, por exemplo, a data em que o consumidor registrou a unidade geradora junto à distribuidora,

[13] BRASIL. Revisão das regras aplicáveis à micro e minigeração distribuída – Resolução Normativa n. 482/2012: Relatório de Análise de Impacto Regulatório n. 0004/2018-SRD/SCG/SMA/ANEEL. **Agência Nacional de Energia Elétrica**, Brasília, 06 dez. 2018.

e em qual a modalidade[14] de geração de energia o fator se enquadra. Para melhor entendimento, é valido ressaltar que as propostas são baseadas nos valores referentes à Tarifa de Uso do Sistema de Distribuição ("TUSD"), que compreende os custos com operações técnicas, investimento e manutenção da estrutura responsável pelos processos de transmissão, distribuição e comercialização da energia.

Destaca-se, abaixo, tabela com os possíveis cenários para compensação.

Possíveis cenários para compensação	
Cenário 1	Será descontado da energia gerada o valor da distribuição que é identificada na tarifa como "fio B" e que equivale a 28% do valor cobrado na conta de energia.
Cenário 2	Serão descontados da geração os valores referentes ao fio B e à transmissão, identificada como "fio A" e que equivale a 6% do valor da conta.
Cenário 3	Serão descontados da geração, além dos valores referentes ao Fio A e Fio B, também os encargos da TUSD que são responsáveis por 8% do valor da conta.
Cenário 4	O consumidor também terá descontado da sua geração, além do valor dos encargos somados aos valores referentes aos Fios A e B, o custo correspondente às perdas de energia, as quais equivalem a 8% da tarifa.
Cenário 5	Contempla o desconto de todos os demais custos mencionados anteriormente, além dos encargos referentes à Tarifa de Energia (TE) que corresponde a 12% do valor total da conta de energia.
Fonte: Elaborada pelo autor com dados obtidos de (BRASIL, 2019).	

A proposta apresentada prevê que – para os consumidores enquadrados na modalidade de geração junto à carga e cuja conexão foi realizada até a presente data de publicação da nova Resolução – não serão aplicados nenhum dos cenários apresentados, passando a valer as regras anteriores até o ano de 2030. Para os sistemas registrados a partir da data da publicação, valerá o cenário 2, isso até

14 O consumidor pode optar pela modalidade de Geração Junto à Carga, no qual tanto a geração quanto o consumo se dão no mesmo local ou Geração Remota, quando a geração ocorre em local diferente da unidade consumidora atrelada a ela.

que a geração distribuída alcance o patamar de 4,7 GW de potência instalada. A partir desse evento, passará a valer o cenário 5.[15]

Os consumidores enquadrados na modalidade de Geração Remota que possuem uma conexão anterior à data de publicação da nova Resolução terão um prazo de 10 anos para que seja aplicado o cenário 5. Para os que registrarem a unidade após a publicação, o cenário 5 será aplicado de imediato.[16]

As possíveis alternativas ainda estão em debate e poderão sofrer alteração até a conclusão do processo. Está previsto que haja uma nova audiência pública para que sejam definidos os pontos em aberto; porém, até a data de publicação do presente trabalho, ainda não havia sido definida uma data para que a audiência ocorra.

Concomitantemente, o Poder Legislativo tem se movimentado e tudo indica que o Congresso aprovará um Projeto de Lei sobre a Geração Distribuída "regulando" a matéria via Lei e não por Resolução Normativa.

6 CONSIDERAÇÕES FINAIS

O setor elétrico é extremamente relevante para o desenvolvimento econômico e social do país, dada a sua importância para o funcionamento do comércio, da indústria e para o bem-estar da população como um todo. A organização estrutural da geração de energia elétrica há muito foi marcada pela presença hegemônica da Geração Centralizada, caracterizada por grandes fontes geradoras em locais distantes dos consumidores. Ocorre que esse cenário tem sido alvo de diversas transformações e a GD, geração mais próxima aos consumidores e descentralizada, é o reflexo dessas mudanças, a apontar um crescimento constante.

O objetivo do presente artigo foi prestar esclarecimentos àqueles que atuam no setor elétrico brasileiro sobre as diversas maneiras

[15] BRASIL. Revisão das regras de geração distribuída entra em consulta pública. **Agência Nacional de Energia Elétrica**, Brasília, 15 out. 2019. Regulação.

[16] BRASIL. Revisão das regras de geração distribuída entra em consulta pública. **Agência Nacional de Energia Elétrica**, Brasília, 15 out. 2019. Regulação.

de se lidar com os impactos advindos do crescimento da GD no Brasil para as distribuidoras de energia.

O primeiro tópico cuidou de abordar o setor elétrico e o funcionamento da GD, a partir de um histórico das transformações estruturais da geração energética no Brasil. Constatou-se que as primeiras usinas de geração elétrica eram próximas aos consumidores, em razão da dificuldade de transporte da energia por longas distâncias, já que era adotada a corrente contínua. Posteriormente, o transporte energético foi possibilitado em razão da invenção da corrente alternada que se dava através de redes de distribuição, possibilitando a geração de energia elétrica em local distante do seu consumidor final, o que revolucionou a eletrificação mundial. A matriz energética desenvolveu-se, então, de forma centralizada, em razão da energia ser gerada por grandes empreendimentos hidrelétricos e térmicos.

Além disso, a pesquisa constatou que as fontes de energia utilizadas causavam grandes impactos negativos ao meio ambiente e necessitavam de reformulação para que fosse possível a preservação dos recursos naturais. É nesse contexto que a GD ganha espaço, sendo caracterizada por uma geração próxima ao consumidor e que utiliza, em regra, fontes renováveis de energia elétrica.

No segundo tópico trabalhamos o funcionamento do setor de distribuição de energia elétrica no país, sua forma de tarifação, bem como de remuneração. Constatou-se que as distribuidoras de energia são concessionárias, prestadoras do serviço público por meio de concessão do poder concedente e fazem parte do SEB, sendo submetidas a um Regulador (ANEEL) que, por sua vez, repassa os valores a título de remuneração às distribuidoras.

Os valores recebidos pela distribuidora variam conforme os custos parcialmente gerenciáveis (Parcela A) – relacionados aos custos de compra de energia, transmissão e Encargos Setoriais –, e custos gerenciáveis – relativos aos custos da própria atividade de Distribuição (Parcela B). A parcela A não abre margem para negociação, tendo em vista sua fixação pela ANEEL como parte de um monopólio energético. Dessa forma, a margem de liberdade da receita da distribuidora gira em torno da Parcela B, a qual varia de acordo com o padrão de qualidade do serviço ofertado, em observância aos padrões estabelecidos pela Agência.

É nesse sentido que os impactos da GD se revelam, na medida em que as distribuidoras têm de manter a qualidade dos serviços prestados e manutenção da rede de distribuição; de outro lado com o crescimento elevado a ponto de gerar impactos concretos, os usuários da GD já não contribuem para arcar com os custos da distribuidora, caindo em um problema denominado "espiral da morte das distribuidoras". Isso porque, à medida em que há uma redução na arrecadação das distribuidoras, em razão da adoção da GD, e os custos permanecem constantes e altos, esse valor deve ser repassado ao consumidor do sistema regulado (cativo). A partir do momento em que o consumidor cativo vê que as tarifas das contas de energia elétrica só aumentam, tende a aderir à GD que se torna muito mais atrativa economicamente, isso reduz ainda mais a arrecadação da distribuidora que tem de repassar esse prejuízo ao consumidor, caindo em *looping* infinito.

Por fim, o trabalho apresentou possíveis soluções para esse problema, as quais configuram iniciativas da ANEEL. A ideia da Agência é revisar a Resolução n. 428/2012, a fim de estabelecer novas regras de compensação para os consumidores que adotem a GD. As regras apresentadas tendem a compensar parcialmente os custos de transmissão e distribuição da energia gerada, posteriormente injetada na rede de distribuição da concessionária, e prometem resolver, ainda que parcialmente, os problemas apontados nos prognósticos atuais.

REFERÊNCIAS

BRASIL. [Constituição (1988)]. Constituição da República Federativa do Brasil de 1988. **Diário Oficial da União**, Brasília, 05 out. 1988. Disponível em: http://www.planalto.gov.br/ccivil_03/constituicao/constituicao.htm. Acesso em: 10 maio 2020.

BRASIL. Decreto n. 2.335, de 06 de outubro de 1997. Constitui a Agência Nacional de Energia Elétrica -ANEEL, autarquia sob regime especial, aprova sua Estrutura Regimental e o Quadro Demonstrativo dos Cargos em Comissão e Funções de Confiança e dá outras providências. **Diário Oficial da União**, Brasília, 07 out. 1997. Disponível em: http://www.planalto.gov.br/ccivil_03/decreto/D2335.htm. Acesso em: 01 jun. 2020.

BRASIL. Geração Distribuída. **Agência Nacional de Energia Elétrica**, Brasília, 15 ago. 2018.

BRASIL. Lei n. 9.074, de 07 de julho de 1995. Estabelece normas para outorga e prorrogações das concessões e permissões de serviços públicos e dá outras providências. **Diário Oficial da União**, Brasília, 08 jul. 1995. Disponível em: http://www.planalto.gov.br/ccivil_03/leis/l9074cons.htm. Acesso em: 02 jun. 2020.

BRASIL. Lei n. 9.427, de 26 de dezembro de 1996. Institui a Agência Nacional de Energia Elétrica - ANEEL, disciplina o regime das concessões de serviços públicos de energia elétrica e dá outras providências. **Diário Oficial da União**, Brasília, 28 set.1998. Disponível em: http://www.planalto.gov.br/ccivil_03/leis/l9427cons.htm. Acesso em: 02 jun. 2020.

BRASIL. Lei n. 9.648, de 27 de maio de 1998.Altera dispositivos das Leis no 3.890-A, de 25 de abril de 1961, no 8.666, de 21 de junho de 1993, no 8.987, de 13 de fevereiro de 1995, no 9.074, de 7 de julho de 1995, no 9.427, de 26 de dezembro de 1996, e autoriza o Poder Executivo a promover a reestruturação da Centrais Elétricas Brasileiras - ELETROBRÁS e de suas subsidiárias e dá outras providências. **Diário Oficial da União**, Brasília, 28 mai. 1998. Disponível em: http://www.planalto.gov.br/ccivil_03/leis/L9648cons.htm. Acesso em: 03 jun. 2020.

BRASIL. Ministério de Minas e Energia. Programa de Desenvolvimento da Geração Distribuída de Energia Elétrica - ProGD, Brasília. 2014. Disponível em: http://www.mme.gov.br/documents/20182/6dac9bf7-78c7-ff43-1f03-8a7322476a08. Acesso em: 08 jun. 2020.

BRASIL. Plano Decenal de Expansão de Energia 2027. Ministério de Minas e Energia, Empresa de Pesquisa Energética. Brasília, 2018. Acesso em: 13 jun. 2020.

BRASIL. Resolução Normativa n. 482, de 17 de abril 2012. Estabelece as condições gerais para o acesso de microgeração e minigeração distribuída aos sistemas de distribuição de energia elétrica, o sistema de compensação de energia elétrica, e dá outras providências. **Diário Oficial da União**, Brasília, 19 de abr. de 2012. Disponível em: http://www2.aneel.gov.br/cedoc/ren2012482.pdf. Acesso em: 10 jun. 2020.

BRASIL. Resolução Normativa ANEEL n. 687, de 24 de novembro de 2015. Altera a Resolução Normativa n. 482, de 17 de abril de 2012, e os Módulos 1 e 3 dos Procedimentos de Distribuição - PRODIST. **Diário Oficial da União**, Brasília, 02 de dez. de 2015. Disponível em: http://www2.aneel.gov.br/cedoc/ren2015687.pdf. Acesso em: 10 jun. 2020.

BRASIL. Resolução Normativa ANEEL n. 657, de 14 de abril de 2015. Altera o Módulo 7 dos Procedimentos de Regulação Tarifária - PRORET, que trata da Estrutura Tarifária das Concessionárias de Distribuição, e dá outras providências. **Diário Oficial da União**, Brasília, 15 abr. de 2015. Disponível em: http://www2.aneel.gov.br/cedoc/ren2015657.pdf. Acesso em: 15 jun. 2020.

BRASIL. Resolução Normativa ANEEL n. 721, de maio de 2016. Altera os módulos 7 e 11 dos Procedimentos de Regulação Tarifária - PRORET, que tratam da Estrutura Tarifária das Concessionárias de Distribuição de Energia Elétrica e da Comercialização de Energia Elétrica por parte das Distribuidoras com Mercado Próprio Inferior a 500 GWh/ano, e dá outras providências. **Diário Oficial da União**, Brasília, 01 jun. 2016. Disponível em: http://www2.aneel.gov.br/cedoc/ren2016721.pdf. Acesso em: 15 jun. 2020.

BRASIL. Resolução Normativa ANEEL n. 877, de 17 de março de 2020. Aprova os Submódulos 2.5 e 2.5A dos Procedimentos de Regulação Tarifária - PRORET, que regulamentam o Fator X nas revisões tarifárias periódicas das concessionárias de serviço público de distribuição de energia elétrica, e dá outras providências. **Diário Oficial da União**, Brasília, 19 mar. 2020. Disponível em: http://www.in.gov.br/en/web/dou/-/resolucao-normativa-n-877-de-17-de-marco-de-2020-248809566. Acesso em: 16 jun. 2020.

BRASIL. Revisão das regras de geração distribuída entra em consulta pública. **Agência Nacional de Energia Elétrica**, Brasília, 15 out. 2019. Regulação. Disponível em: https://www.aneel.gov.br/sala-de-imprensa-exibicao/-/asset_publisher/XGPXSqdMFHrE/content/revisao-das-regras-de-geracao-distribuida-entra-em-consulta-publica/656877. Acesso em: 25 jul. 2020.

BRASIL. Revisão das regras aplicáveis à micro e minigeração distribuída - Resolução Normativa n. 482/2012: Relatório de Análise de Impacto Regulatório n. 0004/2018-SRD/SCG/SMA/ANEEL. **Agência Nacional de Energia Elétrica**, Brasília, 06 dez. 2018. Disponível em: https://www.aneel.gov.br/documents/656877/18485189/6+Modelo+de+AIR+-+SRD+-+Gera%C3%A7%C3%A3o+Distribuida.pdf/769daa1c-51af-65e8-e4cf-24eba4f965c1. Acesso em: 25 jul. 2020.

COMO pode o 'blockchain' confirmar a origem da energia verde?. **Iberdrola**, Uberlândia, 2020.

FRIEDMAN, M. **Capitalismo e liberdade**. São Paulo, SP: Abril Cultural, 1982.

Disponível em http://www.ufrgs.br/daeca/wp/wpcontent/uploads/2009/03/capitalismo-e-liberdade.pdf. Acesso em: 03 jun. 2020

DELIBERAÇÕES DA AGENERSA E LIÇÕES PARA OS OUTROS ESTADOS NO CONTEXTO DA ABERTURA DO MERCADO DE GÁS NATURAL

Henrique Silva Reis[1]
Victor José Ferreira Gomes[2]

SUMÁRIO:

1 INTRODUÇÃO

É inegável que as matrizes energéticas e elétrica do Brasil estão entre as mais limpas do mundo, o que coloca o país em uma posição

---

1 Henrique Reis é advogado. Atua há 10 anos em questões regulatórias e comerciais de natureza estratégica de agentes, Associações e investidores do setor de energia elétrica, sendo 7 anos em Brasília junto ao escritório especializado em regulação do setor elétrico. É graduado em Direito pela Universidade Federal de Viçosa - UFV (2008), com LLM em Direito Empresarial pela Fundação Getúlio Vargas - FGV (2012) e atualmente está cursando Global MBA Finance (MBA em Finanças) pelo Instituto Brasileiro de Mercado de Capitais - IBMEC.

2 Advogado e economista. MSc em Energy Studies pela University of Dundee. Tem 13 anos de experiência no setor elétrico, com atuação na área de regulação, comercialização e desenvolvimento de projetos de geração.

de destaque e de liderança no atual cenário de transição energética para uma economia de baixo carbono. Atualmente, a matriz energética é composta por 47% de energia renovável e a elétrica tem 80% de sua capacidade instalada advinda de fontes renováveis, com estimativa de ampliação para 84% até 2030[3].

Essa participação relevante das renováveis na matriz contribui para que o Brasil tenha condições de cumprir as metas estabelecidas no Acordo de Paris, em que o país se comprometeu a reduzir as emissões de gases de efeito estufa ("GEE") em 37% entre 2005 e 2025. Não obstante, a desafiadora meta do Acordo, e o próprio aumento da participação de fontes renováveis na matriz elétrica, em especial daquelas com variabilidade de produção de energia elétrica (solar e eólica), impõe a necessidade de investimentos em outros insumos energéticos, de maneira a assegurar a adequabilidade e a confiabilidade do sistema.

Nesse contexto, o gás natural tem sido apontado como o combustível fóssil que poderá oferecer a sustentação necessária à continuidade da penetração das renováveis na matriz, sem prejuízo da segurança e flexibilidade do sistema. Inúmeros fatores contribuem para essa perspectiva para o gás natural no contexto da transição energética[4]:

Foi Especialista em Comercialização de Energia da Eneva S.A e Gerente de Regulação da Cia Positiva de Energia. Autor de capítulos de livros e de artigos publicados em periódicos e revistas eletrônicas especializadas no setor de energia.

3 De acordo com o Plano Decenal de Expansão de Energia ("PDE") 2029 elaborado pela Empresa de Pesquisa Energética ("EPE").

4 De acordo com estudiosos do tema, "as diversas formas de utilização do gás natural e as vantagens ambientais relacionadas com o seu uso explicam por que o gás natural vem sendo considerado, por muitos especialistas, como o principal combustível de transição de uma matriz energética baseada em combustíveis fósseis para uma matriz fundamentada em energias mais limpas" (ALMEIDA, Edmar Fagundes de; COLOMER, Marcelo. **A indústria do Gás Natural:** fundamentos técnicos e econômicos. Rio de Janeiro: Synergia: FAPERJ IE/UFRJ: UFF, 2013. p. 7/8).

(i) as inúmeras aplicações do gás como combustível:

> a) para a indústria fornecendo calor de processo na forma de vapor ou água quente ou queima direta em contato com o produto final, função importante para as indústrias de vidro e cerâmica, ou como matéria-prima para a produção de aço, fertilizantes e combustíveis líquidos e;
> b) para geração termelétrica em ciclo simples ou combinado;
> c) para aquecedores de água, fogões, saunas piscinas, lavadoras/secadoras de roupa, climatização de ambientes, entre outras funções, para uso residencial ou comercial;
> d) para uso veicular em motores a combustão interna de ciclo Otto, a partir do Gás Natural Veicular ("GNV").

(ii) as propriedades do gás natural, que o caracterizam como o combustível fóssil com menor emissão de dióxido de carbono ("CO2")[5], principalmente se viabilizada alguma forma de captura e estocagem de emissões (*Carbon Capture and Storage* – CCS), podendo substituir derivados do petróleo mais poluentes, como o óleo combustível e o diesel; (iii) a abundância e liquidez desse insumo no mercado internacional, em especial com o choque de oferta de gás de folhelho (*shale gas*) dos Estados Unidos da América ("EUA") e potencialmente da Argentina (da reserva de *Vaca Muerta*); e (iv) os volumes consideráveis de gás natural provenientes das reservas do pré-sal, os quais, no entanto, têm sido reinjetados, seja para recuperação da pressão dos reservatórios e aumento da produtividade da extração de petróleo, seja pela ausência de demanda firme no país para monetizar o gás natural extraído.

Todavia, a indústria do gás natural depende de uma complexa, robusta e dispendiosa infraestrutura de rede para permitir que o

5 Ainda segundo os especialistas citados, "a queima de gás natural gera menos emissões, principalmente de dióxido de carbono (CO2), do que os demais hidrocarbonetos. Isso porque a molécula de metano gera menor emissão de carbono (sob a forma de CO2) por unidade de energia quando oxidada, uma vez que apresenta a maior relação de hidrogênio/carbono dentre todos os hidrocarbonetos" (ALMEIDA; COLOMER. Op. cit. p. 8).

insumo chegue do poço ao consumidor final. De modo geral, tomando-se como exemplo o gás natural associado do pré-sal brasileiro, após sua extração, o gás deve percorrer um gasoduto de escoamento[6] para chegar até uma Unidade de Processamento ("UPGN")[7]. Na UPGN, o gás natural deve ser tratado[8] e injetado na malha de transporte[9] para que chegue até a concessionária de distribuição local[10], que o fornecerá ao consumidor final.

Nessa linha, o aumento da participação do gás natural na matriz energética brasileira depende, em larga medida, do arcabouço institucional e regulatório da produção, comercialização, transporte e distribuição desse combustível.

O presente artigo analisará os recentes avanços da regulação do Estado do Rio de Janeiro trazidos pelas Deliberações AGENERSA n. 3.862/2019 e n. 4.068/2020, que visam a uma maior abertura do mercado de gás natural e à modernização do arcabouço regulatório do Estado, com a possibilidade de implantação de gasodutos dedicados pelos consumidores livres, autoprodutores e autoimportadores. A análise poderá ser útil para subsidiar iniciativas de modernização e harmonização da legislação estadual de outros entes da Federação.

---

6 Atualmente, há duas rotas em operação (Rotas 1 e 2) e uma em construção (Rota 3), com previsão de entrada em operação em 2021.

7 O Brasil possui 14 (quatorze) UPGNs com capacidade total de processar 95,65 MMm^3/d (Nota Técnica "Propostas para o Mercado Brasileiro de Gás Natural", de 10.06.2019, elaborada pelo Comitê de Promoção da Concorrência no Mercado de Gás Natural do Brasil).

8 O tratamento do gás natural bruto extraído tem por finalidade "separar as frações de hidrocarbonetos pesados e parcela de componentes não hidrocarbonetos do metano" e "atender aos critérios de segurança e qualidade definidos pelos órgãos competentes", conforme Resolução ANP n. 16/2008. O gás natural tratado é quase completamente metano (ALMEIDA; COLOMER. *Op. cit.* p. 4, 5 e 7).

9 A malha existente no Brasil tem a extensão de 9.409 km (conforme Plano Indicativo de Gasodutos de Transporte – PIG, elaborado pela EPE).

10 Hoje o Brasil conta com 27 (vinte e sete) distribuidoras de gás nos estados.

2 DESENVOLVIMENTO DA REGULAÇÃO DO GÁS NATURAL NO BRASIL

No Brasil, houve uma série de tentativas de desenvolver a indústria do gás natural desde a Constituição Federal de 1988 ("CF/88") e a flexibilização do monopólio da União na exploração do petróleo com a Emenda Constitucional n. 09, de 09.11.1995, que deu nova redação ao art. 177[11]. Destaque-se que, meses antes, a Emenda Constitucional n. 05, de 15.08.1995, havia promovido flexibilização similar no art. 25, § 2º, da CF/88, dispositivo que trata da exploração dos serviços locais de gás canalizado pelos Estados[12].

Posteriormente, a Lei n. 9.478/1997 (Lei do Petróleo) consolidou a flexibilização do monopólio da União na exploração de hidrocarbonetos e criou a Agência Nacional do Petróleo ("ANP"[13]) e o Conselho Nacional de Política Energética ("CNPE"). Mais de uma década depois, a Lei n. 11.909/2009, a chamada Lei do Gás, foi aprovada com o objetivo de regulamentar as diversas etapas e os agentes da cadeia produtiva do gás natural, a partir da instituição das figuras do autoimportador, autoprodutor e consumidor livre, a fim de estimular investimentos no setor.

11 A redação original do dispositivo vedava à União ceder ou conceder qualquer tipo de participação, em espécie ou em valor, na exploração de jazidas de petróleo ou gás natural. Com a alteração, o dispositivo passou a ter a seguinte redação: "Art. 177 Constituem monopólio da União: I – a pesquisa e a lavra das jazidas de petróleo e gás natural e outros hidrocarbonetos fluidos; [...] § 1º A União poderá contratar com empresas estatais ou privadas a realização das atividades previstas nos incisos I a IV deste artigo observadas as condições estabelecidas em lei" (BRASIL, 1988).

12 Nesse caso, a redação original previa a exploração direta dos serviços pelos Estados ou mediante concessão restrita a empresa estatal, com exclusividade de distribuição. Com a alteração, o dispositivo passou a ter a seguinte redação: "Art. 25 [...] § 2º Cabe aos Estados explorar diretamente, ou mediante concessão, os serviços locais de gás canalizado, na forma da lei, vedada a edição de medida provisória para a sua regulamentação" (BRASIL, 1988).

13 Atualmente denominada Agência Nacional do Petróleo, Gás Natural e Biocombustíveis ("ANP").

No entanto, poucos avanços[14] foram obtidos ao longo dos anos, não tendo sido observada no Brasil uma ampliação significativa (i) na participação de novos agentes nessa indústria[15]; e (ii) na participação do gás na matriz energética (hoje em torno de 12,5%[16]). Muito desse insucesso é atribuído à posição de agente dominante exercida pela Petróleo Brasileiro S.A. ("Petrobras") nessa indústria, o que representava uma barreira à entrada de novos investidores e agentes. O cenário há 5 (cinco) anos apontava a seguinte posição da Petrobras[17]:

a) Mais de 80% da produção nacional[18];
b) 99,1% da importação por gasoduto ou por GNL;
c) titular de 3 (três) Terminais de Gás Natural Liquefeito ("GNL"), responsável por todo o volume importado;
d) 94,9% da oferta total de gás natural ao mercado;
e) proprietária de todas as UPGNs[19] e detentora de participação em infraestrutura de escoamento;

[14] O estágio de baixa maturidade é reconhecido pelo relatório de Diretrizes Estratégicas elaborado no âmbito da Iniciativa Gás Para Crescer: "A indústria de gás natural brasileira é caracterizada por elevada concentração tanto da oferta quanto da demanda (restrita a poucos Estados da Federação), encontrando-se em um estágio de baixa maturidade e dinamismo de mercado" (BRASIL, 2016, p. 4).

[15] Conforme reconhecido pelo Relatório Técnico elaborado no âmbito da Iniciativa Gás Para Crescer, de outubro de 2016: "Atualmente, passados quase oito anos da publicação da Lei, e seis de sua regulamentação, nota-se que apesar dos avanços na legislação e na regulação, não se observa no Brasil uma ampliação significativa da participação de novos agentes na indústria do gás natural" (BRASIL, 2016, p. 5).

[16] BRASIL. Balanço Energético Nacional de 2019. **Empresa de Pesquisa Energética**, Rio de Janeiro, 2019.

[17] Informações extraídas do já citado Relatório Técnico elaborado no âmbito da Iniciativa Gás Para Crescer, de outubro de 2016.

[18] Novamente de acordo com o Relatório Técnico elaborado no âmbito da Iniciativa Gás Para Crescer, de outubro de 2016: "Em 2015, a participação da Estatal na produção nacional atingiu 78,1 milhões de m3/dia, que correspondem a 81,2% da produção nacional total" (BRASIL, 2016, p. 10).

[19] Atualmente, com a Autorização n. 248, de 15.04.2020, à UPGN da Alvopetro, localizada na Bahia, apenas uma unidade não pertence à Petrobras.

f) 97% da participação dos 9.409 km da malha dutoviária do País, por suas subsidiárias Petrobras Logística de Gás S.A.[20] e Transportadora Associada de Gás S.A. (hoje controlada pelo grupo Engie)[21];
g) praticamente a única carregadora dos gasodutos de transporte;
h) detém participação direta ou por meio da Petrobras Gás S.A. ("Gaspetro") em 20 (vinte) das 27 (vinte e sete) distribuidoras estaduais;
i) sexto maior agente de geração de energia elétrica do país, com 6,24 GW, com 48% da capacidade instalada de geração a partir de gás natural (consumo de 26% da oferta total de gás) e 4% da capacidade instalada total do país.

Mais recentemente, a Iniciativa Gás Para Crescer de junho de 2016, conduzida pelo Ministério de Minas e Energia ("MME"), a partir de discussões com especialistas do setor público e privado, fez um diagnóstico abrangente dos principais gargalos do segmento, considerando: (i) a nova política de desinvestimentos executados e planejados da Petrobras na cadeia de gás natural e energia; (ii) as boas expectativas em relação ao desenvolvimento do gás do pré-sal nos próximos anos, principalmente na Bacia de Santos (expectativa de quase dobrar em 10 anos, de acordo com o Plano Decenal de Expansão de Energia de 2019).

A iniciativa também propôs algumas medidas a serem tomadas no sentido de um mercado com maior diversidade de agentes, liquidez, transparência, boas práticas, desverticalização, garantia de suprimento e competitividade. Com isso, o Gás Para Crescer inspirou e criou as bases para:

(i) no final de 2016, a Consulta Pública n. 20/2016 instaurada pelo MME para discutir melhor o tema com a sociedade;

20 Com 51% da Transportadora Brasileira Gasoduto Bolívia-Brasil S.A. ("TBG") e 25% da Transportadora Sulbrasileira de Gás S.A. ("TSB").

21 No caso da Nova Transportadora do Sudeste ("NTS"), o grupo canadense Brookfield adquiriu 90% da participação e a Petrobras manteve 10%.

(ii) no final de 2017, a apresentação de um substitutivo ao Projeto de Lei n. 6407/2013 (Nova Lei do Gás);
(iii) em 2019, a edição da Resolução CNPE n. 04/2019, que criou o Comitê de Promoção da Concorrência do Mercado de Gás Natural no Brasil, com a finalidade de propor diretrizes e aprimoramentos voltados à promoção da livre concorrência no mercado de gás natural e de boas práticas regulatórias por parte dos entes federativos; e
(iv) ainda em 2019, a instituição do Programa Novo Mercado de Gás Natural ("NMGN")[22], com a edição da Resolução CNPE n. 16/2019, que traz princípios e diretrizes para a transição para um mercado concorrencial de gás natural.

Uma das principais medidas a serem adotadas nesse Novo Mercado seria a substancial alteração do papel do atual agente dominante nesse mercado: a Petrobras. Desse modo, como primeiras medidas, (i) em junho de 2019 a Petrobras concluiu a venda da TAG ao grupo Engie e (ii) em julho de 2019, celebrou um Termo de Cessação de Conduta ("TCC") com o Conselho Administrativo de Defesa Econômica ("CADE"). O TCC estabelece um conjunto de ações e uma série de compromissos de desinvestimentos e outras obrigações à estatal para tentar endereçar alguns dos principais problemas concorrenciais e de acesso à infraestrutura existente identificados como entraves para a abertura do mercado de gás natural.

O TCC representa um grande marco para a abertura do mercado de gás natural e despertou um forte movimento de busca por oportunidades e de desenvolvimento de soluções para o fornecimento de gás. Por outro lado, ainda há muito a ser discutido e desenvolvido para que esse NMGN de fato se torne uma realidade.

Um dos principais aspectos, previsto no art. 2º, VII, da Resolução CNPE n. 16/2019[23], seria a adoção de boas práticas regulatórias e a har-

---

22 Ou o chamado "Choque da Energia Barata" expressão que vem sendo utilizada pelo atual Ministro da Economia Paulo Guedes.

23 "Art. 2º A transição para o mercado concorrencial de gás natural deverá ocorrer de forma coordenada, de modo a: [...] VII – incentivar a adoção

monização de regras no âmbito dos Estados, que detêm o monopólio da distribuição de gás canalizado, nos termos do art. 25, § 2º, da CF/88.

Dessa forma, considerando (i) o princípio federativo, que dá autonomia aos entes da federação, (ii) as diferentes características, (iii) estágio de maturidade do mercado e (iv) a própria relevância atual do papel do gás natural nas economias locais, a questão da harmonização de regras no âmbito dos Estados se afigura como um dos aspectos mais desafiadores para a abertura do mercado.

De todo modo, há Estados que têm sido pioneiros na adoção de medidas voltadas à abertura do mercado de gás natural, principalmente em relação (i) à redução dos limites de consumo para o consumidor de gás natural ser considerado um consumidor livre e, consequentemente, adquirir o combustível em um mercado competitivo; e (ii) à regulamentação da possibilidade de construção de gasodutos dedicados, não conectados à malha de distribuição de gás natural.

Esse é o caso do Estado do Rio de Janeiro, capitaneado por sua Agência Reguladora de Energia e Saneamento Básico ("AGENERSA"), que deliberou recentemente sobre a reformulação do arcabouço regulatório para autoprodutor, autoimportador e consumidor livre, como se verá adiante.

3 DELIBERAÇÕES AGENERSA N. 3.862, DE 18.06.2019 E 4.068, DE 12.02.2020

Antes mesmo da edição da Resolução CNPE n. 16/2019, o Conselho Diretor da AGENERSA já havia instaurado o processo n. E-22/007.300/2019, visando ao aprimoramento do arcabouço regulatório, em especial no que diz respeito ao regime aplicável ao autoprodutor, ao autoimportador e ao consumidor livre.

voluntária, pelos Estados e o Distrito Federal, de boas práticas regulatórias relacionadas à prestação dos serviços locais de gás canalizado, que contribuam para a efetiva liberalização do mercado, o aumento da transparência e da eficiência, e a precificação adequada no fornecimento de gás natural por segmento de usuários" (BRASIL, 2019).

O processo resultou na edição da Deliberação n. 3.862, de 18.06.2019, a qual foi objeto de Embargos interpostos por diversos agentes. Após a análise dos recursos, foi publicada a Deliberação n. 3.967, de 10.10.2019, que manteve integralmente a decisão anterior, tendo sido também objeto de recurso por algumas entidades interessadas[24]. Por fim, na sessão regulatória de 12.02.2020, o Conselho Diretor da AGENERSA aprovou a Deliberação n. 4.068/2020, que consolida o novo arcabouço regulatório para autoimportador, autoprodutor e consumidor livre de gás natural no Estado do Rio de Janeiro. Formalmente, a Deliberação n. 4.068/2020 incluiu dispositivos na Deliberação n. 3.862/2019, revogando todos os dispositivos sobre a matéria até então em vigor.

Assim, os principais aspectos abrangidos pela Deliberação n. 4.068/2020 que serão objeto deste artigo são os seguintes:

> (i) Redução do consumo mínimo para participação no mercado livre: 10.000 m³/dia e migração ao mercado livre mediante comunicação com antecedência de 12 (doze) meses à distribuidora; e
> (ii) Regulamentação da construção de gasoduto dedicado pelos Agentes Livres cujas necessidades não possam ser atendidas pela Distribuidora Local, bem como a previsão de tarifas específicas para esses agentes.

3.1 Redução do consumo mínimo para participação no mercado livre

Em regra, atualmente as distribuidoras de gás canalizado prestam dois serviços aos seus consumidores: (i) serviço de movimentação/distribuição do gás natural, conforme sua competência constitucional; (ii) comercialização (compra e venda) da molécula.

---

24 Recorreram da decisão (i) o Estado do Rio de Janeiro; (ii) as concessionárias CEG e CEG Rio; (iii) a Petrobras; (iv) o Instituto Brasileiro de Petróleo, Gás e Biocombustíveis ("IBP"); (v) a Associação Brasileira de Geradoras Termelétricas ("ABRAGET"); e (vi) a Marlim Azul Engenharia S.A. ("Marlim Azul").

Em experiências internacionais de mercados liberalizados, optou-se por desverticalizar as atividades das distribuidoras e permitir que o consumidor possa comprar o gás natural diretamente de produtores, carregadores ou comercializadores. Tal liberalização tem o objetivo de fomentar a concorrência e, por consequência, dinamizar e eficientizar o mercado, com o objetivo último de reduzir o preço do insumo ao consumidor final.

No Brasil, o art. 2º, XXXI, da Lei n. 11.909/2009 conceitua consumidor livre como aquele "que, **nos termos da legislação estadual aplicável**, tem a opção de adquirir o gás natural de qualquer agente produtor, importador ou comercializador"[25] - sem grifos no original. Nesse sentido, alguns Estados regulamentam o consumo mínimo para elegibilidade ao mercado livre de gás natural.

No Estado do Rio de Janeiro, até a edição da Deliberação AGENERSA n. 3.862/2019, o consumo mínimo para participação no mercado livre era de 100.000 m^3/dia, o que inviabilizava a livre escolha do fornecedor de gás natural por uma série de pequenas e médias indústrias, bem como por centrais termelétricas de pequeno porte.

A Deliberação n. 3.862/2019, em sua redação original, por sua vez, fixou o consumo mínimo em 300.000 m^3/mês, volume que foi alterado para 10.000 m^3/dia na Deliberação n. 4.068/2020, nos seguintes termos:

> Art. 1º - Ficam estabelecidas, para fins de regulamentação pela AGENERSA, com base na Lei n. 11.909/2009, nos Decretos n. 7382/2010, e nas Resoluções ANP n. 51 e 52/2011, as seguintes definições:

[25] BRASIL. Lei n. 11.909, de 04 de março de 2009. Dispõe sobre as atividades relativas ao transporte de gás natural, de que trata o art. 177 da Constituição Federal, bem como sobre as atividades de tratamento, processamento, estocagem, liquefação, regaseificação e comercialização de gás natural; altera a Lei nº 9.478, de 6 de agosto de 1997; e dá outras providências. **Diário Oficial da União**, Brasília, 05 mar. 2009.

> Consumidor Livre: agente que adquirir gás natural de qualquer produtor, importador ou comercializador, com consumo mínimo de 10.000 m³/dia de gás[26].

Como se percebe, na fase de discussões entre as Deliberações n. 3.862/2019 e n. 4.068/2020, foi alterada a base temporal para aferição do consumo mínimo, de mensal para diária. A redação anterior (art. 4º da Deliberação n. 3.862/2019) dispunha que "[...] será considerado Consumidor Livre o agente que consumir no mínimo 300.000 m³/mês de gás natural, sem restrição de consumo mínimo diário"[27].

Nesse contexto, a literalidade da redação conduz ao entendimento de que o consumidor livre seria obrigado a diariamente consumir mais do que 10.000 m³/dia, não podendo modular e sazonalizar seu consumo (ao longo dos dias da semana ou dos meses do ano) de forma que, em determinados dias, tenha consumo inferior ao mínimo. Nesse contexto, para garantir a participação no mercado livre de diversas indústrias com características de consumo sazonais (e até mesmo indústrias que não operam nos fins de semana, por exemplo), é importante que a regra preveja que o consumo mínimo diário deverá ser aferido com base em média móvel anual ou com base no consumo potencial máximo do consumidor.

Além disso, o normativo, em seu artigo 19, permite a migração de consumidores cativos para o mercado livre, desde que a respectiva distribuidora seja comunicada com antecedência mínima de 12 (doze) meses.

A Resolução também estabeleceu, em seu art. 13, que os consumidores livres e outros chamados agentes livres (autoprodutor e autoimportador) deverão pagar uma Tarifa de Uso do Sistema de

---

26 RIO DE JANEIRO. Deliberação AGENERSA n. 3.862, de 18 de junho de 2019. Dispõe sobre estudo e reformulação do arcabouço regulatório para autoprodutor, autoimportador e consumidor livre e dá outras providências. **Diário Oficial do Estado do Rio de Janeiro**, Rio de Janeiro, 18 jun. 2019.

27 RIO DE JANEIRO. Deliberação AGENERSA n. 4.068, de 12 de fevereiro de 2020. Dispõe sobre estudo e reformulação do arcabouço regulatório para autoprodutor, autoimportador e consumidor livre e dá outras providências. **Diário Oficial do Estado do Rio de Janeiro**, Rio de Janeiro, 14 fev. 2020.

Distribuição ("TUSD") correspondente à margem do segmento de consumo da distribuidora, deduzindo-se os encargos de comercialização pela aquisição do gás natural.

Já aqueles consumidores livres conectados diretamente à malha de transporte ou a UPGN, terminal de GNL e outras fontes de suprimento pagarão uma TUSD específica para os gasodutos dedicados a essas conexões, conforme se verá no capítulo seguinte.

Para proporcionar maior transparência à comercialização de energia no mercado cativo e minimizar o impacto de contratos legados, o normativo determina, em seu art. 17, que:

> (i) os futuros contratos de aquisição de gás natural pelas concessionárias, bem como os aditivos com as supridoras deverão ser submetidos à homologação da AGENERSA; (ii) a aquisição de gás natural pelas distribuidoras deverá ser realizada por Chamamento Público, visando promover a livre concorrência, economicidade e redução de tarifas; (iii) os contratos deverão ter cláusulas que permitam flexibilização do take-or-pay em virtude de migração de consumidores ao mercado livre[28].

Apesar dos ajustes necessários na base temporal para aferição do consumo mínimo, não há dúvidas de que o Estado do Rio de Janeiro deu um passo importante para a abertura do mercado de gás. No entanto, é de se reconhecer que, devido à estrutura atual do mercado no Brasil, tais avanços, apesar de relevantes e até mesmo imprescindíveis para a modernização, não são suficientes para atrair a efetiva concorrência na comercialização de gás natural no Estado do Rio de Janeiro e, consequentemente, preços menores aos consumidores.

Conforme descrito no Relatório do Subcomitê Técnico de Comercialização de Gás Natural da Iniciativa Gás para Crescer, há um monopólio de fato na comercialização de gás natural no Brasil, devido a uma série de barreiras à entrada, tanto legais como decorrentes

---

28 As distribuidoras terão até 12 (doze) meses para se adequar aos itens (i) e (iii).

da estrutura de mercado. O poder de decisão, tanto do lado da oferta quanto da demanda de gás natural, está concentrado em poucos *players* verticalizados, que podem adotar práticas anticompetitivas e *self-dealing*, em detrimento dos consumidores e demais competidores.

A maior abertura do mercado livre de gás natural tem o potencial de elevar a compra de gás natural. Entretanto, caso não sejam tomadas medidas para reduzir a concentração de mercado (tais como como programas de liberação de gás – *gas release*) e promover a desverticalização dos agentes no setor de gás natural, é provável que a redução dos limites do mercado livre não atinja seu objetivo de aumentar substancialmente o número de fornecedores e de consumidores com liberdade de escolha quanto à solução de fornecimento da molécula em um mercado competitivo e transparente.

3.2. Construção de Gasoduto dedicado pelos agentes livres

Um dos temas relevantes trazidos pela Lei do Gás, com impactos na regulação estadual, foi a permissão aos consumidores livres, autoprodutores e autoimportadores (chamados, em conjunto, de agentes livres pela AGENERSA) de construção direta de instalações de distribuição, nos seguintes termos:

> Art. 46. O consumidor livre, o autoprodutor ou o auto-importador cujas necessidades de movimentação de gás natural não possam ser atendidas pela distribuidora estadual poderão construir e implantar, diretamente, instalações e dutos para o seu uso específico, mediante celebração de contrato que atribua à distribuidora estadual a sua operação e manutenção, devendo as instalações e dutos ser incorporados ao patrimônio estadual mediante declaração de utilidade pública e justa e prévia indenização, quando de sua total utilização. § 1º As tarifas de operação e manutenção das instalações serão estabelecidas pelo órgão regulador estadual em observância aos princípios da razoabilidade, transparência, publicidade e às especificidades de cada instalação. § 2º Caso as instalações e os dutos sejam construídos e implantados pelas distribuidoras estaduais, as tarifas estabelecidas pelo órgão regulador estadual considerarão os

> custos de investimento, operação e manutenção, em observância aos princípios da razoabilidade, transparência, publicidade e às especificidades de cada instalação. § 3º Caso as instalações de distribuição sejam construídas pelo consumidor livre, pelo autoprodutor ou pelo auto-importador, na forma prevista no **caput** deste artigo, a distribuidora estadual poderá solicitar-lhes que as instalações sejam dimensionadas de forma a viabilizar o atendimento a outros usuários, negociando com o consumidor livre, o autoprodutor ou o auto-importador as contrapartidas necessárias, sob a arbitragem do órgão regulador estadual[29].

No entanto, como se percebe, o dispositivo legal depende da regulamentação de alguns parâmetros, tais como: (i) a caracterização da impossibilidade de atendimento pela concessionária de distribuição; (ii) a metodologia de cálculo da tarifa específica; e (iii) a forma e o momento da transferência do ativo ao Estado, bem como o valor da indenização devida ao agente livre detentor da infraestrutura transferida.

A regulamentação do tema se mostra de extrema relevância para o desenvolvimento do mercado de gás, pois (i) proporciona maior segurança jurídica à construção de gasodutos pelos potenciais consumidores de gás localizados próximos à malha de transporte, à UPGN ou a terminais de GNL, e (ii) evita que os potenciais consumidores dependam da expansão da malha da distribuidora para ter acesso ao insumo.

Vale destacar, por oportuno, que, independentemente da regulamentação do art. 46 da Lei do Gás, há relevante discussão jurídica atual sobre a (des)necessidade de submissão à regulação (e tarifas) estaduais a operação de dutos de escoamento de transporte. Em determinados casos, alguns agentes defendem que alguns dutos construídos para atendimento às necessidades dos Agentes Livres não

---

29 BRASIL. Lei n. 11.909, de 04 de março de 2009. Dispõe sobre as atividades relativas ao transporte de gás natural, de que trata o art. 177 da Constituição Federal, bem como sobre as atividades de tratamento, processamento, estocagem, liquefação, regaseificação e comercialização de gás natural; altera a Lei nº 9.478, de 6 de agosto de 1997; e dá outras providências. **Diário Oficial da União**, Brasília, 05 mar. 2009.

poderiam ser classificados como duto de distribuição de gás natural.

Nessa linha, após ampla discussão com a sociedade, a Deliberação AGENERSA n. 4.068/2020 regulamentou o tema.

O art. 3º do normativo conceitua os "gasodutos dedicados" como "aquele utilizado para abastecer, especificamente, Agente Livre diretamente conectado ao transportador, UPGN, terminal de GNL, ou a outras fontes de suprimento, devidamente autorizadas pela ANP, desde que não interligado à malha física da Distribuidora"[30].

Os arts. 4º ao 12 trazem as regras para a construção e operação dos gasodutos dedicados, que podem ser resumidas abaixo:

> (i) durante os 3 (três) primeiros anos de vigência da Deliberação, a construção de gasodutos dedicados é autorizada apenas para novos agentes livres, ainda não interligados à malha de distribuição na data de publicação da Deliberação, com exceção dos casos de contratação de capacidade adicional no mercado livre por agentes livres, para expansão de suas capacidades produtivas;
> (ii) fica caracterizada a impossibilidade da distribuidora de atender as necessidades de movimentação de gás natural quando (a) a infraestrutura existente não atender as necessidades requeridas pelos Agentes Livres, necessitando da construção de gasoduto dedicado; (b) o prazo para início ou término da construção ou da entrada em operação do gasoduto dedicado, a ser construído pela distribuidora for incompatível com as necessidades e expectativas dos Agentes Livres; (c) os custos para construção do gasoduto dedicado pela Distribuidora forem superiores aos estimados pelo agente livre; (d) a distribuidora não puder atender condições específicas para movimentação de gás natural e construção do gasoduto dedicado relativas ao empreendimento do Agente Livre.
> (iii) A distribuidora deverá responder em até 30 (trinta) dias a consulta dos agentes livres sobre suas necessidades

[30] RIO DE JANEIRO. Deliberação AGENERSA n. 4.068, de 12 de fevereiro de 2020. Dispõe sobre estudo e reformulação do arcabouço regulatório para autoprodutor, autoimportador e consumidor livre e dá outras providências. **Diário Oficial do Estado do Rio de Janeiro**, Rio de Janeiro, 14 fev. 2020.

de movimentação de gás natural, podendo o prazo ser ampliado em mais 30 (trinta) dias em caso de dúvidas sobre a matéria da consulta;
(iv)caso a resposta da Distribuidora caracterize uma das hipóteses de impossibilidade de atendimento, os agentes livres poderão construir o gasoduto dedicado;
(v) o agente livre e a Distribuidora deverão celebrar em até 120 (cento e vinte) dias após o início das obras de construção pelo agente livre, contrato de operação e manutenção;
(vi)Em caso de exigências desnecessárias, protelatórias ou de negativa à assinatura do contrato de operação e manutenção, o agente livre poderá assumir provisoriamente a operação e manutenção do gasoduto dedicado, após procedimento próprio a ser instaurado na AGENERSA;
(vii) Os novos agentes livres, com consumo mínimo de 100.000 m3/dia, que demonstrem que seu empreendimento traz impactos benéficos para a economia local, poderá assumir a obra do gasoduto dedicado quando eventual atraso da distribuidora comprometer a entrada em operação do empreendimento.

Não obstante os avanços da regulação em relação às regras protetivas aos agentes livres quanto a eventual abuso ou inércia por parte das Distribuidoras durante as fases de construção e operação do gasoduto dedicado, alguns ajustes ainda são necessários.

Um dos pontos que chama atenção na nova Deliberação (4.068) é o direito de preferência da Distribuidora em relação à construção do gasoduto dedicado, invertendo a lógica do art. 6º da Deliberação anterior (3.862) de que o " [...] os agentes livres, e somente eles, podem, se assim desejarem, construir instalações [...]"[31]. Tendo em vista os princípios do Novo Mercado de Gás, é importante que sejam eliminadas barreiras e possíveis empecilhos aos agentes que

[31] RIO DE JANEIRO. Deliberação AGENERSA n. 3.862, de 18 de junho de 2019. Dispõe sobre estudo e reformulação do arcabouço regulatório para autoprodutor, autoimportador e consumidor livre e dá outras providências. **Diário Oficial do Estado do Rio de Janeiro**, Rio de Janeiro, 26 jun. 2019.

desejam construir gasodutos não interligados à malha da distribuidora. Dessa forma, a preferência pelo agente construtor do gasoduto dedicado deveria ser do agente livre e não da Distribuidora.

Os arts. 14 e 15 apresentam a metodologia de cálculo da TUSD específica (TUSD-E) para os agentes com gasodutos dedicados. O art. 14 estabelece que a TUSD-E deverá ser calculada com base no (i) investimento (quando realizado pelas distribuidoras) e (ii) nos custos de manutenção e operação específicos do gasoduto dedicado, em observância aos princípios da razoabilidade, transparência, publicidade e às especificidades de cada instalação. O art. 15, por sua vez, prevê o desconto (já previsto em regulamentos anteriores) de 22,5% para os novos Agentes Livres termelétricos abastecidos por gasodutos dedicados, no cálculo da margem termelétrica da Distribuidora, devendo optar pela TUSD-E ou pela TUSD-Termelétrica.

Em relação à metodologia tarifária, é importante relembrar que a Lei n. 8.987/1995 estabeleceu, em seu art. 10, o regime de *price cap* nos serviços públicos, afastando o regime de serviço pelo custo até então vigente no país.

Nesse sentido, seguindo a linha da regulação tarifária de outros setores, é importante que, para o cálculo da TUSD-E, a metodologia da Agência se afaste de metodologias de simples apuração e repasse de custos (de capital, caso o investimento seja realizado pela distribuidora) e de operação e manutenção e preveja uma metodologia que induza a eficiência da distribuidora.

Como sugestão para indução à eficiência e proteção aos Agentes Livres, poderia ser adotada a metodologia do Valor Novo de Reposição ("VNR") para o cálculo do investimento no gasoduto dedicado (quando executado pela Distribuidora), com um banco de preços de referência para os materiais e serviços utilizados na construção do gasoduto. Além disso, o valor do O&M poderia ser fixado pela Agência Reguladora como um percentual razoável do valor do investimento.

Por fim, é de se destacar que o Parágrafo Único do art. 3º prevê a perda do direito à TUSD-E (e consequente cobrança da TUSD) no caso de conexões de terceiros aos gasodutos dedicados, exceto os casos de conexões previstas no projeto original de outros Agentes Livres, cuja composição societária conte com participação de sociedade componente do grupo econômico, construtor ou financiador do gasoduto dedicado.

Este também é um tema que merece maior reflexão por parte da Agência Reguladora. Seguindo os princípios do NMGN, para proporcionar segurança e previsibilidade de custos aos investimentos industriais dos Agentes Livres, é importante que a TUSD-E seja garantida por um determinado período de tempo, independente da conexão de terceiros, que é um fato alheio ao controle do Agente Livre que motivou a construção do gasoduto dedicado.

4 CONCLUSÃO

O aumento da participação do gás natural na matriz energética brasileira poderá trazer benefícios ambientais e econômicos para a sociedade. O desenvolvimento do mercado de gás depende de uma série de medidas legais e regulatórias, nos âmbitos federal e estadual, com o objetivo de atingir um maior grau de maturidade, liquidez e competição no mercado.

Além disso, o sucesso do mercado de gás natural depende, em grande medida, do alinhamento entre os Estados da federação para a harmonização das legislações estaduais e a adoção de boas práticas regulatórias que contribuam para a efetiva liberalização do mercado e aumento da transparência e eficiência, conforme previsto na Resolução CNPE n. 16/2019.

Recentemente, o Estado do Rio de Janeiro, por meio da AGENERSA, editou a Deliberação n. 3.862/2019, sucedida pela Deliberação n. 4.068/2020, que passou a regulamentar aspectos regulatórios importantes do mercado de gás, com vistas a criar condições necessárias à liberalização, conforme descrito ao longo do presente artigo.

É certo que o regulamento merece ajustes para proporcionar maior segurança jurídica ao mercado, principalmente em relação (i) à definição da base temporal de aferição do consumo mínimo para participação no mercado livre de gás, que permita a participação no mercado livre de indústrias com características sazonais; (ii) ao direito de preferência aos agentes livres para construção de gasodutos dedicados; (iii) garantia de período razoável de TUSD-E aos agentes livres que construírem seus gasodutos, independentemente do acesso de terceiros; e (iv) definição de regulação tarifária aos gasodutos dedicados que induzam a eficiência das distribuidoras, em linha com o princípio do *price cap* da Lei Geral de Concessões.

De todo modo, não obstante existirem detalhes que merecem melhor reflexão por parte da AGENERSA, é importante que os demais estados da federação sigam o exemplo do Rio de Janeiro e editem regulamentos que (i) uniformizem o consumo mínimo para participação no mercado livre, que, num primeiro momento, poderia ser fixado em 10.000 m^3/dia, acompanhado de um cronograma uniforme de redução dos limites até a liberalização total do mercado; (ii) prevejam a aquisição transparente, em mecanismo público e competitivo, de gás natural pelas distribuidoras e (iii) regulamentem a possibilidade de construção de gasodutos por consumidores que não possam ser atendidos pelas distribuidoras.

REFERÊNCIAS

ALMEIDA, Edmar Fagundes de, e COLOMER, Marcelo. **A indústria do Gás Natural:** fundamentos técnicos e econômicos. Rio de Janeiro: Synergia: FAPERJ IE/UFRJ: UFF, 2013.

BRASIL. Balanço Energético Nacional de 2019. **Empresa de Pesquisa Energética**, Rio de Janeiro, 2019. Disponível em https://www.epe.gov.br/sites-pt/publicacoes-dados-abertos/publicacoes/PublicacoesArquivos/publicacao-377/topico-494/BEN%202019%20Completo%20WEB.pdf. Acesso em: 21 jun. 2020.

BRASIL. [Constituição (1988)]. Constituição da República Federativa do Brasil de 1988. **Diário Oficial da União**, Brasília, 05 out. 1988. Disponível em: http://www.planalto.gov.br/ccivil_03/constituicao/constituicao.htm. Acesso em: 22.06.2020.

BRASIL. Gás para crescer. **Ministério de Minas e Energia**, Brasília, out. 2016. Disponível em: http://www.mme.gov.br/documents/36216/459237/G%C3%A1s+para+Crescer+-+Diretrizes+Estrat%C3%A9gicas+para+o+desenho+de+novo+mercado+de+g%C3%A1s+natural+no+Brasil.pdf/868020db-e9d8-342e-bbdd-63a8a57a00f9. Acesso em: 21 jun. 2020.

BRASIL. Nota Técnica "Propostas para o mercado brasileiro de gás natural". **Comitê de Promoção da Concorrência no Mercado de Gás Natural do Brasil**, Brasília, out. 2016. Disponível em: http://www.mme.gov.br/documents/36112/491930/2.+Relat%C3%B3rio+Comit%C3%AA+de+Promo%C3%A7%C3%A3o+da+Concorr%C3%AAncia+vfinal+10jun19.pdf/2379cc7f-f6b7-8ba0-72db-1278e7d252ca. Acesso em: 21 jun. 2020.

BRASIL. Lei n. 11.909, de 04 de março de 2009. Dispõe sobre as atividades relativas ao transporte de gás natural, de que trata o art. 177 da Constituição Federal, bem como sobre as atividades de tratamento, processamento, estocagem, liquefação, regaseificação e comercialização de gás natural; altera a Lei nº 9.478, de 6 de agosto de 1997; e dá outras providências. **Diário Oficial da União**, Brasília, 05 mar. 2009. Disponível em: http://www.planalto.gov.br/ccivil_03/_Ato2007-2010/2009/Lei/L11909.htm. Acesso em: 22.06.2020.

BRASIL. Plano Decenal de Expansão de Energia 2029. **Empresa de Pesquisa Energética**, Rio de Janeiro, 2019. Disponível em https://www.epe.gov.br/sites-pt/publicacoes-dados-abertos/publicacoes/PublicacoesArquivos/publicacao-422/PDE%202029.pdf. Acesso em: 21 jun. 2020.

BRASIL. Plano Indicativo de Gasodutos de Transporte – PIG. **Empresa de Pesquisa Energética**, Rio de Janeiro, 2019. Disponível em https://www.epe.gov.br/sites-pt/publicacoes-dados-abertos/publicacoes/PublicacoesArquivos/publicacao-415/PIG%20-%20Plano%20Indicativo%20de%20Gasodutos%20de%20Transporte_EPE2019.pdf. Acesso em: 21 jun. 2020.

BRASIL. Resolução n. 16, de 24 de junho de 2019. Estabelece diretrizes e aperfeiçoamentos de políticas energéticas voltadas à promoção da livre concorrência no mercado de gás natural, e dá outras providências. **Diário Oficial da União**, Brasília, 25 jun. 2019. Disponível em: http://www.in.gov.br/en/web/dou/-/despacho-do-presidente-da-republica-172805973. Acesso em: 22.06.2020.

RIO DE JANEIRO. Deliberação AGENERSA n. 4.068, de 12 de fevereiro de 2020. Dispõe sobre estudo e reformulação do arcabouço regulatório para autoprodutor, autoimportador e consumidor livre e dá outras providências. **Diário Oficial do Estado do Rio de Janeiro**, Rio de Janeiro, 14 fev. 2020.

RIO DE JANEIRO. Deliberação AGENERSA n. 3.862, de 18 de junho de 2019. Dispõe sobre estudo e reformulação do arcabouço regulatório para autoprodutor, autoimportador e consumidor livre e dá outras providências. **Diário Oficial do Estado do Rio de Janeiro**, Rio de Janeiro, 26 jun. 2019.

CONSIDERAÇÕES SOBRE OS IMPACTOS E AS MEDIDAS DE ENFRENTAMENTO DA PANDEMIA DO NOVO CORONAVÍRUS (COVID-19) NO ÂMBITO DOS CONTRATOS DE COMERCIALIZAÇÃO DE ENERGIA ELÉTRICA

Iúlian Miranda[1]

Júlia Gontijo Avelar[2]

SUMÁRIO:

1 INTRODUÇÃO

O presente estudo se propõe a analisar as medidas de enfrentamento e os impactos, verificados até o momento, da pandemia decorrente do alastramento mundial da Covid-19 nos contratos de comercialização de energia elétrica celebrados no Ambiente de Contratação Regulado ("ACR") e no Ambiente de Contratação Livre ("ACL").[3]

---

1 Mestre em Direito Administrativo pela UFMG, professor da PUC-MINAS e advogado.

2 Bacharel em Economia (UFMG) e advogada.

3 "A dicotomia entre o ambiente de contratação regulada e o ambiente de livre contratação denota de forma muito clara a assimetria regulatória existente no setor de energia elétrica. A razão para tanto decorre do fato de que as

A pandemia reconhecida e declarada formalmente pela Organização Mundial da Saúde ("OMS") está impactando fortemente boa parte dos setores econômicos, na medida em que uma das alternativas para reduzir o contágio do vírus é o isolamento social, o que acarreta na paralisação e/ou desaceleração de inúmeras atividades econômicas.

Mesmo as atividades econômicas consideradas essenciais à população, como o fornecimento de energia elétrica, e que, portanto, não podem ser suspensas, estão sendo impactadas pelos efeitos da pandemia.

Diante desse contexto peculiar e considerando o fato de que o setor de comercialização de energia elétrica no Brasil está sendo aprimorado – inclusive com propostas do Poder Público de ampliação gradual do mercado livre de energia – entende-se que é adequado e oportuno analisar os impactos da pandemia, bem como as medidas de enfrentamento adotadas pelo Poder Público e pelos agentes públicos e privados que atuam nesse setor de incontestável relevância socioeconômica.

Apesar de ainda não ser possível compreender a exata dimensão dos impactos da pandemia, tampouco a durabilidade de seus efeitos nos contratos de comercialização de energia elétrica, já é possível identificar e analisar algumas condutas comuns que estão sendo adotadas pelos *players* desse mercado.

Em razão desse cenário, o presente trabalho se propõe a analisar, inicialmente, a natureza jurídica da pandemia, em seguida serão analisadas as medidas de enfrentamento e os impactos, já verificados, da pandemia no âmbito dos contratos de comercialização de energia celebrados no ACR e no ACL.

---

contratações realizadas no segundo ambiente mencionado não contam uma regulação estatal intensa, podendo ser livremente pactuadas entre as partes conforme condições de mercado consideradas satisfatórias". (SCHIRATO, Vitor Rhein. A regulação do setor elétrico brasileiro. Revista de Direito Público da Economia – RDPE, Belo Horizonte, v. 14, n. 53, p. 251-275, jan./mar. 2016. p. 268).

2 DA NATUREZA JURÍDICA DA PANDEMIA

A pandemia decorrente da Covid-19, por si só, não deve ser automaticamente enquadrada em algum instituto jurídico por meio do qual são identificadas todas as consequências jurídicas para as partes de qualquer contrato.

Os efeitos da pandemia possivelmente são distintos nos diversos contratos, administrativos e privados, e suas consequências dependem de análise concreta e individual das cláusulas de cada contrato, bem como da relação de causalidade entre os efeitos da pandemia e a execução das obrigações contratuais, que pode se tornar impossível, mais ou menos onerosa para uma ou ambas as partes contratuais.

Nesse sentido, vale destacar que tanto nos contratos administrativos celebrados no ACR, quanto nos contratos privados celebrados no ACL há de se considerar não só a pandemia, mas os efeitos indiretos que afetam a execução contratual.[4]

A título ilustrativo citam-se alguns dos efeitos diretos e indiretos da pandemia que afetam a execução dos contratos de comercialização de energia elétrica: (a) redução abrupta do consumo por alguns usuários, tanto no mercado livre como no regulado; (b) no mercado cativo, a migração do consumo das classes comercial e industrial (manufaturas e serviços) para a classe residencial; (c) o aumento da inadimplência dos consumidores livres e dos consumidores cativos;

[4] Conforme bem observa Marçal Justen Filho: "Há efeitos indiretos, aptos a afetar a execução de contratos de diversa natureza. São acontecimentos cuja consumação foi desencadeada pela pandemia, ainda que não se relacionem à dimensão patológica do fenômeno. A difusão do vírus e seus efeitos patológicos sobre a população afetada e o combate para prevenir a pandemia produzem repercussões econômicas. No plano econômico, pode-se aludir a uma crise tanto de oferta como de demanda. Isso afeta os diversos mercados, acarretando a redução do ritmo da atividade econômica e variações de preços". (JUSTEN FILHO, Marçal. Efeitos jurídicos da crise sobre as contratações administrativas. *In:* JUSTEN FILHO, Marçal *et. al.* **COVID-19 e o Direito Brasileiro**. Curitiba: Justen, Pereira, Oliveira & Talamini, 2020. p. 09).

(d) a redução da mão de obra utilizada pela geradora e/ou comercializadora de energia elétrica, seja pela contaminação da Covid-19 em seus colaboradores, seja pela impossibilidade de alguns colaboradores continuarem executando as atividades corriqueiras, por pertencerem a grupos de risco, por exemplo; (e) gastos inesperados com a adequação da execução de parte das atividades, como por exemplo, instituição do *home office*; (f) variação cambial, sobretudo a desvalorização da moeda nacional, em porcentagens muito relevantes; (g) a escassez de insumos decorrente da paralisação momentânea de fornecedores etc.

Desse modo, a maior ou menor incidência dos eventos decorrentes da pandemia é que será determinante para se identificar quais serão as normas e as cláusulas contratuais aplicáveis em cada caso concreto e, portanto, como será o enquadramento jurídico da pandemia em cada contrato.

Partindo-se de uma análise geral e abstrata das relações contratuais, percebe-se que a pandemia – e os seus efeitos diretos e indiretos – alterou sobremaneira a demanda por energia elétrica (tanto em relação à redução do consumo, como em relação à alteração do perfil de consumo, com aumento na classe residencial e redução nas demais classes, sobretudo industrial e comercial) e trouxe uma perspectiva de aumento da inadimplência dos consumidores, tanto no ACL, quanto no ACR.

A incidência conjunta desses fatores, especialmente nos contratos privados de comercialização de energia elétrica no âmbito da ACL, está conduzindo os consumidores a reconhecerem a pandemia como evento de caso fortuito ou força maior ou, em situações mais extremas, como um evento que enseja a aplicação da teoria da imprevisão.

O art. 393, parágrafo único, do Código Civil ("CC"), define caso fortuito ou força maior como o fato necessário, cujos efeitos não eram possíveis de serem evitados ou impedidos.[5] A caracterização

[5] "Art. 393. O devedor não responde pelos prejuízos resultantes de caso fortuito ou força maior, se expressamente não se houver por eles responsabilizado.

de um evento como caso fortuito ou força maior poderá justificar a suspensão do adimplemento de obrigações contratuais ou a resolução do contrato.

Vale ressaltar, no entanto, que o próprio CC dispõe que os riscos decorrentes de eventos caracterizados como caso fortuito ou força maior podem ser convencionalmente alocados entre as partes contratantes, conforme se extrai da parte final do art. 393, caput, do CC: "o devedor não responde pelos prejuízos resultantes de caso fortuito ou força maior, se expressamente não se houver por eles responsabilizado"[6] (grifo nosso).

Já a teoria da imprevisão, prevista nos art. 478 e 479 do CC, autoriza a resolução ou a revisão de determinado negócio jurídico em virtude de fato extraordinário e imprevisível que tornou a prestação excessivamente onerosa para uma das partes e vantajosa para a outra.[7]

Como o impacto da pandemia nos contratos de comercialização de energia estão se mostrando bastante severos e não eram passíveis de serem evitados ou impedidos é possível enquadrar a pandemia como caso fortuito ou força maior. Reitera-se, no entanto, que esse enquadramento deve considerar as situações fáticas e, sobretudo, as previsões contratuais sobre caso fortuito e força maior.

Nos contratos administrativos de comercialização de energia celebrados no âmbito do ACR, a pandemia também pode ser

Parágrafo único. O caso fortuito ou de força maior verifica-se no fato necessário, cujos efeitos não era possível evitar ou impedir" (BRASIL, 2002).

6 BRASIL. [Código Civil (2002)]. Lei n. 10.406, de 10 de janeiro de 2002. Institui o Código Civil. **Diário Oficial da União**, Brasília, 11 jan. 2002.

7 "Art. 478. Nos contratos de execução continuada ou diferida, se a prestação de uma das partes se tornar excessivamente onerosa, com extrema vantagem para a outra, em virtude de acontecimentos extraordinários e imprevisíveis, poderá o devedor pedir a resolução do contrato. Os efeitos da sentença que a decretar retroagirão à data da citação. Art. 479. A resolução poderá ser evitada, oferecendo-se o réu a modificar eqüitativamente as condições do contrato" (BRASIL, 2002).

classificada como caso fortuito ou força maior, bem como pode ser possível a aplicação da teoria da imprevisão.[8]

Entretanto, deve-se considerar ainda os efeitos da pandemia que deram origem a medidas de cunho geral editadas pelo Poder Público (Fato do Príncipe). São várias as providências relacionadas ao poder de polícia, por exemplo, que impuseram limitações ou restrições à movimentação de pessoas, com consequente restrição às atividades comerciais.

Citam-se, ainda, medidas que impediram as distribuidoras de energia de suspenderem a prestação do serviço para usuários de baixa renda que ficarem inadimplentes durante o período de calamidade pública decorrente da pandemia.[9]

---

8 Segundo Maria Sylvia Zanella Di Pietro: "Álea econômica, que dá lugar à aplicação da teoria da imprevisão, é todo acontecimento externo ao contrato, estranho à vontade das partes, imprevisível e inevitável, que causa um desequilíbrio muito grande, tornando a execução do contrato excessivamente onerosa para o contratado". (DI PIETRO, Maria Sylvia Zanella. **Direito Administrativo**. 26. ed. São Paulo: Atlas. 2012. p. 291). Sobre a aplicação da teoria da imprevisão nesse cenário de pandemia, vale a transcrição do posicionamento do Marçal Justen Filho: "A ocorrência da pandemia não era previsível, tal como também era inviável antever a dimensão dos reflexos econômicos que seriam produzidos. As contratações em curso de execução contemplaram as condições de mercado então vigentes e as circunstâncias normais e ordinárias inerentes à atividade. Nenhum particular formulou proposta contemplando remuneração para os custos econômicos desencadeados pela crise. Assim, a paralisação da atividade de fornecedores (no exterior e no próprio Brasil) e a desvalorização relevante da moeda nacional são eventos extraordinários, cuja consumação é um efeito indireto da pandemia. Não apenas a ocorrência da pandemia era um evento insuscetível de previdência. Também o eram todas as implicações econômicas dela decorrentes, que estão a produzir tanto uma crise de oferta como de demanda" (JUSTEN FILHO, Marçal. Efeitos jurídicos da crise sobre as contratações administrativas. *In*: JUSTEN FILHO, Marçal et. al. **COVID-19 e o Direito Brasileiro**. Curitiba: Justen, Pereira, Oliveira & Talamini, 2020. p. 12).

9 No dia 24/03, em reunião pública extraordinária, a diretoria da ANEEL decidiu, dentre outras questões, por: "Vedar a suspensão do fornecimento por

A configuração de caso fortuito ou de força maior, de fato do príncipe, fato da administração ou dos pressupostos da teoria da imprevisão poderá suscitar ou a extinção do contrato ou a adoção de providências para modificar as suas condições, como por exemplo a recomposição de sua equação econômico-financeira.

Entretanto, é importante reiterar que a compreensão dos efeitos da pandemia em cada contrato não é automática, portanto, é equivocado adotar como presunção absoluta que a pandemia será necessariamente classificada como caso fortuito ou força maior. Será sempre necessária a comprovação dos impactos e da impossibilidade de cumprimento das obrigações pactuadas.

Independentemente do modo como a pandemia será classificada no âmbito de cada contratação é imprescindível que as partes respeitem o princípio da boa-fé para que sejam leais com a parte adversa e que as medidas a serem adotadas para o enfretamento da pandemia ocorram de modo honesto, transparente e respeitoso.

---

inadimplência de unidades consumidoras residenciais urbanas e rurais, incluindo baixa renda, além de serviços e atividades consideradas essenciais, conforme a legislação, tais como assistência médica e hospitalar, unidades hospitalares, institutos médico-legais, centros de hemodiálise e de armazenamento de sangue, centros de produção, armazenamento e distribuição de vacinas e soros antídotos; tratamento e abastecimento de água; produção e distribuição de energia elétrica, gás e combustíveis; unidade operacional de transporte coletivo; captação e tratamento de esgoto e de lixo; unidade operacional de serviço público de telecomunicações; processamento de dados ligados a serviços essenciais; centro de controle público de tráfego aéreo, marítimo e urbano; instalações que atendam a sistema rodoferroviário e metroviário; unidade operacional de segurança pública, tais como, polícia militar, polícia civil e corpo de bombeiros; câmaras de compensação bancária e unidades do Banco Central do Brasil; e instalações de aduana. É importante destacar que isso não impede medidas de cobranças de débitos vencidos, previstas na legislação, inclusive a negativação do inadimplentes em cadastros de crédito" (BRASIL. COVID-19: Aneel aprova medidas para garantir segurança na distribuição de energia. **Agência Nacional de Energia Elétrica**, Brasília, 24 mar. 2020).

3 MEDIDAS ADOTADAS PARA ENFRENTAMENTO DA PANDEMIA PARA OS CONTRATOS CELEBRADOS NO ACR

No atual modelo setorial as relações de comercialização de energia são estabelecidas no ACR e no ACL.

As distribuidoras têm participação obrigatória no ACR e a contratação ocorre normalmente por meio de leilões para garantir o atendimento à totalidade de seus mercados. Tendo em vista os pilares do setor consubstanciados na segurança do abastecimento e na modicidade tarifária que norteiam o modelo setorial, a legislação exige que as distribuidoras contratem 100% da carga estimada para o seu mercado consumidor de forma antecipada, por meio de leilões regulados,[10] sendo vedada a compra e venda de energia por meio de contratos livremente negociados.

As distribuidoras são responsáveis por fazer suas declarações de demanda para atendimento ao seu mercado futuro, informando sua necessidade de contratação nos leilões a serem realizados no ACR. Para a definição desses montantes, as distribuidoras levam em consideração projeções de cenários para o crescimento da demanda, com base em dados como demografia, população economicamente ativa, número de consumidores potencialmente livres, previsões para o desempenho da economia nos mercados atendidos, entre outros.

Assim, os agentes de distribuição adquirem energia de geradores ou comercializadoras em leilões públicos e formalizam suas relações comerciais por meio de contratos regulados, no âmbito dos quais os preços, montantes e períodos de suprimento são definidos nos leilões ou por meio de algum regime diretamente regulado pela ANEEL (é o caso, por exemplo, dos regimes de Cotas de Garantia Física, Cotas de Energia Nuclear, Cotas de Itaipu e Cotas do PROINFA).

---

[10] A legislação admite sobras contratuais (sobrecontratação) de até 5%, hipótese em que o custo pode ser repassado para as tarifas dos consumidores do mercado cativo. Acima desse percentual, o ônus fica, em regra, para a distribuidora, salvo hipóteses classificadas como exposição involuntária e devidamente aprovadas pela ANEEL.

Portanto, os contratos de compra e venda de energia celebrados no ACR estão sujeitos a forte regulação e, em princípio, não são passíveis de alterações bilaterais por liberalidade dos agentes, como destaca Victor Schirato:

> Como decorre do nome, o ambiente de contratação regulada tem como principal característica a existência de controle estatal e regras mais rígidas nas operações de compra e venda. Os termos e condições não são livremente pactuados pelas partes, mas, sim, fixados segundo regras impostas pela ANEEL e operacionalizadas pela CCEE.[11]

Feitos esses esclarecimentos gerais sobre a contratação de energia no ACR, passa-se a analisar especificamente as medidas adotadas pelo setor elétrico para lidar com os impactos da pandemia do novo coronavírus.

O principal efeito das medidas de isolamento social adotadas para enfrentamento da pandemia foi a forte retração do consumo de energia elétrica, assim como uma alteração do perfil de consumo, com aumento na classe residencial e queda nas demais classes, em especial comercial e industrial.

É evidente que os impactos variam para as diferentes distribuidoras, mas de uma forma geral a redução do consumo provocou um forte aumento no montante de sobrecontratação.

Isso significa que os agentes de distribuição se viram diante da obrigação de pagar pela demanda contratada nos contratos de compra e venda de energia firmados no ambiente regulado, mas apenas parte da carga prevista será efetivamente faturada. A diferença entre os valores a serem pagos no âmbito dos contratos e a arrecadação em razão do consumo de energia dos consumidores no mercado cativo está acarretando sérios problemas para o fluxo de caixa das distribuidoras. O cenário foi agravado tendo em vista que, com

11 SCHIRATO, *op cit.*, p. 266.

a pandemia, houve um aumento da inadimplência verificada pelas distribuidoras.[12]

Diante disso, logo no início da crise algumas distribuidoras chegaram a enviar notificações às suas contrapartes nos contratos de compra e venda de energia regulada, informando que a pandemia caracteriza evento de força maior e que a queda esperada no consumo e no faturamento poderia prejudicar o cumprimento integral dos contratos.

Essas circunstâncias demandaram a adoção de medidas emergenciais pelo Governo para socorro aos agentes de distribuição na busca de uma solução conjuntural, com o objetivo de assegurar o cumprimento de contratos com os demais agentes setoriais e evitar um colapso em cadeia no setor elétrico.

Desde o início da pandemia foi feito o diagnóstico de que as distribuidoras enfrentariam sérios problemas de fluxo de caixa, em razão da menor arrecadação aliada ao aumento da inadimplência, de modo que o MME, a ANEEL e demais agentes do Governo se organizaram para estabelecer medidas de mitigação dos efeitos da sobrecontratação das distribuidoras, buscando assegurar a manutenção dos contratos de compra e venda de energia firmados no ACR.

Destaca-se que as medidas de mitigação adotadas para dar tratamento aos efeitos da redução da carga para os contratos firmados no ACR não são aplicáveis para os contratos do ACL, como esclarece a Nota Técnica n. 01/2020-GMSE/ANEEL, elaborada pelo Gabinete de Monitoramento da Situação Elétrica ("GMSE") da ANEEL[13]:

---

12 Segundo dados da ANEEL, "o Consumo de energia diminuiu aproximadamente 14% no país (em relação ao mesmo período de 2019). [...] Além disso, houve aumento da inadimplência. Apenas pelo efeito Covid, a inadimplência já está em torno de 10%". (BRASIL. FAQ: Confira os esclarecimentos às principais dúvidas sobre a Conta-covid. **Agência Nacional de Energia Elétrica**, Brasília, 26 maio 2020".

13 Por meio da Portaria n. 6.335, de 8 de abril de 2020, a ANEEL constituiu o Gabinete de Monitoramento da Situação Elétrica ("GMSE"), sob coordenação direta da Diretoria Colegiada, com objetivo de coordenar as ações de enfrentamento dos efeitos da pandemia da Covid-19 no setor elétrico.

> Fluxos regulados vs. Fluxos livres – as medidas de mitigação dos efeitos precisam se concentrar na preservação dos fluxos regulados com compra de energia, transmissão de energia e encargos setoriais, além da preservação do serviço público de distribuição de energia elétrica. Os agentes atuantes no mercado livre, por outro lado, precisam buscar soluções próprias de mercado para os impactos da crise. Não obstante, é recomendável que as soluções propostas para os mercados regulados não impactem negativamente a possibilidade de o mercado livre encontrar suas próprias soluções.[14]

Até o momento em que se escreve este artigo já foram adotadas algumas medidas de curto e médio prazo que objetivam principalmente a proteção do fluxo de caixa das distribuidoras para enfrentamento dos impactos decorrentes da redução do consumo e aumento da inadimplência no contexto da pandemia.

Nesse sentido, em 08 de abril de 2020, foram publicadas duas Medidas Provisórias (n. 949/2020 e 950/2020), por meio das quais o Governo Federal estruturou ações temporárias emergenciais específicas para o setor elétrico para enfrentamento da pandemia de coronavírus.

A Medida Provisória n. 949/2020 autorizou o aporte de R$ 900 milhões de recursos da União para a Conta de Desenvolvimento Energético ("CDE").[15] A Medida Provisória n. 950/2020, por sua vez, incluiu como um dos objetivos da CDE prover recursos, exclusivamente por meio de encargo tarifário, e permitir a amortização de operações

---

14 ANEEL, Nota Técnica n. 01/2020-GMSE/ANEEL, p. 9.

15 Criada pela Lei n. 10.438/2002, a Conta de Desenvolvimento Energético consiste em um encargo setorial destinado à promoção do desenvolvimento energético, e seus recursos são destinados a diversos objetivos como: concessão de descontos tarifários a determinadas classes de usuários, como baixa renda; custeio da geração de energia nos sistemas elétricos isolados por meio da Conta de Consumo de Combustíveis – CCC; pagamento de indenizações de concessões; incentivos à expansão da malha de gás natural; entre outros.

financeiras vinculadas a medidas de enfrentamento da pandemia no setor elétrico. O objetivo das medidas provisórias foi viabilizar a contratação de empréstimo para injetar liquidez no setor elétrico.

Na sequência, o Governo Federal editou, em 18 de maio de 2020, o Decreto n. 10.350/2020, regulamentando a Medida Provisória n. 950/2020, para autorizar a criação da chamada Conta-covid, destinada a receber recursos para cobrir *déficits* ou antecipar receitas, total ou parcialmente, referentes a determinados itens que compõem os custos das concessionárias e permissionárias de distribuição. Entre os itens que podem ser custeados pela Conta-covid, destacam-se os efeitos financeiros da sobrecontratação e a concessão de diferimento ou parcelamento das diferenças entre a demanda consumida e contratada dos consumidores do Grupo A, conectados à distribuidora em alta tensão.[16]

Em relação à sobrecontratação, poderão ser custeados pela Conta-covid os efeitos financeiros decorrentes dos montantes das sobras de energia contratada pelas distribuidoras liquidadas no Mercado de Curto Prazo ("MCP") ao Preço de Liquidação de Diferenças ("PLD")[17]. No entanto, serão considerados apenas os montantes de sobra resultantes da redução de consumo em função da pandemia, não abarcando eventual sobrecontratação anterior à crise.

---

16 Nos termos do art. 2º, XXXVII, da Resolução Normativa ANEEL n. 414/2010 pertencem ao Grupo A as unidades consumidoras com fornecimento em tensão igual ou superior a 2,3 kV, ou atendidas a partir de sistema subterrâneo de distribuição em tensão secundária, caracterizado pela tarifa binômia.

17 No caso de consumo de energia inferior ao contratado, a CCEE realiza a contabilização e liquidação do excedente no Mercado de Curto Prazo ("MCP"), que é o mecanismo de compensação multilateral de sobras e déficits no mercado de energia. O excedente é liquidado conforme o Preço de Liquidação de Diferenças ("PLD") calculado pela CCEE, que varia a cada mês, em função do custo efetivo da energia elétrica no submercado em que a unidade consumidora está conectada. No contexto da pandemia, o PLD ficou próximo ao piso em razão da grande oferta de energia, aliado ao volume favorável dos reservatórios das hidrelétricas.

O Decreto estabeleceu, ainda, a possibilidade de as distribuidoras negociarem diretamente e individualmente com consumidores do Grupo A o diferimento ou parcelamento decorrentes de diferenças entre a demanda consumida e a contratada. Os valores da Conta-covid poderão ser utilizados para custeio desse descasamento do fluxo de caixa das distribuidoras em função da concessão do benefício, ficando os consumidores obrigados a ressarcir à conta os valores pagos e proporcionalmente os custos administrativos e financeiros incorridos nas operações de crédito.

A Câmara de Comercialização de Energia Elétrica ("CCEE") assumirá o papel de gestora da Conta-covid tomadora do empréstimo junto a instituições financeiras, enquanto a ANEEL será responsável por homologar mensalmente os valores a serem repassados a cada distribuidora.

O recebimento de valores da Conta-covid pelas distribuidoras está condicionado ao compromisso, em caráter irrevogável e irretratável, de manutenção dos contratos firmados no ambiente regulado, sendo vedada a apresentação de requerimentos de suspensão ou redução dos volumes de energia elétrica adquiridos em razão da diminuição do consumo verificada em sua respectiva área de concessão ou permissão até dezembro de 2020, ressalvadas as hipóteses previstas nas normas setoriais de regência.

Neste aspecto, destaca-se que atualmente já existem instrumentos regulamentados da ANEEL que preveem mecanismos para ajustes e descontratação, instituídos justamente para dar tratamento aos riscos de sub ou sobrecontratação aos quais as distribuidoras se expõem com o modelo setorial de contratação regulada antecipada. É o caso dos mecanismos de compensação de sobras e *déficits*, da previsão de acordos bilaterais entre partes signatárias dos Contratos de Comercialização de Energia no Ambiente Regulado ("CCEARs") e a venda centralizada de excedentes por meio do Mecanismo de Venda de Excedentes ("MVE").[18]

---

[18] A Resolução Normativa ANEEL n. 693/2015 estabelece os critérios para aplicação do mecanismo de compensação de sobras e déficits de energia

Por meio do Despacho n. 936/2020, de 07 de abril de 2020, a ANEEL autorizou o aumento de 15% para 30% do montante de carga que as distribuidoras podem vender por meio do MVE[19] para os processamentos do ano de 2020, em todos os produtos. Ao ampliar a parcela de sobras de energia que as distribuidoras podem comercializar o objetivo da medida é minimizar os efeitos negativos no fluxo de caixa das distribuidoras decorrentes da sobrecontratação involuntária de energia ocasionada pela pandemia.

No entanto, considerando que a redução da carga ocorreu de forma generalizada, atingindo tanto o mercado regulado como o mercado livre, o mais provável é que os meios já existentes para alocação e venda de sobras das distribuidoras, como é o caso do MVE, não sejam eficazes por não haver demanda reprimida no mercado.

No momento em que se escreve esse artigo a Conta-covid aguarda regulamentação pela ANEEL, após contribuições recebidas no âmbito da Consulta Pública realizada entre os dias 27/05/2020 e 1/6/2020. De todo modo, a estruturação das operações financeiras via Conta-covid para viabilizar a injeção de liquidez para as distribuidoras já é vista como um instrumento fundamental para evitar que houvesse descumprimento dos contratos de compra e venda de energia no ambiente regulado pelas distribuidoras em razão dos impactos da pandemia, o que poderia ocasionar a judicialização generalizada no setor.

---

elétrica e de potência de contrato de comercialização de energia elétrica proveniente de novos empreendimentos de geração; a Resolução Normativa ANEEL n. 711/2016 estabelece critérios e condições para celebração de acordos bilaterais entre partes signatárias de Contratos de Comercialização de Energia no Ambiente Regulado – CCEAR; a Resolução Normativa ANEEL n. 824/2018 dispõe sobre a venda de excedentes.

19 O art. 4º, § 13, da Lei n. 9.074/1995, autoriza as distribuidoras de energia elétrica a negociarem contratos de venda de energia elétrica lastreados no excesso de energia contratada para atendimento à totalidade do mercado. O dispositivo foi regulamentado pela Resolução Normativa ANEEL n. 824/2016, que instituiu o Mecanismo de Venda de Excedentes ("MVE"), que consiste atualmente no único mecanismo de transferência de energia entre ACR e ACL, oferecendo um importante instrumento para equilíbrio dos mercados cativo e livre.

4 MEDIDAS ADOTADAS PARA ENFRENTAMENTO DA PANDEMIA PARA OS CONTRATOS CELEBRADOS NO ACL

A Lei n. 10.848, de 15 de março de 2004 buscou inaugurar um novo ciclo de investimento no setor elétrico brasileiro e mitigar riscos de fornecimento de energia elétrica. Nesse sentido, a Lei autorizou a criação da CCEE, pessoa jurídica de direito privado sem fins lucrativos, com a finalidade de gerenciar e coordenar a comercialização de energia elétrica entre concessionários, permissionários autorizatários de serviços, agentes vinculados aos serviços e às instalações de energia elétrica, bem como os consumidores livres (art. 4º).[20] Desde a sua criação, a CCEE assumiu um importante papel na consolidação e evolução do mercado livre de comercialização de energia.

No âmbito do ACL, a energia é negociada livremente entre os agentes, e os consumidores livres e especiais[21] que exerceram a opção de migrar do ACR para o ACL adquirem energia elétrica por meio da celebração de contratos bilaterais diretamente negociados com geradores ou comercializadoras, que estabelecem livremente as condições como quantidade de energia, preço, prazo, flexibilidade, sazonalidade, entre outras. Todos os contratos devem ser registrados

20 "Art. 4º Fica autorizada a criação da Câmara de Comercialização de Energia Elétrica - CCEE, pessoa jurídica de direito privado, sem fins lucrativos, sob autorização do Poder Concedente e regulação e fiscalização pela Agência Nacional de Energia Elétrica - ANEEL, com a finalidade de viabilizar a comercialização de energia elétrica de que trata esta Lei. § 1º A CCEE será integrada por titulares de concessão, permissão ou autorização, por outros agentes vinculados aos serviços e às instalações de energia elétrica, e pelos consumidores enquadrados nos arts. 15 e 16 da Lei n. 9.074, de 7 de julho de 1995". Vale destacar que antes da criação da CCEE cabia ao Mercado Atacadista de Energia Elétrica (MAE) gerenciar as operações de compra e vende de energia elétrica no mercado nacional, nos termos da Lei n. 9.648 de 20 de maio de 1998.

21 Nos termos dos arts. 15 e 16 da Lei n. 9.074/1995, podem ser (i) consumidores livres a unidade consumidora com demanda mínima de 3Mw e tensão mínima de 69kV (conexão elétrica anterior a 08/07/1995) ou 2,3kV (após 08/07/1995); (ii) consumidores especiais a unidade consumidora ou conjunto de unidades consumidoras com demanda mínima de 500kW e tensão mínima de 2,3kV.

perante a CCEE, que é a responsável pela contabilização da energia elétrica produzida e consumida no Brasil e liquidação financeira.[22]

Como já dito anteriormente, as medidas de isolamento social adotadas para o enfrentamento da pandemia do novo coronavírus impactaram fortemente diversas atividades econômicas, em especial a indústria e o varejo, que em muitos casos se viram obrigados a reduzir ou mesmo paralisar as suas atividades. Consequentemente, inúmeros consumidores livres e especiais tiveram uma queda abrupta no seu consumo de energia, gerando excedentes em relação à energia contratada nos contratos firmados com geradores e comercializadoras.

Diante disso, logo no início das medidas de isolamento social, muitos agentes consumidores apresentaram notificações aos vendedores solicitando a revisão dos contratos e invocando a ocorrência de caso fortuito ou força maior. Nesse sentido, alguns consumidores fizeram uma relação imediata e automática de que a pandemia é inequivocamente um evento caracterizado como caso fortuito e/ ou força maior, buscando, de maneira muitas vezes oportunista, se aproveitar do evento para não cumprir suas obrigações contratuais.

Entretanto, conforme já exposto, no ACL os contratos de compra e venda de energia são livremente negociados entre as partes, que podem prever efeitos específicos no caso de ocorrência de

---

22 Uma das atribuições da CCEE é o processamento da contabilização de toda a energia elétrica produzida e consumida no Brasil, com base nos montantes de energia previstos nos contratos de compra e venda de energia elétrica registrados na Câmara, tanto os do ACL como do ACR. Ou seja, a CCEE contabiliza as diferenças entre a energia contratada e o que foi efetivamente verificado (gerado ou consumido, conforme o caso), nos termos das regras e procedimentos de comercialização aprovados pela ANEEL. As eventuais diferenças entre o montante de energia elétrica que foi produzido/consumido e o montante que foi contratado serão liquidadas no Mercado de Curto Prazo ao PLD. Ao fim da liquidação serão identificados os agentes que produziram menos ou mais energia do que venderam e os agentes que consumiram mais energia do que compraram. A partir da verificação do descumprimento de obrigações decorrente desse descompasso entre o que foi contratado e o que foi entregue e/ou consumido, ficam os agentes sujeitos às penalidades a serem aplicadas pela CCEE e pela ANEEL.

caso fortuito e força maior, por exemplo. Ademais, existe o dever de demonstrar a efetiva caracterização de um evento de força maior ou caso fortuito, inclusive quanto à impossibilidade de cumprimento das obrigações pactuadas no âmbito do contrato.

Houve ainda um movimento, embora não generalizado, de judicialização dos contratos, sendo que alguns consumidores ajuizaram ações judiciais buscando a obtenção de liminares para reconhecimento do direito a pagar apenas pela energia efetivamente consumida, e não integralmente pela energia contratada.[23] Ressalta-se que os contratos celebrados no âmbito do ACL possuem cláusula arbitral, de modo que eventuais litígios serão definidos pelos Tribunais Arbitrais, que tendem a priorizar a observância das regras livremente negociadas entre as partes, em prol da segurança jurídica e da boa-fé contratual.

De todo modo, desde o início da crise o que se defendeu foi a negociação entre as partes de medidas para o enfrentamento das consequências negativas decorrentes da pandemia. No atual cenário de incertezas e com perspectiva de forte retração econômica é de grande importância que as partes renegociem os contratos de forma individualizada e permeadas pela boa-fé, para que o sistema não entre em colapso. A título de exemplo, vale citar algumas alternativas de renegociação que podem ser utilizadas pelos agentes: (i) extensão de prazos de contratos; (ii) recompra de montantes de energia por comercializadora por valores definidos na renegociação; (iii) flexibilização do momento do pagamento para que seja preservado o caixa atual do consumidor, com aumento de preço em momento posterior.

---

23 Cita-se o exemplo de alguns *shoppings centers* que ajuizaram ações judiciais e alegaram a ocorrência de caso fortuito/força maior em relação aos contratos de energia elétrica negociados no ACL, razão pela qual pediram – e em alguns casos tiveram êxito em decisões liminares – para suspender total ou parcialmente as obrigações contratuais, sobretudo de pagamento pelo mínimo de energia contratado. Nesse sentido: (COSTA, Luciano. Shoppings obtêm liminar para reduzir custo com contratos de energia após coronavírus. **Uol**, São Paulo, 13 abr. 2020. Economia).

Não se pode deixar de lembrar que as oscilações do preço da energia são um risco assumido pelos consumidores que optam por migrar do ACR para o ACL, mas também uma oportunidade.[24] Ora, no momento atual, as diferenças entre energia consumida e contratada ("sobras de energia") serão liquidadas no MCP com valores de PLD baixos, próximos ao piso, haja vista a grande oferta de energia em razão da queda generalizada no consumo. Por outro lado, em momentos em que o PLD está elevado, é comum que consumidores optem por reduzir suas atividades e vender a energia contratada para obter benefícios financeiros, como foi comum no início de 2020.O que se espera, portanto, é que os agentes do ACL demonstrem a maturidade do setor para enfrentamento da crise e atuem de boa-fé em prol da segurança jurídica, renegociando bilateralmente as obrigações contratuais de modo a se evitar a judicialização do tema e a instabilidade de um setor tão relevante à economia brasileira.

5 CONCLUSÃO

O enfrentamento da pandemia e de seus efeitos diretos e indiretos exige a conjugação imediata de esforços e recursos conjunto das partes contratuais, seja no ACR, seja no ACL.

---

24 "Como dito, os termos e condições da contratação de energia elétrica são livremente pactuados entre as partes, de forma que os riscos pela contratação de energia e por seu preço são inteiramente alocados ao consumidor. Caso um consumidor livre tenha contratado energia em montante inferior ao de sua demanda, o montante de diferença deve ser adquirido no mercado de curto prazo administrado pela CCEE, cujo preço é calculado na forma prevista na regulação aplicável. A regulação incidente sobre o ambiente de livre contratação é consideravelmente branda. Concerne, essencialmente, à regulação das atividades dos agentes
geradores e comercializadores, ao controle da garantia de livre acesso aos sistemas de transmissão e distribuição de energia elétrica e à contabilização dos contratos bilaterais de compra venda junto à CCEE" (SCHIRATO, Vitor Rhein. A regulação do setor elétrico brasileiro. **Revista de Direito Público da Economia – RDPE**, Belo Horizonte, v. 14, n. 53, p. 251-275, jan./mar. 2016. p. 268).

A despeito da gravidade dos acontecimentos e da urgência em se adotar providências, é imprescindível que as partes respeitem o princípio da boa-fé e assumam uma postura leal e, sobretudo, transparente com a outra parte contratual de modo a se evitar comportamentos que visem a obtenção de vantagens indevidas.

Como a manutenção da comercialização adequada e equilibrada de energia elétrica é essencial para a economia do país, entende-se que as partes devem adotar tempestivamente providências cooperadas, preventivas e mitigadoras dos efeitos danosos na execução contratual.

No âmbito do ACR, o fluxo de caixa das distribuidoras foi fortemente impactado pela pandemia e foi necessária a adoção de medidas em nível setorial para preservar os contratos regulados e evitar um colapso em cadeia no setor. Nesse sentido, foram editadas normas para viabilizar a injeção de liquidez nas distribuidoras, em especial por meio da obtenção de empréstimos por meio da Conta-covid.

Em relação aos contratos celebrados de forma bilateral entre agentes consumidores e vendedores no ACL, a melhor alternativa para enfrentamento dos efeitos da pandemia parece ser a renegociação individualizada dos contratos de modo a manter o equilíbrio do sistema e evitar o litígio judicial/arbitral.

REFERÊNCIAS

BRASIL. Agência Nacional de Energia Elétrica. Nota Técnica n. 01/2020-GSME/ANEEL, de 16 de abril de 2020. Avaliação inicial dos efeitos da pandemia do COVID-19 no setor elétrico brasileiro, com apresentação de propostas a serem avaliadas, de curto e médio prazo, para o enfrentamento. **Gabinete de Monitoramento da Situação Elétrica – GMSE**, Brasília, 16 abr. 2020. Disponível em: https://www.aneel.gov.br/documents/656877/0/NT.pdf/901e12ed-ea7d-91a7-c805-e27b2508a2ce. Acesso em: 12 de junho de 2020.

BRASIL. [Código Civil (2002)]. Lei n. 10.406, de 10 de janeiro de 2002. Institui o Código Civil. **Diário Oficial da União**, Brasília, 11 jan. 2002. Disponível em: http://www.planalto.gov.br/ccivil_03/leis/2002/l10406.htm. Acesso em 22 de junho de 2020.

BRASIL. COVID-19: Aneel aprova medidas para garantir segurança na distribuição de energia. **Agência Nacional de Energia Elétrica**, Brasília, 24 mar. 2020). Disponível em: https://www.aneel.gov.br/sala-de-imprensa-exibicao-2/-/asset_publisher/zXQREz8EVlZ6/content/covid-19-aneel-aprova-medidas-para-garantir-seguranca-na-distribuicao-de-energia/656877?inheritRedirect=false. Acesso em: 10 jun. 2020.

BRASIL. FAQ: Confira os esclarecimentos às principais dúvidas sobre a Conta-covid. **Agência Nacional de Energia Elétrica**, Brasília, 26 maio 2020. Disponível em: https://bit.ly/2XcTycM. Acesso em: 15 jun. 2020.

BRASIL. Ministério de Minas e Energia. Relatório do Grupo Temático Modernização do Setor Elétrico: Processo de Contratação. **Ministério de Minas e Energia**, Brasília, out. 2019. Disponível em: http://www.mme.gov.br/documents/36070/525274/Relat%C3%B3rio+do+GT+Moderniza%C3%A7%C3%A3o+do+Setor+El%C3%A9trico.pdf/b49d5558-ad36-d268-c2e2-2f0e5331a6b4. Acesso em: 12 jun. 2020.

COSTA, Luciano. Shoppings obtêm liminar para reduzir custo com contratos de energia após coronavírus. **Uol**, São Paulo, 13 abr. 2020. Economia. Disponível em: https:// economia. uol. com. br/ noticias/ reuters/ 2020/ 04/ 13/ shoppings- obtem- liminar- para- reduzir- custo- com- contratos- de- energia- apos- coronavirus.htm. Acesso em: 14 jun. 2020.

DI PIETRO, Maria Sylvia Zanella. **Direito Administrativo**. 26. ed. São Paulo: Atlas, 2012.

FREITAS, Rafael Véras de. Limites ao exercício da função de polícia administrativa pela Câmara de Comercialização de Energia Elétrica (CCEE). **Revista de Direito Público da Economia – RDPE**, Belo Horizonte, v. 13, n. 49, p. 191-204, jan./mar. 2015.

HEINEN, Juliano. Afinal, qual a natureza jurídica da COVID-19 (coronavírus)? Qualificação jurídica do tema e efeitos nos contratos administrativos. **Fundação Getúlio Vargas**, Rio de Janeiro, 2020. Disponível em: https://ceri. fgv. Br /sites /default /files /2020- 05/ artigo_ mas_ afinal_ o_ que_ e_ a_c ovid19_ em_ termos_ juridicos. Pdf. Acesso em: 12 jun. 2020.

JUSTEN FILHO, Marçal. Efeitos jurídicos da crise sobre as contratações administrativas. *In:* JUSTEN FILHO, Marçal *et. al.* **COVID-19 e o Direito Brasileiro**. Curitiba: Justen, Pereira, Oliveira & Talamini, 2020.

LIMA, Cristiana Maria Melhado Araújo. Regime jurídico da geração de energia elétrica. **Revista Brasileira de Infraestrutura – RBINF**, Belo Horizonte, v. 4, n. 7, p. 143-176, jan./jun. 2015.

SCHIRATO, Vitor Rhein. A regulação do setor elétrico brasileiro. **Revista de Direito Público da Economia – RDPE**, Belo Horizonte, v. 14, n. 53, p. 251-275, jan./mar. 2016.

A CONSTRUÇÃO NORMATIVA DO DIREITO AMBIENTAL INTERNACIONAL E NACIONAL NO QUE SE REFERE À ENERGIA RENOVÁVEL

Laís Locatelli[1]
Rubens Sérgio S. Vaz Júnior[2]

RESUMO:
A produção e o consumo da energia é uma preocupação mundial pela poluição que pode ocasionar. A Organização das Nações Unidas ("ONU") vem realizando um incessante trabalho para que os Estados efetivem em seus

1 Advogada OAB/RS. Pós-doutora e Doutora em Direitos Humanos, USAL/Espanha. Pós-doutora em Direitos Sociais, USAL/Esptanha. Mestre em Ciências Jurídico-políticas (UAL/Portugal). Especialista em Direito Público e Privado (URI/Brasil). Professora do Programa de Pós-doutorado Políticas Públicas e Segurança da UPT/Portugal e do Programa de Pós-doutorado Direitos Sociais da USAL/Espanha.

2 Advogado especialista em Direito Ambiental Corporativo. Mestre em Planejamento Ambiental pela Universidade Católica de Salvador. Especialista em Processo Civil pela Universidade do Salvador. Especialista em Direito Público do Estado realizado em parceria entre o Instituto de Educação Superior – UNYAHNA de Salvador – IESUS e o Centro de Estudos Jurídicos de Salvador, CEJUS. Atualmente é professor titular do Centro Universitário Jorge Amado na graduação de Direito. Professor da Escola de Magistratura do Estado da Bahia – EMAB. Professor de Direito Ambiental do Centro de Estudos José Aras. Professor de Direito Ambiental do Brasil Jurídico; Professor de Direito Ambiental do CP Iuris. Autor de diversas obras. E-mail: rssvaz@gmail.com

territórios leis e políticas que estimulem a utilização de fontes de energia limpa e renovável. O presente artigo realiza um recorrido no Direito Internacional Ambiental bem como no Direito Ambiental nacional sobre a temática.

Palavras-chave: Meio Ambiente. Energia Renovável. Direito Ambiental Internacional. Preservação. Políticas Públicas.

SUMÁRIO:

1 INTRODUÇÃO

"Muitos de nós vivemos além dos recursos ecológicos, por exemplo, em nossos padrões de consumo de energia [...] No mínimo, o desenvolvimento sustentável não deve pôr em risco os sistemas naturais que sustentam a vida na Terra: a atmosfera, as águas, os solos e os seres vivos."

Relatório Brundtland (1987)

O meio ambiente saudável é um dos pontos de maior preocupação da Organização das Nações Unidas, além de, no ordenamento jurídico interno, estar consagrado na Constituição Federal Brasileira de 1988 ("CF/88"). A relevância do tema e urgência na busca de soluções na implementação de fontes de energia renováveis e limpas está tanto na garantia das futuras gerações, que poderão ser confrontadas com impactos severos das mudanças climáticas e degradação do meio ambiente, como no aspecto econômico, com crises energéticas e volatilidade dos preços no mercado atual.

Buscando minimizar os efeitos que a longo prazo podem assolar o planeta, a ONU vem realizando um incansável trabalho nas últimas décadas, tanto na elaboração de convenções internacionais e tratados sobre essa matéria como através do diálogo com os Estados, buscando com que eles se comprometam em fomentar a implementação de políticas públicas e incentivos que visam garantir o meio ambiente saudável e, também, legislar sobre o tema e sancionar as infrações ambientais.

Um dos temas centrais na questão ambiental é a energia limpa e renovável, considerando que a energia é um dos fatores essenciais na promoção do desenvolvimento. Nos últimos duzentos anos, a indústria teve como fonte de energia básica o carvão e o petróleo, altamente poluentes e não-renováveis, reconhecidos, atualmente, como os grandes responsáveis pelo efeito estufa. Nesse sentido, as palavras do Secretário-Geral da ONU, Guterres, definem o futuro da utilização das fontes de energia poluentes: "Os subsídios aos combustíveis fósseis devem ser encerrados e os poluidores devem começar a pagar pela sua poluição" (ONU, 2020).

Para compreender como se deu a construção jurídica sobre a energia limpa e renovável, a presente pesquisa percorre a sistematização normativa internacional e nacional, elencada como um dos objetivos de desenvolvimento sustentável, o que demonstra a preocupação em assegurar o acesso confiável, sustentável, moderno e a preço acessível à energia para todos.

2 ASPECTOS HISTÓRICOS DO USO DA ENERGIA NO BRASIL E NO MUNDO

"É essencial agir sem hesitação para proteger o nosso planeta da ameaça existencial das perturbações climáticas".

Guterres (2020)

A preocupação ambiental inicia-se, especialmente, com a chamada crise do Petróleo, por volta dos anos de 1970, quando constatou-se que o recurso ambiental não é ilimitado, impulsionando os organismos internacionais a dar início a construção do Direito Internacional Ambiental e tentar formar uma base legal comum para todos os Estados.

A primeira conferência mundial para tratar dos recursos naturais foi a Conferência das Nações Unidas sobre o Ambiente Humano ("CNUMAH"), realizada em Estocolmo, Suécia, tendo como resultado a Declaração com dezenove princípios que representam um Manifesto Ambiental, estabelecendo as bases para uma nova agenda ambiental, assim afirmando:

> Chegamos a um ponto na História em que devemos moldar nossas ações em todo o mundo, com maior atenção para as consequências ambientais. Através da ignorância ou da indiferença podemos causar danos maciços e irreversíveis ao meio ambiente, do qual nossa vida e bem-estar dependem. Por outro lado, através do maior conhecimento e de ações mais sábias, podemos conquistar uma vida melhor para nós e para a posteridade, com um meio ambiente em sintonia com as necessidades e esperanças humanas [...] (ONU, 1972).

Quanto à questão energética, foi imprescindível a criação de uma agência internacional de energia renovável, denominada de "*International Renewable Energy Agency*" ("IRENA")[3], cujo projeto começou no início da década de 80, sendo formalmente criada em 2009. O objetivo da aludida Agência é servir como principal intermediária na migração dos países para o consumo de energia renovável.

O Brasil, por sua vez, iniciou o seu processo de adesão no IRENA somente no início de 2018, sendo um passo fundamental para o desenvolvimento sustentável em âmbito nacional o maior comprometimento frente aos organismos internacionais do Estado brasileiro, visando potencializar o acesso a energia, a garantia e segurança energética e o pleno desenvolvimento de energia de baixo carbono.

Foi na importantíssima Cúpula da Terra (ECO92, Rio92, Conferência das Nações Unidas sobre Meio Ambiente e Desenvolvimento – CNUMAD) que ocorreu o lançamento da Agenda 21[4], um diagrama que sistematiza o plano de ações com intuito de alcançar o

---

3 São 75 Países fundadores da IRENA.

4 "O maior desafio da Agenda 21 Brasileira é internalizar nas políticas públicas do país os valores e princípios do desenvolvimento sustentável. Esta é uma meta a ser atingida no mais breve prazo possível. A chave do sucesso da Agenda 21 Brasileira reside na corresponsabilidade, solidariedade e integração desenvolvidas por toda a sociedade ao longo de sua construção. O próximo desafio é implementá-la, para que o Brasil alcance novo padrão civilizatório em um contexto mundial de profundas transformações". Fernando Henrique Cardoso (CAMARGO; HADDAD, 1997, p. 03).

desenvolvimento sustentável e a proteção do meio ambiente. Na oportunidade foi apresentado como um dos objetivos construir alternativas ao uso do petróleo, fontes de energia diversificadas, limpas e renováveis, especialmente a energia renovável e a biomassa[5], ademais da hídrica, que, como se viu em 2001, é vulnerável às condições meteorológicas. A Agenda destacou o grande potencial nacional para a produção de energia eólica e energia solar, seja a fotovoltaica seja a solar térmica.

Posteriormente, em 1997, ocorreu um encontro em Kyoto, no Japão, onde se elaborou um documento conhecido como o Protocolo de Kyoto, constando que os vinte países industrializados considerados os maiores poluidores mundiais se comprometiam a reduzir seus níveis de emissão de Gases do Efeito Estufa. Para tanto, foi criado um dispositivo chamado de "Mecanismo de Desenvolvimento Limpo ("MDL")"[6], delimitando que os países em desenvolvimento que implementam atividades que subtraem carbono, receberiam os "Certificados de Emissões Reduzidas ("CER")" – os criticados créditos de carbono, comercializados com os países industrializados no

5 "O Brasil tem a valiosa experiência do Pró-Álcool, único programa bem-sucedido, no mundo, de substituição em larga escala dos derivados de petróleo. O biodiesel e as misturas de combustíveis, que usam derivados de soja, podem diversificar e tornar mais limpa a matriz energética brasileira. Também o dendê, o babaçu, a mamona e diversas espécies nativas são fontes potenciais de combustível. A energia de biomassa a partir de bagaço de cana, rejeitos de serrarias e lenha, em combustão direta ou em gaseificação, são fontes renováveis de energia e permitem dar um uso econômico a rejeitos que muitas vezes são simplesmente incinerados". (CAMARGO; HADDAD, 1997, p. 39).

6 "Os empreendedores que desejarem classificar seus projetos como Mecanismos de Desenvolvimento Limpo precisam cadastrá-los e receber a aprovação junto à "United Nations Framework Convention on Climate Change – UNFCCC", que é a convenção permanente na ONU, encarregada dos estudos referentes à mudança do clima. Segundo A UNFCCC (2005), existem atualmente no Brasil vários projetos credenciados, ou em fase de credenciamento, para receberem a classificação de Mecanismos de Desenvolvimento Limpo, como: usinas termoelétricas a biomassa de arroz, madeira, cana-de-açúcar ou bio-gás, projetos de reflorestamento, usinas de energia eólica e pequenas centrais hidroelétricas entre outros" (MENEGUELLO; ALVES DE CASTRO, 2007, p. 35).

"Mercado de Carbono". Tais Mecanismos de Desenvolvimento Limpo, visam, a *priori*, a redução das emissões de Gases do Efeito Estufa e a diminuição de carbono e a promoção do desenvolvimento sustentável e tem como uma das modalidades as fontes renováveis e alternativas de energia. (MENEGUELLO; ALVES DE CASTRO, 2007, p. 35).

O atual Acordo de Paris, aprovado em 2015, tem como fim reduzir o aquecimento global, e contou com a ratificação do Estado brasileiro naquele mesmo ano, se comprometendo com a meta da Contribuição Nacionalmente Determinada[7] (*Nationally Determined Contribution*) em reduzir as emissões de gás carbônico em 37% até 2025 (em relação às emissões de 2005) e de reduzir 43% das emissões até 2030. Um dos caminhos para o sucesso dessas metas seria implementar 45% de energias renováveis na matriz energética.

Por fim, os dezessete Objetivos de Desenvolvimento Sustentável ("ODS") e as 169 metas que a ONU anunciou, integrados e indivisíveis, construídos sobre o legado dos Objetivos de Desenvolvimento do Milênio ("ODM"), buscam concretizar os Direitos Humanos e equilibrar as dimensões econômica, social e ambiental do desenvolvimento sustentável. Em matéria ambiental, o objetivo é proteger o planeta da degradação, sobretudo por meio do consumo e da produção ecológica, com acesso universal à energia acessível, confiável e sustentável.

---

7 "Aumentar a participação de bioenergia sustentável na matriz energética brasileira para aproximadamente 18% até 2030, expandindo o consumo de biocombustíveis, aumentando a oferta de etanol, inclusive por meio do aumento da parcela de biocombustíveis avançados (segunda geração), e aumentando a parcela de biodiesel na mistura do diesel; Alcançar a participação estimada de 45% de energias renováveis na composição da matriz energética em 2030, incluindo: expandir o uso de fontes renováveis na matriz, além da energia hídrica, para cerca de 28% a 33% até 2030; expandir o uso doméstico de fontes de energia não fóssil, aumentando a parcela de energias renováveis (além da energia hídrica) no fornecimento de energia elétrica para ao menos 23% até 2030, inclusive pelo aumento da participação de eólica, biomassa e solar; alcançar 10% de ganhos de eficiência no setor elétrico até 2030". (MENDES, 2018).

Nesse sentido, o relatório "Tendências Globais no Investimento em Energia Renovável 2020" do Programa das Nações Unidas para o Meio Ambiente ("PNUMA" - United Nations Environment Programme), com o Centro de Colaboração da Escola de Frankfurt e BloombergNEF ("BNEF"), dispõe que as melhorias tecnológicas, economias de larga escala e concorrência em licitações, o custo da eletricidade continua caindo para energia de fontes eólica e solar. Como exemplo, cita o segundo semestre de 2019, cujas usinas solares fotovoltaicas reduziram custos em 83%, em comparação à década anterior. O relatório destaca que a transição energética está em pleno andamento, com a maior capacidade de energias renováveis financiadas enquanto o setor de combustíveis fósseis foi atingido pela crise do COVID-19 (coronavírus), com a queda nos preços do petróleo.

Esse seria o momento de oportunizar a implementação das energias renováveis e "colocá-las no centro da recuperação econômica pós-COVID-19", o que seria um grande passo para a consolidação de um mundo mais saudável, com melhor qualidade do ar, "que é uma das nossas melhores chances contra futuras pandemias", ao promovê-las no âmbito dos pacotes de estímulo econômico pós-coronavírus, temos a oportunidade de investir na prosperidade, na saúde e na proteção do clima", anunciou a ONU (ONU, 2020).

Por fim, o Secretário-Geral da ONU, Guterres, declarou que a biodiversidade está em declínio e que a ruptura climática está alcançando um "ponto sem retorno", ressaltando a importância de agir "sem hesitação para proteger o nosso planeta, tanto do coronavírus como da ameaça existencial das perturbações climáticas" (ONU, 2020).

3 PRINCÍPIOS DO DIREITO AMBIENTAL QUE LASTREIAM A IMPLEMENTAÇÃO DAS ENERGIAS RENOVÁVEIS NO BRASIL

"É pela capacidade de gerar e consumir energia que se mede o nível de progresso técnico de uma civilização".

Agenda 21 (2015)

A construção elaborada pelos organismos internacionais impulsiona os Estados signatários a efetivarem dentro dos seus territórios as pautas com as quais se comprometem com a assinatura dos tratados. Para tanto, o ordenamento jurídico brasileiro vai desenvolvendo normas para compaginar com tal construção, sendo, para tanto, essenciais os princípios elencados do direito ambiental como instrumentos para assegurar a implementação das energias renováveis no Brasil. Destaca-se que o princípio da cooperação internacional possibilita esse diálogo e comprometimento.

O princípio do meio ambiente equilibrado, visa garantir um local saudável, com um ambiente que tenha uma menor produção de poluição do que a atual. Acrescente-se que tal princípio vem elencado no caput do artigo 225 da CF/88 e é de suma importância para implementação das fontes renováveis de energia em razão das sobreditas energias serem ambientalmente corretas e, via de consequência, com uma menor incidência de dióxido de carbono.

Na sequência, o princípio do desenvolvimento sustentável preconiza o crescimento econômico juntamente com critérios ambientais para uma sociedade mais equilibrada e justa "ambientalmente". Com a implementação da energia renovável e em consonância com o desenvolvimento sustentável, inserir este tipo de energia na cadeia produtiva representa um menor impacto ambiental, ou seja, a promoção do desenvolvimento sustentável é um catalisador para o uso da energia limpa.

Na mesma senda, o princípio intergeracional também encontra amparo na CF/88, quando garante às gerações futuras a mesma qualidade ambiental disponibilizada nos tempos hodiernos, sendo dever do Estado promover incentivos fiscais e tecnológicos para o uso de energia alternativa na sociedade brasileira e a garantia da disponibilidade do meio ambiente saudável para as gerações vindouras.

Por fim, para dar efetividade ao princípio do preservador-recebedor, o ordenamento brasileiro tratou de sancionar o poluidor bem como a implementação de políticas de proteção ambiental que outorga vantagens perante os demais usuários. Tal preceito é importante para que sirva de incentivo para os empresários e/ou gestores de grandes corporações no atendimento de medidas que estejam em plena consonância com o meio ambiente. Como exemplo, pode ser destacada a substituição de combustíveis fósseis por energia renovável, com medidas que visem "premiar" aquele que estiver fazendo uso da energia limpa, efetivando assim o princípio em questão.

4 POLÍTICA DE IMPLEMENTAÇÃO DAS ENERGIAS LIMPAS NO BRASIL

"Investir no futuro, não no passado".

Guterres (2020)

O sistema constitucional brasileiro garante a possibilidade da intervenção estatal econômica e financeiramente, conforme disposição legal do artigo 170, *litteris*:

> Art. 170. A ordem econômica, fundada na valorização do trabalho humano e na livre iniciativa, tem por fim assegurar a todos existência digna, conforme os ditames da justiça social, observados os seguintes princípios: [...]
> VI – defesa do meio ambiente, inclusive mediante tratamento diferenciado conforme o impacto ambiental dos produtos e serviços e de seus processos de elaboração e prestação (BRASIL, 1988)

No mesmo sentido, e em plena conformidade com o texto constitucional, a Política Nacional do Meio Ambiente ("PNMA"), no artigo 2º, reafirma a necessidade de implementação de melhoria e recuperação da qualidade ambiental, conforme transcrição abaixo:

> Art. 2. A Política Nacional do Meio Ambiente tem por objetivo a preservação, melhoria e recuperação da qualidade ambiental propícia à vida, visando assegurar, no País, condições ao desenvolvimento sócioeconômico, aos interesses da segurança nacional e à proteção da dignidade da vida humana, atendidos os seguintes princípios: [...]

> VI – incentivos ao estudo e à pesquisa de tecnologias orientadas para o uso racional e a proteção dos recursos ambientais (BRASIL, 1981).

Em 1997, por intermédio da Lei n. 9.478 foi implementado no Brasil a política energética nacional, que dentre os seus objetivos está o aproveitamento racional das fontes de energia visando promover o desenvolvimento e ampliação do mercado de trabalho nos recursos energéticos, inclusive com uma série de medidas de incentivo, conforme transcrição:

> Art. 1º As políticas nacionais para o aproveitamento racional das fontes de energia visarão aos seguintes objetivos:
> II – promover o desenvolvimento, ampliar o mercado de trabalho e valorizar os recursos energéticos;
> IV – proteger o meio ambiente e promover a conservação de energia;
> VII – identificar as soluções mais adequadas para o suprimento de energia elétrica nas diversas regiões do País;
> VIII – utilizar fontes alternativas de energia, mediante o aproveitamento econômico dos insumos disponíveis e das tecnologias aplicáveis;
> IX – promover a livre concorrência;
> X – atrair investimentos na produção de energia;
> XI – ampliar a competitividade do País no mercado internacional.
> XVII – fomentar a pesquisa e o desenvolvimento relacionados à energia renovável (BRASIL, 1997).

Resta evidente que o próprio ordenamento já buscou uma forma de estabelecer as orientações sobre o tema e buscou criar programas específicos com diretrizes para uma substituição da matriz de energia do Brasil. Frise que o Brasil tem uma extensão territorial muito grande e consequentemente possui uma vasta biodiversidade tonando-se a sua riqueza natural.

Visando dar uma efetividade ao crescimento da energia elétrica produzida por empreendimentos de produtores independentes e autônomos, o Brasil implementou a Lei n. 10.438/02, criando o Programa de Incentivo às Fontes Alternativas de Energia Elétrica ("Proinfa").

O programa em referência buscou adotar condições e mecanismos capazes de compartilhar os resultados com os consumidores (sistemas de compensação[8]). Deste modo, o Poder Público não somente executa essas políticas, mas também as cria para a ordenação de seus programas legais (TRENNEPOHL, 2011, p. 99), isto é, o Estado deverá viabilizar meios para que as energias limpas possam ser implementadas no ordenamento brasileiro.

No mesmo giro, após o evento conhecido como "apagão[9]", o Poder Público instituiu a Política Nacional de Conservação e Uso Racional de Energia visando a alocação de recursos energéticos e a preservação do meio ambiente. Com isso, a energia deixa de ser um bem supérfluo e passa a integrar a lista dos bens que são essenciais e fundamentais para a vida humana. A sobredita norma estabelece parâmetros mínimos e máximos de consumo específico de energia, importando no uso mais eficiente da energia.

Ante o exposto, o Poder Público figura como protagonista no fomento de outros tipos de energia, que por um lado atenderá os aspectos ambientais e por outro lado promoverá o uso dos recursos naturais, evitando, assim, a ausência de energia para os seres humanos.

5 CONSIDERAÇÕES FINAIS

A construção do Direito Internacional Ambiental impulsionou os Estados signatários a se comprometerem com a efetivação, através da elaboração normativa, com o desenvolvimento sustentável

---

8 III – sistema de compensação de energia elétrica: sistema no qual a energia ativa injetada por unidade consumidora com microgeração ou minigeração distribuída é cedida, por meio de empréstimo gratuito, à distribuidora local e posteriormente compensada com o consumo de energia elétrica ativa; (BRASIL. Resolução Normativa n. 687, de 24 de novembro de 2015. Altera a Resolução Normativa n. 482, de 17 de abril de 2012, e os Módulos 1 e 3 dos Procedimentos de Distribuição – PRODIST. **Diário Oficial da União**, Brasília, 02 dez. 2015).

9 *Blackout*. Ausência de luz por um determinado lapso de tempo no fornecimento de energia em um local.

e preservação do meio ambiente. Para tanto, se faz essencial a questão da energia renovável e limpa.

O destaque internacional e a mobilização do Estado brasileiro em decorrência da Conferência de 1992 abriram a possibilidade de acelerar mudanças no modelo de desenvolvimento, bem como a busca do equilíbrio entre crescimento econômico, a equidade social e a preservação ambiental.

Com o mesmo argumento de proteção ambiental, a Cúpula da Terra apresenta como resultado da sua conferência a implementação da Agenda 21, e nela garante diretrizes e objetivos para a implementação efetiva da energia renovável no Brasil.

Considerando as convenções e instrumentos internacionais de implementação das normativas internacionais e nacionais e a atual situação pandêmica instaurada ao longo do globo, as autoridades juntamente com grandes gestores deverão direcionar o uso das energias renováveis como instrumento basilar de políticas públicas.

Ademais, acrescente-se, ainda, que a lógica industrial deverá ser modificada em razão das normas ambientais e também pelo compromisso das grandes corporações com sua imagem perante àqueles que consomem seus serviços e produtos.

Assim, em decorrência do princípio da intervenção estatal e das políticas ambientais implementadas no ordenamento jurídico brasileiro, conforme demonstrado no presente estudo, conclui-se que cabe a implementação de programas específicos com diretrizes da matriz de energia no Brasil.

REFERÊNCIAS

BRASIL. [Constituição (1988)]. Constituição da República Federativa do Brasil de 1988. **Diário Oficial da União**, Brasília, 05 out. 1988. Disponível em: http://www.planalto.gov.br/ccivil_03/constituicao/constituicao.htm. Acesso em: 23 maio 2020.

BRASIL. Decreto n. 10.282, de 20 de março de 2020. Regulamenta a Lei n. 13.979, de 6 de fevereiro de 2020, para definir os serviços públicos e as atividades essenciais. **Diário Oficial da União**, Brasília, 20 mar. 2020. Disponível em: http://www.planalto.gov.br/ccivil_03/_ato2019-2022/2020/decreto/D10282.htm. Acesso em: 23 maio 2020.

BRASIL. Decreto n. 10.320, de 9 de abril de 2020. Institui o Programa para Aprimoramento das Licitações de Exploração e Produção de Petróleo e Gás Natural e o seu Comitê Interministerial Executivo. Diário Oficial da União, Brasília, 13 abr. 2020. Disponível em: http://www.planalto.gov.br/ccivil_03/_ato2019-2022/2020/Decreto/D10320.htm#:~:text=DECRETO%20N%C2%BA%2010.320%2C%20DE%209,que%20lhe%20confere%20o%20art. Acesso em: 29 maio 2020.

BRASIL. Lei n. 13.874, de 20 de setembro de 2019. Institui a Declaração de Direitos de Liberdade Econômica; estabelece garantias de livre mercado; altera as Leis nos 10.406, de 10 de janeiro de 2002 (Código Civil), 6.404, de 15 de dezembro de 1976, 11.598, de 3 de dezembro de 2007, 12.682, de 9 de julho de 2012, 6.015, de 31 de dezembro de 1973, 10.522, de 19 de julho de 2002, 8.934, de 18 de novembro 1994, o Decreto-Lei n. 9.760, de 5 de setembro de 1946 e a Consolidação das Leis do Trabalho, aprovada pelo Decreto-Lei n. 5.452, de 1º de maio de 1943; revoga a Lei Delegada n. 4, de 26 de setembro de 1962, a Lei n. 11.887, de 24 de dezembro de 2008, e dispositivos do Decreto-Lei n. 73, de 21 de novembro de 1966; e dá outras providências. **Diário Oficial da União**, Brasília, 20 set. 2019. Disponível em: http://www.planalto.gov.br/ccivil_03/_ato2019-2022/2019/lei/L13874.htm. Acesso em: 29 maio 2020.

BRASIL. Lei n. 13.979, de 6 de fevereiro de. Dispõe sobre as medidas para enfrentamento da emergência de saúde pública de importância internacional decorrente do coronavírus responsável pelo surto de 2019. **Diário Oficial da União**, Brasília, 07 fev. 2020. Disponível em: http://www.planalto.gov.br/ccivil_03/_ato2019-2022/2020/lei/L13979.htm. Acesso em: 29 maio 2020.

BRASIL. Portaria n. 116, de 26 de março de 2020. Dispõe sobre os serviços, as atividades e os produtos considerados essenciais pelo Ministério da Agricultura, Pecuária e Abastecimento para o pleno funcionamento das cadeias produtivas de alimentos e bebidas, para assegurar o abastecimento e a segurança alimentar da população brasileira enquanto perdurar o estado de calamidade pública decorrente da pandemia da COVID-19. **Diário Oficial da União**, Brasília, 27 mar. 2020. Disponível em: http://www.in.gov.br/en/web/dou/-/portaria-n-116-de-26-de-marco-de-2020-250059467. Acesso em: 25 maio 2020.

BRASIL. Resolução Normativa n. 687, de 24 de novembro de 2015. Altera a Resolução Normativa n. 482, de 17 de abril de 2012, e os Módulos 1 e 3 dos Procedimentos de Distribuição – PRODIST. **Diário Oficial da União**, Brasília, 02 dez. 2015. Disponível em: https://www2.aneel.gov.br/cedoc/ren2015687.pdf. Acesso em: 05 jun. 2020.

BUSNELLO, Saul José; PIAZZA, Tarcila Lili. Reparação do dano ambiental como obrigação propter rem. **Revista Direito Unidavi**,

Rio do Sul, n. 6, p. 1-15, 25 ago. 2014. Disponível em: http://www.revistadireito.unidavi.edu.br/edicoes-anteriores/revista-6-junho-2014/reparacaododanoambientalcomoobrigacaopropterrem. Acesso em: 10 de maio 2020.

CAMARGO, Aspásia; HADDAD, Paulo. **Agenda 21 Brasileira – Ações Prioritárias**. Brasília: Corgraf, 1997. Disponível em: https://www.mma.gov.br/estruturas/agenda21/_arquivos/acoesprio.pdf. Acesso em: 10 maio 2020.

CARVALHO, Délton Winter de. A natureza jurídica da pandemia da Covid-19 como um desastre biológico. **Consultor Jurídico**, Brasília, 21 abr. 2020. Disponível em: https://www.conjur.com.br/2020-abr-21/direito-pos-graduacao-natureza-juridica-pandemia-covid-19-desastre-biologico. Acesso em: 18 maio 2020.

DICIONÁRIO LATIM. Disponível em: https://www.sitesa.com.br/juridico/dicionarios/latim.html. Acesso em: 21 maio 2020.

DINIZ, Maria Helena. **Teoria das obrigações contratuais e extracontratuais**. São Paulo: Saraiva, 2004.

FARIAS, Talden. Efeitos práticos da epidemia de Covid-19 na advocacia ambiental. **Consultor Jurídico**, Brasília, 02 maio 2020. Disponível em: https://www.conjur.com.br/2020-mai-02/ambiente-juridico-efeitos-praticos-covid-19-advocacia-ambiental. Acesso em: 19 maio 2020.

FERRAJOLI, Luigi. O vírus põe a globalização de joelhos. **Instituto Humanitas Unisinos**, São Leopoldo, 18 mar. 2020. Disponível em: http://www.ihu.unisinos.br/78-noticias/597204-o-virus-poe-a-globalizacao-de-joelhos-artigo-de-luigi-ferrajoli. Acesso em: 19 maio 2020.

FIORILLO, Celso Antonio Pacheco. **Curso de Direito Ambiental Brasileiro**. 14. ed. Saraiva, São Paulo: 2013.

FONSECA, Arnoldo Medeiros da. **Caso fortuito e teoria da imprevisão**. Rio de Janeiro: Forense, 1958.

MACHADO, Paulo Affonso Leme. **Direito Ambiental Brasileiro**. 12. ed. São Paulo: Malheiros, 2004.

MENDES, GYSSELE. O que é o Acordo de Paris e as metas da NDC brasileira?. **O Conselho Empresarial Brasileiro para o Desenvolvimento Sustentável**, Rio de Janeiro, 19 jan. 2018. Disponível em: https://cebds.org/acordo-de-paris-e-ndc-brasileira/#.Xuu3jGQzaL9. Acesso em: 15 maio 2020.

MENEGUELLO, Luiz Augusto; ALVES DE CASTRO, Marcus Cesar Avezum. O Protocolo de Kyoto e a geração de energia elétrica pela biomassa da cana-de-açúcar como mecanismo de desenvolvimento limpo. **INTERAÇÕES Revista Internacional de Desenvolvimento Local**, Campo Grande, v. 8, n. 1, p. 33-43, mar. 2007.

MILARÉ, Édis. **Direito do Ambiente**. 10. ed. São Paulo: Revista dos Tribunais, 2015.

NERY JUNIOR, Nelson. Responsabilidade civil por dano ecológico e a ação civil pública. **Revista de Processo**, São Paulo, v. 46, n. 126, 1984. Disponível em: http://www.revistajustitia.com.br/revistas/2bdy29.pdf. Acesso em: 25 maio 2020.

NEVES, Geraldo Serrano. **Teoria da imprevisão e cláusula rebus sic stantibus.** Rio de Janeiro: LIBER, 1956. Disponível em: http://www.ebooksbrasil.org/eLibris/teoriarebus.html. Acesso em: 11 maio 2020.

ORGANIZAÇÃO DAS NAÇÕES UNIDAS. **17 Objetivos para transformar nosso mundo**. Disponível em: https://nacoesunidas.org/tema/ods7/. Acesso em: 25 maio 2020.

ORGANIZAÇÃO DAS NAÇÕES UNIDAS. **Declaração da Conferência da ONU sobre o Meio Ambiente**. Estocolmo, 1972. Disponível em: https://nacoesunidas.org/tema/ods7/. Acesso em: 25 maio 2020.

ORGANIZAÇÃO DAS NAÇÕES UNIDAS. **No Dia da Terra, chefe da ONU propõe seis ações-chave para evitar 'ruptura climática'**. 22 abr. 2020a. Disponível em: https://nacoesunidas.org/no-dia-da-terra-chefe-da-onu-propoe-seis-acoes-chave-para-evitar-ruptura-climatica/. Acesso em: 10 jun. 2020.

ORGANIZAÇÃO DAS NAÇÕES UNIDAS. **Tendências Globais no Investimento em Energia Renovável 2020**, 10 jun. 2020b. Disponível em: https://nacoesunidas.org/queda-nos-custos-da-energia-limpa-pode-impulsionar-acao-climatica-na-recuperacao-pos-covid-19/. Acesso em: 10 jun. 2020.

TRENNEPOHL, Terence Dorneles. **Incentivos Fiscais no Direito Ambiental**. 2. ed. São Paulo: Saraiva, 2011.

ÁREA DE PRESERVAÇÃO PERMANENTE EM RESERVATÓRIOS ARTIFICIAIS DESTINADOS À GERAÇÃO DE ENERGIA ELÉTRICA

Marcelo Kokke[1]

SUMÁRIO:

1 INTRODUÇÃO

A dinâmica da segurança jurídica e estabelecimento de bases claras de fixação de marcos regulatórios no Brasil é um fator problemático. Mas esta problemática não decorre em si da complexidade jurídica ou de uma teia de confrontações entre aspectos fáticos e

1 Pós-doutor em Direito Público - Ambiental pela Universidade de Santiago de Compostela - ES. Mestre e Doutor em Direito pela PUC-Rio. Especialista em Processo Constitucional. Procurador Federal da Advocacia-Geral da União. Professor de Direito da Faculdade Dom Helder Câmara e do Uni-BH. Professor de Pós-graduação da PUC-MG. Professor colaborador da Escola da Advocacia-Geral da União. Membro da Associação dos Professores de Direito Ambiental do Brasil. Membro do Instituto Brasileiro de Advocacia Pública. Membro da Academia Latino Americana de Direito Ambiental.

teórico-normativos. Há uma dinâmica de renovação discursiva que reprojeta posições e interpretações acerca de temas que parecem ter sido decididos, mas ainda conservam em si zonas nebulosas.

O presente artigo tematiza a Área de Preservação Permanente prevista para reservatórios de águas artificiais utilizados para a geração de energia elétrica. Embora a matéria tenha sido objeto de decisão por parte do Supremo Tribunal Federal em sede de controle de constitucionalidade, não se ultrapassou patamares jurídicos de incerteza. A posição do STF é confrontada com julgados diversos, inclusive do Superior Tribunal de Justiça, que se alicerçam em bases hermenêuticas diversas para sustentar critérios diferentes na definição da Área de Preservação Permanente.

A partir do método dedutivo, o artigo problematiza posições que antagonizam a decisão firmada pelo Supremo Tribunal Federal, e em decorrência fragilizam em insegurança jurídica e incerteza regulatória um dos pontos cruciais na definição dos deveres ecológicos atribuídos aos consórcios e gestores das usinas hidrelétricas. Passo essencial para a elaboração argumentativa é situar as normas ambientais em sua cadeia regulatória e escalonamento constitucional.

Primar por um marco regulatório coerente e harmônico não significa flexibilização de normas ambientais, mas sim definir precisamente os componentes normativos que delimitam padrões corretivos na gestão das intervenções antrópicas e nas situações jurídicas a envolver o uso de bens ambientais. Definir os níveis de gravame ou incumbência decorrentes de deveres ambientais é tarefa própria do Poder Legislativo, ao que compete à seara jurídica concretizar em harmonia e coerência as prescrições normativas estabelecidas democraticamente.

2 COMPETÊNCIAS CONSTITUCIONAIS E ÁREA DE PRESERVAÇÃO PERMANENTE

As áreas de preservação permanente são institutos categorizados como espaços especialmente protegidos, para os fins do artigo 225, § 1º, inciso III, da Constituição da República. A condição de espaço ambientalmente protegido significa que haverá uma vinculação de sua existência para com a efetivação do direito difuso de qualidade ambiental devido às gerações presentes e futuras, acompanhado do direito de preservação e restauração de processos ecológicos.

O Código Florestal, Lei n. 12.651, de 25 de maio de 2012, normatiza o instituto das áreas de preservação permanente na condição de norma geral, ao suporte do artigo 24, inciso VI, da Constituição da República. O dispositivo atribui à União legislar, por norma geral, quanto a florestas, conservação da natureza, defesa do solo e dos recursos naturais, proteção do meio ambiente e controle da poluição. Nesse passo, Estados podem também efetivar seus respectivos Códigos Florestais, tal como os Municípios, observando a competência suplementar dos primeiros e a suplementar de interesse local dos segundos.

Portanto, as normas do Código Florestal que dispõem quanto às Áreas de Preservação Permanente se caracterizam como normas gerais. E assim se dispõe no texto legal a definição de Área de Preservação Permanente – APP, compreendida como área protegida, coberta ou não por vegetação nativa, com a função ambiental de preservar os recursos hídricos, a paisagem, a estabilidade geológica e a biodiversidade, facilitar o fluxo gênico de fauna e flora, proteger o solo e assegurar o bem-estar das populações humanas.

Mas aqui surge uma questão de relevância. Se o Código Florestal é uma norma geral para efeito de exercício das competências dos outros entes federativos, também o será para outras normas, estas, por sua vez, da própria União e seus entes federativos. Assim, as normas regulamentares federais acerca do Código Florestal possuirão uma dupla ordem de propagação regulatória, justamente em função das previsões constantes em outra norma geral ambiental, a Lei n. 6.938, de 31 de agosto de 1981, que regula a Política Nacional do Meio Ambiente – PNMA.

A Lei n. 6.938/81, ao regular as atribuições dos integrantes do Sistema Nacional do Meio Ambiente – Sisnama, fixou atribuições normativas diversas, cada uma a se enquadrar e assumir funções dentro da pauta de papéis normativos no sistema. O Conselho Nacional do Meio Ambiente – CONAMA – possui função de órgão consultivo e deliberativo, com atribuições de emitir Resoluções regulamentadoras. O Decreto 99.274, de 6 de junho de 1990, veio a prever expressamente em seu artigo 7º, inciso XVIII, a atribuição do CONAMA de deliberar, sob a forma de resoluções, visando o cumprimento da PNMA. O Decreto se apoia nas previsões diretas da Lei da PNMA, conforme previsto em seu artigo 8.

Há aqui uma situação simultaneamente relevante e ímpar. Em face do Código Florestal, as normas do CONAMA se configuram como normas especiais, integram-se na condição prevista pela Lei n. 6.938/81 para fins de regulamentar as previsões que lhe são superiores. Entretanto, em face de Estados e Municípios, as normas do CONAMA, em um todo integrado das normas federais, afiguram-se como uma norma geral.

Mas não são elas uma norma geral isoladamente, compõem juntamente com o todo da legislação federal um conjunto regulatório que se aplica com força de norma geral à legislação suplementar a ser desenvolvida pelos outros entes federativos. Justamente por esta razão, o artigo 6º, § 1º, da Lei da PNMA, dispõe que as normas supletivas e complementares de Estados e Municípios observarão as normas estabelecidas pelo CONAMA. As Resoluções do CONAMA possuem assim uma face de norma geral, não isoladamente, mas uma condição de norma geral por sua integração à legislação federal como um todo que se aplica aos Estados e ao Municípios. Essa condição de norma geral já foi reconhecida inclusive judicialmente.[2]

Em síntese, as Resoluções CONAMA se integram ao Código Florestal e, portanto, integram-se às normas legais definidoras da regência das Áreas de Preservação Permanente. As Resoluções CONAMA somente possuem validade e eficácia na medida em que mantenham seu lastro de vigência nas normas superiores, aqui incluídas as previsões do Código Florestal. Lado outro, a integração

2 BRASIL. Superior Tribunal de Justiça. REsp 194.617/PR, Rel. Ministro Franciulli Netto, Segunda Turma, julgado em 16/04/2002, *DJ* 01/07/2002, p. 278.

das normas federais como um todo conota norma geral em face do exercício normativo de Estados e Municípios, considerando previsões de competência concorrente.

A relevância do situar normativo das Resoluções CONAMA em matéria de marco regulatório das Áreas de Preservação Permanente é particularmente importante, justamente porque há uma série de Resoluções que regem matérias de APP e são anteriores aos novos padrões reguladores previstos no Código Florestal. As normas previstas nas Resoluções somente mantêm sua vigência e aplicação na medida em que sejam compatíveis com as prescrições do Código Florestal. A perda de amparo normativo da Resolução em face da norma superior da qual extrai validade resulta em sua caducidade ou revogação, afinal, na voz de Maximiliano, "o preceito principal arrasta em sua queda o seu dependente ou acessório".[3]

3 ÁREA DE PRESERVAÇÃO PERMANENTE EM RESERVATÓRIOS

Os reservatórios de água para geração de energia hidrelétrica são componentes essenciais nos projetos das usinas, assim como na fixação do potencial de geração de energia, tendo em relevo a formação do potencial hidráulico. A disciplina jurídica dos reservatórios, para fins de direito ambiental, variará conforme a origem do curso d'água. Os cursos de águas que formam o reservatório podem ser de águas não naturais, águas pluviais ou águas naturais dada a origem do curso hídrico.

A regulação ambiental das águas naturais está presente na Resolução CONAMA n. 357, de 17 de março de 2005, com referência às classes de cursos hídricos, a que se interliga a Resolução n. 91, de 5 de novembro de 2008, publicada pelo Conselho Nacional de Recursos Hídricos. Em integração a essas normas, a Resolução n. 182, da Diretoria Colegiada da Agência Nacional de Vigilância Sanitária, datada

3 MAXIMILIANO, Carlos. *Hermenêutica e aplicação do direito*. Rio de Janeiro: Forense, 2012, p. 293.

de 13 de outubro de 2017, veio a definir água natural como a obtida diretamente de fontes naturais ou por extração de águas subterrâneas, caracterizada pelo conteúdo definido e constante de determinados sais minerais, oligoelementos e outros constituintes, em níveis inferiores aos mínimos estabelecidos para água mineral natural, sendo que o conteúdo dos constituintes pode ter flutuações naturais.

As águas pluviais possuem marco regulatório próprio. Há disciplina específica prevista para este tipo de águas no Código de Águas, Decreto n. 24.643, de 10 de julho de 1934, que possui força de lei. As águas pluviais são previstas no artigo 103 do Decreto como pertencendo ao proprietário do imóvel em que caírem diretamente. Já os cursos de água não naturais são os derivados de implementação antrópica, com alteração da estrutura de calha ou condução do fluxo hídrico. Nestes casos, ocorre canalização, tubulação ou incorporação de fluxos hídricos por meio de drenagem, seja ou não orientada à atividade econômica.

Relevante aqui ponderar os limites de abordagem e aplicação das previsões do Código Civil para fins ambientais. O artigo 1.288 e seguintes do Código Civil estabelecem uma série de regras relativas à água, mas não como bem ambiental direcionado a um marco regulatório de implicações ecológicas. O pano de fundo das previsões é essencialmente ligado ao exercício privatístico. A disciplina das águas ali desenhada é com foco no direito de propriedade e não propriamente com atenção à manutenção de equilíbrio ecológico.

O Código Florestal estabeleceu uma correlação entre a origem do curso d'água e o tipo de reservatório para fins de definição da área de preservação permanente. Se as águas podem ser classificadas como não naturais, pluviais e naturais, os reservatórios serão classificados em naturais e artificiais. Os reservatórios naturais ocorrem pelo fluxo hídrico derivado de fatores bióticos e abióticos, sem interferência direta humana, e em intensa parcela são influenciados por condições geológicas e edáficas.

Os aquíferos são representativos dos reservatórios naturais, sendo definidos na Resolução n. 15, de 11 de janeiro de 2001, e na Resolução n. 153, de 17 de dezembro de 2013, ambas do Conselho

Nacional de Recursos Hídricos, como corpos hidrogeológicos com capacidade de acumular e transmitir água através dos seus poros, fissuras ou espaços resultantes da dissolução e carreamento de materiais rochosos. A água que compõe um reservatório natural não precisa ser necessariamente natural, tanto assim que está em implementação no Brasil, conforme a Resolução n. 153, a recarga artificial de aquíferos, concebida como introdução não natural de água em um aquífero, por intervenção antrópica planejada, por meio da construção de estruturas projetadas para este fim.

Os reservatórios artificiais, por sua vez, são aqueles resultantes de atuação antrópica direta, com intervenção no ambiente para provocar a situação de acúmulo de águas. Portanto, o traço distintivo será a atuação antrópica para o barramento, para o represamento das águas segundo sua origem. A Resolução CONAMA n. 302, de 20 de março de 2002 define o reservatório artificial como acumulação não natural de água destinada a quaisquer de seus múltiplos usos.

A correlação que se produz é interessante, pois é possível que um reservatório natural de águas não acarrete por si uma área de preservação permanente, como em situações de aquíferos confinados. Lado outro, reservatórios artificiais contam com possibilidade direta de Área de Preservação Permanente em função do acúmulo de águas propiciado. Isso ocorre pela formação progressiva de uma cadeia de ciclo biótico correlacionado ao uso da água.

A correção entre tipos de reservatórios e origem das águas é determinante para fixar a existência de área de preservação permanente assim como a sua extensão. A correlação será relevante também para identificar mudanças projetadas do Código Florestal de 1965 para com o Código Florestal de 2012.

A correlação que se examina é justamente a existência de reservatório artificial com represamento ou barramento de águas naturais. O Código Florestal de 1965 dispunha em seu artigo 2º, alínea 'b', que são consideradas áreas de preservação permanente aquelas que se situem ao redor dos reservatórios de águas naturais ou artificiais. O artigo 4º, § 6º, do Código veio a identificar que na implantação de reservatórios artificiais é obrigatória a desapropriação ou aquisição pelo empreendedor das Áreas de Preservação Permanente. Os parâmetros e regime de uso seriam definidos não pela Lei, mas sim por Resolução do CONAMA.

Nessa órbita normativa, a Resolução CONAMA se integrava à base legal para definir o que era ou não Área de Preservação Permanente. É no contexto normativo em questão que adveio e se situava a Resolução CONAMA n. 302/2002. A Resolução se integrava à Lei, ao Código Florestal, para assumir o caráter de norma geral em matéria ambiental. A Resolução dispôs tanto quanto à Área de Preservação Permanente ao redor dos reservatórios artificiais quanto em relação ao plano ambiental de conservação e uso de seu entorno. Trata-se do Plano Ambiental de Conservação e Uso do Entorno do Reservatório Artificial – PACUERA, que rege o conjunto de diretrizes e proposições com o objetivo de disciplinar a conservação, recuperação, uso e ocupação do entorno do reservatório artificial.

Em momento algum a Resolução CONAMA existia por si para regular a matéria. Toda sua força normativa para reger como norma geral as Áreas de Preservação Permanente no entorno dos reservatórios artificiais advinha da previsão constante no Código Florestal de 1965. A Resolução veio, basicamente, a fixar as delimitações da seguinte forma. A Área de Preservação Permanente terá área com largura mínima em projeção horizontal, no entorno dos reservatórios artificiais, medida a partir do nível máximo normal, compreendido como cota máxima normal de operação do reservatório.

A extensão da área foi fixada, em regra geral, em trinta metros para os reservatórios artificiais situados em áreas urbanas consolidadas e cem metros para áreas rurais. Essas medidas poderiam ser alteradas, para elevação ou redução, observando-se o patamar mínimo de trinta metros, conforme estabelecido no licenciamento ambiental e no plano de recursos hídricos da bacia onde o reservatório se insere, se existente.

Entretanto, não haveria possibilidade de redução na hipótese de ocorrência original de floresta ombrófila densa – porção amazônica, inclusive os cerradões e aos reservatórios artificiais utilizados para fins de abastecimento público. A Resolução fixava ainda diversos critérios para delimitar a decisão de ampliação ou redução, tais como características ambientais da bacia hidrográfica, geologia, geomorfologia, hidrogeologia, fisiografia e tipologia vegetal, além do impacto ambiental causado pela implantação tanto do reservatório quanto no entorno da APP até a faixa de cem metros.

A par da fixação geral, determinou-se áreas próprias de APP. O artigo 3º, inciso II, da Resolução fixou quinze metros, no mínimo, para os reservatórios artificiais de geração de energia elétrica com até dez hectares, sem prejuízo da compensação ambiental. O inciso subsequente fixou em quinze metros, no mínimo, para reservatórios artificiais não utilizados em abastecimento público ou geração de energia elétrica, com até vinte hectares de superfície e localizados em área rural.

Embora a Área de Preservação Permanente tenha sido estabelecida em fixação legal, na concretização normativa, quem a fixava efetivamente era a Resolução CONAMA. A definição de metragem advinha das previsões enfáticas e gerais da Resolução CONAMA. Entretanto, o regime de fixação das Áreas de Preservação Permanente foi decisivamente alterado pelo Código Florestal de 2012.

O atual Código Florestal veio a fixar diretamente as dimensões das Áreas de Preservação Permanente para reservatórios artificiais, sem encargo ou atribuição remetida à regulamentação a ser procedida por Resolução CONAMA. E aqui é relevante ponderar os efeitos sobre a atuação regulamentadora, da qual as Resoluções do CONAMA fazem parte, afinal, essa atuação "opera, unicamente, *secundum legem* e *intra legem*".[4]

O artigo 4º, inciso III, já sob redação da Lei n. 12.727, de 17 de outubro de 2012, veio a definir como APPs as áreas no entorno dos reservatórios d'água artificiais, decorrentes de barramento ou represamento de cursos d'água naturais, na faixa definida na licença ambiental do empreendimento. A licença ambiental do empreendimento passa a ser o ponto nuclear na identificação da Área de

4 CLÈVE, Clèmerson Merlin. *A atividade legislativa do Poder Executivo*. São Paulo: Ed. Revista dos Tribunais, 2011, p. 330.

Preservação Permanente. Além disso, o Código fixou que não será exigida APP no entorno de reservatórios artificiais de água que não decorram de barramento ou represamento de cursos d'água naturais.

A disciplina foi absorvida pela Lei, que passou a regular em amplitude a APP em reservatórios. Essa intensidade de alteração pode ser vista em especial para o marco regulatório relativo aos empreendimentos de geração de energia elétrica que utilizam reservatórios d'água artificial.[5] O artigo 5º do Código Florestal veio a reger que na implantação de reservatório d'água artificial destinado à geração de energia ou abastecimento público, é obrigatória a aquisição, desapropriação ou instituição de servidão administrativa pelo empreendedor das Áreas de Preservação Permanente criadas em seu entorno, conforme estabelecido no licenciamento ambiental, observando-se a faixa mínima de 30 (trinta) metros e máxima de 100 (cem) metros em área rural, e a faixa mínima de 15 (quinze) metros e máxima de 30 (trinta) metros em área urbana.

O Plano Ambiental de Conservação e Uso do Entorno do Reservatório também foi objeto de prescrições pelo Código, que estabeleceu, em similitude para com a Resolução CONAMA 302, não poder o uso exceder a 10% (dez por cento) do total da Área de Preservação Permanente. Em traçado de linha divisória quanto ao processo administrativo ambiental de regência, estabeleceu-se também que, para empreendimentos licitados a partir de vigência do Código Florestal de 2012, o Plano Ambiental de Conservação e Uso do Entorno de Reservatório Artificial deverá ser apresentado ao órgão ambiental concomitantemente com o Plano Básico Ambiental. Deverá ainda ser aprovado até o início da operação do empreendimento, embora sua ausência não constitua impedimento para a expedição da licença de instalação.

A par das profundas modificações não somente de mérito, mas de atribuição regulatória da matéria, o Código Florestal concebeu a

---

5 WEDY, Gabriel; MOREIRA, Rafael Martins Costa. *Manual de Direito Ambiental*. Belo Horizonte: Fórum, 2019, p. 330-331.

figura de Áreas Consolidadas em Áreas de Preservação Permanente derivadas de reservatórios artificiais. Portanto, a ideia de área consolidada também se aplica aos reservatórios artificiais e respectivas áreas então fixadas para preservação permanente. O artigo 62 veio a fixar que para os reservatórios artificiais de água destinados à geração de energia ou abastecimento público que foram registrados ou tiveram seus contratos de concessão ou autorização assinados anteriormente à Medida Provisória n. 2.166-67, de 24 de agosto de 2001, a faixa da Área de Preservação Permanente será a distância entre o nível máximo operativo normal e a cota máxima *maximorum*.

A cota máxima *maximorum* corresponde, segundo os dados constantes em projeto do empreendimento, à maior cota disponível no reservatório para a maior cheia, ou seja, diz respeito ao nível mais elevado de ocupação para o qual a barragem foi projetada. Já o nível máximo operativo normal corresponde ao nível máximo de água contido no reservatório em situações de operação normal da usina hidrelétrica, sendo também apurado no projeto. Se a APP passa a ser, para esses empreendimentos, a distância entre o nível máximo operativo normal e a cota máxima *maximorum*, percebe-se claramente a mudança e decréscimo da extensão de APP, dado que a Resolução CONAMA, ao suporte do Código anterior, remetia ao nível máximo normal como ponto de partida para fixação da dimensão.

Houve, portanto, contundente alteração em relação ao modelo anterior, inclusive com reduções de áreas antes reputadas como de preservação permanente, segundo a dinâmica estabelecida pela Resolução CONAMA n. 302. Se a alteração foi ambientalmente favorável ou não,[6] ultrapassa os limites da articulação que se projeta em termos estritamente jurídicos, além de avançar os limites do presente trabalho. Isto porque o Supremo Tribunal Federal veio a ponderar e julgar as argumentações de inconstitucionalidade a constarem em uma série de ações de controle abstrato.

6 RODRIGUES, Marcelo Abelha. *Proteção jurídica da flora*. Salvador: Editora JusPodivm, 2019, p. 207.

4 CONFRONTAÇÕES ENTRE POSIÇÕES JURISPRUDENCIAIS DO STF E DO STJ

As alterações procedidas pelo Código Florestal de 2012 sobre o marco legal das Áreas de Preservação Permanente, tal como as APPs em áreas de entorno de reservatórios artificiais, foram objeto de ações diretas de inconstitucionalidade ajuizadas pelo Procurador-Geral da República. No quadro então desenhado, figuraram as ADIs 4.902 e 4.937, nas quais o Ministério Público pretendia a inconstitucionalidade das mudanças de critério estabelecidas no Código Florestal de 2012 em relação ao de 1965. Paralelamente, foi ajuizada a Ação Declaratória de Constitucionalidade n. 42, que veio a se contrapor àquelas.

No julgamento, o Supremo Tribunal Federal assumiu as seguintes posições decisórias. O Código Florestal não extinguiu as Áreas de Preservação Permanente no entorno dos reservatórios artificiais, mas reformulou legitimamente a tarefa da definição de sua extensão ao órgão que promover a licença ambiental do empreendimento, segundo as especificidades do caso concreto. O STF ratificou a legitimidade de uma solução contrária à sistemática "*one size fits all*", que significa uma indicação de medida uniforme e abstrata independentemente das características e funções ecológicas do local e do empreendimento.

O Supremo Tribunal Federal fixou posicionamento contrário à constitucionalização de metragem ou extensão de espaços ambientalmente protegidos, o que inclui a Área de Preservação Permanente. Firmou-se pela prevalência do princípio democrático e da faculdade conferida ao legislador, pelo próprio artigo 225, § 1º, inciso III, de alterar e até mesmo suprimir os espaços ambientalmente protegidos. A Corte afastou as alegações de vedação do retrocesso,[7] justamente

---

[7] GIACOBOO, Daniela Garcia. Considerações acerca da aplicação do princípio da proibição de retrocesso socioambiental ao setor elétrico brasileiro e outros tópicos relativos ao licenciamento ambiental. *In*: ROCHA, Fábio Amorim (Coord.). *Temas relevantes no Direito de Energia Elétrica*. Tomo VI. Rio de Janeiro: Synergia Editora, 2017. pp. 243-265.

porque isso viria a configurar o Poder Judiciário em formulador de políticas públicas no campo ambiental com cerceamento das atribuições constitucionais próprias do Poder Legislativo na germinação das normas que regem os espaços ambientalmente protegidos. Não pode o Poder Judiciário engessar as possibilidades de escolha constitucionalmente atribuídas ao Legislativo e ao Executivo.

Essa matriz argumentativa foi a base para reconhecimento da constitucionalidade de todas as previsões firmadas no Código Florestal acerca das Áreas de Preservação Permanente nos entornos dos reservatórios. Não se adentra no fator meritório da função ecológica que tenha sido afetada, não se avaliam as opções desenvolvidas pelo Poder Legislativo e pelo Poder Executivo dentro da margem constitucional que permite que as áreas especialmente protegidas possam ter alteração em seu regime jurídico.

A consequência da decisão do Supremo Tribunal Federal, em seu caráter vinculante e *erga omnes*, resulta no estabelecimento de uma nova norma geral com caráter determinante tanto para normas específicas editadas sob a competência suplementar quanto para normas especiais e concretizadoras, editadas por órgãos federais. Em outros termos, a eficácia da decisão do Supremo Tribunal Federal implica que as normas regentes do marco regulatório das Áreas de Preservação Permanente no entorno de reservatórios artificiais, estabelecido no Código Florestal de 2012, sejam seguidas por Estados e Municípios como normas gerais.

Igualmente, implica que as normas inferiores de regulação então dependentes e concretizadoras do regime jurídico das APPs em reservatórios artificias, relativas ao marco regulatório do Código Florestal de 1965, sejam revogadas ou caiam em caducidade. Portanto, o reconhecimento da constitucionalidade do Código Florestal de 2012, com caráter vinculante e *erga omnes*, implica a incompatibilidade de cenários que afirmem a aplicação das previsões da Resolução CONAMA n. 302.

A Resolução CONAMA n. 302, quanto às regulamentações de extensão e regime de APP em reservatórios artificiais, perdeu sua validade a partir da entrada em vigor do Código Florestal de 2012. Ou seja, afirmar a prevalência do marco regulatório da Resolução corresponde a dar continuidade ao marco regulatório do Código Florestal de 1965, negando a vigência do Código de 2012 e a própria eficácia *erga omnes* e efeitos vinculantes da decisão do Supremo Tribunal Federal. Aqui se abre uma linha de confrontação entre todo o vértice decisório estabelecido pelo Supremo Tribunal Federal e linha antagônica seguida pelo Superior Tribunal de Justiça.

A problemática que se projeta é justamente o limite de aplicação entre a Resolução CONAMA 302 e o Código Florestal de 2012. O Superior Tribunal de Justiça, após o julgamento da constitucionalidade do Código Florestal, enfatizou em vários julgados a aplicação do princípio do *tempus regit actum* para definição do marco regulatório da Área de Preservação Permanente. A construção hermenêutica pode ser visualizada no julgamento do Recurso especial n. 1.646.193/SP, ocorrido em maio de 2020. Segundo essa perspectiva:

> 2. O Superior Tribunal de Justiça, em diversos julgados, tem defendido a tese de que, em matéria ambiental, deve prevalecer o princípio tempus regit actum, de forma a não se admitir a aplicação das disposições do novo Código Florestal a fatos pretéritos, sob pena de retrocesso ambiental (REsp 1728244/SP, Rel. Ministro HERMAN BENJAMIN, SEGUNDA TURMA, julgado em 06/12/2018, DJe 08/03/2019, e AgInt no REsp 1709241/SP, Rel. Ministro GURGEL DE FARIA, PRIMEIRA TURMA, julgado em 11/11/2019, DJe 02/12/2019).
> 3. A declaração de constitucionalidade de vários dispositivos do novo Código Florestal (Lei n. 12.651/2012) pelo Supremo Tribunal Federal, no julgamento das ADIs 4.901, 4.902 e 4.903 e da ADC 42 (DJE 13/08/2019), não inibe a análise da aplicação temporal do texto legal vigente no plano infraconstitucional, tarefa conferida ao Superior Tribunal de Justiça.
> 4. Ao apreciar a irretroatividade da norma ambiental, esta Corte, sem conflitar com o decidido pelo STF, não ingressa no aspecto constitucional do novo diploma legal, efetuando leitura de ordem infraconstitucional, mediante juízo realizado em campo cognitivo diverso.

O Superior Tribunal de Justiça, ao se apoiar no princípio da vedação do retrocesso ambiental, contrapõe-se diretamente ao julgamento do Supremo Tribunal Federal para firmar posicionamento no sentido de que as normas ambientais então regentes quando da elaboração de um empreendimento serão mantidas mesmo se revogadas por normas ulteriores. O princípio do *tempus regit actum*, próprio do direito processual, passou a ser abordado como definidor do marco regulatório de cada empreendimento. Por essa linha, os empreendimentos geradores de energia elétrica com reservatórios artificiais implementados quando da vigência do Código de 1965 e da Resolução CONAMA n. 302 têm sua regulação de APP mantida nestes últimos, e não pelo Código de 2012.

A linha decisória do STJ já encontrou ressonância em julgado do Tribunal Regional Federal da 1ª Região. Em decisão de recurso de Apelação, Acórdão n. 0003080-21.2012.4.01.3804, julgado em abril de 2019, o TRF da 1ª Região se pronunciou no sentido de que "as medidas de proteção ao meio ambiente aplicáveis a reservatórios artificiais são aquelas em vigor na data dos fatos, em observância ao *tempus regit actum*".

A aplicação das normas ambientais pelo *tempus regit actum* exclui do marco regulatório de 2012 todos os empreendimentos cujos reservatórios foram implementados antes do atual Código Florestal, salvo se houver regra expressa de excepcionalização. Desta maneira, não haveria um marco regulatório para a Área de Preservação Permanente no entorno de reservatórios artificiais destinados à geração de energia elétrica, mas tantos quantos marcos regulatórios segundo a época em que foi implementado o empreendimento.

O problema se conota justamente para identificar se a fixação de uma base hermenêutica que singularize o marco regulatório segundo a época em que concretizado o empreendimento é compatível ou não com a decisão do Supremo Tribunal Federal no julgamento de constitucionalidade do Código Florestal. Afinal, o reconhecimento de constitucionalidade a partir do princípio do *tempus regit actum* implicaria que o Legislador pode alterar espaços ambientalmente protegidos para o futuro, mas não o poderia em relação a espaços ambientalmente protegidos atuais ou constituídos no passado, segundo legislação então vigente.

Em verdade, o julgamento de constitucionalidade do Código Florestal de 2012 não finalizou completamente, ainda está por se definir quanto aos limites de eficácia e regência do marco regulatório. Duas decisões principais podem ser levantadas para indicar os contextos de imprecisão ainda existentes.

No julgamento do Agravo Regimental em Recurso Extraordinário n. 1.170.071/SP, ocorrido em novembro de 2019, a Segunda Turma do Supremo Tribunal Federal veio a considerar aplicável o argumento do *tempus regit actum* em matéria ambiental, reputando a questão da observância retroativa ou não do Código Florestal de 2012 ao direito intertemporal. Por consequência, a Corte afastou de seu conhecimento o tema, julgando haver violação reflexa à Constituição da República. Destacam-se os seguintes pontos da ementa de Acórdão:

> AGRAVO REGIMENTAL EM RECURSO EXTRAORDINÁRIO. INTERPOSIÇÃO EM 06.12.2018. DIREITO AMBIENTAL. AÇÃO CIVIL PÚBLICA. COMPENSAÇÃO DA RESERVA LEGAL. ÁREA DE PRESERVAÇÃO PERMANENTE. DISCUSSÃO SOBRE A RETROATIVIDADE DO ART. 15 DO NOVO CÓDIGO FLORESTAL. LEI 12.651/2012. TEMPUS REGIT ACTUM. MATÉRIA INFRACONSTITUCIONAL. OFENSA REFLEXA. PRECEDENTES.
> 1. Eventual divergência ao entendimento adotado pelo acórdão recorrido que afastou, no caso dos autos, a aplicação do novo Código Florestal a fatos pretéritos, demandaria a análise de legislação infraconstitucional, o que inviabiliza o trânsito do apelo extremo, por ser reflexa a alegada afronta à Constituição Federal.
> 2. Agravo regimental a que se nega provimento, com previsão de aplicação da multa do art. 1.021, § 4º, do CPC. Inaplicável a norma do art. 85, § 11, do CPC, por ser tratar de recurso oriundo de ação civil pública.

Em contraponto, na Reclamação Constitucional 38.764/SP, julgada em maio de 2020, o Supremo Tribunal Federal assumiu posicionamento diverso. O objeto da Reclamação foi julgamento do Tribunal Regional Federal da 3ª Região acerca do artigo 62, que sustentara o princípio do *tempus regit actum* em matéria ambiental para afastar a aplicação do Código Florestal de 2012 e pronunciar seus efeitos tão somente prospectivos.

Ingressaram no feito como *amicus curiae* a Associação Brasileira de Pequenas Centrais Hidrelétricas e Centrais Geradoras Hidrelétricas - ABRAPCH, a Associação Brasileira de Geração de Energia Limpa - ABRAGEL - e a Associação Brasileira dos Produtores Independentes de Energia Elétrica - APINE. No curso do processo, houve manifestação expressa em Parecer do Procurador-Geral da República em sentido oposto à tese até então sustentada pelo Ministério Público:

> A manutenção do posicionamento adotado pela Corte Regional (e pelo Superior Tribunal de Justiça em vários julgados posteriores ao julgamento proferido na Suprema Corte), no sentido da aplicação do princípio tempus regit actum e do postulado da vedação do retrocesso em matéria ambiental, leva a um sério risco de perpetuação da judicialização do tema da aplicabilidade do Novo Código Florestal, gerando insegurança jurídica. Tendo sido já discutida a controvérsia pela Suprema Corte em sede de controle concentrado de constitucionalidade, a discussão sobre a validade do dispositivo legal em questão está superada e sua aplicação ao caso é obrigatória.

Ao final, o Supremo, em via monocrática, julgou procedente a Reclamação, afastando a interpretação do Tribunal Regional quanto ao artigo 62 do Código Florestal de 2012. Entretanto, não houve enfrentamento direto e claro quanto à extensão da aplicação como um todo do marco regulatório das áreas de preservação permanente pelo atual Código. Há ainda uma série de indefinições de aplicação do marco regulatório e da dinâmica de Área de Preservação Permanente a serem enfrentadas quanto ao contraste que a adoção do princípio do *tempus regit actum* expressa em relação à decisão do STF.

A Reclamação Constitucional 38.764 não caminha sozinha. Cite-se também a Rcl 39.991/MC/SP e a Rcl 39.270 MC/MG. O prenúncio que se tem é justamente um transbordar da matéria para definir a aplicação do Código Florestal em face de situações existentes. Sem dúvidas, o artigo 62 do Código Florestal indica sua aplicação para áreas consolidadas. Entretanto, a situação do artigo 5º, por exemplo, resta sem abordagem.

Em casos de reservatórios anteriores ao Código de 2012, mas que não tenham em si a aplicação do artigo 62, pode haver fixação de Área de Preservação Permanente em sentido diverso das normas então regentes quando da implementação do empreendimento? Em que medida a posição do Superior Tribunal de Justiça não limita por vias transversas o reconhecimento de constitucionalidade do Código de 2012?

O problema maior não é em si a confrontação hermenêutica, mas sim o grau de indefinição que ainda lampeja no marco regulatório brasileiro, embora já julgadas as ações de controle direto de constitucionalidade que pretendiam a confrontação das normas regentes dos reservatórios artificiais destinados à geração de energia elétrica.

5 CONSIDERAÇÕES FINAIS

O marco regulatório de Áreas de Preservação Permanente em reservatórios artificiais destinados à geração de energia elétrica ainda mantém certo grau de indefinição judicial, embora já julgadas as ações de controle abstrato de constitucionalidade que versavam sobre o Código Florestal de 2012. A Resolução CONAMA n. 302, embora não encontre força normativa após o Código Florestal de 2012 em razão de sua revogação, em relação às disposições de definição da extensão de APP, ainda conta com espaços de aplicação em razão da argumentação hermenêutica de ultratividade, centrada no *tempus regit actum*.

Há, ainda, após cerca de oito anos do Código Florestal de 2012 e mais de dois anos da decisão do Supremo Tribunal Federal em sede de controle abstrato de constitucionalidade, uma zona de nebulosidade quanto ao marco regulatório de espaços ambientalmente protegidos no entorno dos reservatórios artificiais. A indefinição é negativa para a gestão ambiental e para a fixação de direitos e deveres em segurança jurídica e planejamento.

A questão não é afirmar ou negar determinado nível de proteção ou não de áreas ambientalmente sujeitas ao regime de APP. A questão está em uma imprecisão jurídica que não permite delinear os contornos de obrigação ambiental com plena segurança, em razão dos posicionamentos assumidos pelos Tribunais. A indefinição de marco regulatório para determinar os graus, limites e patamares de aplicação do regime jurídico da APP conduzem tanto a fatores negativos para a proteção ambiental quanto para a gestão empresarial, assim como conduzem a prejuízos para a gestão ambiental dos órgãos públicos.

A proteção ambiental fica exposta por não se ter uma expressão concreta do que é ou não Área de Preservação Permanente, a empresarial fica instável por não se ter em concreção os limites de atuação econômica na área, a de gestão ambiental por não se ter em concretude referências de aplicação das normas de forma isonômica e clara em face dos administrados. O próprio Poder Judiciário fica em exposição, pois passará a ter todo um leque de casos para redefinir os limites de sua definição, em uma escala de retrabalho prejudicial à eficiência e segurança jurídicas.

REFERÊNCIAS

CLÈVE, Clèmerson Merlin. *A atividade legislativa do Poder Executivo*. São Paulo: Ed. Revista dos Tribunais, 2011, p. 330.

GIACOBOO, Daniela Garcia. Considerações acerca da aplicação do princípio da proibição de retrocesso socioambiental ao setor elétrico brasileiro e outros tópicos relativos ao licenciamento ambiental. In: ROCHA, Fábio Amorim (Coord.). *Temas relevantes no Direito de Energia Elétrica*. Tomo VI. Rio de Janeiro: Synergia Editora, 2017. pp. 243-265.

MAXIMILIANO, Carlos. *Hermenêutica e aplicação do direito*. Rio de Janeiro: Forense, 2012, p. 293.

RODRIGUES, Marcelo Abelha. *Proteção jurídica da flora*. Salvador: Editora JusPodivm, 2019, p. 207.

WEDY, Gabriel; MOREIRA, Rafael Martins Costa. *Manual de Direito Ambiental*. Belo Horizonte: Fórum, 2019, p. 330-331.

OS DESAFIOS DA ABERTURA DO MERCADO LIVRE DE ENERGIA ELÉTRICA SOB O ASPECTO REGULATÓRIO

Marcelo Tanos Naves[1]

RESUMO:

A regulamentação afeta ao setor elétrico brasileiro encontra-se em constante alteração, contexto no qual se insere a pretendida abertura do mercado livre de energia elétrica, o que implica complexas modificações a serem implementadas nos quadros regulatório, comercial e operacional. Cumpre registrar que tal abertura deve guardar estrita consonância com os diversos aprimoramentos a serem efetivados na formação de preços e na correta alocação dos custos da expansão entre todos os agentes do Sistema

1 Advogado com especialização em Direito Regulatório e Direito da Energia pelo Centro de Direito Internacional - CEDIN e pelo Instituto de Altos Estudos em Direito - IAED. Pós-graduado em Direito Tributário pelo Centro de Estudos na Área Jurídica Federal - CEAJUF. Graduado em direito pelo Centro Universitário de Belo Horizonte. Membro fundador da Associação Brasileira de Direito da Energia e do Meio Ambiente - ABDEM e integrante do Comitê de Gás Natural. Membro da Câmara de Energia da Federação das Indústrias do Estado de Minas Gerais - FIEMG. Membro da Comissão de Direito da Energia da OAB/MG. Atuou como advogado na Gerência de Direito Regulatório, Tributário e Comercial da Companhia Energética de Minas Gerais - CEMIG no período de 2008 a 2015, com expertise nos segmentos de geração, distribuição, transmissão e comercialização de energia elétrica.

Interligado Nacional ("SIN"). Isso porque as alterações necessárias à abertura do mercado livre de energia elétrica têm como consequências regulatórias a sobrecontratação das distribuidoras, a falta de sinalização para expansão da oferta e a extinção da reserva de mercado para implantação de fontes incentivadas, o que deve ser mitigado pela regulamentação setorial. Nesse contexto, torna-se imperioso que a pretendida abertura se paute na previsibilidade jurídica e regulatória, visando soluções que desenvolvam a modernização do setor elétrico com foco na diretriz básica do mínimo custo global.

Palavras-chave: Mercado de Energia Elétrica. Abertura. Consumidores. Reserva de Mercado. Fontes Incentivadas. Atacado. Varejo. Liquidações Financeiras. Garantias Financeiras. Sobrecontratação. Atratividade. Concentração.

SUMÁRIO:

1 INTRODUÇÃO

Para acompanhar o novo cenário tecnológico e socioambiental, o Setor Elétrico Brasileiro ("SEB") está promovendo mudanças nos quadros regulatório, comercial e operacional, buscando criar condições para uma participação mais ativa dos consumidores na gestão do próprio consumo de energia, valorizando a possibilidade de escolha.

Nesse sentido, verifica-se que o Ministério de Minas e Energia ("MME") realizou Consultas Públicas[2] com vistas a (i) obter

---

2 Ministério de Minas e Energia. Consulta Pública n. 21/2016. Mercado Livre de Energia Elétrica: Questionário sobre a expansão do mercado livre de energia elétrica, benefícios e riscos envolvidos. Diário Oficial da União, Brasília, 05 de out. 2016.

Ministério de Minas e Energia. Consulta Pública n. 33/2017. Aprimoramento do marco legal do setor elétrico: Proposta de medidas legais que viabilizem o futuro do setor elétrico com sustentabilidade a longo prazo. Diário Oficial da União, Brasília, 05 de jul. 2017.

respostas da sociedade sobre a expansão do mercado livre de energia elétrica, os benefícios e os riscos envolvidos, (ii) aprimorar o modelo do setor, bem como (iii) diminuir os limites de carga para contratação de energia por parte dos consumidores.

Salienta-se que a regulamentação afeta à abertura do mercado livre de energia elétrica deve se pautar nas contribuições de diversos agentes setoriais, assim como na previsibilidade jurídica e regulatória, visando soluções que desenvolvam a modernização do setor elétrico com foco na diretriz básica do mínimo custo global, balizada na abertura do mercado, na sustentabilidade da expansão e na alocação eficiente de custos e riscos.

Isso porque as alterações necessárias à pretendida abertura implicam consequências regulatórias como (i) sobrecontratação das distribuidoras, (ii) falta de sinalização para expansão da oferta e (iii) extinção da reserva de mercado para implantação de fontes incentivadas, as quais devem ser mitigadas pela regulamentação setorial.

2 CONTEXTUALIZAÇÃO

A abertura de mercado pode ser entendida como um movimento que se associa à liberdade econômica dos agentes e, portanto, reduz as possibilidades de intervenção governamental no mercado de energia elétrica.

Neste processo de abertura, todavia, deve-se buscar corrigir distorções na alocação de custos e riscos existentes entre os ambientes de contratação, como no caso da sobrecontratação das distribuidoras devido à migração de consumidores do Ambiente de Contratação Regulada ("ACR") para o Ambiente de Contratação Livre ("ACL"), o que poderia aumentar ainda mais as tarifas reguladas e estimular a citada migração.

Ministério de Minas e Energia. Consulta Pública n. 77/2019. Proposta de Portaria que visa alterar a Portaria 514/2018 – regulamentação do § 3º do artigo 15 da Lei n. 9.074/1995: Proposta de Portaria que amplia as possibilidades de livre contratação de energia elétrica por parte dos consumidores. Diário Oficial da União, Brasília, 09 de ago. 2019.

Em igual sentido, os mecanismos de viabilização da expansão do sistema elétrico precisam ser aprimorados para garantir a segurança energética e a adequada alocação de custos e riscos, salientando que a ampliação do mercado livre requer maior robustez das transações realizadas no mercado de energia elétrica, em especial, no que tange à (i) formação de preço, (ii) periodicidade das liquidações, (iii) garantias financeiras, (iv) simetria de informação e (v) adimplência.

2.1 O Mercado de Energia Elétrica Atual

O atual modelo de comercialização de energia elétrica se fundamenta em instrumentos jurídicos firmados no ACR ou no ACL.

Os contratos do ACR são firmados entre as distribuidoras e os vencedores dos leilões de energia elétrica, ressaltando que os contratos de energia nova são de longo prazo e permitem que os geradores financiem os empreendimentos utilizando como garantias ós recebíveis destes contratos. Já os contratos firmados no ACL decorrem de comercialização bilateral ou de leilões particulares de energia, livremente negociados entre as partes.

Sob esse aspecto, cumpre registrar que o ambiente comercial, realizado no âmbito da Câmara de Comercialização de Energia Elétrica ("CCEE"), se dá de forma apartada do ambiente operacional, uma vez que a operação centralizada do sistema – promovida pelo Operador Nacional do Sistema Elétrico ("ONS") – define o despacho econômico ótimo considerando os modelos estocásticos vigentes.

Dessa maneira, as diferenças apuradas entre os montantes contratados de geração e consumo de energia elétrica e os valores efetivamente verificados são tratadas de maneira centralizada pela CCEE.

No denominado Mercado de Curto Prazo ("MCP") é efetuada a contabilização e liquidação financeira das diferenças apuradas entre os montantes de energia elétrica contratados e verificados – gerados ou consumidos.

Em relação à CCEE, ressalta-se que seus associados são agentes que atuam no setor elétrico nas categorias de geração (geradores concessionários de serviço público, produtores independentes e autoprodutores), distribuição e comercialização (comercializadores, consumidores livres e especiais), com participação obrigatória ou facultativa, conforme o caso.

Especificamente em relação aos consumidores livres e especiais, destaca-se que os primeiros são aqueles que podem escolher seu fornecedor de energia elétrica por meio de livre negociação. Já o consumidor especial, com demanda entre 500 kW e 2.000 MW, deve adquirir energia de centrais hidrelétricas de menor porte ou de fontes incentivadas especiais (eólica, biomassa ou solar).

2.2 Objetivos Esperados com a Abertura do Mercado Livre

Com a pretendida abertura, espera-se remover barreiras de participação de agentes no mercado livre, oportunidade em que todos os interessados em participar de um ambiente ativo de tomada de decisões devem ser capazes de fazê-lo, considerando o espectro de decisões individuais que lhes são permitidas pela natureza de sua atividade.

Esta máxima se aplica também a consumidores do segmento de varejo interessados em expressar suas preferências individuais quanto à gestão de seu consumo de energia.

Novas classes de agentes, incluindo prestadores de serviços inovadores, que entreguem valor ao agregar inteligência comercial ou operacional na gestão de portfólios de tecnologias tradicionais e existentes, também devem ter acesso ao mercado.

Para a liberalização do mercado de energia elétrica, portanto, propõe-se reduzir e extinguir a reserva de mercado para energia incentivada, ampliando as possibilidades de contratação dos consumidores especiais, com consequente redução dos subsídios.

Também deve haver maior participação do ambiente livre no custeio da expansão do sistema e da segurança energética, questão para a qual se busca equacionamento com a ideia da separação de lastro – contratado por encargo – e energia – contratada livremente.

Em linha com a abertura do mercado de energia, deve-se possibilitar a redução da obrigação de contratação dos consumidores livres, medida com a qual se espera ampliar as possibilidades de gestão do portfólio de contratos e de flexibilização das alternativas de gestão de risco.

Na medida em que o mercado livre se amplie, podendo inclusive chegar ao mercado de baixa tensão, essa flexibilização atinge, de forma potencial, todos os consumidores de energia elétrica, o que garantiria tratamento isonômico.

Com as definições de comercializador e consumidor varejistas, as operações no mercado livre devem buscar segurança jurídica, com maior eficiência, sustentabilidade e menor custo de transação para os consumidores de menor porte.

Também se espera que ocorram aprimoramentos regulatórios para o mercado de energia brasileiro com vistas ao desenvolvimento e crescimento de bolsas de energia criadas no ambiente privado, bem como reduzir assimetrias de informação e de preço, aumentando a competitividade e, com isso, trazendo benefícios aos consumidores de energia elétrica.

3 AÇÕES PROPOSTAS

Uma vez contextualizado o tema do presente artigo, bem como considerando os resultados das Consultas Públicas efetivadas pelo MME, insta destacar, topicamente, as principais ações propostas.

3.1 Abertura de Mercado

Em 16/12/2019, o MME publicou no Diário Oficial da União ("DOU") a Portaria n. 465/2019[3], que trata das possibilidades de livre contratação de energia elétrica por parte dos consumidores.

Frisa-se que a aludida Portaria é fruto do amadurecimento desse tema ao longo dos últimos meses, por meio das análises que vêm sendo realizadas pelo citado Ministério com o objetivo de conferir maior eficiência e competitividade ao mercado, além de estar alinhada aos padrões internacionais de liberdade de escolha do consumidor.

---

[3] Ministério de Minas e Energia. Portaria n. 465/2019. Altera os limites para contratação de energia elétrica por consumidores estabelecidos na Portaria n. 514/2018. Diário Oficial da União, Brasília, 16 de dez. 2019.

Salientando que a medida foi objeto da Consulta Pública n. 77/2019[4], esta tem por escopo regulamentar o disposto no § 3º do artigo 15 da Lei n. 9.074/1995[5] para (i) reduzir os limites de carga para contratação de energia elétrica convencional por parte dos consumidores, observando o seguinte cronograma:

a) a partir de 1º de janeiro de 2021, os consumidores com carga igual ou superior a 1.500 kW;
b) a partir de 1º de janeiro de 2022, os consumidores com carga igual ou superior a 1.000 kW; e
c) a partir de 1ª de janeiro de 2023, os consumidores com carga igual ou superior a 500 kW.

Destaca-se que parte dessa ação fora implementada em atendimento ao parágrafo 2º-A do art. 15 da Lei n. 9.074/1995[6] e à Portaria MME n. 514/2018[7], que reduziu os limites de acesso ao mercado livre para 2,5 MW em 1º de julho de 2019 e 2 MW em 1º de janeiro de 2020.

Ainda sobre o tema, há que se destacar que a Assessoria Especial de Regulação da Secretaria Executiva do MME sugere a realização de estudos para proporcionar a abertura do mercado livre na baixa tensão.

---

4 Ministério de Minas e Energia. Consulta Pública n. 77/2019. Proposta de Portaria que visa alterar a Portaria 514/2018 – regulamentação do § 3º do artigo 15 da Lei n. 9.074/1995: Proposta de Portaria que amplia as possibilidades de livre contratação de energia elétrica por parte dos consumidores. Diário Oficial da União, Brasília, 09 de ago. 2019.

5 Brasil. Lei Federal n. 9.074/1995. Estabelece normas para outorga e prorrogações das concessões e permissões de serviços públicos e dá outras providências. Diário Oficial da União, Brasília, 08 de jul. 1995.

6 Brasil. Lei Federal n. 9.074/1995. Estabelece normas para outorga e prorrogações das concessões e permissões de serviços públicos e dá outras providências. Diário Oficial da União, Brasília, 08 de jul. 1995.

7 Ministério de Minas e Energia. Consulta Pública n. 77/2019. Proposta de Portaria que visa alterar a Portaria 514/2018 – regulamentação do § 3º do artigo 15 da Lei n. 9.074/1995: Proposta de Portaria que amplia as possibilidades de livre contratação de energia elétrica por parte dos consumidores. Diário Oficial da União, Brasília, 09 de ago. 2019.

3.2 Redução e Extinção da Reserva de Mercado para Energia Incentivada

Com a aplicação do cronograma citado no item III.1, tem-se a redução gradual da reserva de mercado de energia incentivada até sua completa extinção em 2023, ressaltando que os possíveis impactos desse cronograma serão detalhados no decorrer do presente artigo.

Além disso, destaca-se que a redução gradual dos limites de carga dos consumidores que poderiam migrar para o ambiente livre ensejará, consequentemente, aumento de consumidores elegíveis à participação no ACL, o que implica ampliação quantitativa de consumidores representados na CCEE e intensifica a pulverização do mercado livre, invertendo a lógica de um mercado de atacado para varejo.

3.3 Atacado e Varejo

Em relação à separação entre atacado e varejo, destaca-se que a Nota Técnica EPE-PR-003/2017[8], referente ao fechamento da CP 33/2017[9], sugere que os consumidores livres com carga inferior a 1 MW sejam representados na CCEE por intermédio de comercializadores varejistas.

Sob esse aspecto, insta esclarecer que a figura do comercializador varejista foi criada com o objetivo de auxiliar a migração de consumidores de menor porte para o ACL, e sua correspondente representação, ficando o varejista responsável por toda operação de seus representados desde a migração até a gestão de procedimentos operacionais, tais como modelagem, medição, contabilização e obrigações financeiras junto à CCEE.

Para consumidores com pequena demanda, que não possuem conhecimento, estrutura ou equipe técnica especializada no setor

---

[8] Empresa de Pesquisa Energética. Nota Técnica EPE-PR-003/2017. Processamento de contribuições à Consulta Pública n. 33/2017 e recomendações de alterações para a elaboração de instrumento legal. Brasília, 04 de dez. 2017.

[9] Ministério de Minas e Energia. Consulta Pública n. 33/2017. Aprimoramento do marco legal do setor elétrico: Proposta de medidas legais que viabilizem o futuro do setor elétrico com sustentabilidade a longo prazo. Diário Oficial da União, Brasília, 05 de jul. 2017.

elétrico, o comercializador varejista representa uma forma de reduzir a complexidade de adesão ao ACL. Contudo, o estabelecimento do limite em 1 MW para o mercado atacadista cria uma reserva de mercado que será atribuída aos comercializadores varejistas, além de retirar dos consumidores a possibilidade de se auto representarem na CCEE, o que restringe a liberdade de escolha.

Desta feita, juntamente com o estudo de liberalização do mercado para cargas abaixo de 500 kW, que será precedida da redução gradual dos limites de carga dos consumidores que poderiam migrar para o ambiente livre, é imperiosa a avaliação da separação entre mercado atacadista e varejista.

Ainda que tal indefinição constitua uma barreira para migração, trata-se de medida que auxilia na formação de um ambiente de atacado com garantias financeiras robustas e liquidações menos arriscadas, buscando uma ampliação do mercado livre com responsabilidade, eficiência e sustentabilidade.

Cabe ressaltar que a extinção de reserva de mercado não seria afetada pela não separação imediata entre atacado e varejo, uma vez que a migração dos consumidores com demanda de no mínimo 500 kW para o ACL já é possível.

É importante destacar que a diminuição dos requisitos de demanda abaixo de 500 kW para acesso ao ACL deve guardar consonância com os diversos aprimoramentos a serem efetivados na formação de preços e na correta alocação dos custos da expansão entre todos os agentes do Sistema Interligado Nacional ("SIN").

Para tanto, é fundamental que se avalie a separação entre mercado atacadista e varejista com a definição do comercializador regulado de energia, haja vista que esses aprimoramentos prévios ajudarão a mitigar significativos riscos de desequilíbrio entre o ACR e ACL, afastando a inviabilização da adequabilidade do sistema.

3.4 Periodicidade da Liquidação, Garantias Financeiras e Bolsa de Energia

As garantias nos contratos de comercialização de energia do ambiente regulado são predominantemente constituídas com a cessão pelas distribuidoras dos recebíveis das contas de energia dos seus consumidores. Já no ambiente de comercialização livre, as garantias são pactuadas entre os compradores e vendedores, usualmente correspondente a um valor entre um e três meses de compra de energia, mesmo para os contratos de longo prazo.

Conforme mencionado anteriormente, a contratação no ACR se dá por meio de leilões centralizados, enquanto no ACL se dá por negociações bilaterais em um ambiente não sistematizado, mas que devem ser registrados na CCEE e só possuem validade se os agentes contratantes estiverem em situação regular junto à Câmara.

Em função das estratégias adotadas por cada um dos comercializadores, no início do ano de 2019 foram detectados inúmeros descumprimentos contratuais que não chegaram a afetar as contabilizações e liquidações promovidas pela CCEE. Porém, isso pode prejudicar a confiabilidade e a imagem do mercado livre de energia, pois, naquela oportunidade, os contratos com posição vendida restaram cancelados ou não foram objeto de efetivo registro perante a Câmara.

Cabe ressaltar que a contraparte comprada desses contratos ficou exposta ao MCP num momento em que o Preço de Liquidação das Diferenças ("PLD") se encontrava em patamar elevado.

Justamente em decorrência de tais acontecimentos, verifica-se que a CCEE e a ANEEL estão intensificando esforços para aperfeiçoar os mecanismos de comercialização visando ganhos de segurança para o mercado de energia elétrica.

Conforme indicado na Nota Técnica CCEE – 0042/2019, de 06 de junho de 2019[10], a Câmara sugere uma liquidação semanal, enquanto o MME, por sua vez, exarou entendimento pela viabilidade de chamada diária de margens de garantia.

Apesar das tentativas já realizadas, os contratos de comercialização no ACL não são registrados antes do início da entrega da

[10] Câmara de Comercialização de Energia Elétrica. Nota Técnica CCEE n. 0042/2019. Proposta de Aperfeiçoamento de Mecanismos para Segurança do Mercado de Energia. São Paulo, 06 de jul. 2019.

energia, com isso, a necessidade de aporte de garantias também é *ex-post*, ou seja, após o consumo efetivo da energia contratada.

Atualmente, em função do vasto arcabouço legislativo e regulatório, verifica-se que o MCP, que deveria ser um mercado de liquidação de diferenças, tem negociado uma média de 10 (dez) a 15% (quinze por cento) de toda a geração brasileira, salientando que um cenário hídrico desfavorável e prolongado, com PLD elevado, implica elevados volumes financeiros transacionados, excedendo a capacidade de pagamento de muitos agentes.

Esse fenômeno ocorreu entre os anos 2013 e 2016 e resultou na paralização do MCP em função de liminares de proteção aos geradores e demais afetados, com um valor represado de aproximadamente R$ 7 bilhões, salientando que a inadimplência decorrente dos valores não pagos foi rateada entre todos os agentes da Câmara.

Adicionalmente, entre os meses de fevereiro e dezembro de 2014, devido às alterações implementadas pela Lei n. 12.783/2013[11], as distribuidoras se sujeitaram a elevada exposição involuntária no mercado de curto prazo em decorrência da não renovação dos contratos de geração com várias usinas. Além disso, com um cenário de baixa hidrologia, ocorreram despachos prolongados de geração termelétrica, fato que pressionou o fluxo de caixa das distribuidoras, visto que na época ainda não existia o mecanismo das bandeiras tarifárias.

Baseado nesse cenário foi criada a conta ACR com a finalidade de cobrir, total ou parcialmente, essas despesas incorridas pelas distribuidoras, sendo os recursos dessa conta captados por meio de financiamentos obtidos pela CCEE junto às instituições financeiras.

---

[11] Brasil. Lei Federal n. 12.783/2012. Dispõe sobre as concessões de geração, transmissão e distribuição de energia elétrica, sobre a redução dos encargos setoriais e sobre a modicidade tarifária; altera as Leis n. s 10.438, de 26 de abril de 2002, 12.111, de 9 de dezembro de 2009, 9.648, de 27 de maio de 1998, 9.427, de 26 de dezembro de 1996, e 10.848, de 15 de março de 2004; revoga dispositivo da Lei n. 8.631, de 4 de março de 1993; e dá outras providências. Diário Oficial da União, Brasília, 14 de jan. 2013.

Frisa-se que o valor final desses empréstimos foi repassado para os consumidores das distribuidoras nos anos subsequentes, gerando uma elevação na tarifa de energia elétrica.

Fato é que essas características têm tornado o MCP um ambiente desfavorável ao investimento em geração de energia elétrica, havendo, ainda, deficiência na sinalização econômica dos preços de curto prazo, causando alta volatilidade.

Outra consideração relevante para o encaminhamento da pretendida abertura consiste na implantação do modelo de bolsa de energia com uma *Clearing House*, o que também depende de uma interação próxima com o sistema brasileiro de pagamentos e a Comissão de Valores Mobiliários ("CVM").

Como alternativa, poderiam ser utilizadas as expertises de bolsas de valores ou de energia já existentes, as quais atendem às exigências da CVM. Nesse ponto, poderia ser obrigatório o registro dos contratos negociados no mercado livre em um ambiente de bolsa como condição necessária para sua liquidação na CCEE.

Tal mecanismo proporcionaria um registro do histórico dos preços negociados, além de um maior controle sobre as exposições dos agentes.

Observada a Nota Técnica n. 14/2017/AEREG/SE[12], restou sugerido que a CCEE, em conjunto com a ANEEL e as instituições reguladoras do sistema de pagamentos brasileiro e das bolsas de valores (Banco Central do Brasil e CVM), contrate estudo com o objetivo de propor aprimoramentos legislativos e regulatórios, bem como proposta de encadeamento e cronograma de implantação de uma bolsa de energia e uma *Clearing House,* associados à CCEE.

3.5 Redução da Obrigação de Contratação da Totalidade da Carga

Outro tema relevante é a obrigatoriedade da contratação de 100% (cem por cento) da carga para os consumidores livre e

12 Ministério de Minas e Energia. Nota Técnica n. 14/2017/AEREG/SE. Proposta de aprimoramento do marco legal do setor elétrico. Brasília, 05 de jul. 2017.

regulados, o que tem reflexos diretos nas estratégias de gestão do portfólio de contratos dos consumidores e das concessionárias de distribuição.

A redução da necessidade de contratação da carga pode expor os consumidores e as distribuidoras a situações de subcontratação em momentos de escassez hídrica, nos quais o PLD estará elevado, podendo levar ao *déficit* de energia por período prolongado em cenários extremos. Assim, com o aumento da liberdade dos consumidores, é necessário garantir a existência de contratos de energia de curto prazo com grande liquidez, de forma a permitir que os compradores minimizem sua exposição ao MCP e a consequente incerteza dos impactos financeiros.

Adicionalmente, ressalta-se que a obrigatoriedade da contratação de 100% (cem por cento) e os limites para repasse aos consumidores no ambiente regulado pode dificultar a utilização, por parte das concessionárias de distribuição de energia, de estratégias para gerenciar seu portfólio de contratos de energia. Isso também ocorre em função de outros contratos (por disponibilidade, cotas, Itaipu, e repactuados) que também transferem os riscos da não geração da garantia física para consumidores do ambiente regulado, impedindo a gestão destes riscos.

Ainda em relação à possibilidade de flexibilização da contratação de 100% (cem por cento) da carga, ressalta-se o possível impacto dessa medida na manutenção da promoção da oferta de expansão. Não sendo mandatória, a contratação feita pelos agentes, principalmente por meio de contratos de longo prazo, deve ser algo incentivado em qualquer desenho de mercado eficiente.

Portanto, relaxar a obrigatoriedade de contratação é algo que pode comprometer a viabilidade da expansão da oferta, sendo relevante garantir que existam meios de promover a adequabilidade de suprimento mesmo nessa situação.

Dentre as soluções já apresentadas aos problemas relacionados à robustez de mercado, destaca-se a evolução do modelo de comercialização a partir da implantação de uma bolsa de energia e uma *Clearing House*, o que ajuda a solucionar o problema da fragilidade financeira do atual mercado de energia, considerando que esse tipo de estrutura comercial é amplamente utilizado nos mercados de *commodities* em geral e mercados de energia de países mais desenvolvidos.

Nesse contexto, a proposta de modelo de implementação de uma bolsa de energia associada a uma *Clearing House* implica grande número de alterações no modelo atual, dentre os quais se destacam os seguintes:

a) Possibilidade de os contratos legados serem comercializados por um centralizador de contratos;

b) possibilidade de criação de um mercado marginalista; e

c) menor volatilidade do preço no mercado de curto prazo e maior aderência ao custo de produção de eletricidade.

Isso posto, tem-se que a redução da obrigação de contratação da totalidade da carga para o mercado livre e para as empresas de distribuição ou comercializadores de última instância deve ser analisada após a definição do mercado, devidamente em consonância com os diversos aprimoramentos a serem efetivados.

4 IDENTIFICAÇÃO DOS RISCOS

Nos termos mencionados anteriormente, salienta-se que a regulamentação afeta à abertura do mercado livre de energia elétrica deve se pautar em soluções que desenvolvam a modernização do setor elétrico com foco na diretriz básica do mínimo custo global, balizada na abertura do mercado, na sustentabilidade da expansão e, em especial, na alocação eficiente de custos e riscos, o que passa-se a abordar de forma detalhada nos tópicos seguintes.

4.1 SOBRECONTRATAÇÃO DAS DISTRIBUIDORAS

Com a redução do limite de carga para migração para o mercado livre, existe o risco de parte significativa dos consumidores migrarem para o ACL e a distribuidora continuar responsável pelos contratos de longo prazo do CCEAR.

O caminho apresentado pelo MME e constante do PLS 232/2016[13] consiste na criação de um encargo com vistas a repassar os custos dessa sobrecontratação involuntária para os consumidores de energia elétrica da concessionária de distribuição e para os consumidores livres.

Um caminho alternativo seria a realização da abertura em degraus temporais de forma a permitir que as distribuidoras acomodem a migração no encerramento dos contratos de longo prazo.

Para acompanhamento da implementação da citada medida alternativa de abertura faz-se necessária a preparação de relatórios anuais – de competência da ANEEL – sobre (i) a migração dos consumidores para o ambiente livre e (ii) a utilização dos mecanismos de gestão de portfólio e o impacto no nível de contratação das concessionárias de distribuição. Com base nesses relatórios e com a devida previsibilidade, caberá ao MME a edição de portaria estendendo o prazo para os próximos degraus.

Soma-se a isso o fato de que a efetiva abertura do mercado para os consumidores atendidos em baixa tensão depende dos resultados dos estudos a serem elaborados pela ANEEL até dezembro de 2023.

4.2 Extinção da Reserva de Mercado e Desincentivo para Implantação de Fontes Incentivadas

A extinção da reserva de mercado se dará com a liberação dos atuais consumidores livres e especiais para contratação de qualquer tipo de fonte de geração para composição dos seus respectivos portfólios.

13 BRASIL. PLS 232/2016. Dispõe sobre o modelo comercial do setor elétrico, a portabilidade da conta de luz e as concessões de geração de energia elétrica, altera as Leis n. 9.427, de 26 de dezembro de 1996, n. 9.478, de 6 de agosto de 1997, n. 9.648, de 27 de maio de 1998, n. 10.847, de 15 de março de 2004, n. 10.848, de 15 de março de 2004, e n. 12.783, de 11 de janeiro de 2013, e a Medida Provisória n. 2.227, de 4 de setembro de 2001, e dá outras providências. **Secretaria Legislativa do Senado Federal**, 20 mar. 2020.

Outro ponto positivo que pode ser observado é a diminuição dos subsídios que beneficiam geradores de fontes incentivadas e consumidores que contratam essas fontes, haja vista que nos últimos anos houve um acréscimo considerável no valor desses benefícios, que passaram de R$ 700 milhões em 2013 para algo em torno de R$ 2,6 bilhões em 2019, salientando que, desse montante, cerca de 86% (oitenta e seis por cento) são destinados a subsidiar a carga.

Cumpre registrar que essas propostas reduzem a atratividade das fontes incentivadas, contudo, o mecanismo ora adotado proporciona imprevisibilidade de custos, o que se comprova mediante o aumento dos subsídios verificado ao longo dos últimos anos.

Com isso, uma política de valoração de atributos das fontes pode ser mais adequada para promover a competitividade entre elas, ressaltando que o aprimoramento do sinal locacional da Tarifa de Uso do Sistema de Transmissão ("TUST") poderia valorar a proximidade da geração com a carga, estimulando as fontes solar, eólica e biomassa.

4.3 Separação entre Atacado e Varejo com Definição de Limites para Cadastro de Consumidores e de Agentes Varejistas na CCEE

O principal risco é o elevado aumento de agentes na CCEE a depender do limite mínimo de carga estabelecido, o que pode gerar custos de transação excessivos.

Outro risco que se apresenta evidente quanto ao ponto em tela é a criação de uma reserva de mercado para os comercializadores varejistas, por isso o limite de separação a ser estabelecido deve ser precedido de estudo aprofundado, incluindo em seu escopo a análise da abertura do mercado para cargas inferiores a 500 kW.

4.4 Redução da Atratividade para Investidores e Empreendedores

A abertura do mercado deverá fazer com que o ACL tenha maior representatividade na expansão da geração e, para tanto, são necessários mecanismos de sinalização para essa finalidade.

Nesse sentido, a grande volatilidade do preço de curto prazo faz com que os investidores percebam pouca atratividade na construção de novas plantas, pois a precária previsibilidade de geração de receita dificulta a montagem de planos de negócios capazes de gerar valor para os empreendedores.

4.5 Concentração do Poder de Mercado

Sem a *Clearing House*, ou contraparte central, e considerando o aumento do número de consumidores livres, a inadimplência e o descumprimento de contratos bilaterais podem trazer prejuízos financeiros aos envolvidos e ao mercado como um todo.

Um dos principais atributos de uma *Clearing House* é a eliminação do risco de crédito, mitigando o risco de liquidação, haja vista que, no sistema de registro de contratos *ex-post* existente, o aumento do mercado livre poderá (i) aumentar a exposição ao MCP, (ii) a inadimplência e – até mesmo – (iii) provocar a falência de agentes.

Como etapa intermediária à implantação de uma bolsa de energia no Brasil, pode ser avaliada a instituição de um mercado de balcão organizado, o que pode auxiliar a busca por mecanismos transparentes e eficazes para a formação de preço.

5 CONCLUSÃO

Diante do exposto, verifica-se que a pretendida abertura do mercado livre de energia elétrica implica complexas modificações a serem implementadas nos quadros regulatório, comercial e operacional, tudo com vistas a criar condições para uma participação mais ativa dos consumidores na gestão do seu próprio consumo de energia, valorizando a possibilidade de escolha.

Cumpre registrar que a citada abertura, portanto, deve guardar estrita consonância com os diversos aprimoramentos a serem efetivados na formação de preços e na correta alocação dos custos da expansão entre todos os agentes do SIN.

Isso porque as alterações necessárias à abertura do mercado livre de energia elétrica trazem consequências regulatórias como (i) a sobrecontratação das distribuidoras, (ii) a falta de sinalização para expansão da oferta e (iii) a extinção da reserva de mercado para implantação de fontes incentivadas, o que deve ser mitigado pela regulamentação setorial.

Nesse contexto, torna-se imperioso que a pretendida abertura se paute nas contribuições de diversos agentes setoriais, assim como na previsibilidade jurídica e regulatória, visando soluções que desenvolvam a modernização do setor elétrico com foco na diretriz básica do mínimo custo global, balizada na abertura do mercado, na sustentabilidade da expansão e na alocação eficiente de custos e riscos.

REFERÊNCIAS BIBLIOGRÁFICAS

BRASIL. PLS 232/2016. Dispõe sobre o modelo comercial do setor elétrico, a portabilidade da conta de luz e as concessões de geração de energia elétrica, altera as Leis n. 9.427, de 26 de dezembro de 1996, n. 9.478, de 6 de agosto de 1997, n. 9.648, de 27 de maio de 1998, n. 10.847, de 15 de março de 2004, n. 10.848, de 15 de março de 2004, e n. 12.783, de 11 de janeiro de 2013, e a Medida Provisória n. 2.227, de 4 de setembro de 2001, e dá outras providências. Secretaria Legislativa do Senado Federal, Brasília, 20 mar. 2020. Disponível em: https://www25.senado.leg.br/web/atividade/materias/-/materia/126049. Acesso em: 21 maio 2020.

Brasil. Lei Federal n. 9.074/1995. Estabelece normas para outorga e prorrogações das concessões e permissões de serviços públicos e dá outras providências. Diário Oficial da União, Brasília, 08 de jul. 1995. Disponível em: http://www.planalto.gov.br/ccivil_03/leis/l9074cons.htm. Acesso em: 21 maio 2020.

Brasil. Lei Federal n. 12.783/2012. Dispõe sobre as concessões de geração, transmissão e distribuição de energia elétrica, sobre a redução dos encargos setoriais e sobre a modicidade tarifária; altera as Leis ns. 10.438, de 26 de abril de 2002, 12.111, de 9 de dezembro de 2009, 9.648, de 27 de maio de 1998, 9.427, de 26 de dezembro de 1996, e 10.848, de 15 de março de 2004; revoga dispositivo da Lei n. 8.631, de 4 de março de 1993; e dá outras providências. Diário Oficial da União, Brasília, 14 de jan. 2013. Disponível em: http://www.planalto.gov.br/ccivil_03/leis/l9074cons.htm. Acesso em: 21 maio 2020.

Ministério de Minas e Energia. Consulta Pública n. 21/2016. Mercado Livre de Energia Elétrica: Questionário sobre a expansão do mercado livre de energia elétrica, benefícios e riscos envolvidos. Diário Oficial da União, Brasília, 05 de out. 2016. Disponível em: http://www.mme.gov.br/web/

guest/servicos/consultas-publicas. Acesso em: 23 maio 2020.

Ministério de Minas e Energia. Consulta Pública n. 33/2017. Aprimoramento do marco legal do setor elétrico: Proposta de medidas legais que viabilizem o futuro do setor elétrico com sustentabilidade a longo prazo. Diário Oficial da União, Brasília, 05 de jul. 2017. Disponível em: http://www.mme.gov.br/web/guest/servicos/consultas-publicas. Acesso em: 22 maio 2020.

Ministério de Minas e Energia. Consulta Pública n. 77/2019. Proposta de Portaria que visa alterar a Portaria 514/2018 - regulamentação do § 3º do artigo 15 da Lei n. 9.074/1995: Proposta de Portaria que amplia as possibilidades de livre contratação de energia elétrica por parte dos consumidores. Diário Oficial da União, Brasília, 09 de ago. 2019. Disponível em: http://www.mme.gov.br/web/guest/servicos/consultas-publicas. Acesso em: 20 maio 2020.

Ministério de Minas e Energia. Portaria nº 465/2019. Altera os limites para contratação de energia elétrica por consumidores estabelecidos na Portaria n. 514/2018. Diário Oficial da União, Brasília, 16 de dez. 2019. Disponível em: http://www.mme.gov.br/acesso-a-informacao/legislacao/portarias. Acesso em: 24 maio 2020.

Empresa de Pesquisa Energética. Nota Técnica EPE-PR-003/2017. Processamento de contribuições à Consulta Pública n. 33/2017 e recomendações de alterações para a elaboração de instrumento legal. Brasília, 04 de dez. 2017. Disponível em: http://www.mme.gov.br/web/guest/servicos/consultas-publicas. Acesso em: 22 maio 2020.

Câmara de Comercialização de Energia Elétrica. Nota Técnica CCEE n. 0042/2019. Proposta de Aperfeiçoamento de Mecanismos para Segurança do Mercado de Energia. São Paulo, 06 de jul. 2019. Disponível em: http://www.mme.gov.br/web/guest/servicos/consultas-publicas. Acesso em: 22 maio 2020.

Ministério de Minas e Energia. Nota Técnica n. 14/2017/AEREG/SE. Proposta de aprimoramento do marco legal do setor elétrico. Brasília, 05 de jul. 2017. Disponível em: http://www.mme.gov.br/web/guest/servicos/consultas-publicas. Acesso em: 23 maio 2020.

REFLEXÕES SOBRE O EQUILÍBRIO DOS CONTRATOS DE CONCESSÃO NO SETOR ELÉTRICO DIANTE DA PANDEMIA DO COVID-19

Marcos Vinicius Rodrigues[1]

RESUMO:

Em meio aos impactos gerados pela pandemia do Covid-19, este artigo, a partir de um raciocínio crítico-dedutivo e utilizando-se da metodologia fundada na análise doutrinária, normativa e jurisprudencial, objetiva apresentar reflexões sobre o equilíbrio econômico-financeiro das concessões de serviço público, em especial no setor elétrico brasileiro. Nesse sentido, diante da crise gerada pelo coronavírus e medidas de isolamento, à luz da Teoria da Imprevisão e observando a premente necessidade de alcançar equilíbrio contratual, este estudo aborda o direito à recomposição da equação econômico-financeira abalada.

Palavras-chave: Contratos de concessão. Setor elétrico. Equilíbrio econômico-financeiro.

SUMÁRIO:

---

1 Advogado. Membro da Associação Brasileira de Direito da Energia e do Meio Ambiente (ABDEM). Mestre em Direito Ambiental e Sustentabilidade pela Escola Superior Dom Helder Câmara (ESDHC). Especialista em Direito Empresarial pela Fundação Getúlio Vargas (FGV). Membro do Grupo de Pesquisa em Responsabilidade Civil por danos ao meio ambiente no Brasil e no Direito Comparado. Endereço eletrônico: marcos@lawyer.com

1 INTRODUÇÃO

No início do ano de 2020 a Organização Mundial da Saúde ("OMS") emitiu o seu mais alto nível de alerta decorrente do progressivo avanço do vírus SARS-CoV-2 em escala mundial, advertindo toda a comunidade internacional sobre a existência de uma pandemia.

No âmbito legal, várias medidas foram tomadas para o combate do avanço da Covid-19, indicando medidas para enfrentamento da emergência de saúde pública com consequências diretas em aspectos sociais e econômicos, e mesmo às restrições de direitos como a liberdade e propriedade particular.

O presente artigo consiste na abordagem inicial da pandemia e os impactos causados no setor elétrico.

Nesta linha, constata-se também o ambiente de incertezas relacionadas às expectativas para novos projetos de energia, da queda da demanda de energia e consequentemente reflexos nos preços de energia, bem como do aumento da inadimplência, levando à diminuição da receita deste segmento em curto prazo.

A ocorrer tal fato, exsurge também pensar a renegociação de contratos no bojo da concessão, importando apontar que a jurisprudência majoritária possui entendimento no sentido da inaplicabilidade da Teoria da imprevisão em contratos com a administração pública, em razão de suas especificidades.

Efetuando estes importantes registros, a estruturação do trabalho desenvolve-se apresentando um breve panorama dos efeitos da pandemia no Setor Elétrico Brasileiro ("SEB"). Em seguida, expõem-se a tese e pressupostos da aplicação da Teoria da imprevisão. Por fim, destaca-se que o reequilíbrio econômico-financeiro dos contratos de concessão deve ser avaliado *in casu,* devendo pugnar pelo estudo de todas as alternativas de reequilíbrio disponíveis.

Para alcançar o objetivo pretendido com a pesquisa, o estudo apoiar-se-á na Constituição Federal de 1988 ("CF/88"), na legislação, na jurisprudência, e revisão de literatura, em interseção da Teoria da imprevisão e da necessidade de reequilíbrio contratual das condições econômico-financeiras. A metodologia a ser utilizada para a realização deste trabalho será o método de abordagem dedutiva, através da exploração do acervo acima citado.

2 PANDEMIA, EFEITOS E SETOR ELÉTRICO

A pandemia causada pela Covid-19 tem gerado impactos consideráveis em vários setores da economia, não sendo diferentes, as sequelas inclusive no setor elétrico.

Vale ressaltar que o consumo de energia elétrica sempre foi um importante indicador da economia, como propulsor do desenvolvimento da indústria e do comércio. Indubitavelmente, a adoção de medidas restritivas de isolamento motivadas para conter o avanço da doença interferiu sobremaneira nos níveis de atividades da indústria, comércio e serviços e, consequentemente, no consumo de energia.

Conforme constatado em estudo realizado pela Câmara de Comercialização de Energia Elétrica ("CCEE") no período inicial da adoção de medidas de isolamento social diante da pandemia, entre 21 de março e 08 de maio, no Brasil, o consumo de energia elétrica apresentou uma retração de 11% (CÂMARA DE COMERCIALIZAÇÃO DE ENERGIA ELÉTRICA, 2020, p. 1).

Da mesma forma, em uma previsão efetuada pela agência de notícias Reuters, as comercializadoras de eletricidade que operam no mercado livre de energia devem sofrer impactos de cerca de 5 (cinco) bilhões de reais em 2020 devido ao coronavírus (COSTA, 2020, p. 1).

Além disso, a pandemia motiva incertezas relacionadas às expectativas para os próximos leilões para novos projetos de energia promovidos pela União, com destaque para os projetos que incluem as fontes renováveis, em especial as usinas solares e eólicas.

Afinal, há uma pressão, em meio à pandemia, tanto sobre as consequências consideráveis sobre a demanda por energia, como do comportamento de fatores tal como o câmbio e os custos relacionados à captação de recursos também em proporções mundiais.

No bojo deste movimento, reverbera os efeitos nos projetos fotovoltaicos, pois são altamente dependentes de equipamentos produzidos na China cotados em dólares, o que em outros momentos, tal como no ano de 2016, após uma escalada da cotação do dólar, já foi motivador da desistência de investimentos no Brasil em 2016.

Nesta esteira, e em virtude da discussão pelo Congresso Nacional de pautas mais urgentes relativas aos impactos econômicos do vírus, no âmbito fiscal e trabalhista, há ainda o atraso nas definições regulatórias relativas à atualização da Resolução Normativa Aneel n. 482/2012 (que dispõe sobre a micro e mini geração distribuída) e novas regras para o mercado de geração distribuída.

Em uma análise do panorama das Concessionárias no início do isolamento e sob o aspecto dos três subsetores: transmissão, geração e distribuição de energia, verifica-se que o segmento de transmissão foi o menos afetado, dado que as empresas de transmissão são remuneradas pela disponibilidade da linha e não pela quantidade de energia transmitida.

Em um segundo grau, a geração de energia, inicialmente tem impactos no curto prazo, contudo, diante de uma pressão descendente nos preços de energia, há a possibilidade de diminuição da receita deste segmento em curto prazo.

Por sua vez, a distribuição de energia amarga efeitos mais imediatos causados pela pandemia, visto que é responsável pela cobrança das tarifas e suporta diretamente o aumento da inadimplência.

Neste ímpeto, a Agência Nacional de Energia Elétrica ("ANEEL") destacou as medidas regulatórias adotadas para mitigar impactos decorrentes do cenário atual e garantir o pleno funcionamento das atividades de geração, transmissão e distribuição de energia elétrica, bem como o fornecimento de energia aos consumidores no Brasil. Dentre as atividades realizadas, está a publicação da Resolução Normativa n. 878/2020, que impede temporariamente a suspensão do fornecimento por inadimplência de consumidores residenciais e de serviços essenciais (BRASIL, 2020, p. 1).

3 TEORIA DA IMPREVISÃO E CONTRATOS DE CONCESSÃO

Se de um lado a origem da crise está nas medidas, principalmente de isolamento para a contenção do avanço da pandemia, as consequências e efeitos ainda são imprevisíveis e alheios ao controle dos particulares e iniciativas estatais.

Impende destacar que diante da crise há a possibilidade do aumento da inadimplência em decorrência da limitação da capacidade dos consumidores de honrarem seus compromissos perante as distribuidoras de energia elétrica, ou, no caso dos consumidores especiais e livres, perante os agentes vendedores naquele ambiente de contratação.

Inconteste é que tais efeitos repercutem nos contratos de concessão e da premente necessidade de reequilíbrio de contratos amparada na Teoria da imprevisão, mesmo que em função da materialização de riscos atribuídos a uma das partes.

Cuida-se de analisar que o princípio *pacta sunt servanda* aplicável aos contratos em geral encontra-se em oposição à Teoria da imprevisão em especial ao analisar os contratos públicos tradicionais, o qual vale a remissão ao artigo 65, II, da Lei Federal n. 8.666/93, consequência lógica da exigência constitucional da garantia de equilíbrio econômico-financeiro.

Nesta vereda, a aplicação do princípio do equilíbrio contratual tem viés na Teoria da imprevisão bem como no instituto da teoria da onerosidade excessiva, a qual exige que se demonstre que as mudanças supervenientes em meio às circunstâncias iniciais vigentes à época da realização do negócio, oriundas de evento imprevisível (Teoria da imprevisão) e extraordinário (Teoria da onerosidade excessiva), interferem sensivelmente na prestação, demandando tutela jurisdicional específica, tendo em vista, em especial, o disposto nos artigos 317, 478 e 479 do Código Civil ("CC") (CARVALHO, 2017, p. 1).

Ainda de acordo com Carvalho (2017, p. 1), reforça a tese, que o pressuposto da aplicação das referidas teorias, a teor dos artigos. 317 e 478 do CC, como se pode extrair de suas próprias conceituações, a presença de um fato imprevisível em contrato de execução diferida ou continuada, que impliquem consequências indesejáveis e onerosas para um dos contratantes.

Nesta senda, as decisões proferidas pelos Tribunais envolvendo a possibilidade de reanálise de determinados contratos busca, além da identificação dos requisitos que devem ser atendidos para que tal pedido proceda, a verificação da adoção pelo Tribunal de entendimento amparado pela função social do contrato, da qual decorre outro princípio o da conservação contratual e, portanto, evite decisões que busquem a extinção contratual (CARVALHO, 2017, p. 1).

No tocante aos contratos que envolvem concessão, a jurisprudência tem usualmente expressado no sentido da não aplicabilidade da teoria da imprevisão nos contratos com a Administração Pública, em razão de suas especificidades, conforme ilustrado abaixo:

> Agravo de Instrumento – Campinas – Agravante: Companhia Piratininga de Força e Luz – Cpfl – Agravado: Hopi Hari Sa – Vistos, Agravo de instrumento interposto contra. decisão do MM. Juízo a quo, acostada às fls. 56/58 que, nos autos da ação de revisão de contrato de fornecimento de energia elétrica, [...], ora agravado, que busca a suspensão da obrigação contratual do pagamento da potência mínima por ele contratada. Afirma que não se aplica ao caso a teoria da imprevisão, eis que a pandemia, por si só, não é considerada caso fortuito ou força maior [...] Busca o autor, ora agravado, a readequação dos contratos de uso do sistema de distribuição de energia inicialmente firmado entre os litigantes, a contar da fatura vencida em abril/2020, suspendendo temporariamente a obrigação de pagamento da potência de luz inicialmente contratada, sob a alegação que a pandemia do Covid-19 acarretou o fechamento das suas atividades e a impossibilidade de auferir receita. Nosso sistema legal não prevê que a mera dificuldade financeira seja suporte para o descumprimento das obrigações sem as consequências da mora ou do inadimplemento, diante do risco inerente a qualquer obrigação contraída. Para a aplicação da teoria da imprevisão é necessária à existência concomitante de: a) contrato vigente, oneroso, comutativo e de execução diferida; b) a existência de fato superveniente, ocorrido entre o momento da celebração e do cumprimento de uma das obrigações; c) que tal fato superveniente represente evento imprevisível; d) que se demonstre a desproporção quantitativamente apreciável e pronunciada entre a prestação e

> a contraprestação, ou seja que a excessiva onerosidade de uma das prestações provoque um enriquecimento do outro contratante (que não se confunde com enriquecimento sem causa) e e) a existência de nexo causal entre o fato superveniente e a onerosidade apresentada. No caso presente temos a presença dos requisitos "a" (existência de contrato) e "b" e "c" (é indiscutível que entre o momento da celebração do contrato de fornecimento de energia elétrica e do pagamento das faturas a partir de abril/2020 ocorreu um fato superveniente e imprevisível, consistente na pandemia do Covid-19, causadora de séria crise médico-sanitária). Não se enxerga, entretanto e pelo menos por ora, indícios da presença dos requisitos "d" e "e" acima destacados (SÃO PAULO, 2020).

Todavia, em que pese a orientação jurisprudencial, cumpre a necessidade de analisar particularidades referentes aos contratos de concessão. A Lei n. 8.987/95, conhecida como Lei Geral de Concessões, traz em seu bojo a indicação de que o particular exercerá a atividade por conta e risco, constituindo, desta forma, uma atribuição integral dos riscos ordinários do negócio inerente à concessão, sendo fatos extraordinários destinados à responsabilidade do contratante (ORDUÑA, 2020, p. 1).

Neste ínterim, conforme aponta Orduña (2020, p. 1), a repartição de riscos tem aplicação nos contratos de concessão de um modo geral, sendo incluídas todas as suas modalidades, quer sejam concessões comuns, administrativas e patrocinadas. Insere-se na concessão, e como forma de promoção do princípio da eficiência, a distribuição dos riscos e gestão dos eventos nocivos à execução contratual, e também de consequências gravosas, como forma de redução dos custos de transação e com o ímpeto de tornar o contrato mais previsível e estável.

É premente que se deixe claro que a Teoria da Imprevisão inclui três particularidades essenciais em sua definição:

1) no caso em estudo, o surgimento da pandemia é evento imprevisível quando da celebração dos contratos, sendo assim, considerada, até então, circunstância imprevisível e imprevista pelas partes;

2) as consequências econômicas da pandemia não podem ser atribuídas ao privado, tampouco, afetar a base econômica sobre a qual foi celebrado incialmente o contrato;
3) a pandemia foi a causadora de sérios prejuízos aos particulares contratados com repercussão direta no equilíbrio econômico-financeiro, sem no entanto, haver nexo causal entre o fato superveniente – pandemia e a onerosidade excessiva resultante da nova condição.

Aproximando a discussão, para os contratos de concessão, a aplicabilidade da teoria da imprevisão não é pacífica, pois quando comparado aos contratos administrativos, a repartição dos riscos está vinculada a uma matriz de fatores, distribuída um por um, entre as partes, de acordo com a capacidade que cada uma delas em sua gestão, imputando o risco a quem de fato, a princípio, arcou com o que foi previamente estipulado. O objetivo então do compartilhamento de riscos serve a maior previsibilidade da discussão contratual evitando discussões intermináveis acerca do que seria ou não um evento ordinário (ORDUÑA, 2020, p. 1).

Sob o pálio das desproporcionais consequências que a pandemia trouxe em várias dimensões, é razoável, em tese, a aplicação da Teoria da imprevisão aos contratos de concessão, ainda que expresso em sua matriz de fatores, a absorção de evento causador de desequilíbrio contratual.

4 COVID-19 E EFEITOS SOBRE OS CONTRATOS

Sublinhe-se que a ocorrência de eventos supervenientes cause impactos profundos nas bases objetivas estipuladas inicialmente em um contrato, de forma que afete sobremaneira a prestação assumida por uma das partes e que, ainda que se enquadre, em tese, em um risco atribuído a ela pelas condições originais do contrato, não poderia, de forma arrazoada, ter sido antecipada e logo assumida, isto é, o risco pode até ser previsível, no entanto, não necessariamente o resultado.

A pandemia da Covid-19, sem sombra de dúvidas, caracteriza um fato imprevisto e superveniente apto para afetar a equação econômico-financeira de contratos, entre eles os contratos de concessão.

Assevera-se que a Lei n. 13.979, de 06 de fevereiro de 2020, que dispôs sobre as medidas para enfrentamento da emergência de saúde pública de importância internacional decorrente do coronavírus, e que em seguida foi modificado pela Medida Provisória nº; 926 e, *a posteriori*, regulamentada pelo Decreto n. 10.282, objetivou coordenar os esforços do Poder Público relacionado à crise. Noutra esfera, as competências públicas também vêm sendo muitas vezes invocadas também pelos entes estaduais, distrital e municipal, assim como de agências reguladoras e outros atores relacionados, ainda que muitas vezes questionados no âmbito de competências de modo legítimo, em vias para a adoção de medidas de contenção do contágio, de quarentena ou de garantia de estruturas mínimas de saúde (PEREIRA; SCHWIND, 2020, p. 1).

Ainda assim é producente uma análise envolvendo a equação econômico-financeira, a qual, indiretamente, envolve o exame da alocação de riscos de cada contrato. Ainda que grave e incomum, a crise causada pelo coronavírus, por sua vez, não encontra causas e efeitos interligados à matriz de risco constante no regime jurídico da concessão, mas sim de força maior, caso fortuito e fato do príncipe, todos estes fatores que implicam a quebra da equação contratual das concessões. Por conseguinte, o enquadramento detalhado de cada um destes eventos dependerá não só da circunstância concreta ocorrida, todavia também, de previsões contratuais específicas de cada caso (PEREIRA; SCHWIND, 2020, p. 1).

Com esteio em possíveis consequências diante das relações contratuais em meio à pandemia, e no tocante aos contratos também de concessão, observa-se a projeção dos pedidos de reequilíbrio econômico-financeiro, especialmente fundamentada em uma pluralidade de normativos dispersos pela CF/88, por legislações ordinárias e pela regulação de setores específicos. A exemplo da CF/88, consoante disposto no artigo 37, XXI, ficam asseguradas as "condições efetivas da proposta" àqueles que celebram contratos com o Poder Público. Já no plano legal, sustenta a manutenção do equilíbrio na proporção de riscos, encargos e remunerações estipulados de parte a parte no contrato administrativo com vistas ao disposto no art. 65, II, "d"; §§ 5º e 6º da Lei n. 8.666/93, e adicionalmente no artigo. 9º, §§

2º e 4º da Lei de Concessões e na Lei de Parcerias Público-Privadas, nos termos do artigo 4º, VI, e 5º, III (VANZELLA, 2020, p. 1).

Em lógica decorrência dos aparatos legais supracitados, conforme leciona Vanzella (2020, p. 1), o equilíbrio econômico-financeiro dos contratos administrativos pode ser equalizado a partir da aplicação de diversas metodologias, sendo usualmente utilizada a construção de um fluxo de caixa marginal, desenvolvida paralela à equação financeira estruturante do contrato inicial e destinado à minimização de efeitos supervenientes e específicos, a partir de vários elementos, entre eles:

> a) o aumento ou a redução dos valores financeiros de contrato (como a tarifa cobrada pela disponibilização do serviço); b) a modificação de obrigações contratuais (como investimentos projetados); c) a extensão ou redução do prazo de vigência do contrato; ou d) o pagamento de indenização pelos valores sobrepujantes ao cálculo originário do instrumento (VANZELLA, 2020, p. 1).

Estes elementos objetivam equilibrar condições contratuais que foram abruptamente modificadas em face da propagação do vírus e do isolamento social, tais como das variações de preços de produtos, insumos e mão de obra necessária à prestação dos serviços. Tais circunstâncias podem não impedir a execução dos serviços, mas ocasionar uma elevação de custos, ou mesmo derivadas de atos estatais.

Sobre o tema, importante precedente foi julgado pelo Tribunal de Justiça do Rio de Janeiro ("TJRJ"), preservando o equilíbrio econômico-financeiro da concessão de serviço público em meio à queda de demanda provocada pela pandemia:

> [...] em razão da pandemia, registra-se em todo o território nacional acentuada redução do número de pessoas que fazem uso do transporte público, o que implica imediata e brutal queda da receita aferida pelas concessionárias, de modo que proibir a readequação da logística referente à prestação do referido serviço público implicará desequilíbrio econômico-financeiro do contrato de concessão, passivo que poderá eventualmente ser cobrado do próprio erário

> municipal. Ademais, é inquestionável o interesse público envolvido na necessidade de resguardar a continuidade e a qualidade da prestação de serviço essencial à população, o que, neste momento, depende da capacidade da empresa concessionária de reorganizar de forma eficaz a execução de percursos e horários, resguardado o interesse dos usuários do serviço público em questão. Ante o exposto, defiro o pedido para suspender os efeitos da medida liminar deferida na Apelação Cível n. 0009681-76.2013.8.19.0052 (Tribunal de Justiça do Estado do Rio de Janeiro), a qual determinou que a requerente retome a prestação do serviço de transporte público de ônibus na integralidade dos percursos e horários previstos no contrato de concessão assinado com o Município de Araruama (BRASIL, 2020).

À vista do exposto, verifica-se que a análise das demandas de reequilíbrio econômico-financeiro deve pautar a partir das disposições contratuais e da realidade enfrentada pela concessionária envolvida durante a pandemia. Neste espectro, os contratos alocam ao Poder concedente efeitos decorrentes de fatos do príncipe, por exemplo, de decretos de calamidade pública diante da pandemia da Covid-19 e, em específico, aos efeitos causados às concessionárias de serviço público (LAMBAUER; FERRAZ; PARMEGIANEI; 2020, p. 1).

Importa também considerar a oscilação de demanda, elemento alocado aos contratos das concessionárias. Afinal, a brusca queda de demanda oriunda da crise atual é elemento determinante a ser conciliado contratualmente com fulcro em evento de força maior e fato do príncipe. Acrescente-se que certos contratos dividem o risco de demanda entre a concessionária e o Poder Concedente, sendo que, no caso de concessões administrativas, há também a possibilidade de previsão de garantia de remuneração por níveis mínimos de serviços (LAMBAUER; FERRAZ; PARMEGIANEI; 2020, p. 1).

Em conclusão, para evocarem tais prerrogativas, sugere-se aos particulares contratados que informem à Administração Pública, na maior brevidade possível, acerca de todas as medidas que estão sendo adotadas em caráter emergencial e que proporcionem a redução ou aumento de custos neste período. Outro item é a informação imediata de possíveis perdas de receita com a arrecadação e outras informações que julgarem afetas ao equilíbrio econômico-financeiro do contrato. Isto porque tais ações são necessárias e importantes para apresentar o pleito de reequilíbrio econômico-financeiro do contrato, em momento oportuno e adicionalmente para não se alegar posteriormente que o particular contratado agiu de forma unilateral e utilizando de liberalidade (VBSO, 2020, p. 1).

De todo o exposto, deve-se perseguir o reequilíbrio do contrato, sendo colocada em voga, a possibilidade de ser desinteressante ou inviável a sua continuidade diante de nova repactuação, o que deverá ser avaliado em caso concreto, levando em conta a premissa de que os pleitos constantes na nova equação econômico-financeira não podem também significar caos financeiro para o Estado, devendo ser profundamente analisadas todas as alternativas de reequilíbrio disponíveis.

5 CONSIDERAÇÕES FINAIS

A pandemia da Covid-19 tem causado impactos econômicos globais nos mais diversos segmentos produtivos não sendo diferentes os resultados desfavoráveis para o SEB. Como efeitos estão as reduções materiais na demanda de energia causada pelas políticas de afastamento social e aumento da inadimplência de consumidores, causando a redução da liquidez das distribuidoras.

Assim, a sustentabilidade das concessionárias necessariamente perpassa pensar medidas consistentes e equilibradas. Sendo levado em consideração a complexidade do setor elétrico e a particular situação de enfrentamento da crise da pandemia gerada pela Covid-19.

As inevitáveis necessidades de superação também dos efeitos econômicos são particularmente desafiadoras. Urge, assim, a atuação coordenada, centrada na boa-fé e ao mesmo tempo preservação das suas relações contratuais, sempre em observância à manutenção da segurança jurídica, financeira e regulatória do setor.

A Teoria da imprevisão é um importante instituto no Direito brasileiro que a jurisprudência pode-se apoiar como saída que atenda satisfatoriamente, caso a caso, a impossibilidade de dissociar as sequelas da crise causada pela pandemia diante dos contratos de concessão.

Cada situação deverá ser examinada detalhadamente, entretanto, de forma ampla as circunstâncias extraordinárias vivenciadas se reconduzem às categorias de força maior e caso fortuito ou de fato do príncipe, conforme a causa direta das perdas verificadas.

Enfim, conclui-se da análise, que as demandas de reequilíbrio econômico-financeiro devem pautar a partir das disposições contratuais e da realidade enfrentada pela concessionária envolvida durante a pandemia, perseguindo o propósito de mitigar, nas condições possíveis, os efeitos negativos da situação ensejadora de eventuais desequilíbrios contratuais e como forma de assegurar a continuidade da prestação de serviços públicos e a adequação dos contratos à realidade pós-pandemia.

REFERÊNCIAS

BRASIL. Ministério de Minas e Energia. MME. CMSE avalia impactos da pandemia do COVID-19 no setor elétrico brasileiro. **Ministério de Minas e Energia**, Brasília, 2020. Disponível em: http://www.mme.gov.br/todas-as-noticias/-/asset_publisher/pdAS9IcdBICN/content/cmse-avalia-impactos-da-pandemia-do-covid-19-no-setor-eletrico-brasileiro. Acesso em: 21 jun. 2020.

BRASIL. Superior Tribunal de Justiça. Suspensão de Liminar e de Sentença n. 2696 do Superior Tribunal de Justiça, j. 24.4.2020, Diário de Justiça Eletrônico, Brasília, 28 abr. 2020b. Disponível em: https://www.conjur.com.br/dl/garantir-equilibrio-economico-noronha.pdf. Acesso em: 22 jun. 2020.

CÂMARA DE COMERCIALIZAÇÃO DE ENERGIA ELÉTRICA. País verifica retração de 11% no consumo de energia durante isolamento social. **CCEE,** São Paulo, 2020. Disponível em: https://www.ccee.org.br/portal/faces/pages_publico/noticias-opiniao/noticias/noticialeitura?contentid=CCEE_654867&_afrLoop=71239497762417&_adf.ctrl-state=14827kftln_1. Acesso em: 21 jun. 2020.

CARVALHO, Fernanda Gallo de. A aplicação do princípio do equilíbrio contratual pelo Superior Tribunal de Justiça. **Revista Jus Navigandi**, Teresina, v. 22, n. 5194, 20 set. 2017. Disponível em: https://jus.com.br/artigos/60623. Acesso em: 21 jun. 2020.

COSTA, Luciano. Exclusivo-Comercializadoras de energia do Brasil veem impacto de R$5 bi por Covid-19. **Refinitiv**, São Paulo, 2020. Disponível em: https://www.refinitiv.com/pt/blog/trading/exclusivo-comercializadoras-de-energia-do-brasil-veem-impacto-de-r5-bi-por-covid-19/. Acesso em: 21 jun. 2020.

LAMBAUER, Roberto Zilsch; FERRAZ, Heloísa Figueiredo; PARMEGIANEI, Samuel Lopes. A pandemia de covid-19 e o reequilíbrio econômico-financeiro das concessões. Pinheiro Neto Advogados. **Migalhas**, São Paulo, 2020. Disponível em: https://www.migalhas.com.br/depeso/326082/a-pandemia-de-covid-19-e-o-reequilibrio-economico-financeiro-das-concessoes. Acesso em: 22 jun. 2020.

ORDUÑA, Pedro Pinheiro. Pandemia de Covid-19 e o reequilíbrio de contratos de concessão. **Jota**, São Paulo, 2020. Opinião e Análise. Disponível em: https://www.jota.info/opiniao-e-analise/artigos/pandemia-de-covid-19-e-o-reequilibrio-de-contratos-de-concessao-13042020. Acesso em: 22 jun. 2020.

PEREIRA, Cesar; SCHWIND, Rafael Wallbach. Pandemia de Covid-19 e o equilíbrio econômico-financeiro das concessões. **Migalhas**, São Paulo. Disponível em: https://www.migalhas.com.br/depeso/322771/pandemia-de-covid-19-e-o-equilibrio-economico-financeiro-das-concessoes. Acesso em: 21 jun. 2020.

PEREIRA, Cesar. SCHWIND, Rafael Wallbach. Pandemia de Covid-19 e o equilíbrio econômico-financeiro das concessões. **Migalhas,** São Paulo. Disponível em: https://www.migalhas.com.br/depeso/322771/pandemia-de-covid-19-e-o-equilibrio-economico-financeiro-das-concessoes. Acesso em: 21 jun. 2020.

SÃO PAULO. **Tribunal de Justiça do Estado de São Paulo**. Agravo de Instrumento n. 2130873-59.2020.8.26.0000. Campinas – Agravante: Companhia Piratininga de Força e Luz – Cpfl – Agravado: Hopi Hari. Magistrado(a) Afonso Bráz. Disponível em: https://www.jusbrasil.com.br/diarios/303079580/djsp-judicial-2a-instancia-22-06-2020-pg-946?ref=next_button. Acesso em: 22 jun. 2020.

VANZELLA, Rafael. Coronavírus e o Direito Público: Insuficiência das Técnicas Ordinárias de Reequilíbrio Contratual. Inteligência Jurídica. **Machado, Meyer, Sendacz e Opice Advogados**, São Paulo, 2020. Disponível em: https://www.machadomeyer.com.br/pt/inteligencia-juridica/publicacoes-ij/direito-publico/coronavirus-e-o-direito-publico-insuficiencia-das-tecnicas-ordinarias-de-reequilibrio-contratual. Acesso em: 22 jun. 2020.

VBSO. Covid-19 e sua Consequência nos Contratos Celebrados com o Poder Público. **Vaz, Buranello, Shingaki & Oioli Advogados Associados**, São Paulo, 2020. Disponível em: http://www.vbso.com.br/covid-19-e-sua-consequencia-nos-contratos-celebrados-com-o-poder-publico/. Acesso em: 22 jun. 2020.

A ENERGIA TÉRMICA DOS OCEANOS COMO FATOR DO DESENVOLVIMENTO SUSTENTÁVEL

Sophia Alvarez Amaral Melo Bueno[1]

SUMÁRIO:

RESUMO:

Esse trabalho tem por objetivo apresentar a questão do desenvolvimento sustentável e a utilização de energias renováveis, tendo por objetivo principal a análise da utilização da energia térmica dos oceanos, através das usinas OTECs. Abordando marcos legais importantes, os quais aprimoram a questão do desenvolvimento sustentável. O trabalho objetiva a questão do estímulo governamental para a produção de energias sustentáveis, através de alterações legislativas, posto o elevado custo da produção da usina aqui apresentada.

Palavras-chaves: Energias renováveis; OTECs; Desenvolvimento sustentável.

Abstract:

This work presents the issue of sustainable development and the use of renewable energies, with the main objective of analyzing the use of thermal energy in the oceans, through the OTECs plants. Addressing important legal frameworks, which improve the issue of sustainable development, the work aims at the issue of government stimulus for the production of

1 Mestra em Direito Ambiental e Sustentabilidade pela Universidade Católica de Santos (bolsa CAPES), Extensão em Direito Penal pela faculdade Damásio de Jesus, Graduada em Direito pela Universidade de Ribeirão Preto, membro da Associação Brasileira de Direito Ambiental e Minerário.

sustainable energies, through legislative changes, given the high cost of producing the plant presented here
Keywords: Renewable energies; OTECs; Sustainable development.

1 INTRODUÇÃO

A produção de energia é fator crucial para o desenvolvimento da sociedade, a geração de emprego e renda corre em direção, de forma direta e indireta, com a estrutura da disposição das energias renováveis, posto a proteção legal encontrada em nosso ordenamento jurídico. O equilíbrio na produção é a coluna vertebral para o meio ambiente e o crescimento econômico conversem de maneira saudável.

O presente trabalho combina o desenvolvimento com a segurança energética, entendendo todo o ciclo de produção de forma renovável, elucidando mecanismos legais e técnicos que possam abarcar energias renováveis, dentro de cada especificidade produtiva. A conscientização na manutenção dos meios naturais específicos capazes de gerar energia se mostra como pilar na busca de formas técnicas e legais para a realização de novos meios produtivos.

Assim sendo, pontualmente, a produção através da diferença de temperatura dos oceanos passando pelos mecanismos técnicos pertinentes, é capaz de resguardar de forma segura o meio ambiente, posto que a renovação do meio produtivo se dá de modo, minimamente seguro e eficiente, além de destacar que no Brasil, com o nosso vasto litoral, essa produção energética, sendo amparada por meios técnicos e legais, traz o projeto de um pilar para o desenvolvimento sustentável.

2 DESENVOLVIMENTO SUSTENTÁVEL E ENERGIAS RENOVÁVEIS

A questão do desenvolvimento sustentável está pautada, nitidamente, com a questão das energias renováveis. O uso de recursos naturais vem redefinindo a busca por avanços tecnológicos e de pesquisa que possam servir como parâmetros para que o conceito de sustentabilidade seja concretizado em toda a sociedade.

A crescente demanda por energia, devido ao aumento da população e do desenvolvimento trouxe a escassez de recursos, os quais não conseguem se recompor na mesma velocidade da sua utilização.

As energias renováveis entram na seara do desenvolvimento sustentável, tendo em vista que seu reabastecimento ocorre em velocidade igual ao da sua utilização, tornando a sustentabilidade presente no desenvolvimento da sociedade.

O ciclo equilibrado na produção de energia é crucial para que a sustentabilidade seja elucidada, a maneira como a energia se dá e a maneira como ela finaliza seu processo deve ser de mínimo impacto ao meio ambiente.

O desenvolvimento sustentável é pautado em planejamento dos recursos decorrentes da natureza, bem como a aceitação e entendimento de que a disponibilidade destes não é infinita, trazendo à sociedade preocupação com o equilíbrio ambiental e a utilização de mecanismos que assegurem a qualidade de vida de cada cidadão.

Na década de 1970 começou a ser trazido ao conhecimento da população os impactos negativos ao meio ambiente e suas consequências no cotidiano de cada um. Desde a elaboração do Relatório de Meadows[2], o qual teve grande repercussão, e que, mesmo com muitas críticas, foi crucial para influenciar estudos preliminares em 1972, para a Conferência de Estocolmo, o estabelecimento de princípios para o planejamento racional da adequação das necessidades da população ao desenvolvimento sustentável é medida que se impõe.

Para a professora Maria Luiza Machado Granziera, a conferência da ONU de 1972 deflagrou o alerta, pois mostrou ao mundo os efeitos do desenvolvimento e da industrialização sem um planejamento e uma cautela especial na preservação dos recursos naturais[3].

Assim sendo, o surgimento de alternativas e estudos repercutiram na expansão de atributos capazes de investirem em uso racional e equilibrado dos recursos naturais disponíveis. Os princípios do

---

2 Estudo realizado por cientistas e técnicos do Massachusetts Institute of Technology, a pedido do clube de Roma. O relatório alertou para um drástico esgotamento dos recursos naturais, caso esses não fossem utilizados de maneira qualificada.

3 GRANZIERA, M. L. M. **Direito Ambiental**. 4. ed. Revista e atualizada. São Paulo: Atlas, 2015. p. 59.

Direito Ambiental mostram-se preventivos e satisfatórios com relação ao tema em tela. Vejamos, por exemplo, o Princípio da Precaução, aquele em que a cautela é medida preventiva de desastres, garantindo uma esperada margem de segurança na utilização dos recursos.

Desta maneira, a utilização de princípios basilares faz enxergar a necessidade da utilização de energias renováveis para que possamos implementar toda a estrutura de preceitos e de normas fundamentais ao equilíbrio ambiental e da sociedade, a qual, cada vez mais, carece de desenvolvimento.

A energia é indispensável ao desenvolvimento, seja para a manutenção do ciclo de produção de bens, como para o bom aproveitamento do produto pelo consumidor final em suas residências como em estabelecimentos comercias.

O Brasil possui enorme potencial para a produção de energias renováveis, assim sendo, a produção enérgica tem papel fundamental para a movimentação da economia. Desde a revolução industrial do século XVIII, ficou clara a importância de combustíveis para a geração de emprego. Desta feita, nasceram as discussões sobre os potenciais de poluição, abarcando a necessidade de estudos que trouxessem as possibilidades enérgicas menos poluentes e ambientalmente seguras.

O progresso tecnológico possibilitou a conversão de fontes primárias de energia em combustíveis renováveis, levando em consideração os impactos ambientais e conceito de segurança energética, contemplando o papel estratégico e a participação relevante no aspecto dos imprevistos das mudanças climáticas na formulação de estudos e pesquisas que possam direcionar e contemplar a estratégia de desenvolvimento sustentável.

O conceito de segurança energética se traduz na capacidade de resguardar os meios e o ciclo de produção, adquirindo sistemas que possibilitem o equilíbrio no uso e na distribuição das energias produzidas, contemplando a proteção ambiental, bem como o desenvolvimento econômico e social.

Para Iure Paiva, Nivalde de Castro e Antonio Pedro Lima, a segurança energética, em termos gerais, estaria relacionada a diversas questões que envolvem a garantia de recursos energéticos essenciais à manutenção e ao desenvolvimento sustentado de uma região[4].

Portanto, a busca pelo equilíbrio nos meios de produção é basilar para o desenvolvimento da sociedade, gerando emprego, renda e proteção ao meio ambiente, como preconiza nossa Constituição Federal.

3 A EFICIÊNCIA DA ENERGIA TÉRMICA DOS OCEANOS

A geração de energia renovável a partir da energia térmica dos oceanos é estudada há mais de um século, contudo sua comercialização ainda não foi expandida, tendo em vista os custos altíssimos estabelecidos para sua exploração.

Conhecida, em inglês, como Ocean Thermal Energy Conversion pela sigla OTEC, a exploração do diferencial de temperatura dos oceanos entre a água quente da superfície e a água fria das profundezas do oceano, se mostra como instrumento importante para o desenvolvimento sustentável, sendo que essa modalidade de energia renovável se recupera de maneira segura.

Para o consultor de energias renováveis da Black e Veatch Kevin Joyce, uma das características mais interessantes dessa tecnologia é que, diferentemente da maioria das fontes de energia, ela pode garantir um nível mínimo de fornecimento estável e confiável.[5]

Assim sendo, a contribuição de uma usina OTEC, garantindo o fornecimento energético de forma segura traz a renovação tecnológica indispensável para que exista a geração de emprego e fornecimento de serviços essenciais sem causar externalidades ao meio ambiente.

---

4 PAIVA, I.; CASTRO, N.; LIMA, A. P. **Aspectos Teóricos e Analíticos da Segurança Energética e os Desafios do Setor Elétrico Brasileiro**. 2017. Disponível em: http://www.gesel.ie.ufrj.br/app/webroot/files/publications/04_tdse71.pdf. Acesso em: 29 jun. 2020.

5 ECODEBATE. **Conversão de Energia Térmica Oceânica:** Empresas começam a explorar a energia dos oceanos. 2010. Disponível em: https://www.ecodebate.com.br/2010/05/25/conversao-de-energia-termica-oceanica-empresas-comecam-a-explorar-a-energia-dos-oceanos/. Acesso em: 29 jun. 2020.

Segundo o Plano Nacional de Energia 2030 elaborado pelo Ministério de Minas e Energia, a projeção é que o Brasil atinja 47% (quarenta e sete por cento) de utilização de fontes renováveis. A grande extensão do litoral brasileiro pode contribuir para a utilização do potencial energético e para a expansão do desenvolvimento da conversão do diferencial de temperatura em energia, produzindo, também, subprodutos como a água fresca para consumo e irrigação.

Assim sendo, o funcionamento de uma usina OTEC no Brasil, por exemplo, pode garantir eficiência na produção energética, geração do desenvolvimento sustentável em uma cadeia produtiva de grande impacto social positivo.

Figura 6. Usina OTEC.

Fonte: Google imagens, 2020.

Uma usina OTEC funciona com três sistemas de produção chamados de ciclos: aberto, fechado e híbrido. O mestre em Engenharia Mecânica Marcus Godolphim de Castro Neves, explica, em sua dissertação de mestrado, o funcionamento destes ciclos de produção.

No ciclo aberto da usina OTEC, a água quente obtida na superfície do oceano é o fluido de trabalho. A água é bombeada para uma câmara de vácuo (flash), onde a baixa pressão permite que a água líquida vire vapor superaquecido na temperatura ambiente. O ciclo fechado.

O ciclo de Rankine de uma OTEC consiste em dois trocadores de calor, uma turbina a vapor e uma bomba. A água quente obtida na superfície é bombeada para o trocador de calor e, então, o fluido de trabalho aumenta sua temperatura até mudar de estado para o de vapor superaquecido.

O vapor produzido aciona uma turbina de baixa pressão (UPSHAW, 2012) e, após sair da turbina, como vapor com título, vai para o condensador, onde troca calor com a água fria da profundidade tornando-se líquido, sendo depois bombeado novamente para o evaporador. O ciclo híbrido é baseado na junção dos ciclos aberto e fechado. Esta configuração pode melhorar a eficiência da usina OTEC e maximizar a produção de subprodutos[6]

Deste modo, a utilização da produção energética a partir de uma usina OTEC traz a segurança veemente e necessária para o meio ambiente, preenchendo requisitos essenciais ao desenvolvimento da sociedade.

Os incentivos legais para a produção de energia renovável, principalmente energia nascida através das OTECs, necessita de incentivos governamentais. O alto custo para o estabelecimento da usina, bem como sua operacionalização preponderam grande e significativo encarecimento da produção.

Contudo, o estímulo à produção energética, a qual gera desenvolvimento sustentável, se torna condição importante, tendo em vista o conjunto de custos, porém, vislumbrando o grande benefício no resultado final.

O projeto de lei, número 2.543/2019[7] traz ao plenário da câmara nacional a discussão sobre o tema, estabelecendo ao poder executivo o incentivo o estímulo à produção de energias renováveis

6 NEVES, M. G. C. **Estudo da viabilidade de implantação de plantas para conversão de energia térmica do oceano (OTEC) no Brasil**. 2015. Disponível em: https://www.feis.unesp.br/Home/departamentos/engenhariamecanica/nuplen/000836695.pdf. Acesso em: 29 jun. 2020.

7 BRASIL. **Projeto de Lei n. 2.543/2019**. Disponível em: https://www.camara.leg.br/proposicoesWeb/prop_mostrarintegra;jsessionid=428155FDFA8C92050FF3E4DC39A997B9.proposicoesWebExterno1?codteor=1742664&filename=Avulso+-PL+2543/2019. Acesso em: 29 jun. 2020.

não convencionais, reduzindo a carga tributária. Deste modo, a diversificação das matrizes energéticas contribui para que o alcance da geração de emprego de maneira eficiente e ambientalmente correta, seja atingida em sua totalidade.

Ademais, com base no Código das Águas, Lei Federal n. 24.643/1934, ficou estabelecido em seu artigo 29 que águas marítimas pertencem à União. Desta feita, caberá ao Governo Federal estabelecer medidas e definir metas para que os incentivos ao tipo de produção energética tragam benefício concreto e prático à sociedade.

Portanto, a contribuição e a operacionalização em conjunto, dos atores governamentais e de empresas que possam trazer à exploração da energia termoelétrica dos oceanos a realidade efetiva, são cruciais para que exista o desenvolvimento sustentável de forma plena.

4 CONCLUSÃO

A evolução de questionamentos acerca do desenvolvimento sustentável fez com que marcos legais e institucionais fossem abarcados para a realidade social, questionando critérios e meios de produção energética que fossem ambientalmente sustentáveis. A evolução da ciência e das pesquisas trazem mecanismos para a produção energética a partir de recursos naturais que se renovam, não agredindo o meio ambiente.

A exploração de uma usina OTEC, apesar do alto custo, pode ser crucial para o desenvolvimento econômico de maneira sustentável, principalmente no Brasil, tendo em vista a extensão do litoral brasileiro. Portanto, o estímulo governamental, com base em mudanças legislativas, é fator importante para que a produção de energias não muito exploradas possam servir como critério fundamental da sustentabilidade.

REFERÊNCIAS

BRASIL. **Projeto de Lei n. 2.543/2019**. Disponível em: https://www.camara.leg.br/proposicoesWeb/prop_mostrarintegra;jsessionid=428155FDFA8C92050FF3E4DC39A997B9.proposicoesWebExterno1?codteor=1742664&filename=Avulso+-PL+2543/2019. Acesso em: 29 jun. 2020.

ECODEBATE. **Conversão de Energia Térmica Oceânica:** Empresas começam a explorar a energia dos oceanos. 2010. Disponível em: https://www.ecodebate.com.br/2010/05/25/conversao-de-energia-termica-oceanica-empresas-comecam-a-explorar-a-energia-dos-oceanos/. Acesso em: 29 jun. 2020.

GRANZIERA, M. L. M. **Direito Ambiental**. 4. ed. Revista e atualizada. São Paulo: Atlas, 2015.

NEVES, M. G. C. **Estudo da viabilidade de implantação de plantas para conversão de energia térmica do oceano (OTEC) no Brasil**. 2015. Disponível em: https://www.feis.unesp.br/Home/departamentos/engenhariamecanica/nuplen/000836695.pdf. Acesso em: 29 jun. 2020.

PAIVA, I.; CASTRO, N.; LIMA, A. P. **Aspectos Teóricos e Analíticos da Segurança Energética e os Desafios do Setor Elétrico Brasileiro**. 2017. Disponível em: http://www.gesel.ie.ufrj.br/app/webroot/files/publications/04_tdse71.pdf. Acesso em: 29 jun. 2020.

impresso em novembro de 2020.